MÉMOIRES
DU DUC
DE SAINT-SIMON

XVIII

PARIS. — IMPRIMERIE ARNOUS DE RIVIÈRE ET Cⁱᵉ
RUE RACINE, 26.

MÉMOIRES

DU DUC

DE SAINT-SIMON

PUBLIÉS PAR

MM. CHÉRUEL ET AD. REGNIER FILS

ET COLLATIONNÉS DE NOUVEAU POUR CETTE ÉDITION

SUR LE MANUSCRIT AUTOGRAPHE

AVEC UNE NOTICE DE M. SAINTE-BEUVE

TOME DIX-HUITIÈME

PARIS

LIBRAIRIE HACHETTE ET Cie

BOULEVARD SAINT-GERMAIN, 79

1875

Tous droits réservés

MÉMOIRES
DE SAINT-SIMON.

CHAPITRE PREMIER.

Grands d'Espagne constamment de la première origine. — Liste alphabétique de tous les grands d'Espagne existants pendant que j'y étois, en 1722, où les maisons et les personnages sont courtement expliqués. — Duc d'Alencastro. — Duc d'Albe. — Duc d'Albuquerque. — Duc del Arco. — Duc d'Arcos. — Duc d'Aremberg. — Duc d'Arion. — Duc d'Atri. — Duc d'Atrisco. — Duc de Baños. — Duc de Bejar. — Duc de Berwick. — Duc de Bournonville. — Duc Doria. — Duc d'Estrées, maréchal de France. — Duc de Frias, connétable héréditaire de Castille. — Titres de connétable et d'amirante de Castille supprimés par Philippe V. — Duc de Gandie. — Duc de Giovenazzo. — Duc de Gravine. — Duc d'Havrec. — Duc d'Hijar. — Duc de l'Infantade, 5 [1]. — Duc de Licera. — Duc de Liñarez. — Duc de Liria. — Ducs de Medina Celi. — Alphonse X, roi de Castille; sa catastrophe et des fils de son fils aîné; maison de la Cerda. — La Cerda, seigneurs de Medina Celi. — Dernier direct comte de Foix, etc.; succession de ses États après lui; ses deux bâtards; fin malheureuse du cadet; fortune énorme de l'aîné. — Bâtards de Foix, comtes puis ducs de Medina Celi. — Figueroa, ducs de Medina Celi. — Amirante de Castille. — Duc de Medina Sidonia, 2. — Duc de S. Michel. — Duc de la Mirandole. — Duc et duchesse de Monteleone. — Duc de Monteleone, 2. — Duc de Mortemart. — Duc de Najera. — Duc de Nevers. — Duc de Noailles. — Duc d'Ossone. — Duc et duchesse de S. Pierre. — Duc de Popoli; son caractère; son fils et sa belle-fille, et le leur. — Duc de Sessa, 3. — Duc de Saint-Simon et son second fils conjointement. — Duc de Solferino; sa fortune. — Duc de Tursis. — Duc de Veragua. — Maréchal-duc de Villars. — Duc d'Uzeda; sa défection. — Prince de Bisignano. — Prince de Santo-Buono; remède sûr et sans inconvénient pour la goutte, au Pérou. — Prince de Butera. — Prince de Cariati. — Prince de Chalais; sa fortune. — Prince de Chimay. —

1. Voyez les premiers mots du texte du présent chapitre, ci-après, p. 3.

Prince de Castiglione. — Connétable Colonne. — Prince Doria. — Prince de Ligne. — Prince de Masseran; son caractère, sa fortune. — Prince de Melphe. — Prince de Palagonia. — Prince de Robecque. — Prince de Sermonetta. — Prince de Sulmone. — Prince de Surmia. — Prince d'Ottaïano. — Marquis d'Arizza. — Marquis d'Ayétone. — Marquis de los Balbazès. — Marquis de Bedmar. — Marquis de Camàraça. — Marquis de Castel dos Rios. — Marquis de Castel Rodrigo. — Prince Pio. — Marquis de Castromonte. — Marquis de Clarafuente. — Marquis de Santa-Cruz; sa fortune. — Marquis de Laconi. — Marquis de Lede. — Marquis de Mancera. — Marquis de Mondejar. — Marquis de Montalègre. — Marquis de Pescaire. — Marquis de Richebourg. — Marquis de Ruffec. — Marquis de Torrecusa; caractère de son épouse. — Marquis de Villena, duc d'Escalona; sa naissance, ses actions, son éloge, sa famille. — Marquis Visconti. — Comte d'Aguilar; ses faits. — Grandeur de la maison d'Arellano. — Grandeur de la maison de Manrique de Lara. — Comte d'Altamire; sa famille, son caractère. — Comte d'Aranda. — Comte de los Arcos. — Comte d'Atarès. — Comte de Baños. — Comte de Benavente; grandeur de la maison de Pimentel; jésuites. — Comte de Castrillo. — Comte d'Egmont. — Comte de S. Estevan de Gormaz. — Comte de S. Estevan del Puerto. — Comte de Fuensalida. — Comte de Lamonclava. — Comte de Lemos; son caractère et celui de la comtesse sa femme. — Comte de Maceda; son fils et sa belle-fille. — Comte de Miranda, 2. — Comte de Montijo. — Comte d'Oñate. — Comte d'Oropesa. — Comte de Palma. — Comte de Parcen. — Comte de Paredes. — Comte de Peñaranda. — Comte de Peralada. — Comte de Priego; son adresse à obtenir la grandesse; son caractère. — Comte de Salvatierra. — Comte de Tessé. — Comte Visconti. — Grands d'Espagne par charge ou état, mais imperceptibles. — Oubli : marquis de Tavara; marquis de Villafranca. — Mystère des classes et des dates des grandesses; impossibilité sur les classes; difficultés sur les dates; comment reconnues pour la plupart. — État des grands d'Espagne, suivant l'ancienneté entre eux qu'on a pu reconnoître, et par règnes de leurs érections, et les maisons pour qui elles ont été faites, et les maisons où elles se trouvent en 1722. — Medina Celi. — Benavente. — Amirante de Castille. — Arcos. — Lemos. — Medina Sidonia. — Miranda. — Albuquerque. — Villena et Escalone. — Origine de dire *les rois* jusqu'à aujourd'hui, lorsqu'on a [à] dire le roi et la reine. — Albe. — Oñate. — Infantado. — Oropesa. — Najera. — Gandie. — Sessa. — Bejar. — Frias. — Villafranca. — Egmont. — Veragua. — Pescaire. — Ayétone. — Ossone. — Terranova et Montleon. — Santa-Cruz; cause horrible de cette érection. — Aranda. — Uzeda. — Peñaranda. — Mondejar. — Hijar. — Havrec. — Sulmone. — Los Balbazès. — Altamire. — Abrantès et Liñarez. — Bisignano. — Castel Rodrigo. — Torrecusa. — Colonne. — Camaraça. — Aguilar. — Aremberg. — Ligne. — Fuensalida. —

S. Pierre. — Palma. — Nevers. — Santo-Buono. — Surmia. — Giovenazzo. — Liñarez. — Baños, comté. — Paredes. — Lamonclava. — S. Estevan del Puerto. — Montalègre. — Los Arcos. — Montijo. — Baños, duché. — Castromonte. — Castiglione. — Ottaïano. — Castel dos Rios. — Mortemart, éteint. — Estrées, éteint. — Liria. — Cravina. — Bedmar. — Tessé. — La Mirandole. — Atri. — Chimay. — Monteillano. — Priego. — Noailles. — Popoli. — Masseran. — Richebourg. — Chalais. — Robecque. — Maceda. — Solferino. — S. Estevan de Gormaz. — Bournonville. — Villars. — Lede. — S. Michel. — Del Arco. — Ruffec. — Arion. — Oubli sur Mancera, avec quelque éclaircissement.

Le chiffre à côté des grands marquera le nombre de grandesses sur la même tête, accumulées par héritages en ceux qui en ont plusieurs, qui toutes ne se peuvent partager, mais tombent au même et seul héritier, et ne donnent jamais en rien aucune distinction ni préférence au-dessus de ceux qui n'en ont qu'une seule. Comme le secret qu'ils affectent de leurs diverses classes et de leur ancienneté les oblige[1] de marcher et de se placer entre eux comme ils se rencontrent, et que les titres de duc, prince, marquis et comte leur sont indifférents, jusque-là que le marquis de Villena porte toujours ce titre de préférence à celui de duc d'Escalona qu'il a aussi, parce qu'il se prétend le premier marquis de Castille, quoique cette qualité ne lui donne quoi que ce soit, je n'ai pu que choisir l'ordre alphabétique pour donner ici la liste des grands d'Espagne, par laquelle on verra qu'il y en a bien plus que de ducs en France, même sans y comprendre ceux qui ont été faits depuis mon retour d'Espagne, ni ceux qui vivent et sont établis hors de l'Espagne. A l'égard de leurs différentes nations, elles se reconnoîtront aisément par les noms de leurs maisons; on remarquera seulement qu'aucun grand espagnol n'a porté le titre de prince jusqu'à présent. Ajoutons seulement ici que l'opinion commune en Espagne, et qui usurpe l'autorité de la notoriété publique, admet un premier ordre de grands devenus insensiblement tels de ricos-hombres qu'ils

1. *Obligent*, au manuscrit.

étoient lors de l'établissement des grands par Charles V, au lieu des ricos-hombres, qu'il abolit. Mais il faut remarquer en même temps que ce premier ordre de grands d'Espagne, dont la liste va suivre, ne leur donne aucune sorte de préférence ni de distinction sur pas un des autres grands les plus modernement faits, ce qui me les fera insérer de nouveau dans la liste générale qui suivra immédiatement celle-ci. Comme il y en a de cette première liste plusieurs qui ont passé depuis en d'autres maisons, je me contenterai, dans la liste générale, de marquer d'une croix à côté du nom de maison des grands, celles qui dans cette liste-ci ont passé de l'état de ricos-hombres à celui de grand d'Espagne[1].

LISTE EXPLIQUÉE A LA FIN DE LA PAGE PRÉCÉDENTE.

Castille.		Aragon.	
Ducs de	*Marquis de*	*Ducs de*	*Marquis*
Medina Celi.	Villena.	Ségorbe.	d'Ayétone.
Escalone.	Astorga.	Montalte.	
l'Infantade.			
Albuquerque.	*Comtes de*		
Albe.	Benevente.		
Bejar.	Lemos.		
Arcos.			

PLUSIEURS Y AJOUTENT :

Ducs de	*Marquis*	
Medina Sidonia.	d'Aguilar.	Ces cinq-ci à côté sont, à
Najara.		la vérité, si fort en tout des
Frias, connétable,		plus grands et des plus dis-
Medina di Rio-		tingués seigneurs, qu'on
seco, amirante,		auroit peine à leur dispu-
héréditaires.		ter la même origine des
		précédents.

1. Comme on le verra dans la liste qui finit le chapitre 1ᵉʳ, ce n'est point par une croix, mais par les initiales R. H., que Saint-Simon a marqué ceux qui de ricos-hombres étaient devenus grands d'Espagne.

GRANDS D'ESPAGNE EN ORDRE ALPHABÉTIQUE EXISTANTS EN TOUS PAYS
PENDANT QUE J'ÉTOIS EN ESPAGNE,
1722.

Ducs de :

ABRANTÈS est Alencastro. Voir page [1].

9[2] ALBE est Tolède[3]. Jean II, roi de Castille, fit don, en 1430, de la ville d'Albe en titre de comté, dans le pays de Salamanque, à Guttiere Gomez de Tolède, évêque de Palancia, puis archevêque de Séville, enfin de Tolède, qui le légua à son neveu Ferd. Alvarez de Tolède, dont le fils, Garcia Alvarez de Tolède, qui lui succéda, fut fait duc d'Albe, en 1469, par les rois catholiques. On avertit, une fois pour toutes, que les rois catholiques, dont il sera souvent parlé, sont les célèbres Ferdinand, roi d'Aragon, et Isabelle, reine de Castille, dont le mariage réunit ces deux couronnes et les conquêtes sur les Maures, qu'ils repoussèrent en Afrique, leur acquit toutes les Espagnes excepté le Portugal. Ce premier duc d'Albe fut de mâle en mâle bisaïeul du duc d'Albe, trop fameux par ses cruautés aux

---

1. Pages 458-460 de notre tome II.
2. Voyez ci-dessus, p. 3, la première phrase du chapitre.
3. Il est certain que cette maison tire son nom de la ville archiépiscopale de Tolède, capitale de la Castille-Nouvelle, et qu'il y a des seigneurs de maison entièrement différente, qui portent ce même nom, pour distinction de quoi la maison d'Albe a pris le nom ou avant-nom d'Alvarez de Tolède. Pourquoi et comment ce nom de Tolède est devenu celui de ces Albe et de ces autres seigneurs différents, c'est ce qui est caché dans l'obscurité des temps, et qui ne peut être venu que d'exploits militaires faits à Tolède, dont le nom leur aura été approprié pour honorer l'exploit et en conserver la mémoire; car pas un d'eux n'a jamais rien possédé dans Tolède qui ait pu leur en faire prendre le nom. On en doit dire le même du nom de Cordoue, qui se trouvera dans cette liste, et que le fameux Gonzalve, si connu sous le nom tout court de grand capitaine, a comme consacré en le portant, et pareillement du nom de Léon de la maison Ponce de Léon, mais qui vient de descendance des rois de Léon.
On verra ici que je ne m'étends guère que sur les grands espagnols.
Il faut remarquer que *j* se prononce *c*, mais un peu de la gorge, comme dans le nom de Bejar et autres semblables, et que *n* avec un tiret dessus se prononce en le mouillant, comme dans le nom de Baños, qui se prononce Bagnos, et autres pareils.

(*Note de Saint-Simon.*)

Pays-Bas, et par la facile conquête du Portugal, dont, peu avant de mourir, il s'empara pour Philippe II, après la mort du cardinal Henri, roi de Portugal. Son fils aîné, premier duc d'Huesca, mourut sans enfants. Il avoit un frère dont le fils lui succéda; il s'appeloit Ant. de Tolède Beaumont, parce que sa mère, Briande de Beaumont, étoit héritière du comté de Lerins et des offices de connétable et de chancelier héréditaire de Navarre, où cette maison avoit si longtemps et si grandement figuré. De ce cinquième duc d'Albe est venu, de mâle en mâle, le duc d'Albe mort à Paris [1711][1] ambassadeur d'Espagne. Y ayant perdu son fils unique, l'oncle paternel de ce neuvième duc d'Albe, lui succéda. Il avoit suivi l'archiduc et s'étoit retiré à Vienne, où le comte de Galve, frère du duc de l'Infantade, épousa sa fille. Son beau-père fit enfin sa paix, revint à Madrid, et s'y couvrit comme duc d'Albe. Le duc del Arco, parrain de mon second fils pour sa couverture, prit ce duc d'Albe pour lui aider à en faire les honneurs. Je l'ai fort peu vu à Madrid, où il menoit une vie fort retirée. Il y passoit pour un bon et honnête homme. Il me parut fort poli et savoir l'être en grand seigneur. Ces Tolèdes se distinguent d'autres Tolèdes par le prénom d'Alvarez.

ALBUQUERQUE, Bertrand la Cueva. Henri IV, roi de Castille, fit don, 1464, d'Albuquerque, dans l'Estrémadure castillane, à Bertrand de la Cueva, et l'érigea en même temps en duché pour lui, alors comte de Ledesma, dont la postérité masculine finit vers le xve siècle. M. de la Cueva, héritière, porta le duché d'Albuquerque en mariage à un François nommé Hugues Bertrand, qui prit le nom seul et les armes de la Cueva, duquel toute cette maison descend aujourd'hui. Ce duché y a toujours été conservé par le soin qu'on a pris d'y marier toujours les filles héritières. Cet heureux François ne pouvoit pas être un homme du commun pour trouver un tel établissement en

---

1. La date est restée en blanc.

Espagne. On ne peut néanmoins dire qui il étoit; mais on connoît des Bertrand qui, dès avant 1040, étoient barons de Briquebec en Normandie, qui ont grandement figuré de père en fils, et immédiatement alliés aux maisons des comtes d'Aumale, de Trie, de Tancarville, de Craon, de Nesle, d'Estouteville, de Coucy, de Sully, cadets des comtes de Champagne, Paynel et Chabot. Robert Bertrand, baron de Briquebec, vicomte de Roncheville, connétable de Normandie, fit, comme seigneur d'Honnefleur, des dons à l'abbaye du Bec, en 1240. Il fut grand père de Robert VII Bertrand, lieutenant du Roi en Guyenne, Saintonge, Normandie et Flandres, maréchal de France en 1325. Il fut présent à l'hommage qu'Édouard III, roi d'Angleterre, rendit en 1329, à Amiens, à Philippe de Valois, eut divers autres grands emplois, mourut en 1348, et ne laissa que des filles. Il eut un frère évêque-comte de Beauvais, pair de France, et un autre frère, vicomte de Roncheville, dont pourroit bien être sorti ce Hugues Bertrand si bien établi en Espagne. Mais quelque favorable que puisse en être la conjecture, elle est sans aucune sorte de preuves.

Le douzième duc d'Albuquerque, que j'ai vu en Espagne, étoit petit-fils d'une duchesse d'Albuquerque, laquelle étoit aussi la Cueva, qui avoit beaucoup d'esprit et de lecture, et qui tenoit presque tous les jours chez elle une assemblée de savants et de personnes distinguées et de bonne compagnie. Elle fut camarera mayor de la reine Louise, fille de Monsieur, lorsqu'elle obtint que la duchesse de Terranova, qui l'étoit fût renvoyée, ce qui étoit sans exemple en Espagne. Cette duchesse d'Albuquerque la fut aussi de la palatine de Neubourg, seconde femme de Charles II, dont elle obtint la vice-royauté du Mexique, vers la fin de son règne, pour ce duc d'Albuquerque son petit-fils, où il étoit lors de l'avénement de Philippe V à la couronne. Il se mit fort bien avec lui en lui envoyant, aussitôt après qu'il en fut informé, un grand secours d'argent, hors les temps accoutumés, qui arriva fort heureusement et fort à propos. Il y perdit sa femme, et à ce qu'il me dit, son estomac, tellement qu'il ne mangeoit plus que des potages. Ce fut son excuse de se trouver aux repas de cérémonie que je donnai. A la fin il me dit, sur le dernier, dont par règle je le conviai pour la Toison de mon fils aîné, qu'il ne pouvoit plus me refuser toujours. Il y vint donc et me parut surpris du service, où il y avoit quantité de potages ; il mangea de tous, mais il se contenta, pour tout le reste, de quelques petites mies de pain qu'il trempa dans toutes les sauces, une seule fois par plat et témoignoit les trouver fort bonnes.

La première fois que je le vis, ce fut dans une porte de l'appartement de la reine, à mon audience de cérémonie. J'aperçus devant moi, tout contre, un petit homme trapu, mal bâti, avec un habit grossier sang de bœuf, les boutons du même drap, des cheveux verts et gras qui lui battoient les épaules, de gros pieds plats et des bas gris de porteur de chaise. Je ne le voyois que par derrière, et je ne doutai pas un moment que ce ne fût le porteur de bois de cet appartement. Il vint à tourner la tête, et me montra un gros visage rouge, bourgeonné, à grosses lèvres et à nez épaté ; mais ses cheveux se dérangèrent par ce mouvement et me laissèrent apercevoir un collier de la Toison. Cette vue me surprit à tel point que je m'écriai tout haut : « Ah ! mon Dieu ! qu'est-ce que cela ? » Le duc de Liria, qui étoit derrière moi, jeta les mains à l'instant sur mes épaules, et me dit : « Taisez-vous, c'est mon oncle. » Le duc de Veragua et lui me le nommèrent et me le présentèrent aussitôt. Je l'ai fort vu depuis : c'étoit un homme d'esprit, très-instruit, fin et adroit courtisan, qui avoit su tirer de la cour et s'y maintenir bien et en considération dans le monde. Sa conversation étoit agréable, polie, instructive. Il avoit vis-à-vis l'Incarnation, un des plus beaux palais de Madrid et des plus vastes, magnifiquement meublé avec force argenterie, et jusqu'à beaucoup de bois de meubles qui, au lieu d'être de bois, étoient d'argent. Il étoit fort riche, et par-

loit assez bien françois. Il avoit plusieurs fils : l'aîné, déjà
âgé, dont on disoit beaucoup de bien, et qui, avant mon
départ, fut un des gentilshommes de la chambre du prince
des Asturies.

Duc del Arco, Manrique de Lara. Quoique grandement
et prochainement allié, il n'étoit pas reconnu unanimement pour être d'une si grande origine, quoique ses pères
en eussent toujours porté le nom. La fortune du sien étoit
médiocre, et lui crut en avoir fait une que d'être parvenu à une des quatre places de majordomes de Philippe V, tôt après son arrivée en Espagne. C'est ce qui me
fait différer à parler de cette maison sous un autre titre.
C'étoit un grand homme parfaitement bien fait, blond,
chose très-rare dans un Espagnol, d'un visage agréable,
l'air noble et naturel, l'abord gracieux, poli et attentif
pour tout le monde, doux et néanmoins ferme et nullement ployant. Il fut tel toute sa vie sans que la faveur y
ait jamais rien altéré. Il étoit adroit en toutes sortes d'exercices, grand toréador et fort brave. Il s'étoit fort distingué à la suite du roi dans ses armées en Italie et en
Espagne; le roi prit du goût pour lui fort peu après qu'il
fut majordome, et lui d'un grand attachement pour le
roi ; cette amitié réciproque parut bientôt en tout et n'a
jamais souffert la moindre éclipse, tellement que tout *in
minoribus* qu'il étoit encore, jamais le cardinal Alberoni
n'a pu ni le gagner ni l'entamer. Le roi le fit son premier
écuyer, et il étoit dans cette charge lors de deux actions
qu'il fit, qui redoublèrent extrêmement l'estime et l'amitié
du roi pour lui. La première fut à une chasse où le roi
blessa un sanglier qui vint sur lui, et qui l'eût tué si dans
l'instant don Alonzo Manrique ne se fût jeté entre-deux
et dessus, et ne l'eût tué. La seconde fut encore à une
chasse où le roi et la reine sa première femme étoient à
cheval. Ils se mirent à galoper ; la reine tomba le pied
pris dans son étrier, qui l'entraînoit. Don Alonzo eut
l'adresse et la légèreté de se jeter à bas de son cheval et
de courir assez vite pour dégager le pied de la reine.

Aussitôt après il remonta à cheval et s'enfuit à toutes jambes jusqu'au premier couvent qu'il put trouver. C'est qu'en Espagne toucher au pied de la reine est un crime digne de mort. On peut juger que la rémission lui fut bientôt accordée, avec de grands applaudissements.

Sa faveur croissant toujours, le roi fit en sorte que le duc de la Mirandole voulut bien se démettre de la charge de grand écuyer qu'il avoit, dont les honneurs et les appointements lui furent conservés, et la donna à don Alonzo Manrique, qu'il fit en même temps duc del Arco et grand d'Espagne. Il étoit noble en toutes ses manières, et magnifique et libéral en tout, avec cela extrêmement simple et modeste et d'un esprit sage mais médiocre, et beaucoup d'équité et de ménagement. Il avoit l'air si parfaitement et si naturellement françois, qu'il auroit passé dans Paris pour l'être, et que j'en fus surpris extrêmement. Avec sa faveur, il ne se voulut jamais mêler de rien, ne demanda jamais rien pour lui, et passa même toute circonspection dans son extrême retenue à demander pour les autres. Par sa charge, il avoit celle de toutes les chasses, où il suivoit toujours le roi, et étoit très-charitable et très-judicieux à l'égard de ces milliers de paysans employés sans cesse aux battues, dont je parlerai en leur lieu, et c'étoit encore lui qui, comme grand écuyer, ouvroit et fermoit la portière du carrosse du roi. De tous les gentilshommes de la chambre, lui et le marquis de Santa-Cruz étoient seuls toute l'année en exercice ; ainsi il falloit habiller et déshabiller le roi tous les jours, et l'hiver porter une bougie dans un flambeau devant lui, depuis son carrosse jusqu'à son cabinet. Tant de fonctions et de détails de charges l'obligeoient à une incroyable assiduité, qui m'empêcha de pouvoir être en commerce avec lui autant que lui et moi l'aurions souhaité. Il portoit derrière sa médaille de chevalier de Saint-Jacques un petit portrait du roi en miniature[1], qui étoit très-ressemblant. Il se

---

1. L'orthographe de Saint-Simon est *mignature*.

retira avec lui à Saint-Ildefonse à son abdication, et revint avec lui à la mort du roi Louis. Il eut la Toison et le Saint-Esprit, et mourut longues années après, presque aveugle, sans enfants; son frère, assez obscur, hérita de sa grandesse.

6 Arcos, Ponce de Léon. Jean II, roi de Castille, avoit donné le comté de Medellin à Pierre Ponce de Léon en récompense de ses services contre les Maures. Il étoit lors cinquième seigneur de Marchea, et le lui retira en 1440 en lui donnant en titre de comté Arcos en Andalousie. Cette maison prétend sortir des anciens comtes de Toulouse. Rodrigue, troisième comte d'Arcos, petit-fils du premier par mâles, fut fait en 1484, marquis d'Arcos et duc de Cadix par les rois catholiques. Faute de mâles, sa fille porta Arcos, etc., en mariage au petit-fils par mâles de son grand-oncle paternel. Les rois catholiques lui retirèrent Cadix, et en échange le firent, en 1498, duc d'Arcos, et lui donnèrent d'autres terres. Celui que j'ai vu fort familièrement à Madrid étoit le septième duc d'Arcos de mâle en mâle, fils de l'héritière d'Aveiro si comptée en Espagne, dont il est parlé p. 249[1], et le même dont il est parlé p. 283[2], à propos du voyage forcé qu'il fit en France et en Flandres avec le comte de Baños, son frère. Ce duc d'Arcos étoit un homme d'une belle et noble représentation, sa femme aussi, très-riches et très-magnifiques, ayant un très-beau et grand palais, des meubles admirables, et fort aumôniers et gens de bien, fort considérés à Madrid, fréquentant peu la cour et se plaisant en leurs haras et à la plus superbe écurie d'Espagne en nombre et en beauté de chevaux; tous deux très-polis, beaucoup d'esprit et de grandeur, et le duc d'Arcos fort instruit, et du goût pour les livres; tous deux parlant bien françois, et de fort agréable conversation; et même libre avec moi.

1. Pages 458 et 459 de notre tome II. C'est à la page 251 de son manuscrit que Saint-Simon aurait dû renvoyer.
2. Page 85 de notre tome III.

AREMBERG, Ligne, étoit en Flandres, attaché à la cour de Vienne.

ARION, Sotomayor y Zuniga. Je parlerai de cette maison sous le titre de Bejar. Ce duc d'Arion étoit oncle paternel du duc de Bejar, quoique de peu plus âgé que lui. Il portoit le nom de marquis de Valero, et il étoit un des quatre majordomes du roi quand Philippe V arriva en Espagne, qui prit pour lui un goût et une estime qui a toujours duré; il étoit vice-roi du Mexique lorsque j'étois en Espagne, où il étoit en vénération; c'est lui que le roi d'Espagne, bien qu'absent, fit majordome-major de la princesse des Asturies, puis duc d'Arion et grand en arrivant en Espagne peu après que j'en fus parti.

ATRI, Acquaviva, Napolitain, frère du cardinal Acquaviva et neveu d'un autre cardinal Acquaviva; il étoit capitaine des gardes du corps de la compagnie italienne, et en Italie lorsque j'étois en Espagne.

ATRISCO, Sarmiento.

BAÑOS, Ponce de Léon, frère du duc d'Arcos. Il s'étoit retiré et établi en Portugal dans les biens d'Aveiro, de sa mère, lorsque j'étois en Espagne.

BEJAR, Sotomayor y Zuniga. Les rois catholiques érigèrent cette terre, qui est en Estrémadure, en 1488, pour Alvar de Zuniga, second comte de Placencia, et dès 1460 fait duc d'Arevalo par les rois catholiques, qui peu après mirent ce titre sur Placencia, et enfin sur Bejar, et réunirent à leur couronne Arevalo et Placencia. La nièce du second duc de Bejar en hérita, et porta Bejar en mariage, en 1533, à Fr. de Sotomayor, cinquième comte de Belalcazar, dont le fils, qui joignit à son nom celui de Zuniga, fut quatrième duc de Bejar. Cette maison de Sotomayor, dans laquelle cette grandesse s'est depuis continuée de mâle en mâle, descend masculinement de Guttière de Sotomayor, grand maître de l'ordre d'Alcantara, mort 1456, dont le fils aîné, Alph., fut créé comte de Belalcazar par Henri IV, roi de Castille. Le douzième duc de Bejar est celui que j'ai connu familièrement en Espagne.

C'étoit un homme d'esprit, sage, timide, qui desiroit fort quelque utile réformation dans le gouvernement, et qui m'en entretint particulièrement plusieurs fois avec le comte de Priego en tiers, son ami intime, par qui il m'avoit fait demander ces conversations, et qui, me voyant si bien avec Leurs Majestés Catholiques et avec le marquis de Grimaldo, desiroient ardemment que je m'y employasse, ce que je ne jugeai point du tout à propos, quoique, au fond, je pensasse comme eux, ce que je ne leur désavouai pas, ainsi que l'impossibilité radicale du remède. Ce duc de Bejar étoit fort honnête homme, instruit et fort pieux; il avoit eu dès l'âge de six ans, chose unique, la Toison de son père, tué, en 1686, volontaire au siége de Bude. L'Empereur s'intéressa fort pour cette grâce si singulière. Longtemps depuis mon retour il maria son fils aîné à une fille du prince de Pons Lorraine, qui fut dame du palais de la reine, et quelques années après il fut majordome major du prince des Asturies, gendre du roi de Portugal.

Berwick, Fitzjames, bâtard de Jacques II, roi d'Angleterre, étant duc d'York et de la sœur du fameux duc de Marlborough, duc et pair de France et d'Angleterre, maréchal de France, général des armées de France et d'Espagne, chevalier des ordres de la Jarretière, de la Toison d'or et du Saint-Esprit, gouverneur de Limosin, tué devant Philisbourg, dont il faisoit le siége, en [1734[1]]. Je remets au titre de Liria à parler de cette grandesse.

Bournonville, *idem.* Cette maison est originaire du Boulonois, où est la terre de Bournonville dont elle tire son nom, et connue dès 1070; longtemps François, puis transplantés en Flandres. Il s'agit ici de Michel-Joseph de Bournonville, qui a longtemps porté le nom de baron de Capres. Son père, frère cadet du père de la première maréchale de Noailles, mourut en 1718 gouverneur d'Ou-

---

1. Saint-Simon a laissé cette date en blanc.

denarde et lieutenant général des armées de Philippe V, et sa mère étoit Noircarmes Sainte-Aldegonde, seconde femme de son mari. Le baron de Capres monta par les degrés en Flandres au service d'Espagne; il fit si bien sa cour aux maîtresses de l'électeur de Bavière qu'avec fort peu de réputation dans le monde et de pas plus à la guerre, il devint lieutenant général et chevalier de la Toison d'or, qu'il reçut en 1710 des mains de l'électeur à Compiègne. N'ayant plus rien à gagner avec lui, il passa en Espagne, où il s'attacha servilement à la princesse des Ursins, qui, comme on l'a vu ailleurs, l'envoya de sa part à elle à Utrecht pour cette souveraineté qu'elle vouloit qu'on lui établît, et qui accrocha si étrangement la paix d'Espagne. Bournonville ne put être admis à Utrecht, y fut méprisé comme il le fut aussi en France et en Espagne de s'être chargé d'une si vile commission. Mais avec un esprit médiocre, il l'avoit très-souple, à qui les bassesses, quelles qu'elles fussent, ne coûtoient rien, et qui l'avoit tout tourné aux intrigues et à la fortune, avec force langages et beaucoup de désinvolte[1] et de grand monde. Ce bel emploi lui dévoua entièrement la princesse des Ursins, qui le mit si bien auprès du roi d'Espagne que, même après sa chute à elle, il fut fait, en 1715, grand d'Espagne et bientôt après capitaine des gardes du corps de la compagnie wallonne; il prit le nom de duc de Bournonville et eut encore la clef de gentilhomme de la chambre, mais pas un d'eux n'en avoit aucune sorte de fonction que le duc del Arco et le marquis de Santa Cruz.

J'en reçus à Madrid toutes les avances et toutes les caresses imaginables. Il vouloit aller ambassadeur en France, où résolùment on n'en vouloit point, dont il se doutoit bien. C'étoit donc pour lever cet obstacle qu'il me courtisoit. J'avois ordres de l'y barrer sous main, même à découvert de la part du Roi s'il étoit nécessaire.

1. Voyez tome X, p. 29.

C'étoit un éclat que je voulus éviter, qui me coûta un vrai tourment les derniers mois que je passai en Espagne, parce qu'ils se passèrent en importunités journalières là-dessus de sa part, et en efforts de la mienne, pour lui en faire perdre la pensée, jusqu'à la veille de mon départ qu'il m'obséda deux heures le soir dans la cour du Retiro, pour me persuader de l'intérêt qu'on avoit en France de l'y avoir ambassadeur, et me conjurer de le persuader à M. le duc d'Orléans et au cardinal du Bois. S'il ne réussit pas dans ce dessein, il obtint en 1726 l'ambassade de Vienne, dont il n'eut pas lieu d'être content; mais, accoutumé à savoir se replier, il ne laissa pas d'être nommé, l'année suivante, premier plénipotentiaire au congrès de Soissons, où il ne se fit que des révérences et des repas, d'où il retourna en Espagne, peu content de Paris et de notre cour, malgré la protection des Noailles, auxquels il étoit fort homogène, excepté à sa cousine la maréchale, à qui il ne ressembloit point, car il étoit faux au dernier point, et le sentoit de fort loin, et d'une avarice extrême.

Il avoit un frère aîné sans fortune dont il prit le fils auprès de lui. Il n'étoit point marié, et son dessein étoit de lui faire tomber sa grandesse et sa charge. Il étoit fort parmi le monde pendant que j'étois à Madrid, et en même temps peu desiré, peu estimé et peu compté.

Doria, *idem*, à Gênes, dont il est d'une des quatre premières maisons.

Estrées, *idem*, François, à Paris. On a vu en son lieu comment il fut fait grand. Éteint.

Frias, Velasco, en Castille, près de Burgos. Les rois catholiques l'érigèrent en duché pour Bernardin Fernandez de Velasco, troisième comte d'Haro, et connétable de Castille après son père, office personnel jusqu'à ce second connétable, qui le rendit héréditaire, tellement qu'ils ont été bien plus connus sous le seul nom de connétables de Castille, que sous celui de ducs de Frias, grandesse qui, pour être toute masculine, n'est jamais sortie de la maison de Velasco. Cette illustre maison, qui a fait plusieurs branches, vient toute de J. de Velasco, ricohombre et seigneur de Bibriesca et de Pomar avant 1400. Les offices de connétable et d'amirante avoient anciennement des rangs, des droits et des fonctions dans les divers royaumes dont ils l'étoient, qui composent celui d'Espagne ; mais devenus depuis longtemps héréditaires, par conséquent abusifs, tout ce qui y étoit attaché s'étoit tellement perdu qu'il n'en restoit plus que le titre, qui n'étoit que pour les oreilles, et ne donnoit plus quoi que ce soit. Cette inutilité, l'insolence et la perfidie de l'amirante, et l'enfance du connétable engagèrent Philippe V, il y a quelques années, à en supprimer même les titres pour toujours par un diplôme exprès et sans dédommagement, parce que ce n'étoit qu'un titre vain et vide de tout. Je n'ai point vu le dernier de ces connétables, parce que son jeune âge l'empêchoit encore de paroître dans le monde. Il étoit fort riche et fort grand seigneur, le dixième duc de Frias.

GANDIE, Llançol dit Borgia, au royaume de Valence, près de la mer. Alph. Borgia, fait cardinal, 1445, par Eugène IV, succéda, 1455, à Nicolas V, prit le nom de Calixte III, et mourut 1458. Sa sœur avoit épousé Geoffroy Llançol, d'une ancienne maison du royaume de Valence, aux enfants duquel le pape Calixte III fit prendre le nom et les armes de Borgia, dont il ne restoit plus de mâles. Geoffroy Llançol eut de la sœur du Pape deux fils et trois filles : P. L. Borgia, préfet de Rome, et Rodriguez Borgia, qui fut pape sous le nom d'Alexandre VI, lequel, étant cardinal, avoit eu de Venosa, femme de Dominique Arimano, Romain, quatre fils et une fille, qui épousa successivement J. Sforze, seigneur de Pesaro, Alph. d'Aragon, duc de Bisceglia, et Alph. d'Este, duc de Ferrare. Les fils furent Pierre-Louis Borgia, par Ferdinand le Catholique fait duc de Gandie, en 1485, qui mourut accordé avec M. Enriquez, fille de l'amiral de Sicile ; César Borgia, d'abord cardinal qu'il ne demeura pas, et qui devint célèbre par ses crimes, sous le nom de duc de Valentinois; J. Borgia, qui succéda au duché de Gandie de son frère aîné, et qui épousa M. Enriquez, qui lui avoit été destinée ; enfin Godefroy Borgia, prince d'Esquillace, marié à une bâtarde d'Alphonse, roi d'Aragon, et dont la branche qui a duré longtemps s'est éteinte. César Borgia fit tuer J. Borgia dans Rome, et jeter son corps dans le Tibre ; mais il laissa un fils et une fille. Ce fils fut J. II Borgia, duc de Gandie, qui de J., fille d'Alph., bâtard de Ferdinand, roi d'Aragon, laissa François Borgia, duc de Gandie, qui, après avoir perdu sa femme, Fr. de Castro, se fit jésuite, dont il fut bientôt après général : c'est le célèbre saint François de Borgia, mort 1572, et canonisé cent ans après. Il laissa une grande postérité, qui se divisa en plusieurs branches, desquelles l'aînée a toujours masculinement conservé le duché et le titre de duc de Gandie. C'est le treizième duc de Gandie, que j'ai vu en Espagne, jeune, sans monde ni esprit, obscur et embarrassé de tout, que toutefois la considération de son nom, du duc d'Hijar son beau-père, du cardinal Borgia son oncle, fit l'un des deux gentilshommes de la chambre du prince des Asturies à son mariage.

Giovanezzo, del Giudice, Génois transplanté à Naples. C'étoit le prince de Cellamare, ambassadeur en France, qui ourdit avec le duc et la duchesse du Maine la conspiration dont il a été parlé, et tant de lui à cette occasion qu'il n'en reste rien à ajouter ici, non plus que sur le cardinal del Giudice, son oncle paternel, dont il a été tant parlé ici, tant à l'occasion de son voyage à Paris, qu'à celle de son expulsion d'Espagne par le cardinal Alberoni. Son frère, le vieux duc de Giovenazzo, qui avoit encore plus d'esprit et d'intrigue que lui, et bien plus de sens, alla s'établir en Espagne, où il parvint à une grande considération. Charles II le fit grand, mais seulement pour trois races, et enfin conseiller d'État. Son fils Cellamare, qui, étant encore ambassadeur à Paris, prit à sa mort le nom de duc de Giovenazzo, avoit épousé à Rome une Borghèse, veuve du duc de la Mirandole, et mère du duc de la Mirandole que je trouvai établi en Espagne. Cellamare en avoit une fille unique demeurée à Rome dans un couvent, qui avoit cette troisième race de grandesse et de grands biens à porter au mari qui l'épouseroit. On la disoit étrangement laide. Je ne sais ce qu'elle est devenue.

Longues années après mon retour, la cour d'Espagne fit un long voyage à Cadix, Séville, Grenade, etc., et don Joseph Patiño étoit lors premier ministre et chef des finances en particulier. Cellamare, je l'appelle toujours ainsi, y étoit comme grand écuyer de la reine, charge qu'il avoit dès le temps qu'il étoit à Paris. Patiño avoit le défaut d'être également infatigable en promesses réitérées et en inexécutions, même de choses à faire sur-le-champ, surtout quand il s'agissoit d'argent. Il y avoit longtemps qu'il menoit Cellamare de la sorte sur le payement de l'écurie de la reine, livrée, fourrages et réparations de voitures, dont Cellamare étoit outré, n'osant trop pousser un premier ministre dans le plus haut crédit et la puissance la plus vaste et la plus absolue. La chose traîna ainsi jusqu'au départ de la cour pour revenir à Madrid, toujours en promesses, et la plupart d'être payé sur-le-champ, sans jamais d'exécution la plus légère. Le matin du départ, Cellamare fut chez Patiño lui représenter l'état de l'écurie de la reine, etc.; il en eut peu de satisfaction, il se fâcha, en vint aux grosses paroles, et entra dans une telle colère qu'il eut peine à regagner son logis, où il se trouva si mal qu'il en mourut le jour même, à près de quatre-vingts ans.

Gravina, des Ursins, à Naples et à Rome. C'est à présent l'aîné de cette grande maison, si tant est qu'il en reste d'autres branches. Mme des Ursins fit donner la grandesse au duc de Gravina, neveu du pape Benoît XIII.

Havrec, Croy, en Flandres. Philippe III l'érigea en duché pour Ch.-Alex. de Croy, de la branche d'Arschot, qui, de gentilhomme de la chambre de l'archiduc Albert, et conseiller au conseil de guerre à Bruxelles, prit le nom de duc de Croy après la mort de Ch. duc de Croy, son cousin et son beau-frère. Philippe III le fit conseiller d'État, surintendant des finances des Pays-Bas, chevalier de la Toison d'or et grand d'Espagne. Il fut tué dans sa maison à Bruxelles, à cinquante ans, en 1624, d'un coup de mousquet qui lui fut tiré par une fenêtre. Il avoit épousé, en 1599, Yolande, fille de Lamoral, prince de Ligne, dont il n'eut qu'une fille unique, qui porta sa grandesse et tous ses biens en mariage à P.-Fr., second fils de Ph. de Croy, comte de Solre, qui prit par elle le nom de duc d'Havrec. Il fut chevalier de la Toison d'or, gouverneur de Luxembourg et du comté de Chiny, et chef des finances des Pays-Bas, mort à Bruxelles en 1650. Son fils unique, Ferd.-Fr.-Jos. de Croy, duc d'Havrec, fut chevalier de la Toison d'or et mourut à Bruxelles en 1694. Il avoit épousé, en 1668, l'héritière d'Halluyn dans le chateau de Wailly près d'Amiens, dont il eut Ch.-Jos. duc d'Havrec, tué sans alliance à la bataille de Saragosse, 10 septembre 1710, lieutenant général et colonel du régiment des gardes wallonnes, et J.-B.-Joseph duc d'Havrec, et colonel du régiment des gardes wallonnes après son frère. La princesse des Ursins lui fit épouser la fille de sa sœur et d'Ant. Lanti, dit della Rovere, seigneur romain, à qui sa belle-sœur procura l'ordre du Saint-Esprit en 1669. La chute de la princesse des Ursins attira des dégoûts au duc et [à] la duchesse d'Havrec, qui étoit dame du palais de la reine. Le duc d'Havrec quitta l'Espagne et se retira en France avec sa femme, et mourut à Paris en 1627. Il laissa deux fils, dont l'aîné, duc d'Havrec, grand d'Espagne, s'est fixé au service de France où il est lieutenant général, et a épousé une fille du maréchal de Montmorency, dernier fils du maréchal-duc de Luxembourg. Le cadet s'est marié en Espagne à la fille héritière du frère de sa mère, qui, comme on le verra ci-après, le fera grand d'Espagne.

Hijar, Silva, ancienne baronnie en Aragon, puis duché, a passé d'héritière en héritière en différentes maisons, et enfin en celle de Silva, où elle ne fut que sur une seule tête par son mariage, dont une seule fille héritière, qui porta ses biens et cette grandesse à Rodrigue de Silva y Sarmiento et Villandrado, comte de Salinas et Ribadaneo, second marquis d'Alenquer, mort au château de Léon, prisonnier d'État, ayant trempé dans la conjuration de Ch. Padille contre Philippe IV. Son fils aîné, duc d'Hijar, eut des fils qui n'eurent point d'enfants, et laissèrent leur sœur héritière, qui porta ses biens et cette grandesse en mariage, décembre 1688, à son cousin paternel Frédéric de Silva y Portugal, marquis d'Orani, dont le petit-fils, par mâles, est le huitième duc d'Hijar, que j'ai vu en Espagne, qui fréquentoit peu la cour et le monde, mais qui avoit de la considération. Je l'ai fort peu vu, et point du tout fréquenté.

L'Infantado, Silva. Cette maison, cette grandesse et le duc del Infantado, du temps de mon ambassade en Espagne, sont traités ci-devant, p. 2617 et 2618 [1], en sorte qu'il n'en reste rien à expliquer ici, sinon que l'érection en est des rois catholiques en 1475, sous le nom de l'Infantado, et d'héritière en héritière tomba enfin, vers 1657, dans la maison de Silva, au cinquième duc de Pastrana [2].

Pastrana, terre en Castille, vendue avec d'autres, en 1572, par Gaspard-Gaston de la Cerda et Mendoza, à Ruy Gomez de Silva, prince d'Eboli, qu'il fit peu après ériger en duché et grandesse pour lui par Philippe II, qui l'avoit fait grand d'Espagne et duc d'Estremera dès 1568; et le nouveau duc de Pastrana en préféra le titre à celui de duc d'Estremera, qu'il quitta. Il eut plusieurs enfants d'Anne Mendoza y la Cerda, son épouse, favorite si déclarée de Philippe II, dont descendent, outre les ducs de Pastrane, les comtes de Salinas, les ducs d'Hijar, et les marquis d'Orani, d'Elisede et d'Aguilar. L'aîné, Roderic de Silva y

---

1. Pages 426-430 de notre tome XVII.
2. Voir ci-après p. 2656. (*Note de Saint-Simon.*) L'article qui suit, relatif à Pastrana, se trouve en effet plus loin, à la page 2656 du manuscrit, avec cette mention en titre : *Article à ajouter à celui de l'Infantado, p. 2628*, et avec cette autre mention en marge : *Article sur Pastrana à ajouter à celui del Infantado.*

Mendoza, fut second duc de Pastrane et troisième prince d'Eboli, et grand-père d'autre Roderic de Silva, cinquième duc de Pastrane, qui devint duc de l'Infantado et de Lerma par sa femme, sœur et héritière de Roderic Diaz de Vivar Hurtado de Mendoza et Sandoval, septième duc del Infantado, mort sans enfants en janvier 1657, et de Diego Gomez de Sandoval, mort aussi sans enfants, juillet 1668. Le duc del Infantado, du temps que j'étois en Espagne, est petit-fils du duc de Pastrane, devenu, comme il vient d'être expliqué, duc de l'Infantado, dont les Silva, depuis cette époque, ont préféré le titre à celui de duc de Pastrana.

Il résulte de ce détail que la date de la grandesse del Infantado doit être prise de la première qu'il ait eue, qui est celle de 1568 de duc d'Estremera, qui, sous Charles V, a passé de l'état de rico-hombre à celui de grand d'Espagne.

LICERA, y Aragon.

LIÑARÈS, Alencastro. Voir p. 249[1], à quoi rien ici à ajouter, sinon que la grandesse étant tombée à l'évêque de Cuença, qui en prit le titre et cessa de porter le nom d'évêque de Cuença, je le laissai en partant d'Espagne sans avoir fait sa couverture, parce qu'il vouloit la faire avec son bonnet, et que les grands s'y opposoient et vouloient qu'il se couvrît avec son chapeau. Cette contestation, qui duroit depuis longtemps, retenoit ce prélat à la cour, qui n'en étoit pas fâché, et qui n'étoit pas sans ambition ni sans esprit. Il étoit, comme on l'a vu au renvoi, de la maison d'Alencastro[2].

LIÑARÈS, en Portugal, érigé en comté par le roi Emmanuel de Portugal pour Ant. de Noroña, fils puîné de Pierre

---

1. Pages 459 et 460 de notre tome II.
2. Voir page 2656. (*Note de Saint-Simon.*) L'article qui suit est en effet plus loin dans le manuscrit, à la page 2656, avec cette mention en titre : *Article à ajouter à celui de Liñarès, p.* 2628, et avec cette autre mention en marge : *Article de Liñarès* [à] *ajouter à celui d'Abrantès*. Cette mention de la marge avait d'abord été rédigée ainsi par Saint-Simon : *Article à ajouter à celui de Liñarès*

de Noroña y Menesez, issu de la maison royale de Castille. Une fille héritière épousa un autre Noroña, dont le fils fut fait duc de Liñarès par Jean IV, roi de Portugal. Son fils fut fait grand d'Espagne par Charles II, et grand écuyer de la reine sa seconde femme, et mourut à sa suite à Tolède en 1703. Ses deux fils moururent sans postérité, et sa fille aînée porta le duché et grandesse de Liñarès en mariage au second duc d'Abrantès.

Liria, fils unique du premier lit du duc de Berwick ci-dessus, qui, après avoir fait tout jeune ses premières armes en Hongrie, retourna en Angleterre sur le point de la révolution, et passa en France avec Jacques II, dont il étoit fils naturel. Il y servit d'abord volontaire, et tôt après lieutenant général tout d'un coup; il eut bientôt des commandements en chef. Il a tant été parlé de lui dans ces *Mémoires*, et des occasions glorieuses qui lui acquirent la grandesse et la Toison à lui et à son fils, qu'il n'est besoin de s'arrêter que sur la singularité de sa grandesse, sur quoi il faut reprendre les choses de plus haut. Il avoit été marié deux fois, et n'avoit de son premier lit qu'un fils unique et plusieurs du second. Il s'étoit si parfaitement flatté d'obtenir son rétablissement en Angleterre que, lorsqu'il fut fait duc et pair de France, il obtint une clause inouïe dans ses lettres, qui fut l'exclusion de son fils aîné, parce qu'il le destinoit à succéder en Angleterre à ses dignités et à ses biens; mais lorsqu'il fut fait grand d'Espagne, il s'étoit enfin désabusé de cette trop longue espérance, et voulut établir tout à fait en Espagne ce fils aîné. Philippe V, en le faisant grand d'Espagne, lui avoit donné en même temps les duchés de Liria et de Quirica, dans le royaume de Valence, qui avoient été des apanages des infants d'Aragon. Le duc de Berwick obtint de les pouvoir donner actuellement à son fils aîné, et qu'il jouît en même temps de la grandesse conjointement avec lui, ce qui étoit jusqu'alors sans exemple. Son fils aîné prit donc alors le nom de duc de Liria, fit sa couverture, reçut l'ordre de la Toison d'or, et bientôt après épousa la sœur unique du duc de Veragua qui, par l'événement, devint héritière de très-grands biens. C'étoit une femme très-bien faite, l'air fort noble et les manières, avec de l'esprit, du sens et de la piété, et fort estimée et considérée. On a vu qu'elle fut dame du palais de la princesse des Asturies à son mariage.

Le duc de Liria étoit lieutenant général, et fut gentilhomme de la chambre du roi d'Espagne très-peu avant que j'y arrivasse. On a vu toute l'amitié et les services que j'en reçus. Il avoit par deux fois couru grand risque en Écosse et en Angleterre. Il avoit de l'esprit, beaucoup d'honneur et de valeur, et une grande mais sage ambition, étoit aimé, estimé et compté en Espagne, et le fut partout où il alla. Sa conversation étoit très-agréable et gaie, instructive quant on le mettoit sur ce qu'il avoit vu et très-bien vu en pays divers et en affaires, très-bien avec tout ce qu'il y avoit de meilleur en Espagne, ami le plus intime de Grimaldo, qu'il n'avoit point abandonné dans sa disgrâce du temps d'Alberoni, et Grimaldo ne l'avoit jamais oublié; quoique il eût beaucoup de dignité, il ne laissoit pas d'être souple avec mesure et justesse, et fort propre à la cour; qu'il connoissoit extrêmement bien. Il avoit un talent si particulier pour les langues, qu'il parloit latin, françois, espagnol, italien, anglois, écossois, irlandois, allemand et russien comme un naturel du pays, sans jamais la moindre confusion de langues. Avec cela il aimoit passionnément le plaisir; et la vie compassée, uniforme, languissante, triste de l'Espagne lui étoit insupportable. Il étoit fait pour la société libre, variée, agréable, et c'étoit ce qu'on n'y trouvoit pas.

Quelque temps après mon départ, il obtint l'ambassade de Russie, avec une commission à exécuter à Vienne. Il réussit en l'une et en l'autre, tellement que la Czarine, sans l'en avertir, lui jeta un jour le collier de son ordre au col. Il repassa à Paris, où il se dédommagea tant qu'il put de l'ennui de l'Espagne, et où nous nous revîmes avec grand plaisir. Il me voulut même bien donner quelques morceaux fort curieux qu'il avoit faits sur l'état de la cour et du gouvernement de Russie. Il demeura à Paris tant qu'il put, et bien moins qu'il n'eût voulu, et pour éloigner son retour en Espagne, il obtint permission d'aller voir le roi d'Angleterre à Rome; de là il alla à Naples, où il fit si bien, qu'il demeura si longtemps que, s'y abandonnant aux plaisirs de la société, et peu à peu à l'amour d'une grande dame, il en mourut de phthisie, laissant plusieurs enfants. C'est un homme que je regretterai toujours. Son fils aîné a recueilli sa grandesse, est grandement établi, mais ne lui ressemble pas.

MEDINA CELI, Figuerroa y la Cerda. La grandeur de l'origine de cette grandesse, et la singularité de sa première continuation, m'engagent à m'y étendre. Alphonse X, roi de Castille, dit l'Astrologue, de son goût pour l'étude, et en particulier pour les mathématiques et l'astronomie, et des fameuses Tables dites alphonsines de son nom, qu'il fit dresser sous ses yeux, eut deux fils d'Yoland, infante d'Aragon, son épouse : Ferdinand, l'aîné, fut gendre de saint Louis; et Sanche dit le Brave. Ferdinand donna des preuves de son courage contre les Maures, et mourut à vingt et un ans, en 1275, neuf ans avant son père, et laissa deux fils, Alph. et Ferdinand, qui, je n'ai pu savoir pourquoi, prirent dans la suite le nom de la Cerda. Sanche, fils cadet de l'Astrologue, voyant les deux fils de son aîné si fort en bas âge, et le roi son père si enterré dans ses études qu'il ne put jamais se résoudre d'aller en Allemagne, où il avoit été élu unanimement empereur, le méprisa et conçut le dessein de régner. Les instances persévérantes des princes d'Allemagne, ni les exhortations du Pape, n'ayant pu l'ébranler pendant plusieurs années, quoique il eût accepté l'empire, pris le nom d'empereur, souvent promis de passer en Allemagne, les princes de l'Empire, rebutés de tant de remises, se tournèrent du côté du frère du roi d'Angleterre, qui eut plus de volonté, mais non plus de succès, ce qui engagea les Allemands à renoncer à l'un et à l'autre, et à élire Rodolphe comte d'Habsbourg, chef fameux de la maison d'Autriche.

Sanche, ravi du mépris où l'attachement à l'étude et la privation de l'empire qui en fut l'effet avoit précipité son père, profita de cette passion d'étude pour lui persuader de se décharger sur lui de tous les soins du gouvernement, qui le détournoient de ses occupations les plus chères. Parvenu à régner sous son nom et s'être acquis toute la Castille par sa valeur et sa manière de gouverner, il songea à faire déshériter ses neveux, et à se faire associer par son père, et couronner roi de son vivant, car jusqu'à la réunion des divers royaumes qui composent l'Espagne, c'est-à-dire jusqu'aux rois catholiques inclusivement, tous ces différents rois se faisoient couronner. Le père y consentit, et presque tout le royaume ; au moins on n'osa y branler. Ce ne fut pas tout, Sanche trouva que son père demeuroit trop longtemps avec lui sur le trône ; il résolut de l'en précipiter, il en vint à bout. Le malheureux père, réduit à ses livres, ne put s'en consoler avec eux. Il implora l'assistance de toute l'Europe contre un fils si dénaturé, qui ne lui en procurèrent[1] aucune. Alors réduit au désespoir, il donna sa malédiction à son fils, le déshérita et sa race autant qu'il fut en lui, rappela ses petits-fils aînés à leurs droits, et à défaut de leur race, appela à sa couronne celle de saint Louis. Il mourut dans ce désespoir, et Sanche sut bien empêcher l'effet des dernières volontés de son père. Ce prince et Jacques Ier, roi d'Angleterre, montrent ce que sont des cuistres couronnés. Des deux malheureux neveux, Alph. de la Cerda fit la branche dite de Lunel, et Ferdinand fit celle dite de Lara, de la femme que chacun des deux épousa. Cette branche s'éteignit dans le petit-fils de Ferdinand, qui n'eut qu'un fils mort au berceau, et des filles mariées, qui furent emprisonnées et empoisonnées par l'ordre de Pierre le Cruel, roi de Castille, en 1361. Ainsi je ne parlerai point de cette branche.

1. Ce verbe est bien au pluriel.

Alph. de la Cerda n'oublia rien pour recouvrer le royaume qui lui appartenoit, et dont il prit le nom de roi de Castille, et que Sanche, son oncle, avoit usurpé. Ses efforts furent inutiles; il fut réduit à se retirer en France, où Charles le Bel le fit son lieutenant général en Languedoc. Il épousa Mahaud, dame de Lunel, dont il eut un seul fils, connu sous le nom de prince des Iles-Fortunées, d'où sont sortis les Medina Celi. Il se remaria à Isabeau, dame d'Antoing et d'Espinoy, veuve d'H. de Louvain, seigneur de Gaësbeck, qui épousa en troisièmes noces J. Ier de Melun, vicomte de Gand. De son second mariage Alph. de la Cerda eut Ch., dit de Castille ou d'Espagne, connétable de France, qui figura dignement et grandement, et qui fut empoisonné à Laigle en Normandie, où il mourut, par ordre de Charles le Mauvais, roi de Navarre. Ce connétable ne laissa point d'enfants de Marg. de Châtillon-Blois. Il eut deux frères sans établissements ni alliances, dont un fut archidiacre de Paris, et une sœur mariée en Espagne, à Ferd. Ruys de Villalobos. Ainsi finit promptement cette branche du connétable. Revenons maintenant à son frère aîné, Louis d'Espagne, prince des Iles-Fortunées, duquel sont sortis les Medina Celi.

Ce Louis de la Cerda eut le don du Pape des Iles-Fortunées, dont il fut couronné roi dans Avignon, par le même pape Clément VI, vers 1344. Ces îles sont les Canaries, qu'il se résolut d'aller chercher sur l'exemple de ceux de Gênes et de Venise sur le bruit de leur découverte; mais ce fut un dessein qu'il ne put exécuter. Il fut amiral en France, comte de Clermont et de Talmont; il épousa vers 1370 Léonor de Guzman, dame du port Sainte-Marie, près Cadix, dont il ne laissa qu'une seule fille héritière, appelée Isabelle de la Cerda, dame de Medina Celi et du port Sainte-Marie, qui fut veuve sans enfants de Roderic Alvarez d'Asturie. Voyons maintenant à qui elle se remaria.

Gaston-Phœbus comte de Foix, vicomte de Béarn et de

Bigorre, dit Phœbus pour sa beauté, dont la magnificence et la cour; la puissance et l'autorité chez tous les princes de son temps sont si vantés dans Froissart, fut toujours brouillé avec Agnès, fille puînée de Philippe III, roi de Navarre, à la cour duquel elle passa presque toute sa vie, et que ce comte de Foix avoit épousée, 1348. Il n'en avoit qu'un fils unique qu'il avoit marié avec Béatrix, fille de J. comte d'Armagnac, lequel passoit aussi sa vie tant qu'il pouvoit auprès de sa mère et du roi de Navarre son oncle. Étant venu voir son père à Orthez, qui haïssoit sa femme, et ne l'aimoit guère lui-même, et ne pouvoit souffrir le roi de Navarre, son beau-frère, il en fut assez bien reçu. Au bout de quelques jours le comte de Foix, au retour de la chasse, se mit à table pour souper. Son fils lui présenta la serviette pour laver. Dans cet instant le soupçon et la colère surprirent si à coup le comte de Foix, que, croyant que son fils lui alloit porter le coup de la mort en lui donnant la serviette, il tira un poignard de son sein, dont il l'abattit mort à ses pieds, en 1380; et c'étoit un jeune homme de très-grande espérance, très-bien né et bien éloigné d'avoir jamais eu une si horrible pensée. Le père, revenu à lui-même, fut au désespoir, ne put s'en consoler, et en mourut enfin de douleur, qui lui causa l'apoplexie qui l'étouffa dans l'instant qu'il se lavoit les mains en se mettant à table à Orthez pour souper, en 1391, à quatre-vingts ans, de même façon qu'il avoit tué son fils. Ce fils n'avoit point eu d'enfants, tellement que Matthieu de Foix, vicomte de Castelbon, succéda à Gaston-Phœbus au comté de Foix. Plusieurs années auparavant, sa sœur unique, Isabelle, avoit épousé Archambaud de Grailly, qui par elle succéda au comté de Foix, etc., par la mort sans enfants de Matthieu comte de Foix, etc., frère de sa femme. Le duc de Foix fait duc et pair par Louis XIV, en 1663, avec Mme de Senecey sa grand'mère, et la comtesse de Fleix sa mère, toutes deux dames d'honneur de la Reine mère, et mort il n'y a pas fort longtemps sans enfants, a été le dernier de cette maison de Grailly qui, par ce même héritage de Foix, eut celui de Navarre ensuite aussi par héritage, en porta peu la couronne, qui tomba par une héritière dans la maison d'Albret, et d'elle par la même voie dans la maison de Bourbon, avec les comtés de Foix, Bigorre, Béarn, etc. Reprenons présentement notre sujet.

César-Phœbus comte de Foix, n'avoit d'enfants que le fils qu'il poignarda; mais il laissa quatre bâtards dont les deux derniers n'ont point paru dans le monde. Bernard, l'aîné des quatre, eut un bonheur extrême, comme on le va voir. Yvain, le second des quatre, le favori du père, brilla à la cour de Charles VI, fut de ce funeste bal où ce roi et sa suite se masquèrent en sauvages, où le feu prit à leurs habits, dont plusieurs moururent brûlés, dont Yvain fut un, sans avoir été marié. Ce fut le 30 janvier 1392.

Bernard, bâtard de Gaston-Phœbus comte de Foix, et l'aîné des trois autres bâtards, alla chercher fortune en Espagne dès 1367, y établit sa demeure, s'y distingua par sa valeur au service du comte de Transtamare contre Pierre le Cruel, roi de Castille, dont il étoit frère bâtard, mais qu'il vainquit et tua, et fut roi de Castille en sa place sous le nom d'Henri II. Bernard eut le bonheur de plaire à Is. de la Cerda, dame de Medina Celi et du port Sainte-Marie, fille et seule héritière de Louis de la Cerda ou d'Espagne, prince des Iles-Fortunées, etc., petit-fils de Ferdinand, fils aîné de Castille et de Blanche, troisième fille de saint Louis, sur lesquels Sanche le Brave, après la mort du même Ferdinand son frère aîné, avant le roi Alphonse l'Astrologue, leur père, avoit usurpé la couronne de Castille. Cet heureux bâtard de Foix fit donc ce grand mariage si disproportionné de lui, et fût fait comte de Medina Celi. Il prit en plein et en seul le nom de la Cerda, et les armes au premier et quatrième parti, de Castille et de Léon, au second et troisième de France, et tous ces quartiers sans brisure, ainsi qu'il appartenoit à ces malheureux princes déshérités, pères de cette royale héritière. Les trois générations suivantes comtes de Medina Celi figurèrent fort à la guerre et dans l'État et par leurs alliances. La quatrième fut Louis II de la Cerda, servit si bien les rois catholiques contre les Maures, qu'en 1491 ils le créèrent duc de Medina Celi ; le troisième duc fut fait marquis de Cogolludo ; le sixième épousa l'héritière du duché d'Alcala. Son fils, le septième épousa l'héritière des duchés de Ségorbe et de Cardonne, des marquisats de Comarès et de Denia et du comté de Sainte-Gadea. Je ne marque sur chacun que les grandesses qu'ils accumulèrent et point les autres terres. Le huitième fils du septième finit la race de ces heureux bâtards de Foix. Ce fut L.-Fr., huitième duc de Medina Celi, général des côtes d'Andalousie, puis des galères de Naples, ambassadeur à Rome, vice-roi de Naples, rappelé à Madrid, fait gouverneur du prince des Asturies, et premier ministre d'État 1709. La jalousie et les menées de la princesse des Ursins le rendirent suspect. Il fut accusé d'une conspiration contre l'État, et arrêté comme il alloit au conseil, conduit à Pampelune, puis à Fontarabie, où il mourut fort tôt après sans aucuns enfants de la fille du duc d'Ossone qu'il avoit épousée en 1678. Ses sœurs avoient épousé, l'aînée le marquis de Priego ; la seconde le marquis d'Astorga ; la troisième le dernier amirante de Castille ; la quatrième le duc d'Albuquerque ; la cinquième le marquis de Solera ; la sixième le connétable Colonne ; la septième le duc del Sesto ; la dernière le comte d'Oñate, tous grands d'Espagne. Ainsi la sœur aînée du huitième duc de Medina Celi des bâtards de Foix hérita de toutes ses grandesses qu'elle porta après son mariage à son mari le marquis de Priego. Voyons maintenant qui étoit ce marquis de Priego, qui étoit aussi duc de Feria, et doublement grand d'Espagne.

Laurent II, Suarez de Figueroa, fut fait comte de Feria en Estrémadure par Henri IV, roi de Castille, en 1467. Il étoit petit-fils de Laurent Ier Suarez de Figueroa, maître de l'ordre de Saint-Jacques, qui acquit cette terre, et il fut grand-père d'autre Laurent III Suarez de Figuerroa ; tout cela de mâle en mâle, qui épousa, en 1518, Cath., fille aînée et héritière de Pierre Fernandez de Cordoue, marquis de Priego, par laquelle il unit en lui les deux grandesses de Feria et de Priego, et le nom de Fernandez de Cordoue de sa femme au sien de Suarez de Figuerroa dans sa postérité. Pierre leur fils, mort après son père, mais avant sa mère, fut quatrième comte de Ferria, et ne laissa qu'une fille unique, laquelle fut bien marquise de Priego, mais non comtesse de Feria, qui ne pouvoit passer aux filles. Ainsi son oncle paternel devint cinquième comte de Feria, et ce fut en sa faveur qu'en 1567 Philippe II le fit duc de Feria, dont le fils, second duc de Feria, venu à Paris de la part de Philippe II, servit si ardemment la Ligue. Sa race s'éteignit dans le quatrième duc de Feria.

Alph. Suarez Figuerroa étoit troisième fils de Laurent III, troisième comte de Feria, et de Cath., héritière de Pierre Fernandez de Cordoue, marquis de Priego, et frère cadet du premier duc de Feria, dont il épousa la fille, et fut par elle marquis de Priego. Sa postérité masculine réunit Feria et Priego, par la succession du cinquième marquis de Priego au quatrième duc de Feria. Le fils de celui-ci fut ainsi sixième duc de Feria, et aussi sixième marquis de Priego, et c'est lui à qui Philippe IV accorda les honneurs de grand de la première classe.

Il maria son fils à la sœur aînée du dernier duc de Medina Celi, des bâtards de Foix, laquelle en recueillit la succession depuis qu'elle fut veuve et qu'elle transmit à son fils Emmanuel Figuerroa de Cordoue et la Cerda, marquis de Priego, duc de Feria et Medina Celi, etc., père de celui que j'ai vu en Espagne, et qui y étoit fort considéré. Il avoit un fils déjà grand, qui portoit le nom de marquis de Cogolludo, et qui, depuis mon retour, acquit de nouvelles grandesses par son mariage avec la fille unique héritière du marquis d'Ayétone. Le père et le fils étoient autant du grand monde et de la cour que des seigneurs espagnols naturels en pouvoient être, fort polis ;

je les voyois fort familièrement. Ce sont ceux de cette cour qui se sont souvenus le plus longtemps de moi, par leurs lettres, bien des années depuis mon retour. Le palais de Medina Celi, presque au bout de Madrid, vers Notre-Dame d'Atocha, est peut-être le plus spacieux qu'il y ait dans la ville, et très-somptueusement meublé. Le roi d'Espagne s'y retira à la mort de la reine sa première femme, et y a demeuré jusque fort près de son second mariage. J'y ai vû une comédie extrêmement magnifique, dans une salle faite pour ce spectacle, où le duc de Medina Celi avoit convié toute la cour et le plus distingué de la ville, hommes et femmes, après le retour de Lerma, où je vis le duc de Liñarez, tout évêque qu'il étoit, et le cardinal Borgia; tout y étoit plein, mais avec un grand ordre et décence, et rien de plus magnifique que l'abondance des rafraîchissements et de tout ce qui accompagna la fête.

MEDINA DE RIOSECO, Enriquez y Cabrera, amirante héréditaire de Castille. Cette maison depuis son origine, ses grandesses, le personnel de l'amirante de Castille, lors de l'avénement de Philippe V à la couronne d'Espagne, ont été traités avec un si grand détail p. 255 et 256[1], sa conduite depuis, sa fuite en Portugal, le triste personnage qu'il y fit jusqu'à sa mort, p. 351 et 434 et 494[2], qu'il ne s'en pourroit faire ici que d'ennuyeuses redites.

MEDINA SIDONIA, Guzman. C'est le premier duché de Castille. Les antérieurs à celui-là sont éteints. Il est en Andalousie, vers le détroit de Gibraltar. Jean II, roi de Castille, l'avoit donné, sans érection, à J. de Guzman, maître de l'ordre de Calatrava. Cette terre tomba à H. de Guzman, second comte de Niebla, dont le fils aîné, J.-Alph. de Guzman, fut créé, en février 1445, par le même roi Jean II, duc de Medina Sidonia, mais seulement pour sa personne. Le roi Henri IV l'étendit, en février 1460, non-seulement à sa postérité légitime, mais encore à son dé-

1. Pages 483-486 de notre tome II.
2. Page 293 de notre tome III, pages 75 et 76 et page 275 de notre tome IV.

faut à l'illégitime. Cela sent bien le moresque et l'Afrique. La maison de Guzman est une des plus anciennes, des plus grandes et des plus illustres d'Espagne, et y figuroit fort dès le x° siècle. Le duché de Medina Sidonia est demeuré dans la postérité masculine et légitime du premier duc. On a suffisamment parlé du duc de Medina Sidonia à l'occasion du testament de Charles II et de l'arrivée de Philippe V en Espagne, dont il fut grand écuyer, puis chevalier du Saint-Esprit, et de son fils, qui aima mieux conserver sa golille[1] et vivre obscur que de faire sa couverture après la mort de son père. C'est ce fils qui étoit duc de Medina Sidonia lorsque j'étois en Espagne, et que je n'ai vu ni rencontré nulle part.

S. Michel, Gravina, d'une des plus grandes maisons de Sicile, où il avoit très-bien servi, et s'étoit fort endetté à soutenir le parti de Philippe V tant qu'il avoit pu; en considération de quoi il avoit obtenu la grandesse. Il étoit venu à Madrid pour y faire sa couverture; mais, comme je l'ai dit ailleurs, je l'y laissai encore sans s'être couvert, faute d'avoir pu payer la médiannate et les frais, qui vont loin, sans avoir pu obtenir ni remise ni diminution, ce que tout le monde trouvoit fort injuste. Il étoit vieux, estimé et accueilli; mais la tristesse de sa situation le rendoit obscur. Comme toute sa famille étoit en Sicile, où il comptoit retourner, je ne m'y étendrai pas davantage.

La Mirandole, Pico. Je ne m'arrête sur ce seigneur italien, fait grand d'Espagne par Philippe V, qui le fit aussi son grand écuyer, que parce qu'il s'est établi en Espagne après avoir perdu toute espérance de rétablissement dans ses petits États d'Italie, où ses pères étoient comme souverains, et dont l'empereur Léopold les a dépouillés sans retour, parce qu'ils se sont trouvés à sa bienséance. Les Pics sont connus dès 1300, par Fr. Pico, seigneur de la Mirandole et vicaire de l'Empire. J. Pic et Fr. son frère,

---

1. Voyez tome II, p. 480 et note 1.

quatrième génération de ce premier Fr., furent faits comtes de Concordia, 1414, par l'empereur Sigismond. Le fameux Pic de la Mirandole, le phénix de son siècle par son immense savoir, mort sans alliance en 1494, n'ayant pas encore trente-deux ans, étoit frère cadet de Galeot Pic, seigneur de la Mirandole, comte de Concordia, qui étoit la quatrième génération du premier comte. Galeot Pic, second du nom, comte de Concordia et premier comte de la Mirandole, mort 1551, étoit petit-fils du frère du savant Pic de la Mirandole, et père de Silvie et de Fulvie, qui épousèrent le comte de la Rochefoucauld et un autre la Rochefoucauld, comte de Randan, du premier desquels viennent les ducs de la Rochefoucauld. Ce même père de ces deux dames de la Rochefoucauld le fut aussi d'un comte de la Mirandole et de Concordia, duquel le fils, nommé Alex., fut fait duc de la Mirandole, en 1619, par l'empereur Ferdinand II, duquel le duc de la Mirandole, que j'ai vu en Espagne, est la quatrième génération. Son frère a depuis été cardinal par Clément XI dont il étoit maître de chambre. Ce duc de la Mirandole s'étoit vu sur le point d'être rétabli dans ses États et d'épouser la princesse de Parme, qui eut depuis l'honneur d'être la seconde femme de Philippe V, et qui conserva toujours de l'amitié et une grande distinction pour lui et pour la femme qu'il épousa depuis, sœur du marquis de los Balbazès, et que j'ai vue aussi en Espagne, et qui fut noyée dans sa maison de Madrid, réfugiée dans son oratoire, par une subite inondation dont j'ai parlé ailleurs, quoique arrivée depuis mon retour. Ce duc de la Mirandole étoit un fort bon et honnête homme, fort pieux et considéré; sa mère étoit Borghèse, fille du prince de Sulmone, remariée à Cellamare qui en étoit veuf, et qui vivoit avec lui dans une étroite amitié.

Monteillano, Solis. Cette maison peut être comparée à quelques françoises qui se sont élevées à une grande fortune. Celui-ci étoit proprement de ce que nous appelons de robe. Il s'éleva par ses talents jusqu'à être gouverneur du conseil de Castille, et il eut assez de faveur pour être fait grand d'Espagne et duc de Monteillano par Charles II, depuis quoi il n'a presque plus paru. Il avoit épousé une sœur du prince d'Isenghien, gendre du maréchal d'Humières, qui avoit de l'esprit, du monde, encore plus de sens. Ce fut elle que la princesse des Ursins choisit pour lui garder la place de camerera-mayor de la reine, lorsqu'elle fut chassée la première fois, et qu'elle reprit à son retour triomphant en Espagne. Cette grande place l'avoit fait connoître, aimer et considérer dans le peu de temps qu'elle l'occupa, et c'est ce qui la fit choisir dans la suite pour remplir la même place auprès de la princesse des Asturies, où on en fut fort content. Dans l'entre-deux elle avoit perdu son mari. Elle avoit un fils qui étoit jeune, dont on disoit du bien. Je l'ai vu, mais sans aucun commerce. Il avoit, dit-on, du goût pour la lecture et la retraite, et il paroissoit peu à la cour et dans le monde. Je ne répondrois pas que cette grandesse n'eût été achetée dans les grands besoins où Charles II s'est trouvé plus d'une fois; car il manqua toujours d'argent.

MONTELEONE, Pignatelli. On connoît Jacq. Pignatelli, gouverneur de l'Apouille[1] dès 1326, et cette maison, qui est fort étendue, pour une des grandes, des plus illustrées de titres et des plus hautement alliées du royaume de Naples. Hector[2] Pignatelli, quatrième duc de Monteleon, vice-roi de Catalogne, fut fait grand d'Espagne

1. Telle est bien l'orthographe de Saint-Simon.
2. Ce Hector avoit épousé J., héritière de Tagliavia, dont le grand-père paternel fut fait en 1561 duc de Terranova, et en 1565 grand d'Espagne, chevalier de la Toison d'or, etc., par Philippe II, dont il fut ambassadeur en Allemagne, et après gouverneur du Milanois. C'est cette héritière, cinquième duchesse de Terranova qui, étant veuve d'Hector Pignatelli, duc de Monteleon, avec postérité, fut faite par Charles II camerera-mayor de sa première femme, fille de Monsieur frère de Louis XIV, en 1679, à qui elle se rendit si insupportable par sa rigidité et ses insolences que la reine se la fit ôter, chose sans exemple en Espagne. Elle fut mise en cette même charge auprès de la reine mère de Charles II, et y mourut, mai 1692, au Buen-Retiro, laissant héritière de ses biens et de sa grandesse de Terranova J. Pignatelli, qui avoit épousé, 1679, Nic. Pignatelli, frère de son bisaïeul, père du duc de Monteleon qui fait l'article ci à côté. (*Note marginale de Saint-Simon.*)

en 1613 par Philippe III. Nic. Pignatelli, vice-roi de Sardaigne et chevalier de la Toison d'or, fils dernier cadet de cet Hector, épousa la fille héritière du septième duc de Monteleon, petit-fils de son frère, et devint par elle huitième duc de Monteleon et de Terranova, dont la mère de son père étoit héritière, et fut ainsi grand d'Espagne. Ce fut lui qui, comme le plus ancien chevalier de l'ordre de la Toison d'or qui fût lors en Espagne, y donna en cérémonie le collier à Philippe V à son arrivée. On a parlé de lui p.   [1], à propos de la saccade du vicaire. Il se retira bientôt après à Naples où étoient ses duchés et tous ses biens, y fut très-partial de la maison d'Autriche, et n'est pas revenu depuis en Espagne, ni aucun de sa famille

Mortemart, Rochechouart, François, duc et pair, à Paris. C'est la grandesse du duc de Beauvillier, que Philippe V lui donna en arrivant en Espagne, dont il avoit été le gouverneur. Elle passa au duc de Mortemart, qui avoit épousé sa fille unique héritière, et par la mort d'eux et de leurs enfants cette grandesse est éteinte depuis mon retour.

Nagera, 2 Moscoso y 1 Ossorio, frère cadet du comte d'Altamire, à l'article duquel je remets à parler de leur maison. Najera ou Nagera, car il s'écrit et se lit des deux façons. Cette terre, qui est en Castille, fut érigée en duché par les rois catholiques, 1482, pour Pierre Manrique de Lara, dit le Vaillant, second comte de Trevigno, et dixième seigneur d'Amusco. Cette grandesse est tombée cinq fois en différentes maisons par des filles héritières. Pendant que j'étois en Espagne, don Joseph 2 Moscoso y 1 Ossorio, frère cadet du comte d'Altamire, eut cette grandesse par son mariage avec Anne de Guevara y Manrique, qui en étoit l'héritière et fille du défunt frère du dixième comte d'Oñate.

Nevers, Mancini. Son père, fils d'une sœur du cardinal

---

1. Pages 489-493 de notre tome II.

Mazarin, fut duc à brevet. Il ne put ou négligea d'obtenir l'enregistrement de ses lettres, quoique la toute-puissante faveur de son oncle se voit trouvée dans la suite presque la même pour lui par celle de Mme de Montespan, dont il avoit épousé la nièce, fille de Mme de Thianges sa sœur, dont la faveur étoit grande aussi auprès du Roi, et a duré autant que sa vie, qui a dépassé de plusieurs années le renvoi de Mme de Montespan. M. de Nevers, qui personnellement n'avoit jamais rien mérité du Roi, et son fils beaucoup moins encore, fort fâché de ne pouvoir espérer que son fils fût duc, chercha partout une grandesse à lui faire épouser. Il trouva enfin M.-A. Spinola, fille aînée et héritière de J.-B. Spinola, qui, pour de l'argent, s'étoit fait faire prince de l'Empire, en 1677, par l'empereur Léopold, et depuis, par la même voie, grand d'Espagne par Charles II, dans leurs pressants besoins de finances. Ce mariage ne se fit pourtant célébrer qu'en 1709, deux ans après la mort du duc de Nevers, et son fils, qui jusqu'alors avoit porté le nom de comte de Donzy, prit celui de prince de Vergagne, mais sans rang ni honneurs qu'à la mort de son beau-père en Flandres, où il étoit lieutenant général et gouverneur d'Ath. La duchesse Sforza, sœur de sa mère, et dans la plus grande et la plus longue intimité de Mme la duchesse d'Orléans, profita de la régence de M. le duc d'Orléans, et le fit faire duc et pair sans avoir jamais vu ni cour ni guerre.

Noailles, *idem*. Il y a eu tant et tant d'occasions ici de parler et de s'étendre sur le duc de Noailles, qu'il suffit de dire qu'avec la faveur de sa famille et celle de Mme de Maintenon, dont il avoit épousé l'unique nièce et héritière, fille de son frère, il ne lui fut pas difficile d'obtenir en Espagne tout ce qu'il voulut.

Ossuna, Acuña y Tellez Giron. La maison d'Acuña, fort nombreuse en branches tant espagnoles que portugaises, et la maison de Silva, prétendent sortir de la même origine, aussi illustre qu'ancienne, et y sont autorisées par les meilleurs auteurs, qui les font masculinement descendre de Fruela, roi de Léon, des Asturies et de Galice, par le rico-hombre Pélage Pelaez, duquel sont masculinement sortis Gomez Paez de Silva, dont toute la maison de Silva est descendue, et Ferdinand Paez, qui le premier prit le nom d'Acuña, du lieu d'Acuña Alta, qu'Alphonse Ier, roi de Portugal, lui avoit donné, et duquel toute sa postérité conserva le nom. La septième génération masculine de ce Ferd. Paez, seigneur d'Acuña, fut Martin Vasquez de Acuña, qui fut comte de Valence, épousa 1° Thérèse, fille et héritière d'Alph. Tellez-Giron, dont il eut un fils qui porta le nom de Tellez Giron; il épousa l'héritière de la maison Pacheco, et en eut deux fils. Jean l'aîné, porta le nom de Pacheco de sa mère, et Pierre, le cadet, prit le nom de Giron, de la mère de son père. L'aîné de ces deux frères est le chef de la branche aînée de toute la maison d'Acuña Pacheco, ducs d'Escalona. Le cadet, mort 1466, maître de l'ordre de Calatrava, est le chef de la seconde branche d'Acuña Tellez Giron, ducs d'Ossone.

Son arrière-petit-fils de mâle en mâle fut Pierre d'Acuña Giron cinquième comte d'Urenna, vice-roi de Naples, créé, 1562, duc d'Ossone en Andalousie, entre Séville et Malaga, par Philippe II. C'est de mâles en mâles aînés la cinquième génération que nous avons vue; savoir : le sixième duc d'Ossone qu'on a vu en son lieu être venu à Paris lors de l'avénement de Philippe V à la couronne d'Espagne pour y saluer son nouveau roi, voir la cour de France et joindre le roi d'Espagne avant son arrivée à Madrid ; le même duc d'Ossone, premier plénipotentiaire d'Espagne à Utrecht, et mort en Flandres peu après la signature de cette paix ; et son frère le comte de Pinto, duc d'Ossone après la mort de son frère, ambassadeur d'Espagne en France pour le mariage du prince des Asturies avec la fille de M. le duc d'Orléans. On a suffisamment parlé de l'aîné en son temps, et le cadet n'a rien eu qui mérite d'en rien dire.

S. Pierre, Spinola, Génois, de l'une des quatre grandes

maisons de Gênes, trop connue et trop nombreuse pour m'y étendre. Quoique accoutumée aux honneurs, aux grandeurs, aux plus grands emplois et fertile en grands hommes, il est pourtant constant en Espagne que Fr.-M. Spinola, duc de S. Pierre et gendre de Ph.-Ant. Spinola, quatrième marquis de los Balbazès, grand d'Espagne et général des armes du Milanois, acheta la grandesse de Charles II en 1675; il acheta aussi la principauté de Piombino, que l'Empereur s'appropria sans le rembourser. Il chercha protection dans ce malheur pour y intéresser les cours de France et d'Espagne, et comme il étoit veuf il épousa, 1704, à Paris, la seconde sœur de M. de Torcy, ministre d'État et secrétaire d'État des affaires étrangères, qui étoit veuve avec des enfants du marquis de Resnel, Clermont d'Amboise. Lui aussi en avoit de sa première femme, qui ont figuré en Espagne avec beaucoup de réputation à la guerre, où l'aîné a commandé des armées et est devenu capitaine général, et grand d'Espagne après son père. Le duc de S. Pierre, lassé à Paris de ne voir point avancer ses affaires sur Piombino, emmena sa femme errer en Italie, quelque peu en Allemagne, la ramena à Paris, puis en Espagne. Il fut peu de temps à Bayonne majordome-major de la reine douairière d'Espagne, sœur de la mère de l'Empereur et de l'électeur palatin ; mais voyant que son crédit à Vienne ne lui servoit de rien, il la quitta et s'en alla à Madrid, où sa femme fut dame du palais de la reine, et fort bien avec elle. Je les trouvai ainsi à Madrid où je les vis fort et en reçus toutes sortes de prévenances et de civilités. Elle avoit enfin apprivoisé la jalousie et l'avarice de son mari, qui d'ailleurs étoit un homme d'esprit, fort instruit et de bonne compagnie, avec des manières naturellement fort nobles et fort polies. Les étrangers s'assembloient chez eux, et des Espagnols quelquefois aussi ; on y jouoit quand on vouloit, et ils ne laissoient pas de donner assez souvent à manger. Depuis mon départ, le duc de S. Pierre fut gouverneur de don Carlos, et enfin chevalier du Saint-Esprit. Il avoit de la valeur, avoit peu de temps commandé une armée, et étoit capitaine général de Charles II. Il mourut à Madrid, fort vieux, en 1727. C'étoit un grand homme blond, maigre, bien fait, de bonne mine, et qui sentoit fort son grand seigneur. Sa veuve demeura longtemps à Madrid, où, ennuyée enfin de la vie peu gaie et peu libre qu'on y mène, [elle] obtint permission de venir faire un tour en France. Elle y a conservé tant qu'elle a pu sa place et ses appointements de dame du palais de la reine d'Espagne, qu'elle amusoit de ses lettres, et le cardinal Fleury des réponses qu'elle en recevoit. Ce manége ne lui valut pas la moindre chose en France, et lassa la reine d'Espagne, qui la rappeloit inutilement, et qui lui ôta enfin sa place et ses appointements, tellement qu'elle est demeurée pour toujours à Paris, avec beaucoup de goutte, très-peu de bien, et moins encore de considération, quoique bien dans sa famille. Elle n'a point eu d'enfants du duc de S. Pierre.

Popoli, Cantelmi. Une des meilleures maisons du royaume de Naples. Lors de l'avénement de Philippe V à la couronne d'Espagne, le cardinal Cantelmi étoit archevêque de Naples, et son frère le duc de Popoli grand maître de l'artillerie de Naples, de la conduite desquels le Roi, et le roi son petit-fils, furent extrêmement contents. Ce duc de Popoli avoit succédé à ce duché de son frère aîné et à presque tous ses biens fort considérables dans le royaume de Naples, par son mariage avec la fille de son frère aîné, qui n'en avoit que deux, et point de garçons. Ce dernier duc de Popoli étoit un grand homme brun, bien fourni, avec un beau visage mâle, qui sentoit son grand seigneur et un général d'armée, avec toutes les manières grandes, avantageuses, polies. Il ne se pouvoit rien ajouter à son extérieur. Il avoit beaucoup d'esprit et de conduite, encore plus de manége et d'intrigue, beau parleur, et disant ou taisant ou accommodant tout ce qu'il vouloit à ses vues, avec beaucoup d'insinuation et de grâces, haut par nature, bas à l'excès quand il croyoit en avoir besoin, ambitieux, avare à l'excès, encore plus poltron, faux, double, extrêmement dangereux, et ne se souciant que de son argent et de sa fortune à laquelle il sacrifia toutes choses.

Il passa à Paris allant en Espagne. Le Roi, qui cherchoit à attacher au roi son petit-fils les grandes maisons et les grands seigneurs de ses nouveaux royaumes, et fort content de tout ce que ces deux frères avoient fait à Naples, le reçut avec distinction ; lui, en habile homme, tira sur le temps, fit valoir ce que pouvoit à Naples le cardinal son frère, qui en étoit archevêque, leur grande parenté, leurs amis, et demanda l'ordre, que le Roi lui promit, et dont il lui envoya les marques longtemps même avant qu'il y eût reçu le collier du roi d'Espagne, qui lui donna aussi celui de la Toison. Les révolutions qu'[on] a vues en leur lieu ayant mis toute l'Espagne en armes, le duc de Popoli servit et eut des commandements qui, avec la considération de sa personne, et à l'aide de ses intrigues et de ses propos avantageux, le portèrent promptement au dernier grade militaire d'Espagne, qui est capitaine général, dont il s'acquitta fort mal à la tête de l'armée de Catalogne, qu'il remit au duc de Berwick, et s'en retourna à Madrid comme on alloit commencer le siége de Barcelone. Lorsque Philippe V se donna des compagnies des gardes du corps, sur le modèle inconnu jusqu'alors en Espagne de celles du Roi son grand-père, le duc de Popoli, déjà grand maître de l'artillerie, obtint la compagnie des gardes du corps italienne, et la querelle du *banquillo* étant survenue, qu'on a vue en son lieu [1], le roi d'Espagne fit grands d'Espagne ceux des capitaines de ses gardes du corps qui ne l'étoient pas, entre autres le duc de Popoli. Enfin il devint gouverneur du prince des Asturies, puis son majordome-major à son mariage.

Je le trouvai dans cet éclat en Espagne, et toutefois le

---

1. Voyez tome III, p. 148.

seigneur de la cour le plus parfaitement décrié. Sa femme, à qui il devoit tous ses grands biens, et qu'on disoit fort aimable de figure et de manières, avoit été faite dame du palais de la reine, qui l'aimoit fort, et sa réputation sur la vertu étoit entière. Elle mourut un peu étrangement, et il passoit publiquement pour l'avoir empoisonnée par jalousie, jusque-là que la reine le lui a souvent reproché. Il en avoit un fils unique qui portoit le nom de prince de Pettorano, bon garçon, point du tout méchant, et ayant même de la valeur; mais étourdi, fou, débauché à l'excès. Son père, en ne lui donnant rien ou fort peu par avarice, l'avoit rendu escroc, et il le fut et grand dissipateur toute sa vie. Le duc de Popoli voyant ses instructions, exhortations, répréhensions, punitions inutiles, imagina un moyen de le contenir. Il étoit compatriote et ami intime du vieux duc de Giovenazzo, père de Cellamare; il lui demanda en grâce de tenir son fils à son côté, de le mener avec lui faire ses visites, et de le veiller et tenir de près comme il auroit pu faire lui-même. Il crut que, quel que fût son fils, le respect et la présence de ce vieillard le retiendroit, lequel, pour son esprit, ses talents, les places qu'il avoit remplies, étoit dans une grande considération et respecté de tout le monde. Ce bonhomme eut assez d'amitié pour le duc de Popoli pour lui accorder sa demande, en sorte que le jeune Pettorano étoit chez lui et avec lui du matin au soir, et l'accompagnoit partout où il alloit, et qu'il n'avoit pas un instant de libre. Voici de quoi il s'avisa :

Il sut par hasard qu'un seigneur, dont j'ai oublié le nom, ne seroit pas sûrement chez lui, et il proposa au duc de Giovenazzo de l'aller voir, parce qu'il le visitoit quelquefois, et qu'il y avoit du temps qu'il n'y avoit été. Le bonhomme le loua de cette attention et de son desir d'aller voir un homme auprès duquel il y avoit toujours à apprendre, et lui dit qu'il l'y mèneroit l'après-dînée. Pettorano, sûr de son fait, prit ses précautions. Les maisons de Madrid, même les plus belles, n'ont point de cours, au moins y sont-elles fort rares. Les carosses arrêtent dans la rue où on met pied à terre ; on entre par la porte, qui est comme nos portes cochères, dans un lieu large et long, qui ne reçoit de jour que par la porte, et qui a des recoins très-obscurs, et l'escalier est au fond par lequel on monte dans les appartements. Arrêtés à la porte de ce seigneur, on leur vint dire qu'il n'y étoit pas ; tout aussitôt le Pettorano pria le vieux duc de lui permettre de descendre un moment pour un besoin dont il étoit fort pressé, saute à bas et entre dans ce porche couvert ; le temps qu'il y fut parut un peu long au bonhomme, et il étoit près d'envoyer voir s'il ne se trouvoit point mal, lorsque le Pettorano revint et monta en carosse tranquillement avec beaucoup d'excuses. Comme le carrosse partoit et se mettoit au pas, comme on va dans Madrid, une courtisane sort du porche, se jette au carrosse, se pend par les mains à la portière, crie et injurie le Pettorano qu'il l'escroque, qu'il lui a donné ce rendez-vous, qu'il lui a promis quatre pistoles, et qu'il s'en va sans la payer. Le vieux duc tout effaré la veut chasser ; elle crie plus fort qu'elle sera payée, qu'elle ne quittera point prise qu'elle ne la soit, et qu'elle criera à tout le peuple qu'ils la veulent affronter ; elle fit tant de bruit, et avec une telle résolution, que le bonhomme, comblé de honte, de colère et d'indignation, tira quatre pistoles de sa poche qu'il lui donna pour se délivrer d'elle, tandis que le Pettorano, qui n'avoit pas un sou sur lui, s'étoit tapis dans le coin du carrosse, et rioit sous cape du désarroi du bon vieillard, par qui il s'étoit fait mener à son rendez-vous, et à qui encore il le faisoit payer. Le duc de Giovenazzo, délivré pour son argent de cette effrontée, s'en alla droit chez le duc de Popoli, à qui il conta son aventure, lui remit son fils pour ne s'en plus jamais mêler, et lui déclara qu'il ne s'exposeroit pas à un second affront. Le Pettorano fut bien pouillé[1] et chapitré, ne fit qu'en secouer les oreilles, et n'en devint

1. Voyez tome II, p. 225, et tome IV, p. 461.

pas plus sage ; il ne fit qu'en rire et conter son joli exploit.

C'est ce garnement-là qui épousa la fille du maréchal de Boufflers, comme on l'a vu en son lieu, et que je trouvai à Madrid dame du palais de la reine, et fort bien avec elle, et avec tout le monde sur un pied d'estime et de considération. Son beau-père en avoit beaucoup pour elle, et son mari aussi, qui la laissoient vivre à la françoise, voir qui elle vouloit, et donner presque tous les jours à souper, où mes enfants et ceux qui étoient venus avec moi soupoient souvent, et passoient leurs soirées jusque fort tard, avec bonne compagnie d'étrangers dont le mari profitoit aussi, et ils y jouoient quelquefois. Le duc de Popoli, qui ne logeoit pas avec eux, mais au palais, le savoit bien, et le trouvoit bon, la reine aussi, quoique là-dessus assez difficile ; mais ils connoissoient le mari, qui avoit fait plus d'une fois d'étranges présents à sa femme, et ils lui vouloient adoucir les malheurs d'avoir un tel mari. A la fin depuis mon départ ses maux mal guéris et repris augmentèrent ; elle se tourna entièrement à la dévotion jusque-là qu'elle voulut quitter sa place et se retirer dans un couvent. La reine, qui l'aimoit et la plaignoit, la retint tant qu'elle put[1] ; mais enfin, vaincue par ses prières, elle y consentit, mais à condition qu'elle iroit dans les *descalceales reales*[2], dans un appartement qu'elle lui feroit accommoder, qu'elle viendroit voir la reine, et que la reine l'iroit voir par la communication du palais à ce couvent, qu'elle garderoit toujours sa place sans en faire de fonction, pour les reprendre quand il lui plairoit, et ajouta une pension aux appointements de sa place. Elle fut généralement regrettée de tout le monde. Sa retraite ne fut que de deux ou trois ans qu'elle y passa dans la plus grande piété et beaucoup de souffrances, au bout desquels elle y mourut, tandis que son mari, devenu très-riche par la mort de son père, dissipoit les trésors qu'il

---

1. Saint-Simon a écrit *pust*, au subjonctif.
2. Abbaye de fondation royale de religieuses déchaussées.

avoit amassés. Il eut dans la suite des aventures fâcheuses, qui le firent enfermer, et longtemps, plus d'une fois en Espagne et en Italie.

A l'égard du père, dès qu'on l'avoit vu deux ou trois fois, on s'apercevoit aisément de presque tout ce qu'il étoit avec ses compliments outrés. Malgré sa figure imposante, on sentoit le faux de loin, et l'affronteur en tous ses propos, à tel point que je n'ai jamais compris comment il a pu parvenir à une si grande fortune. Ses grands emplois de capitaine des gardes du corps, et de gouverneur du prince des Asturies, et son talent d'intrigue et de cabale le faisoient compter, mais au fond tout le monde s'en défioit et le méprisoit.

J'ai déjà dit qu'il fut le seul seigneur dont je ne reçus aucune civilité, si on excepte les compliments à perte de vue dont il m'accabloit quand je le rencontrois, ce qui n'arrivoit qu'au palais, et encore rarement; aussi ne m'en contraignis-je pas en propos, et en ne lui rendant aucune sorte de devoir. Il se fit écrire une seule fois et fort tard à ma porte; j'avois été chez lui en allant la seconde fois chez le prince des Asturies. En partant pour mon retour, je ne manquai à aucune visite moi-même, quelque nombreuses qu'elles fussent, excepté la sienne, et je pris mon temps de m'envoyer faire écrire chez lui que j'étois au Mail à faire ma cour à Leurs Majestés Catholiques, et qu'il ne pouvoit l'ignorer. Pendant cette promenade, où la reine, toujours à côté du roi, faisoit toujours la conversation avec le peu de gens considérables qui l'accompagnoient, et une conversation fort agréable et familière, je pris la liberté de lui demander où elle me croyoit alors ; elle se mit à rire et me dit : « Mais ici où je vous vois. — Point du tout, Madame, repris-je, je suis actuellement chez le duc de Popoli, où je prends congé de lui ; » et de là en plaisanteries, car elle ne l'aimoit point, tout Italien qu'il fût.

Il ne la fit pas longue après mon départ. Il mourut dans le mois de janvier suivant, regretté de personne. On lui trouva un argent immense, que son avarice avoit accumulé. Le duc de Bejar fut majordome-major du prince des Asturies en sa place.

SESSE, c'est SESSA, Folch-Cardonne. Ce duché dans le royaume de Naples fut donné par Ferdinand le Catholique au grand capitaine Gonzalve de Cordoue, qui n'eut point de mâles, et dont la fille héritière porta ce duché en mariage à Fernandez de Cordoue, comte de Cobra, de sa même maison. Elle en eut un fils, que Philippe II fit en 1566 duc de Baëna, qui est un lieu à huit lieues de Cordoue, et qui, par sa mère, fut aussi duc de Sesse. Il ne laissa que deux filles : Françoise, l'aînée, veuve sans enfants d'Alph. de Zuniga, marquis de Gibraleon, fit cession de ses duchés à Ant. Folch de Cardonne, descendu du premier comte de Cardonne, second duc de Somma au royaume de Naples, fils du premier duc de Somme, et de Béatrix, sœur cadette de Françoise. C'étoit un seigneur dont Philippe II estimoit fort l'esprit et le sens. C'est de lui que descend de mâle en mâle le duc de Sesse, que j'ai fort vu en Espagne, qui ne ressembloit guère à celui dont on vient de parler. Celui-ci étoit un grand garçon fort bien fait, ayant la tête plus que verte, aimant fort le vin, chose fort rare dans un Espagnol, et d'ailleurs étourdi et débauché à merveilles, par conséquent méprisé, quoique assez dans le monde, mais fort rarement au palais. Il n'étoit point marié.

SAINT-SIMON, *idem*, et mon second fils conjointement avec moi, pour en jouir tous les deux ensemble et en même temps.

SOLFERINO, Gonzague, cadet d'une branche de Castiglione. Son père, fort pauvre déjà, l'étoit devenu tout à fait par les guerres d'Italie, de sorte qu'il envoya ce fils en France avec un petit collet, dans l'espérance qu'il y attraperoit quelque bénéfice pour vivre. Il étoit noir, vilain, crasseux, et paroissoit un pauvre boursier de collége. Personne ne le recueillit, personne même ne lui parloit dans les appartements de Versailles; il n'entroit que dans les maisons ouvertes, où on ne lui disoit mot, et encore n'alloit-il que dans fort peu. Il importuna tellement le Roi de sa présence qu'il revint une fois de Trianon, où tout le monde pouvoit aller lui faire sa cour, quelques jours plus tôt que ce qu'il avoit fixé, et ne put s'empêcher de dire, tout mesuré qu'il étoit toujours, qu'il n'avoit pu tenir davantage à voir à tous les coins d'allées, et à toutes les portes de son passage, ce petit abbé de Castillon et Fornare, dont on a parlé ailleurs. A Paris, cet abbé n'étoit pas mieux venu. Sa ressource étoit chez le duc d'Albe, ambassadeur d'Espagne. Il y fit si bien sa cour à la duchesse d'Albe, qu'après la mort de son mari elle le remena avec elle en Espagne, où tant fut procédé qu'elle l'épousa, et pour ne pas déchoir, le roi d'Espagne eut pour elle la considération de le faire grand d'Espagne, et peu après lui accorda une clef de gentilhomme de sa chambre, mais sans exercice, comme ils étoient tous. Il perdit sa femme comme j'arrivois à Madrid. La douleur lui persuada de se faire capucin, et quand je l'allai voir, je trouvai sa chambre sans tapisserie ni meubles, avec un châlit sans ciel ni rideaux, et trois ou quatre méchants siéges de paille, avec un capucin avec lui. Cette grande douleur ne fut pas longue. Il épousa avant mon départ une Caraccioli, fille du prince de Santo Buono, qui étoit peut-être la seule belle personne qui fût dans Madrid [1]. L'esprit lui étoit venu avec le pain assuré, et il étoit fort dans le grand monde, estimé et bien reçu partout, et bien mieux peigné qu'il ne l'étoit à Paris.

Tursis, Doria, Génois, et à Gênes, de l'une des quatre grandes maisons de Gênes, où ces ducs de Tursis se sont fait compter depuis longtemps par une escadre de galères qu'ils ont depuis longtemps à eux, et dont ils ont souvent fort bien servi les rois d'Espagne.

Veragua, Portugal y Colomb. On a parlé et tâché d'ex-

---

1. Voyez tome IX, p. 368.

pliquer, p. 247 et suivantes[1], les branches royales de Portugal, Oropesa, Lemos, Veragua, Cadaval, etc.; ainsi je n'en ferai point de redite, et j'ai assez touché le personnel de ce duc de Veragua depuis, pour n'avoir que peu à ajouter. On se souviendra seulement que c'est de lui que j'ai reçu le plus de bonnes instructions sur les grandesses, les maisons, et les personnages d'Espagne; qu'il étoit frère de la duchesse de Liria, et qu'elle[2] a hérité de ses grands biens, parce qu'il étoit veuf sans enfants d'une sœur du duc de Sesse, et qu'il ne se remaria point.

Ce duché et grandesse fut instituée et donnée en 1537, par Charles V, à Diego Colomb, second grand amiral des mers, et vice-roi des Indes ou des terres découvertes par son père, le fameux Christophe Colomb, qui étoit de Ligurie, et qui avoit été le premier vice-roi et grand amiral des Indes. Philippe II, en 1556, échangea Veragua contre la Vega, dans l'île de la Jamaïque, avec Louis Colomb, fils aîné de Diego, et revêtit la Vega des mêmes titres et honneurs accordés à Veragua par l'Empereur son père, nonobstant quoi Louis Colomb, ainsi que ses successeurs, ont toujours pris les titres de ducs de Veragua et la Vega, et de seigneurs de la Jamaïque, ce dernier on ne sait sur quoi fondé. Louis Colomb ne laissa que deux filles. L'aînée se fit religieuse, l'autre porta tous ses biens et ses titres en mariage à son cousin germain, fils du frère cadet de son père, et n'eut point d'enfants. Les deux sœurs de Louis Colomb disputèrent ce grand héritage, Marie et Isabelle, qui fut enfin adjugé au petit-fils d'Isabelle Nuñez de Portugal y Colomb, qui fut ainsi quatrième duc de Veragua, et père d'Alvare cinquième duc de Veragua, et celui-ci père de Pierre-Emmanuel sixième duc de Veragua, qui eut la Toison, et fut viceroi de Galice, de Valence et de Sicile, et enfin conseiller

---

1. Pages 451 et suivantes de notre tome II.
2. On lit ici *en* au manuscrit; mais, deux mots plus loin, *de ses* corrige *des*.

d'État, tout cela avec beaucoup d'esprit et de talents, grande avarice, foi très-douteuse entre la maison d'Autriche et le nouveau roi d'Espagne, Philippe V, en tout un homme habile, adroit, dangereux, et de fort mauvaise réputation.

C'est le père du duc de Veragua que j'ai vu en Espagne, et qui, avant la mort de son père, portoit le nom du marquis de la Jamaïque, et étoit venu en France sous ce nom, avec la chimère de rattraper sur les Anglois l'île de la Jamaïque, dont il se prétendoit dépouillé par eux. Longtemps après mon retour, il revint en France pour la même chimère, qu'il poursuivit près de deux ans fort inutilement, quoi que le duc de Berwick et moi lui pussions dire, et dépensa cependant fort gros avec une fameuse chanteuse de l'Opéra. A la fin il tomba malade assez considérablement; la peur du diable le prit, il eut peine néanmoins à se séparer de cette fille, à qui il donna fort gros. Les vapeurs et les scrupules l'enfermèrent à ne vouloir voir personne. Il fit de grandes aumônes, et s'écrioit souvent qu'il se repentoit bien d'avoir fâché Dieu : c'étoit son expression. Enfin il s'en retourna dans cet état en Espagne à fort petites journées; il y vécut deux ans toujours enfermé dans les mêmes vapeurs, ne voyant presque que sa sœur la duchesse de Liria, qu'il laissa enfin par sa mort une des plus puissantes héritières qu'il y eût en Espagne. Il avoit été à la tête des finances et du conseil des Indes avec capacité et probité. La jalousie d'Alberoni l'avoit tenu deux ans prisonnier dans le château de Malaga, où il s'étoit si bien accoutumé qu'il n'en vouloit point sortir. C'étoit un homme de beaucoup d'esprit et de connoissances, d'une paresse de corps incroyable qui diminuoit son ambition, un peu avare, fort doux et bon, sale et malpropre à l'excès, ce qu'on lui reprochoit sans nul ménagement, de fort bonne, agréable et instructive compagnie, et charmant dans la société, quand il faisoit tant que de s'y prêter. Il étoit aimé et fort mêlé avec le meilleur monde, souvent malgré lui et sa paresse, jusqu'à ce que ses vapeurs en eurent fait un reclus. En lui finit cette branche de Portugal.

Villars, *idem.* Le maréchal de Villars, sans avoir jamais servi le roi d'Espagne, ni eu aucun rapport avec lui, fut fait grand d'Espagne au commencement de la régence, au grand étonnement de tout le monde, et sans qu'on ait jamais su pourquoi. Il le dut, je crois, à ses vanteries et à ses rodomontades, dont la cour d'Espagne fut la dupe, et crut faire par là une acquisition importante, qui ne lui servit jamais à rien. On a vu ailleurs ses étranges frayeurs à la découverte de la conspiration de Cellamare et du duc du Maine, dont il fut très-réellement sur le point de mourir. Il ne tint pas à lui d'être fait par l'Empereur prince de l'Empire. Richesses et grandeurs, tout lui fut bon.

Uzeda, Acuña Pacheco Tellez Giron. Cette terre, qui est en Castille, fut érigée en duché par Philippe III pour Christophe de Sandoval y Roxas, fils aîné du duc de Lerme, son premier ministre, depuis cardinal. Christophe fut marié, mourut avant son père en 1624, laissa un fils de la fille du huitième amirante de Castille, et ce fils, qui fut second duc d'Uzeda, mourut en Flandres en 1635, et ne laissa que deux filles. L'aînée porta le duché de Lerme et beaucoup d'autres biens en mariage à Louis Ramon Folch, sixième duc de Cardonne et de Segorbe; et la cadette, j'ignore par quelle exception, porta le duché d'Uzede en mariage, en 1645, à Gaspard d'Acuña Tellez Giron, cinquième duc d'Ossone, dont elle n'eut que des filles, desquelles l'aînée porta le duché d'Uzede en mariage, en 1677, à J.-Fr. d'Acuña Pachecho Tellez Giron, troisième comte de Montalvan, qui descendoit de mâle en mâle du fils aîné du premier duc d'Escalone, marquis de Villena, et de l'héritière de Tellez Giron, par son troisième fils Alph., dont ce troisième comte de Montalvan fut la septième génération masculine, et par son mariage troisième duc d'Uzeda. C'est lui qui se trouva ambassadeur d'Espagne à Rome à la mort de Charles II et à l'avénement de Philippe V à la couronne d'Espagne. On a vu en son lieu qu'il s'y conduisit si bien d'abord qu'il fut compris dans les cinq premiers chevaliers du Saint-Esprit espagnols que le Roi fit à la prière du roi son petit-fils, mais que, voyant les affaires mal bâter en Italie, il quitta à Rome le caractère d'ambassadeur de Philippe V, renvoya le collier du Saint-Esprit au feu Roi, chose jamais arrivée jusqu'alors, prit la Toison que l'archiduc lui envoya, erra longtemps en Italie sans nulle considération dans le parti qu'il avoit embrassé, se retira enfin à Vienne, où il vécut longtemps fort pauvre et fort méprisé, y mourut dans cet état, et y laissa ses enfants.

PRINCES DE

Bísignano, Saint-Séverin, à Naples, dont à tous égards c'est une des premières et plus grandes maisons, qui y a dans tous les temps puissamment figuré, et qui prétend avec fondement tenir le fief de Saint-Séverin de Robert Guiscard, en récompense des services rendus à ce conquérant. Louis de Saint-Séverin, septième comte de Saponara, et sixième prince de Bisignano, né en 1588, fut fait grand d'Espagne, dont sa postérité masculine jouit encore aujourd'hui.

Santo-Buono, Carraccioli. On peut à peu près dire de cette maison napolitaine ce qui a été dit de la précédente. Celle-ci prétend tirer son origine de Grèce, et avoir grandement figuré sous les empereurs de Constantinople grecs. Elle est divisée en deux par les armes : les Carraccioli rouges qui portent d'or a trois bandes de gueules au chef d'azur, et les Carraccioli au lion qui portent d'or au lion d'azur. Si ces deux divisions ont la même origine, laquelle en ce cas est sortie de l'autre? c'est ce que je laisserai à expliquer. Ces différents points ont tous leurs conjectures. L'opinion la plus reçue est que c'est la même maison, puisque de toute ancienneté ces deux divisions ont porté jusqu'à présent le même nom de Carraccioli, et qu'il n'est pas rare que les branches anciennes de la même maison, en conservant le même nom, aient pris des armes différentes. Celle de Joyeuse en France, c'est-à-dire Châteaurandon, qui est son vrai nom, en fournit un exemple qui est encore sous nos yeux. Quoi qu'il en soit, le prince de Santo-Buono que j'ai vu en Espagne, homme d'esprit, et qui savoit beaucoup, avouoit, après s'être fort appliqué aux recherches de sa maison, que les Carraccioli au lion, dont il étoit, étoient cadets des Carraccioli rouges, mais masculinement et de la même maison. Ces deux divisions se sont étendues en une infinité de branches presque toutes illustres par les emplois, les titres, les alliances et les grandes possessions.

Matthieu Carraccioli, quatrième prince de Santo-Buono, et second duc de Castelsangro, mort en 1694, et marquis de Buchiniaco, et comte de Nicastro, fut fait grand d'Espagne. Il étoit père de celui que j'ai vu en Espagne, qui avoit été ambassadeur à Venise et vice-roi du Pérou. C'étoit un fort honnête homme, très-considéré, d'une conversation charmante et instructive, et que j'ai beaucoup vu. Il étoit allé fort goutteux au Pérou. Il y trouva une herbe qui, prise comme du thé, guérissoit de la goutte, sans aucun des inconvénients des remèdes de l'Europe, qui, en guérissant la goutte en apparence, ne font que déranger le cours ordinaire de cette humeur qui se porte sur les parties intérieures, et tuent peu de temps après l'apparente guérison des membres. Le prince de Santo-Buono eut la curiosité de faire un voyage de plus de cinquante lieues du côté des montagnes pour voir cette herbe en son pays natal. Il la vit, il en usa, il se diminua beaucoup la goutte; mais comme il y étoit sujet dès sa jeunesse, et qu'il en étoit déjà estropié, il ne put que diminuer et rendre rares ses attaques de gouttes, et demeura estropié à peu près comme il l'étoit avant que d'en avoir pris. Je lui reprochai de n'en avoir point apporté avec lui pour en faire des épreuves, et voir si et quel soulagement en tireroient les goutteux, ainsi séchée et après un si long voyage. La difficulté qu'avoit le prince de Santo-Buono à marcher et à se tenir debout, jointe[1] à la considération de sa personne, lui avoit procuré la distinction d'aller en chaise à porteurs, quoiqu'il n'eût pas la qualité de conseiller d'État, et qu'au palais on lui apportoit un tabouret en attendant que le roi parût. Il avoit des enfants fort honnêtes gens, d'une Ruffo, fille du quatrième duc de Bagnara au royaume de Naples, où je les crois retournés depuis la mort de leur père, arrivée peu après mon retour. Les étrangers s'accoutument difficilement à l'Espagne. Il faut de grands liens pour les y fixer.

BUTERA, Branciforte, à Naples.

CARIATI, Spinelli, à Naples.

CHALAIS, Talleyrand, à Paris, François. La princesse des Ursins avoit épousé en premières noces l'oncle paternel aîné de ce nouveau prince de Chalais, qui fut de ce fameux duel des la Frette dont il a été parlé ailleurs, et qui fut obligé de sortir promptement du royaume. Il mourut à Venise, allant trouver sa femme à Rome, qui y resta et qui y épousa le duc de Bracciano, aîné de la maison des Ursins, dont l'histoire a été racontée ici. Devenue arbitre de tout en Espagne, et ayant fort aimé son premier mari, et par conséquent voulant élever ce qui lui étoit proche, elle fit venir en Espagne ce neveu de son premier mari, dont on a vu en son lieu les voyages et les manœuvres, et enfin le fit faire grand d'Espagne sans la permission du Roi, qui déclara qu'il pouvoit demeurer en Espagne et qu'il ne lui permettroit jamais de jouir en France du rang ni des honneurs de grand d'Espagne. La chute de Mme des Ursins lui fit perdre le peu de considération qu'il s'étoit acquise.

Je le vis beaucoup en Espagne, et le desir qu'il avoit de venir jouir de sa grandesse dans sa patrie, et la part qu'il

---

1. *Joint*, sans accord, au manuscrit.

savoit que j'avois dans l'amitié et la confiance de M. le duc
d'Orléans, et qui avoit tant de puissantes raisons de ne
lui être pas favorable, l'engagea à ce que je n'oserois
dire, me faire beaucoup sa cour. Il n'en avoit pas besoin.
L'inconcevable et toujours infructueuse débonnaireté de
M. le duc d'Orléans fit, sans ma participation, tout ce qu'il
put desirer dès qu'il sut ce qu'il desiroit. Il fit, après
mon retour, plusieurs voyages en France, où il vouloit se
stabilier[1].

Il étoit pauvre, et seulement exempt des gardes du corps
en Espagne, dont il tiroit peu, et ne le vouloit pas perdre,
et n'avoit jamais servi en France, et fort peu en Espagne.
A la fin, lassé de passer si souvent et si peu utilement les
Pyrénées, il prit congé de l'Espagne pour toujours, et il
épousa la sœur du duc du Mortemart, veuve de Cani, fils
unique de Chamillart, et dont elle étoit ennuyée de porter
le nom, quoiqu'elle en eût des enfants, qu'elle et lui
traitèrent toujours avec tendresse. Ayant ce tabouret, elle
devint dame du palais de la Reine. Chalais pourchassa
longtemps l'ordre du Saint-Esprit sans avoir pu l'attraper.
A l'ivresse de la cour, dans tous les deux, succéda le dégoût; elle donna sa place à sa fille, qu'ils avoient mariée
à son cousin germain, neveu de Chalais; et se sont
presque tout à fait retirés de la cour et du grand
monde.

CHIMAY, Hennin Liétard, de Flandres. Lui et son troisième frère se distinguèrent fort à la guerre et devinrent
de bonne heure lieutenants généraux au service de Philippe V. L'électeur de Bavière, étant gouverneur général
des Pays-Bas sous Charles II, l'avoit pris en amitié tout
jeune, et tout jeune lui procura de ce roi l'ordre de la
Toison d'or, dont il reçut le collier des mains de l'électeur. Après l'avénement de Philippe V à la couronne d'Espagne, et tandis que la princesse des Ursins la gouvernoit, il passa avec son troisième frère en Espagne, où ils

1. Voyez tome XVII, p. 311 et note 2.

continuèrent à servir, tandis que le second frère, archevêque de Malines, suivit la révolution des Pays-Bas soumis par l'Empereur, malgré lequel ensuite, comme on l'a vu en son lieu, il se fit tout devotement cardinal. Le prince de Chimay fit si bien sa cour à la princesse des Ursins qu'elle [le] fit faire grand d'Espagne. Il devint mon gendre : j'en parlerai ailleurs.

CASTIGLIONE, Aquino, à Naples, que nous prononçons Aquin, maison qui tire son origine de ces seigneurs lombards qui, à la chute de leur royaume, se répandirent dans ce qui a fait depuis le royaume de Naples et s'y emparèrent de plusieurs villes, en sorte que, dès l'an 1073, Artenulphe étoit comte d'Aquin et duc de Gaëte, dont la postérité masculine a possédé Aquin jusqu'à aujourd'hui, et par ses grandes possessions, ses grands emplois, ses grandes alliances, passe avec raison pour une des premières maisons d'Italie, et a donné saint Thomas d'Aquin à l'Église. Thomas prince de Castiglione, de Fercoletto et de S. Mango, duc de Néocastre, comte de Martorano, dernier cadet de la maison d'Aquin, et gendre en 1686 d'Alex. Pic, duc de la Mirandole et de Concordia, fut fait grand d'Espagne par Charles II, et a eu postérité masculine. Charles II fit grand d'Espagne, 1699, Th. d'Aquin, sixième prince de Castiglion[1].

COLONNE, idem, à Rome, où cette grande et puissante maison figure si hautement depuis près de sept cents ans, et dans toute l'Italie, par ses diverses branches, ses grandes possessions, ses grands emplois, ses illustres alliances sans nombre, plusieurs papes, une foule de cardinaux et beaucoup de grands hommes et qui ont eu le plus de part aux guerres et aux grands mouvements de l'Italie. Fabrice Colonne, duc de Paliano et de Taliacolto, mort 1520, fut le premier de sa maison connétable du royaume de Naples, charge qui, jusqu'à aujourd'hui, est demeurée héréditaire à sa postérité masculine. Lau-

1. Il y a bien ici *Castiglion*, et non *Castiglione*.

rent Onuphre fut le septième, eut la Toison d'or et fut fait grand d'Espagne. Il mourut en 1641.

Doria, *idem*, à Gênes, de l'une des quatre premières maisons de cette république.

Ligne, *idem*, en Flandres[1], dont la mère étoit Lorraine Chaligny, nièce de la reine Louise, épouse[2] du roi Henri III, et petit-fils du premier prince de Ligne, créé 1601 par l'empereur Rodolphe III[3]. Il eut la Toison d'or, ainsi que son père, son grand-père, son bisaïeul et son frère aîné, mort, 1641, sans enfants. Il fut général de la cavalerie aux Pays-Bas, ambassadeur d'Espagne en Angleterre, vice-roi de Sicile, gouverneur général du Milanois, grand d'Espagne 16 0[4], conseiller d'État, mort à Madrid en décembre 1679; il épousa une Nassau-Dilembourg-Siegen, veuve de son frère aîné, avec dispense. Cette grandesse est demeurée en sa postérité masculine, qui a servi Philippe V, et qui est retournée au service de l'Empereur, lorsque les Pays-Bas espagnols sont retournés sous sa domination.

Masserano, Ferrero, originaires du diocèse de Verceil, avec la chimère de descendre de la grande et illustre maison Acciaïoli; mais la vérité est qu'on ne les connoît guère avant l'an 1500 qu'ils eurent un cardinal, un évêque de Verceil en 1506, et un autre cardinal en 1517; ils en ont eu depuis trois autres et plusieurs évêques et abbés dans les États des ducs de Savoie. Le neveu du premier de ces cardinaux fut marquis de Masseran, situé dans le Piémont. Sa mère étoit Fiesque, dont ils ont depuis mis

---

1. Voyez page suivante (*Note de Saint-Simon*). — C'est en effet à la page suivante du manuscrit que se trouve ce passage : « J'ai oublié Ottaïano, Médicis, d'une branche cadette.... ducs de Sarno et grands d'Espagne » (ci-après, p. 60), passage que Saint-Simon fait suivre de ces mots : « et Ligne, dont la mère étoit Lorraine Chaligny..., » et qu'il accompagne de cette annotation : « à expliquer page précédente. »

2. Ce qui suit, jusqu'à la fin de l'alinéa, a été ajouté en marge.

3. Il y a dans le manuscrit Rodolphe III ; mais il faut lire Rodolphe II, empereur qui régna de 1576 à 1642.

4. Le troisième chiffre de cette date, noyé dans un pâté d'encre, est devenu illisible.

les armes sur le tout des leurs, qui sont d'Acciaïoli, sans aucune preuve d'en être, au premier et quatrième ; au second et au troisième de l'Empire, par quelque concession ; ainsi, à proprement parler, ils n'ont point d'armes à eux. Dans la suite, ils se sont trouvés si honorés de l'alliance de Fiesque qu'ils en ont ajouté le nom au leur. Ce premier marquis de Masseran épousa une Sforze Santa Fiore, puis une Raconis, des bâtards de Savoie. Son fils épousa une bâtarde du duc Charles-Emmanuel de Savoie, de laquelle vinrent ses enfants, puis une Grillec Saint-Trivier du même nom qu'étoit Brissac si longtemps major des gardes du corps de Louis XIV. Ce second marquis de Masseran fut fait prince de l'Empire et de Masseran par la protection du même duc de Savoie dont il avoit épousé la bâtarde. Son fils épousa une Simiane-Pianezze, dont il eut un fils unique qui épousa, en 1686, une bâtarde du duc Charles-Emmanuel de Savoie ; car il y en a eu trois de ce nom.

Le mariage du roi d'Espagne Philippe V avec une fille de Savoie fit espérer à ce troisième prince de Masseran quelque fortune pour son fils en Espagne. Il l'y envoya jeune et fort bien fait. On l'appeloit le marquis de Crèvecœur. Il avoit de l'esprit, de la galanterie, savoit mêler la réserve avec la hardiesse, avoit grande envie de faire fortune et tous les talents de courtisan qui y conduisent. Il s'attacha à faire sa cour à la princesse des Ursins et à la reine ; sa faveur pointa et s'augmenta tellement auprès de l'une et l'autre que le monde en parla. Il n'en fut que mieux avec elles, et il en profita pour ménager habilement les ministres et les plus grands seigneurs. Son père mourut ; il prit le nom de prince de Masseran, et la même faveur le fit, tôt après, grand d'Espagne. Il fut un des six seigneurs affidés à la princesse des Ursins, qu'elle laissa seuls approcher le roi d'Espagne après la mort de la reine, et il eut l'adresse et le bonheur que la chute de Mme des Ursins ne lui nuisit point auprès du roi ni même de la nouvelle reine, avec qui je l'ai vu fort familier. Il étoit gendre du prince de Santo Buono, et il perdit sa femme comme j'arrivois à Madrid, qui étoit belle et dame du palais de la reine, dont il avoit des enfants tout petits. Il en fut fort affligé et demeura toujours extrêmement uni avec son beau-père. C'étoit un homme extrêmement aimable et un de ceux avec qui j'ai le plus vécu et le plus familièrement. Il étoit fort ami des ducs de Veragua et de Liria, lié avec Grimaldo et avec tout ce qu'il y avoit de grand ou de plus choisi. On disoit pourtant qu'il ne falloit pas trop s'y fier ; mais je n'ai ni vu ni rien ouï dire qui pût autoriser ce bruit. En un mot, il étoit aimé, considéré, desiré, reçu avec plaisir partout, même des plus gourmés et des plus vieux seigneurs espagnols. Il avoit de la grâce et de la prudence en tous ses discours et en toutes ses manières, quoique gaies et libres et de la meilleure compagnie du monde. Depuis mon retour, il alla faire un voyage en Italie et vint faire un tour en France, où nous fûmes ravis de nous retrouver. Il y fut peu, et dans ce peu, hommes et femmes de la cour le couroient, et tout le monde fut affligé de son départ. A son retour en Espagne il eut les hallebardiers de la garde, qui sont comme nos Cent-Suisses, par la mort du marquis de Montalègre, et longtemps après la compagnie des gardes du corps italiennes[1], qui étoit sa grande ambition, lorsque le duc d'Atri la quitta pour être majordome-major de la reine à la mort du marquis de Santa-Cruz, et mourut assez jeune quelques années après dans cette charge. En arrivant en Espagne je le trouvai ayant déjà la Toison d'or et la clef de gentilhomme de la chambre.

Le vieux marquis Ferrero, qui avoit l'Annonciade, et qui a été ambassadeur de Savoie auprès de Louis XIV, il y a fort longtemps, étoit d'une branche cadette de cette maison. C'étoit un homme de beaucoup d'esprit, de capacité et de mérite. Sa bisaïeule étoit aussi Fiesque. Ces Ferrero ont eu quelques grandes alliances.

1. Il y a bien *italiennes*, au pluriel.

Melphe, Doria, Génois d'une des quatre grandes et premières maisons de la République, transplanté à Naples.

Palagonia, Gravina, en Sicile, d'une des plus grandes maisons du pays.

Robecque, Montmorency, branche sortie de celle de Fosseux. Le second prince de Robecque quitta le service d'Espagne en 1678 et se mit en celui de France, où il eut un régiment. Il mourut de maladie à Briançon en Dauphiné, en 1691. Il avoit épousé la sœur du comte de Solre, chevalier du Saint-Esprit en 1688 et lieutenant général, dont la mère étoit sœur du père du prince d'Isenghien, gendre du maréchal d'Humières. Il laissa deux fils. L'aîné, prince de Robecque, servit avec réputation jusqu'à être maréchal de camp, puis passa au service de Philippe V, qui le fit lieutenant général, lui donna la Toison d'or, et le fit, en 1713, grand d'Espagne. Il étoit extrêmement bien avec la princesse des Ursins, qui cherchoit à s'attacher les seigneurs étrangers. Il épousa à Madrid, en 1714, la fille du comte de Solre, sa cousine germaine, qui fut aussitôt dame du palais de la reine. Il continua à servir, et eut le régiment des gardes wallonnes, lorsque Alberoni força le duc d'Havrec à le quitter et à se retirer en France; mais le prince de Robecque mourut un mois après, en octobre 1716, sans enfants.

Son frère cadet, qui portoit le nom de comte d'Estaires, servit avec réputation longtemps en France. Il prit le nom de prince de Robecque à la mort de son frère. Il eut la Toison d'or, et succéda [à] sa grandesse, dans le diplôme de laquelle il étoit compris. Il fut lieutenant général, et au retour en France de la fille de feu M. le duc d'Orléans, veuve du roi Louis, il en fut nommé majordome-major par Philippe V. Il épousa tout à la fin de 1722 Cath. du Bellay, morte en 1727, et lui, quelques années après, tout à fait établi en France, et y a laissé un fils marié à une fille du duc de Luxembourg.

Sermonetta, Gaetano, que nous prononçons Cajetan.

Cette maison, féconde en titres et en emplois, et toujours
en grandes alliances, n'est connue qu'après l'an 1200, par
Mathias Cajetan, général des troupes du bâtard Mainfroy,
en Sicile, qui prit son nom de la ville de Gaëte, au
royaume de Naples, dont on ne voit aucune raison. Son
petit-fils fut l'étrange Boniface VIII, qui n'oublia pas
l'établissement de sa maison. Ces grands d'Espagne
n'y sont jamais venus et sont toujours demeurés à
Naples.

Sulmone, Borghèse, de Sienne, famille d'avocats et de
jurisconsultes. Ant. Borghèse, fatigué des troubles domestiques de sa patrie, se retira à Rome, y fut avocat consis-
torial, et s'y enrichit assez pour acheter à son fils aîné
une charge d'auditeur de la chambre fort chèrement,
qu'il perdit fort peu après avec ce fils. Clément VIII en
eut pitié, et donna sa charge à Camille son frère, qui
devint cardinal en 1596, à quarante-quatre ans, et pape
Paul V, en 1605, à cinquante-trois ans, et mourut, en
janvier 1621, à soixante-huit ans. Ce fut un terrible pape
qui éleva sa famille tout d'un coup en terres, en titres,
en grandes alliances, en richesses. Il fit le fils de son frère
prince de Sulmone, obtint pour lui la grandesse d'Espagne, et lui fit épouser la fille du duc de Bracciano, chef
de la maison des Ursins. Celui d'aujourd'hui est le quatrième grand d'Espagne, dont les alliances et les possessions se sont toujours accrues. Ces Borghèses, depuis
Paul V, ont toujours demeuré à Rome.

Surmia, Odeschalchi. Innocent XI étoit fils d'un riche
banquier de Côme, dans le Milanois, et servit jeune dans
les troupes impériales. Il embrassa depuis l'état ecclésiastique, et l'argent de sa famille l'avança dans les prélatu-
res. Il fit sa cour, comme les autres, à la fameuse donna
Olympia, belle-sœur d'Innocent X, qui pouvoit tout sur le
Pape, et qui le fit cardinal en 1645, et il fut pape en 1676.
Avec un génie austère, borné, opiniâtre, et un cœur tout
autrichien, il s'y abandonna avec une partialité qui le
rendit odieux à tout ce qui n'étoit pas vendu à la maison

d'Autriche, et la dupe de l'usurpation de l'Angleterre par le prince d'Orange, qu'il favorisa d'argent et de tout ce qu'il put, croyant ne favoriser la maison d'Autriche contre la France. S'il ne se servit pas de ses parents dans les affaires, il fit pis de les abandonner au cardinal Cibo. Son neveu Odeschalchi en étoit incapable, dont il fit un des plus puissants champignons de l'Italie en possessions et en dignités, qu'il étoit bien raisonnable que la maison d'Autriche lui prodiguât; l'Empereur le fit prince de l'Empire, et traiter d'Altesse par tous ses dépendants à Rome et en Italie, et Charles II le fit grand d'Espagne. Cette grandesse subsiste encore dans je ne sais qui de sa famille, dont pas un n'a été en Espagne.

J'ai oublié OTTAÏANO, Médicis[1], d'une branche cadette et fort séparée de celle des grands ducs de Toscane, et cinq générations avant que celle-ci parvînt à la souveraineté, et c'est la seule qui reste de toute la maison de Médicis. Elle est depuis très-longtemps établie dans le royaume de Naples, et a toujours été méprisée par les souverains de Toscane et par tout ce qui est sorti d'eux, les reconnoissant pourtant toujours pour être Médicis comme eux.

Bernard de Médicis, baron d'Ottaïano, dans le royaume de Naples, épousa une bâtarde d'Alexandre, duc de Florence, veuve de Fr. Cantelmi. Il étoit frère d'Alexandre de Médicis, archevêque de Florence, 1574, cardinal, décembre 1583, à quarante-huit ans, pape Léon XI, en avril 1605, mort le 27 des mêmes mois et année, à soixante-dix ans. Ce même frère de ce pape eut un fils, aussi baron d'Ottaïano, qui, d'une Saint-Séverin, eut deux fils, qui l'un après l'autre furent princes d'Ottaïano, qui épousèrent chacun une Carraccioli. L'aîné n'eut point d'enfants; le cadet eut Joseph de Médicis, troisième prince d'Ottaïano, fait grand d'Espagne en 1700, par Charles II, dont la postérité masculine subsiste à Naples,

---

1. Voyez ci-dessus, p. 55 et note 1.

d'où elle n'est point sortie; princes d'Ottaïano, ducs de
Sarno et grands d'Espagne.

MARQUIS DE

Arizza, Palafox.

Ayetona, Moncade, colonel du régiment des gardes
espagnoles; cette maison qui est une des plus grandes et
des plus illustres d'Espagne, indépendamment de ce qui
peut être chimérique. Moncade est la première baronnie de
Catalogne, et est depuis plus de quatre cents ans dans
cette maison de mâle en mâle. Elle prétend venir d'un
dapifer[1] général de l'armée françoise au secours du
pays de Barcelone contre les Sarrasins, vers 733, dont le
fils, Arnaud, fut investi par l'empereur Louis le Débonnaire
de la terre de Moncade, ce qui a été cause que les
successeurs de cet Arnaud, c'est-à-dire sa postérité, ont
pris indifféremment le nom de Dapifer ou celui de Moncade.
Cette maison a aussi possédé le Béarn et la Bigorre.
Guill. Ramon de Moncade épousa Constance, fille de
Pierre II, roi d'Aragon. Il étoit sénéchal de Catalogne et
fut le premier seigneur d'Ayétone, qui est, comme on l'a
dit, la première baronnie de la Catalogne. Il eut deux
fils : Pierre de Moncade, seigneur d'Ayétone et sénéchal
de Catalogne, dont est descendue la branche de Moncade
et celles qui en sont sorties, demeurées en Espagne, et
Raimon de Moncade, qui a fait la branche sicilienne des
ducs de Montalte, princes de Paterno, etc., dont les
ancêtres y ont suivi les Aragonnois et se sont établis à
Naples et en Sicile. Ayétone est toujours demeuré dans
la branche restée en Espagne masculinement.

Je n'ai pu trouver la date ni le règne en Espagne de
l'érection de la grandesse d'Ayétone. Les différentes et
plus apparentes conjectures et leurs combinaisons laissent
peu de lieu de douter qu'elle ne soit la première de
l'érection de Philippe II, vers 1560, et c'est par cette

1. Voyez tome VII, p. 130 et 131.

raison que je l'y ai rangée. Ce qui ne peut être douteux
est que les Moncade, premiers seigneurs d'Ayétone et
sénéchaux d'Aragon, en étoient ricos-hombres, et qu'ils
ne passèrent point en grandesse sous Charles V, qui par
là les abrogea tacitement, et furent rétablis en grandesse
par Philippe II. Celui que j'ai fort vu et pratiqué en
Espagne, et qui, avec son frère, le comte de Baños, qui
en savoit encore plus que lui, m'ont instruit de bien des
choses, étoit le sixième marquis d'Ayétone, qui avoit une
grande réputation de probité, de désintéressement et de
valeur la plus distinguée et la plus brillante, et en même
temps la plus simple, à laquelle néanmoins on prétendoit
que les talents ne répondoient pas assez. Il étoit de tout
temps fort attaché à Philippe V, qui l'avoit fait capitaine
général de ses armées. C'étoit un homme fort aimable
dans la société, avec les manières du monde, simples,
nobles et polies, et l'air d'un grand seigneur. Lui et son
frère, que nous verrons, parmi les comtes, être grand par
sa femme, et veufs tous deux, n'avoient point de garçons,
et des biens assez médiocres. Le marquis d'Ayétone,
depuis mon départ, maria sa fille unique au marquis de
Cogolludo, fils aîné du duc de Medina Celi, lequel m'é-
crivit pour m'en donner part avec beaucoup d'amitié,
quoique je ne lui en eusse point donné du mariage de
mon fils fait auparavant. Quoique le marquis d'Ayétone
portât le nom de Moncade, et non celui de Dapifer, il ne
portoit point les armes de Moncade, qui sont de gueules
à huit besans d'argent en pal, quatre de chaque côté,
mais il porte les armes de Bavière seules et en plein.
Cette chimère vient du nom de dapifer, qui signifie le
grand sénéchal, et depuis, le grand maître, qui lui a succédé dans l'autorité intérieure du palais, et non dans
celle que le grand sénéchal avoit dans le royaume; ces
charges héréditaires sont éteintes partout, excepté dans
l'Empire, où l'électeur de Bavière la possède, et par elle
est électeur. Cette similitude, toute étrangère qu'elle est,
aura donné lieu à cette singularité du marquis d'Ayétone;

au moins n'en ai-je pu découvrir d'autre raison ; et pour la date de sa grandesse, c'est ce que je me gardai bien de lui demander.

Los Balbazès, Spinola, Génois, de l'une des quatre grandes maisons de Gênes. Philippe III érigea cette terre, en 1621, en marquisat et grandesse pour le fameux capitaine Ambroise Spinola, fils de Ph. Spinola, marquis de Venafro, et d'une Grimaldi, fille du prince de Salerne. Il avoit épousé une Bassadonna, et mourut en septembre 1630. Il laissa le cardinal Spinola, mort en février 1639, une fille mariée au premier marquis de Legañez, et Ph. Spinola, second marquis de los Balbazès, qui eut la Toison d'or, et qui épousa une fille de Paul Doria, duc del Sesto, grand d'Espagne, qui lui apporta cette nouvelle grandesse, et lui fit joindre le nom de Doria à celui de Spinola. Il mourut en 1659. Son fils, né en février 1632, Paul Spinola-Doria, troisième marquis de los Balbazès et duc del Sesto, est celui qui se trouva au mariage de Louis XIV, qui accompagna la cour depuis la frontière d'Espagne jusqu'à Paris en qualité d'ambassadeur d'Espagne, qui parut avec tant de magnificence et de galanterie à l'entrée du Roi et de la Reine à Paris, et qui y fit admirer l'une et l'autre pendant tout le cours de son ambassade. Il fut après du conseil d'État et de celui de guerre, et majordome-major de la seconde femme de Charles II. Il étoit gendre du connétable Colonne, et mourut à Madrid, en décembre 1699, n'ayant pas encore soixante ans. Son fils, quatrième marquis de los Balbazès, fut gentilhomme de la chambre de Charles II, et général de ses armes en Milanois. Il étoit gendre du huitième et dernier duc de Medina Celi, des bâtards de Foix, qui mourut prisonnier à Fontarabie. Je ne sais s'il eut peur de la disgrâce de son beau-père et d'être impliqué dans ce dont on l'accusoit ; mais tout à coup il se fit prêtre avec dispense de recevoir tous les ordres à la fois, dont on fut fort surpris à la cour d'Espagne. Quelques-uns ont prétendu qu'outre cette raison, car les prêtres sont fort difficiles à arrêter et à juger en Espagne pour causes laïques, il avoit des vues de se faire cardinal. Quoi qu'il en soit, il vécut, depuis, peu d'années, et laissa le cinquième marquis de los Balbazès, que j'ai fort vu en Espagne, et qui étoit gendre du duc d'Albuquerque et frère des duchesses de Medina Celi, d'Arcos, de la Mirandole et de la princesse Pio.

Il avoit de l'esprit, du monde, de l'application et des lettres, qui n'empêchoient point beaucoup d'ambition, les talents de courtisan, et d'être plus mêlé avec le grand monde, où il étoit aimé et estimé par ses manières nobles et polies, que ne le sont d'ordinaire les seigneurs espagnols, et passoit pour un fort honnête homme. Je l'ai beaucoup fréquenté. Il fut gentilhomme de la chambre du prince des Asturies à son mariage, et l'étoit déjà du roi, et à la mort du Prince Pio, noyé dans l'inondation de l'hôtel de la Mirandole, il fut grand écuyer de la princesse des Asturies.

BEDMAR, Bertrand la Cueva. Cette maison a été expliquée au titre d'Albuquerque, dont le marquis de Bedmar est cadet de cette maison. Il servit presque toute sa vie au dehors de l'Espagne, en Italie et aux Pays-Bas. Il y étoit capitaine général et gouverneur des armes à l'avénement de Philippe V à la couronne d'Espagne, où on fut extrêmement content de sa conduite, tant alors que depuis. Il y fut commandant général pendant l'absence de l'électeur de Bavière, gouverneur général, qui alla dans ses États, et le marquis de Bedmar rouloit d'égal avec nos maréchaux de France, commandoit des armées séparées, et aux troupes françoises comme aux espagnoles et wallonnes, comme à celles-ci réciproquement nos généraux françois. Il se conduisit si bien et d'ailleurs avec tant de correspondance avec nos généraux et nos troupes qu'il gagna entièrement leur amitié et leur estime par sa valeur et son désintéressement, et par la magnificence avec laquelle il vivoit. Louis XIV lui en sut tant de gré qu'il lui donna l'ordre du Saint-Esprit en

1704, et le collier en 1705, en passant pour aller de Flandres vice-roi de Sicile. Il fut le seul Espagnol pour qui le roi demanda et obtint la grandesse. Je le trouvai en Espagne conseiller d'État et président du conseil de guerre et de celui des ordres, et dans une grande considération. On a vu qu'il fut premier commissaire d'Espagne pour la signature des articles du contrat de mariage de l'infante avec le Roi, et, par très-grande distinction, on lui apportoit un siége chez le roi d'Espagne, en attendant que Sa Majesté Catholique parût.

C'étoit un homme fort poli, dont toutes les qualités et les manières étoient aimables, nobles, et d'un grand seigneur, en même temps polies et familières. Il étoit goutteux, ne sortoit guère de chez lui que pour des fonctions, ou pour aller au palais, et avoit presque toujours compagnie chez lui; il avoit de l'esprit, du sens, et tant vu au dehors que sa conversation étoit également agréable, gaie, et instructive. Je l'ai extrêmement vu et pratiqué à Madrid, où Leurs Majestés Catholiques, les ministres, et tout le monde en faisoient beaucoup de cas. Il se piquoit fort d'aimer et de caresser les François, et d'une grande reconnoissance pour la mémoire de Louis XIV. Il avoit très-bonne mine, et l'air fort françois. J'admirai avec quelle facilité il s'étoit remis à vivre à l'espagnol, à son *puchero*[1], à manger seul un morceau, après avoir été un si grand nombre d'années hors d'Espagne, à vivre avec tout le monde comme nous vivons ici, et avec une grande et bonne table bien remplie de mets et de convives.

Il n'avoit qu'une fille unique, mariée au marquis de Moya, second fils du marquis de Villena, auquel elle porta cette grandesse. Elle étoit dame du palais de la reine, et cruellement laide. Longtemps depuis mon retour, le marquis de Moya, qui, avec peu d'esprit, mais une valeur distinguée et beaucoup d'honneur, étoit fort dans le monde, devint, par la mort de son beau-père, marquis de

---

1. *Puchero*, marmite, pot-au-feu.

Bedmar, dont il prit le nom, et par la mort de son père, capitaine des gardes du corps de la compagnie espagnole, que son frère aîné quitta, pour monter à la charge de majordome-major du roi, qu'avoit le marquis de Villena, leur père, qui étoit une faveur sans exemple.

Camaraça, los Cobos. Il ne laisse pas d'y avoir en Espagne, comme en France, des grandesses de faveur, et dont les races ne remontent pas haut. Fr. de los Cobos étoit secrétaire d'État favori de Charles V, qui le fit conseiller d'État, grand commandeur de Léon de l'ordre de Saint-Jacques, grand trésorier de Castille, et lui fit épouser M. Mendoza y Sarmiento. Leur fils épousa Fr.-L., fille de Fr. de Luna, rico-hombre de Sangro en Aragon et seigneur de Camaraça, laquelle en fut faite marquise. C'est d'eux que sortent masculinement les los Cobos, marquis de Camaraça, Diego de los Cobos, troisième marquis de Camaraça mort tout à la fin de 1645, fut fait grand d'Espagne, et ne laissa qu'une fille religieuse. Em^l de los Cobos, appelé à sa grandesse, lui succéda. Il sortoit de mâle en mâle du frère cadet du los Cobos premier marquis de Camaraça, il fut bisaïeul de Balthasar de los Cobos, cinquième marquis de Camaraça, chevalier de la Toison d'or, gentilhomme de la chambre de Charles II, général des galères de Naples, puis de celles d'Espagne, enfin vice-roi d'Aragon. Sa mère, Acuña Portocarrero, fille du troisième comte de Montijo, mourut en 1694, camarera-mayor de la reine-mère de Charles II.

Castel dos Rios, Semmenat, Catalan. C'est celui qui étoit ambassadeur d'Espagne en France à la mort de Charles II, duquel il a suffisamment été parlé à cette occasion, qui lui valut la grandesse et la vice-royauté du Pérou, comme on l'a vu au même endroit. Il y mourut après quelques années. Son fils aîné, connu ici avec lui sous le nom de marquis de Semmenat, qui l'avoit accompagné au Pérou, y resta fort longtemps après sa mort, et n'en est revenu en Espagne que depuis mon retour, où il fit aussitôt après sa couverture.

Castel Rogrigo, Homodeï. C'est une cité en Portugal. L. de Moura, d'une maison noble et ancienne de ce royaume-là, alcaïde ou gouverneur de cette cité, eut un fils, Christophe de Moura, que Philippe II en fit comte pour les services qu'il en avoit reçus lorsqu'il s'empara du Portugal, à la mort du cardinal-roi Henri. Le même Christophe de Moura fut fait par Philippe III marquis de Castel Rodrigo et grand d'Espagne. Il avoit été le premier vice-roi de Portugal pour l'Espagne. Son fils et le fils de son fils ont été gouverneurs généraux des Pays-Bas ; le dernier mourut à la fin de 1675, gendre du sixième duc de Montalte, et ne laissa que deux filles. L'aînée, veuve sans enfants d'un Guzman fils puîné du duc de Medina de las Torres, se remaria à Ch. Homodeï, et la cadette à Gilbert Pio, prince de Saint-Grégoire en Lombardie, dont elle eut des enfants. Après sa mort elle se remaria à L. Contarini, alors ambassadeur de Venise à Rome.

Les Homodeï sont des jurisconsultes, des citadins et des gens de robe de Milan, connus dès 1340, et sont demeurés tels sans illustration ni alliances jusque vers 1600, que Ch. Homodeï, extrêmement riche, se fit marquis de Piopera, et poussa si bien un de ses fils dans les charges de la prélature de Rome qu'il fut cardinal en 1652, et mourut en 1685. C'est l'aîné de ce cardinal qui fut père de Ch. Homodeï, connu sous le nom de marquis d'Almonacid, qui épousa la fille aîné de Moura marquise héritière de Castel Rodrigo, et qui, après avoir essuyé de longues chicanes avec peu de fondement pour le droit, mais causées par la légèreté de sa naissance, se couvrit enfin en 1679, par la grandesse que sa femme lui avoit apportée. Il se trouva homme d'esprit, d'honneur et de mérite, et parvint sous Charles II à être conseiller d'État ; il se conduisit si bien à l'avénement de Philippe V à la couronne d'Espagne, qu'il fut choisi pour l'ambassade de Turin, y négocier le mariage du roi d'Espagne, et faire la demande pour lui de la fille de Savoie, sœur cadette

de Mme la duchesse de Bourgogne, et l'amener au roi
d'Espagne en Catalogne, où il étoit pour lors prêt à passer à Naples, et commander les armées en Lombardie.
Castel Rodrigo fut déclaré grand écuyer de la reine en
arrivant avec elle, et fut toujours fort compté et considéré. A la mort de cette princesse, il renonça à la cour,
et se retira dans sa maison de Madrid. Il perdit bientôt
après sa femme. Ce changement domestique et de fortune lui affoiblirent la tête, tellement que lorsque j'arrivai à Madrid, il n'étoit plus en état de paroître ni de voir
personne chez lui. Je ne laissai pas d'y aller à mon
retour de Lerma, à cause de ma grandesse, et d'y retourner avec mon second fils, quelques jours avant sa couverture, comme c'est l'usage établi à l'égard de tous les
grands. Je ne le vis point, comme je m'y étois bien
attendu ; et comme il n'étoit plus en état de rien, je ne
reçus même contre la coutume aucune civilité ni compliment de sa part.

Par la mort de sa femme, sans enfants, la grandesse de
Castel Rodrigo, passa à l'autre sœur, mère du prince Pio,
quoique le mari veuf en conserve le rang et les honneurs
toute sa vie. Ainsi, après sa mère, la grandesse vint au
prince Pio qui fit sa couverture. C'est ce même prince
Pio, capitaine général et gouverneur de Catalogne, quoique jeune, dont on a vu qu'Alberoni joua si longtemps et
si cruellement sur le commandement de l'armée qu'il
faisoit assembler en Catalogne pour passer en Sardaigne, etc., et le même que j'ai vu à Madrid, et qui fut
fait grand écuyer de la princesse des Asturies. C'étoit un
grand homme fort bien fait, poli, glorieux, ambitieux au
possible, qui avoit très-bonne opinion de soi, plus de valeur que de talent et d'esprit, quoique il ne manquât pas
de l'un ni des autres. Il fut entraîné par le torrent qui,
depuis mon départ, inonda tout d'un coup l'hôtel de
la Mirandole, et son corps fut trouvé à une lieue de
Madrid, dans une espèce de cloaque. Il laissa des enfants
fort petits. Il ne laissoit pas d'être assez compté, et fort

parmi le monde. Il dansa et fort bien aux bals, car en Espagne, comme je l'ai déjà dit, hommes et femmes dansent à tout âge.

Castromonte, Baësa. C'est une famille de robe, et sans alliances, d'autour de Valladolid, inconnue et dans l'obscurité jusqu'à J. Baësa, second marquis de Castromonte, dont la mère étoit Lara, et le frère aîné, mort sans enfants, premier marquis de Castromonte. Ce second marquis fut fait grand d'Espagne par Charles II, en janvier 1698, sans service, sans charge, sans faveur précédente, et l'acheta fort cher à ce qu'ils prétendent tous en Espagne. Il n'a point eu d'enfants de deux femmes. Le fils de son frère lui a succédé et a des enfants. C'est un homme qui paroissoit fort peu, et que je n'ai fait qu'apercevoir en Espagne.

Clarafuente, Grillo, à Gênes, de la première noblesse de la République.

Santa-Cruz, Benavidez y Bazan, majordome-major de la reine seconde femme de Philippe V. La maison de Benavidez est masculinement issue d'Alphonse IX, roi de Léon et d'Adonce Martinez, son épouse, par don Alonzo, seigneur de Aliquer, leur fils cadet, dont le fils, Pierre Alonzo de Léon, épousa l'héritière de Benavidez, issue d'Alphonse VIII, empereur des Espagnes; d'autres donnent une autre origine à cette maison, et la font descendre d'Inniguez, seigneur de Biedma, dans le royaume de Tolède. Ils donnent une origine illustre à ce nom d'Inniguez, de la délivrance d'une reine d'Aragon des mains des Maures. Cet Inniguez épousa une Castro; les alliances directes de Ponce de Léon, et de Sotomayor, furent celles du second et du troisième degré. Le quatrième degré fut Mendus Rodriguez de Biedma et Benavidez.

C'est à celui-ci qu'il faut s'arrêter un moment. Il épousa 1° une Tolède; 2° une Martinez; 3° une Cordoue; 4° apparemment par amour, la bâtarde d'un Manrique de Lara, archevêque de Tolède. Ce Mendus Rodriguez de Biedma fit son premier mariage en 1344. Jusqu'à lui nulle terre, nulle fille dans sa maison qui portât le nom de Benavidez, lequel depuis lui, qui le prit sans qu'on en puisse deviner la raison, passa à toute sa postérité, sans qu'il y ait jamais été plus de mémoire de leur ancien nom de Biedma : or, toute la maison de Benavidez descend de ce Mendus Rodriguez, qui le prit le premier, parce que ses frères n'eurent point d'enfants mâles, et que les mâles sortis de ses oncles et grands-oncles s'éteignirent de son temps. Mais revenant à l'autre origine des rois de Léon, la raison de ce changement de nom se découvre : on a vu ci-devant que Pierre Alonzo de Léon, fils de Roderic Alonzo seigneur de Aliquer, fils cadet d'Alphonse IX, roi de Léon, avoit épousé l'héritière de Benavidez, issue d'Alphonse VII, empereur des Espagnes. Leur fils, leur petit-fils, et leurs deux arrière-petits-fils de mâle en mâle, ne prirent plus que le nom seul de Benavidez. L'aîné des arrière-petits-fils mourut sans enfants, son seul frère cadet fit un majorasque[1] de plusieurs terres avec celle de Benavidez, auquel il donna ce nom, et, se voyant sans enfants, il le substitua à son cousin Mendus Rodriguez, seigneur de Biedma, à condition que ledit Mendus Rodriguez et toute sa postérité ne porteroient plus que le nom seul de Benavidez. Or, comment ce Menduz Rodriguez, seigneur de Biedma, substitué au majorasque et au nom de Benavidez étoit-[il] le cousin de J.-Alonzo de Benavidez issu de mâle en mâle des rois de Léon, fondateur du majorasque qu'il lui substitua? Étoit-ce parenté proche ou éloignée, masculine ou féminine? Quoi qu'il en soit, il entra en possession de ce majorasque en 1364. Deux ans après Henri IV, roi de Castille, en démembra trois terres qu'il donna à Gonzalve Bazan, son favori et son sommelier de corps, et donna en échange à Mendus Rodriguez de Benavidez, la terre d'Iznotarafe, qui, pour avoir été conquise sur les Maures

---

1. Voyez tome III, p. 107 et 108.

le jour de Saint-Étienne premier martyr, fut changée de nom, et toujours depuis appelée S. Estevan del Puerto, ce dernier nom pour la distinguer des autres de même nom, parce que celle-ci est à une ouverture ou passage de montagnes, et ces passages s'appellent *puerto* en espagnol, d'où vient par exemple le nom de Saint-Jean-pied-de-Port, et non de porc, comme dit le vulgaire, parce que cette place est au pied et à l'entrée des Pyrénées du côté de France, à qui elle appartient. Cette terre de S. Estevan, que Mendus Rodriguez eut en échange de ce qu'Henri IV, roi de Castille, lui avoit pris, étoit beaucoup plus considérable que ce qu'il avoit laissé prendre à ce roi.

Son arrière-petit-fils fut fait, en 1473, comte de S. Estevan del Puerto, et fut père d'autre Mendus Rodriguez de Benavidez, comte de S. Esteván del Puerto, duquel de mâle en mâle sont sortis les comtes de S. Estevan del Puerto, grands d'Espagne, qu'on verra ci-après, et les marquis de Santa-Cruz, leurs cadets. Le cinquième comte de S. Estevan del Puerto épousa, en 1548, une la Cueva, qui lui apporta la terre, depuis Marquisat, de Solera, ce qui lui fit ajouter le nom de la Cueva au sien et à ses descendants, comtes de S. Estevan. Son arrière petit-fils, huitième comte de S. Estevan et premier marquis de Solera, eut un frère cadet, H. de Benavidez, marquis de Bajona et comte de Chinchon, capitaine général des galères d'Espagne et conseiller d'État, qui épousa Mencia Pimentel, dont le frère unique mourut sans enfants, et qui devint héritière des marquisats de Santa-Cruz, Bajona et Viso, par sa mère héritière de la maison de Bazan, ce qui fit ajouter le nom de Bazan à celui de Benavidez à leur postérité, quelquefois même le prendre seul à cause de la grandesse attachée au marquisat de Santa-Cruz pour le grand-père paternel de l'héritière de Bazan, épouse d'un Pimentel qui n'avoit eu que cette fille héritière, qui épousa cet H. de Benavidez, lequel en fut grand d'Espagne et grand-père du marquis de Santa-Cruz que j'ai vu en Espagne, auquel je reviendrai après une courte parenthèse.

Le grand-père de l'héritière de Bazan qui épousa le Pimentel, dont la fille héritière porta la grandesse de sa mère à H. de Benavidez, frère cadet du huitième comte de S. Estevan, ce grand-père, dis-je, étoit Alvar de Bazan, marquis de Santa-Cruz, ou Sainte-Croix, comme nos François l'appeloient, capitaine général de la mer sous Philippe II. Ce fut lui qui se rendit maître de l'escadre qu'après la mort du cardinal-roi de Portugal, Catherine de Médicis fit équiper pour porter un grand secours en Portugal à Ant. prieur de Crato, bâtard du duc de Beja, second fils du roi Em¹ de Portugal et d'une juive, qui voulut prouver le mariage de sa mère, et après la mort du cardinal-roi, se fit proclamer roi à Santarem et à Lisbonne, et eut un grand parti. Ses aventures ne sont pas de mon sujet. Catherine de Médicis, qui, pour relever sa naissance, se mit aussi sur les rangs, sans nulle apparence de fondement, de prétendre à la couronne de Portugal, avoit intérêt d'afficher cette prétention, et d'empêcher la ruine du parti du prieur de Crato, comptant après avoir meilleur marché de ce bâtard que de Philippe II. Comme cette vanité de la Reine la touchoit sensiblement, et qu'elle étoit toute-puissante en France, ce fut à qui s'embarqueroit sur cette escadre de toute la noblesse de la cour, et Strozzi même, parent proche de la Reine, et fort avant dans ses bonnes grâces. Le marquis de Sainte-Croix, ayant battu cette escadre, 26 juillet 1582, fit mettre pied à terre à tout ce qui la montoit, fit égorger de sens froid [1], dans l'une des Terceires, Ph. Strozzi qui la commandoit, toute cette jeune noblesse et tous les officiers, et emmena les vaisseaux et les équipages en Espagne. Une si monstrueuse inhumanité fut détestée dans toute l'Europe, mais elle plut si fort à Philippe II, qu'il fit aussitôt le marquis de Santa-Cruz grand d'Espagne. Revenons

1. Voyez tome I, p. 221 et note 1, tome II, p. 255 et note 1, etc.

maintenant au Benavidez qui en jouit[1], après avoir passé par une autre maison.

Le marquis de Santa-Cruz que j'ai vu en Espagne étoit pauvre et retiré chez lui dans la Manche, sous Charles II, et à l'avénement de Philippe V à la couronne. Il avoit essuyé un étrange contraste. Sa femme l'avoit accusé d'impuissance. Il y eut sur cela un grand procès; il le perdit, et peut-être qu'il n'en fut pas fâché. Son humeur peu accorte ne convenoit guère au mariage. Il fut même permis à sa femme de se remarier. Assez peu après, il fut attaqué par une fille bourgeoise pour qu'il eût à se charger d'un enfant qu'elle prétendit qu'il lui avoit fait : nouveau procès, et il le perdit encore. On voit qu'il n'étoit pas heureux en procès.

Il vivoit donc solitairement chez lui pendant les premières années du règne de Philippe V, sans aucun accès à la cour ni à Madrid, malgré sa naissance et sa dignité, lorsque le duc de Berwick vint la première fois en Espagne, où le feu de la guerre étoit de tous côtés. Il sut que le marquis de Santa-Cruz, avec ce qu'il avoit pu rassembler de ses vassaux, avoit si fermement combattu une partie de l'armée ennemie, à un passage important de ce pays si montueux, qu'il l'avoit arrêtée, et qu'après une défense opiniâtre, il l'avoit obligée à se retirer et à chercher où passer ailleurs, ce qui, dans les circonstances où on se trouvoit alors, fut un service très-utile. Le duc de Berwick en parla au roi d'Espagne, lui fit donner du commandement, le fit venir à la cour, et lui procura tous les agréments qu'il put. Santa-Cruz, d'abord sauvage, s'y apprivoisa peu à peu, continua à servir avec distinction, mais sans grade : il étoit trop vieux pour en vouloir; et s'attacha enfin à la cour, où il devint avec le temps, je n'ai point su par quelle intrigue, majordome-major de la reine seconde femme de Philippe V, et parfaitement bien avec le roi et avec elle. Il fut gentilhomme de la chambre

---

1. Qui jouit de cette grandesse.

seul toute l'année en exercice avec le duc del Arco, et tous deux amis intimes, qui, par leurs charges, passoient leur vie ensemble ou dans l'intérieur du roi et de la reine ou à leur suite, à leurs chasses et à leurs voyages. Il étoit fort des amis de Grimaldo, et témoigna toujours au duc de Liria qu'il n'oublioit point ce qu'il devoit à son père, avec tendresse, intérêt et grande familiarité.

C'étoit un fort grand homme et bien fourni, un visage brun et rouge, de gros sourcils noirs et des yeux qui regardoient volontiers de côté, l'air et le jeu sournois et moqueur, beaucoup de fierté ; tout montroit en lui de la hauteur et de la noblesse jusque dans ses fonctions auprès de la reine. Il n'étoit pas ignorant, avoit beaucoup d'esprit et de finesse dans l'esprit et dans les manières, et quoique mesuré, se contraignoit peu, par grandeur, sur les gens et sur les choses. Il se communiquoit fort peu, se retranchoit sur l'assiduité de ses fonctions ; mais au fond c'étoit son goût et le fruit de la longue solitude où il avoit passé tant d'années. On le craignoit pour ses dits, pour sa morgue dédaigneuse, pour la difficulté de son accès, même aux lieux publics, au palais, encore plus son silence et ses yeux, qui parloient de compagnie. Il ne laissoit pas de parler un peu et de rire même assez volontiers ; mais toujours son rire étoit malin et expressif. Il n'aimoit point du tout les François ni les Italiens, sans que sa faveur et sa familiarité avec le roi et la reine en souffrissent la moindre atteinte. Il se mêloit difficilement de quelque chose par paresse et par dédain. Avec cela il avoit des amis et de l'estime, et il ne manquoit ni aux devoirs ni à la politesse ; mais il ne la prodiguoit pas, et en savoit mesurer les degrés. Tout François et ambassadeur de France que j'étois, j'étois parvenu à l'apprivoiser avec moi par le duc de Liria, et par toutes sortes d'attentions et de prévenances au palais, et j'avoue qu'il me plaisoit fort, et me divertissoit assez souvent, quoique avare de discours et même de paroles, et il me paroissoit qu'il ne se déplaisoit point avec moi. J'aurai lieu de parler de lui à l'occasion de l'échange des princesses, dont il fut chargé. Sur ses dernières années, il fut fait chevalier du Saint-Esprit et de la Toison d'or.

Laconi, *idem*, étoit depuis longtemps aux Indes espagnoles lorsque j'étois en Espagne.

Lede, Bette. J'ai fort parlé de lui à l'occasion de l'expédition de la Sardaigne et de la Sicile, dont le cardinal Alberoni le chargea en chef, et dont il s'acquitta en capitaine, au retour de laquelle, quoique malheureuse par la supériorité extrême de l'armée navale des Anglois et de leurs troupes de débarquement, il fut fait grand d'Espagne, puis envoyé en Afrique faire la guerre aux Maures, dont il s'acquitta avec beaucoup de capacité et de bonheur. Je le trouvai en Espagne avec la Toison d'or, dans la première considération et dans une grande estime. Il vivoit même avec assez de splendeur, avoit une bonne table, et y rassembloit les Flamands, d'autres étrangers, les Espagnols qu'il pouvoit, peu ou point de François, qu'il haïssoit.

C'étoit un Liégeois sans naissance, qui s'étoit élevé par son courage, son assiduité, ses talents pour la guerre, d'autant plus rapidement que l'Espagne manquoit de généraux, et il le devint excellent. Je n'ai guère vu un plus vilain petit homme, plus malotru, plus tortu, un peu bossu, fort rousseau, l'air très-bas, mais les manières nobles, avec de l'esprit beaucoup, de la vivacité, de la hauteur, et le visage allongé, décharné, le plus désagréable du monde. J'avois pris à tâche de l'apprivoiser[1], et j'y étois parvenu. Nous causions souvent ensemble au palais, et il étoit de ceux qui venoient manger familièrement chez moi sans prier. Sa conversation étoit simple et agréable, souvent mêlée de traits fort justes et fort naturels, quelquefois plaisants, quoique sérieux et réservé. Depuis mon retour, il fit un voyage en Flandres, où il eut l'honneur d'épouser une Croy, qui n'avoit rien,

---

1. *Apprivoisier*, au manuscrit.

qu'il remena en Espagne, lui sans s'arrêter à Paris, où elle fut dame du palais de la reine, dont il a eu postérité.

Mancera[1].

Mondejar, Ivannez. Cette terre, qui est en Castille, fut érigée en marquisat et en grandesse d'Espagne, vers 1612, pour Innigo Lopez de Mendoza, et tomba depuis en plusieurs maisons par des filles héritières. Enfin celle de Cordoue et Mendoza l'apporta en mariage à Gaspard Ivannez, comte de Tendilla, d'une naissance pourtant fort commune et peu connue, qui prit le nom de marquis de Mondejar, et fit sa couverture en 1678 ; son fils épousa pourtant une sœur du connétable de Castille, dont le fils étoit le marquis de Mondejar, du temps que j'étois en Espagne, mais fort obscur et retiré.

Montalècre, Guzman. C'est celui que j'ai vu en Espagne. Il portoit autrefois, du vivant de son père, le nom de marquis de Quintana, et étoit majordome de semaine de Charles II, qui le prit en amitié et le fit fort tôt gentilhomme de sa chambre. Sa faveur augmenta en sorte qu'il fut regardé comme un favori, et fut capitaine des hallebardiers de la garde, enfin grand d'Espagne à la fin de 1697. Il conserva ces deux charges à l'avénement de Philippe V à la couronne d'Espagne, où je le trouvai sommelier du corps, mais sans nul exercice, comme je l'expliquerai en son lieu, et comme étoient presque toutes les charges du palais. Il se trouvoit quand elle vaqua, le plus ancien de tous les gentilshommes de la chambre. Cette raison, sa naissance, sa dignité, un reste de teinte de ce qu'il avoit été auprès de Charles II, l'élevèrent à cette grande charge. C'étoit un bon et très-honnête homme, fort paresseux, fort retiré par dégoût de n'avoir que le titre vain d'une si belle charge, un esprit médiocre, peu à son aise, incapable de se mêler de rien, doux et modeste, toutefois compté et considéré par estime, et aussi

---

1. Le nom de Mancera a été ajouté en interligne.

par l'habitude de respecter fort les sommeliers, quoique celui-ci n'en eût que la plus légère écorce. Il m'avoit pris assez en amitié. J'aurai lieu de parler de lui encore sur la fin de mon séjour en Espagne. Son fils étoit gentilhomme de la chambre du roi.

Pescaire, Avalos, maison espagnole qui se prétend originaire de Navarre, puis transplantée en Andalousie, où Loup-Ferd. d'Avalos fit des prodiges de valeur contre les Maures grenadins, sous les rois de Castille Ferdinand IV et Alphonse XI, qui l'en récompensèrent en biens et en dignités qu'il transmit à ses descendants. Cette descente masculine leur est contestée par des auteurs qui prétendent que cette descendance finit en une fille héritière, appelée Mencia d'Avalos, qui porta ses biens en mariage à Ruïs de Baësa y Haro, dont le fils s'appela Roderic Lopez d'Avalos, et laissa le nom de son père pour prendre seul celui de sa mère, comme fit après lui toute sa postérité.

Ce Roderic Lopez d'Avalos fut un homme illustre qu'Henri III, roi de Castille, en fit connétable, en 1396, qui, entre autres enfants qui firent des branches demeurées en Espagne, eut un fils cadet qui chercha fortune auprès des rois d'Aragon, qui fut grand trésorier du royaume de Naples, et qui épousa Ant. d'Aquino, sœur et héritière du marquis de Pescaire. Ses enfants firent comme lui d'illustres alliances, qui se soutinrent ou devinrent encore plus grandes dans sa longue postérité. Alph. d'Avalos, marquis de Pescaire et del Vasto après son frère aîné, mort sans enfants, grand trésorier de Naples et général des armées de Charles V, Alph., dis-je, fut vice-roi de Naples et grand d'Espagne; il mourut en 1546. Il laissa son fils aîné grand trésorier de Naples, et vice-roi de Sicile, sixième aïeul du marquis de Pescaire à Naples, du temps que j'étois en Espagne, d'où cette branche n'est point sortie depuis son premier établissement dans ce royaume-là, et des cadets dont l'un fut chancelier de Naples, cardinal en 1561, et mourut en 1600, et l'autre fit la branche des princes de Montesarchio et de Troja.

Richebourg, Melun. Fr.-Ph. de Melun, fils puîné du second prince d'Espinoy, et frère du troisième grand-père du dernier, mort sans enfants, fait duc et pair de Joyeuse, et gendre du duc de Bouillon; ce marquis de Richebourg, dis-je, eut la Toison d'or et le gouvernement et grand-bailliage de Mons et de Hainaut, et mourut en 1690. Son fils porta après lui le nom de marquis de Richebourg, passa en Espagne, y reçut la Toison d'or, et fut fait grand d'Espagne par Philippe V, capitaine général de ses armées, puis de Galice, après de Catalogne, enfin colonel du régiment des gardes wallonnes. Il étoit dans ses gouvernements lorsque j'étois en Espagne. Il n'a laissé que deux filles, demeurées en Flandres, qui ne se sont point mariées, et la grandesse s'éteint nécessairement.

Ruffec, Saint-Simon, mon second fils, conjointement avec moi, et pour en jouir ensemble l'un et l'autre, dont c'est le premier exemple en Espagne.

Torrecusa, Carraccioli. Voir p. 2637[1] ce qui a été dit de cette maison sur l'article des princes de Santo-Buono.

Ph. Carraccioli, des Carraccioli rouges, étoit troisième fils de l'amiral Jean Carraccioli, frère de la mère du pape Boniface IX, Tomacelli. Ce même Philippe étoit frère d'H. comte de Gierace, grand trésorier de Naples en 1348, de Gualterius, gouverneur de l'Apouille[2], de Louis, maréchal de l'Église romaine, et de Nicolas, général de l'ordre de Saint-Dominique, cardinal 1376, mort 1389. Ce même Philippe épousa Marcella Brancaccia, c'est-à-dire Marcelle de Brancas. D'eux est sortie la branche des marquis de Vico et de Torrecusa, des comtes de Biecavi et des ducs de Airola et de S.-Vito.

La septième génération de ce Ph. Carraccioli fut Lelius Carraccioli, marquis de Torrecusa, dont le fils Ch.-André, second marquis de Torrecusa, mort en 1646, fut fait grand d'Espagne, bisaïeul de celui que j'ai vu fort peu à

1. Ci-dessus, p. 50-52.
2. Ci-dessus, p. 34 et note 1.

Madrid, obscur, et qui passoit pour un fort pauvre homme, mais qui avoit une femme d'esprit et de mérite, dame du palais, aimée de la reine et fort considérée.

VILLENA, ducs d'Escalone, Acuña y Pacheco. On peut voir p. 2633[1], au titre d'Ossone, ce qui est dit de cette grande, illustre et nombreuse maison d'Acuña, et que les marquis de Villena, ducs d'Escalone, en sont les aînés. Les titres de marquis de Villena et de duc d'Escalona ont toujours été dans cette maison sur la même tête. On a fait remarquer plus d'une fois que les titres de duc, de prince, de marquis et de comte sont entièrement indifférents en Espagne, et que celui seul de grand y est tout. C'est ce qui a fait que ces aînés de la maison d'Acuña, marquis de Villena et ducs aussi d'Escalone, grands d'Espagne par l'un et par l'autre, ont préféré de porter le nom de marquis de Villena, parce qu'étant le premier marquisat de Castille, cette primauté, quoique sans rang et sans effet comme primauté, les a flattés, et comme on l'a remarqué ailleurs, leur a donné occasion d'usurper la singularité de signer *el Marquez* tout court, sans y rien ajouter. Ne pouvant donc traiter séparément deux titres qui ont toujours été assemblés sur les mêmes têtes de ces aînés de la maison d'Acuña, j'ai préféré de le faire sous celui qu'ils portent préférablement, quoique ils soient souvent désignés aussi par l'autre.

On a vu p. 2633[2], article d'Ossuna, quels étoient les deux frères Jean et Pierre d'Acuña, et d'où sortis; que Jean, aîné de la maison entière, fit la branche de Villena, et Pierre celle d'Ossone, et les raisons qui engagèrent ces deux frères et leur postérité à joindre au nom d'Acuña, l'aîné celui de Pacheco, le cadet celui de Giron.

Ce J. d'Acuña y Pacheco, maître de l'ordre de Saint-Jacques, fut favori d'Henri IV, roi de Castille, qui lui donna la terre de Villena, qu'il érigea pour lui en marquisat, et peu après, en 1469, érigea en sa faveur Esca-

1. Ci-dessus, p. 36 et 37.
2. Ci-dessus, p. 37.

lone en duché, à huit lieues de Tolède. En 1480 les rois catholiques, mécontents de ce que son fils, second marquis de Villena et second duc d'Escalone, avoit penché pour le roi de Portugal et Jeanne de Castille, pour la succession à cette couronne, lui ôtèrent Villena, le réunirent à leur couronne, où il est toujours depuis demeuré réuni. Néanmoins les ducs d'Escalone, ses descendants, n'y ont jamais renoncé, et pour marque de leur prétention, affectent, et on le souffre, de porter un titre dont ils n'ont plus la terre à celui dont ils l'ont[1].

Le marquis de Villena, duc d'Escalone, que j'ai vu en Espagne, étoit majordome-major du roi, et le seigneur d'Espagne le plus considéré, le plus respecté et le plus digne de l'être. Il avoit alors soixante-quatorze ans, et une fort bonne santé. Il avoit été vice-roi et capitaine général de Catalogne, de Navarre, d'Aragon, de Sicile, enfin de Naples, où il reçut Philippe V, le huitième marquis de Villena, duc d'Escalone, et le cinquième ayant la Toison d'or. J'ai parlé de lui sur la bataille du Ter, où il fut battu, et sur la belle défense qu'il fit dans le royaume de Naples, où à bout de moyens, il soutint le siége de Gaëte si longtemps, et y fut pris enfin barricadé dans les rues, les armes à la main, indignement traité et mis aux fers par les Impériaux, irrités des obstacles et des retardements qu'il avoit mis à leur conquête, parmi la révolte et le manquement de troupes et de toutes choses, et longtemps enfermé par eux à Pizzighiton, en sorte qu'il avoit les jambes toutes arquées de ses fers et marchoit assez mal. J'ai parlé de sa délivrance par la belle action de son fils aîné, qui la procura devant Brighuela, à l'occasion de la prise de cette place, et de la bataille de même nom, que les Espagnols gagnèrent; ainsi je n'en répéterai rien. Enfin j'en ai parlé à l'occasion des coups de bâton qu'il donna, en présence de la reine et du roi, fort malade dans son lit, au cardinal Alberoni, en sorte

---

1. Joint à celui dont ils l'ont.

qu'il n'y a rien à en répéter ici. Je me suis fait conter le dernier par lui tel que je l'ai écrit, et il m'en instruisit fort en détail avec modestie, mais avec complaisance. Avec beaucoup de dignité, de gravité, les manières hautes, nobles, civiles, mais avec poids, mesure et discernement ; l'air simple, mais toutefois très-imposant ; la taille médiocre, maigre, un visage majestueux : tout sentoit et montroit en lui un très-grand seigneur, malgré sa modestie et sa simplicité, et un seigneur devant lequel on voyoit tous les plus grands se ranger, lui faire place, lui céder sans qu'on en fût surpris, même sans le connoître ; tout cela avec un médiocre esprit, aucun crédit et beaucoup des fonctions de sa charge retranchées. Il n'étoit pas riche, avoit une médiocre maison, mais une belle bibliothèque. Il savoit beaucoup, et il étoit de toute sa vie en commerce avec la plupart de tous les savants des divers pays de l'Europe. Il avoit établi une Académie pour la langue espagnole sur le modèle de notre Académie françoise, dont il étoit le chef, qui s'assembloit toutes les semaines, et qui, dans les occasions, complimentoit le roi comme les autres corps, comme fait la nôtre. C'étoit un homme bon, doux, honnête, sensé, je le répète encore, simple et modeste en tout, pieux solidement et sans superstition en homme bien instruit, enfin l'honneur, la probité, la valeur, la vertu même. Son père avoit été vice-roi des Indes et de Navarre, et son grand-père vice-roi de Sicile.

Ces marquis de Villena, ducs d'Escalona, avoient toujours fait les plus grandes alliances. Celui-ci avoit épousé la sœur du comte de S. Estevan del Puerto, dont on parlera bientôt. Il avoit marié son fils aîné comte de S. Estevan de Gormaz, à la sœur du comte d'Altamire, dont la mère héritière de la marquise Folch, des ducs de Cardonne, étoit camarera-mayor de la reine, et le marquis de Moya, son fils, à la fille héritière du marquis de Bedmar. Le marquis de Villena étoit non-seulement le maître absolu dans sa famille, mais le patriarche de celles où ses enfants s'étoient mariés. L'union entre toutes les trois étoit intime, et il en étoit l'oracle et le dictateur. Le comte de S. Estevan de Gormaz étoit un peu épais, peu d'esprit, courtisan timide, capitaine de la compagnie des gardes du corps espagnoles, et, à ce titre, fait grand d'Espagne, du vivant de son père, lors de l'affaire du *banquillo* [1], et majordome-major du roi à la mort de son père, chose sans exemple en Espagne. Il eut aussi sa Toison d'or et sa présidence académique. C'étoit un honnête homme, et fort courageux, capitaine général, mais sans talents pour les sciences et pour l'Académie. Le marquis de Moya, avec peu d'esprit, et force babil, étoit fort dans le monde. Il avoit défendu le palais de Madrid longuement et avec un grand courage contre les troupes de l'archiduc. Ces deux frères, quoique aimés tendrement de leur père, chez qui ils demeuroient, étoient devant lui comme de petits garçons, à qui il tailloit les morceaux à mesure qu'ils en avoient besoin.

Je m'étois attaché à mériter l'amitié du marquis de Villena, et j'y étois parvenu. Je le voyois souvent, et j'y apprenois toujours quelque chose de bon. Il fut presque le seul qui osât me venir voir à mon quartier d'Almanzo après ma petite vérole, avant que j'eusse été à Lerma, tant le roi la craignoit. Il envoyoit plus que le reste de la cour savoir de mes nouvelles. Tant que j'ai été en Espagne, j'en ai reçu toutes sortes d'amitiés, ainsi que de ses deux fils.

VISCONTI, *idem*, à Milan. La grandesse est de 1679, pour César Visconti, chevalier de la Toison d'or.

COMTES DE

AGUILAR, Manrique de Lara, terre en Castille, donnée par le roi Jean Ier de Castille, en 1385, à J. Ramirez d'Arellano, dit le Noble, seigneur de los Cameros, rico-hombre de Castille. Alph., de mâle en mâle, arrière-petit-fils de

---

1. Voyez tome III, p. 148, et ci-dessus, p. 40.

J. Ramirez d'Arellano, en fut fait comte et grand d'Espagne en 1475 par les rois catholiques. On a vu dans ce qui [a] été expliqué sur la dignité de grand d'Espagne, qu'elle n'est connue que depuis Charles V, qui la substitua adroitement aux anciens ricos-hombres, qui en avoient le rang et les honneurs, quels ils étoient, et comment ils s'étoient multipliés à l'excès, enfin ce qu'ils perdirent pour faire leur cour à Philippe le Beau, père de Charles V. Il faut donc entendre les grandesses avant Charles V des ricos-hombres, qui en avoient le rang et plus que les avantages, et qu'on n'appelle ici grands et grandesses, érigés avant Charles V que pour se conformer au langage d'aujourd'hui. On a vu encore dans cette espèce de court traité de la grandesse, fait ici à l'occasion de l'avénement de Philippe V à la couronne d'Espagne, que Charles V, en substituant la dignité de grand d'Espagne, qu'il inventa, à l'ancienne dignité de rico-hombre, qu'il abolit, comprit les plus puissants des ricos-hombres dans ses nouveaux grands d'Espagne, et n'y comprit point ceux qu'il crut pouvoir ne pas ménager, qui de fait demeurèrent dégradés. Apparemment que les comtes d'Aguilar furent de ce dernier nombre, puis dès le fils de celui qui avoit été fait comte d'Aguilar et grand d'Espagne, pour continuer à s'exprimer dans le langage connu, ce fils et sa postérité cessèrent de jouir du rang et des honneurs de grand d'Espagne jusqu'au 6 janvier 1640, que Philippe IV les rendit à J. Ramirez d'Arellano, huitième comte d'Aguilar. Cette maison d'Arellano étoit pourtant bien grande et bien illustre, puisqu'elle descendoit masculinement de Sanche Ramirez, seigneur de Peña Cerrada, frère de Garcias, dit le Restaurateur, roi de Navarre, mort en 1151. C'étoit peut-être pour cela même que Charles V la voulut abaisser et confondre. Leurs armes même étoient très-singulières, et ne pouvoient avoir été prises sans quelque cause curieuse que je n'ai pu découvrir. Elle n'écarteloit point, et portoit l'écu parti de gueules et d'or à trois fleurs de lis de l'un en l'autre, deux et une, et celle-ci mi-partie de l'un en l'autre, ces fleurs de lis faites comme celles que nos rois portent aujourd'hui.

Ce J. Ramirez d'Arellano, huitième comte d'Aguilar, rétabli grand d'Espagne par Philippe IV en janvier 1640, épousa la fille unique héritière de J. de Mendoza, premier marquis de Saint-Germain et de Hinoyosa, dont il eut le neuvième comte d'Aguilar, qui mourut en 1668, et d'une fille du huitième comte d'Oñate, qui étoit Guevara, ne laissa qu'une fille qui porta sa grandesse avec Aguilar, Hinoyosa, los Cameros, etc., en mariage, en 1670, à Roderic Em[l] Manrique de Lara, comte de Frigilliane, duquel j'ai amplement parlé en traitant des conseillers d'État et seigneurs distingués d'Espagne, à l'occasion du testament de Charles II et de l'avénement de Philippe à la couronne d'Espagne. J'ai aussi parlé à la même occasion du comte d'Aguilar, son fils, en celle du premier siége de Barcelone, qu'il vint proposer au feu Roi, et qui eut de si fâcheuses suites, à l'occasion de Flotte, et de Renaut, qu'il fit arrêter dans l'armée que commandoit le maréchal de Besons en Espagne, à qui il ne le vint dire qu'après l'exécution faite à son insu; enfin à l'occasion de la disgrâce commune du duc de Noailles et de lui, lorsqu'ils voulurent donner une maîtresse au roi d'Espagne pour faire tomber le crédit de la reine et celui de la princesse des Ursins, qui gouvernoit, et par la maîtresse régner eux-mêmes. Son caractère exposé en ces différentes occasions me dispensera de le retoucher ici. Je me contenterai de dire seulement que c'étoit l'homme de toutes les Espagnes qui avoit le plus d'inquiétude, d'esprit, et d'ambition, à qui les moyens coûtoient le moins, et qui étoit le plus dangereux; aussi le duc de Noailles et lui se sentirent d'abord l'un l'autre dès qu'ils se virent, et lièrent une amitié la plus intime, qui a duré autant que leur vie. Il ne me reste donc plus qu'à dire ce qui est arrivé à ce comte d'Aguilar depuis cette disgrâce commune avec le duc de Noailles en 1710. Ce comte d'Aguilar

avoit été successivement et rapidement à la tête des
finances, des affaires de la guerre, commandé en chef,
et capitaine général des armées, colonel du régiment des
gardes espagnoles, enfin capitaine de la compagnie espagnole des gardes du corps, qu'il perdit par cette disgrâce,
et qui fut donnée au comte de S. Estevan de Gormaz, fils
aîné du marquis de Villena. Exilé dans une riche commanderie de l'ordre de Saint-Jacques, dont il étoit grand
chancelier, et avoit pour cela quitté la Toison d'or par
une avarice qui lui fit grand tort dans le monde, il intrigua tant qu'il obtint de servir la campagne suivante, à
condition de n'approcher point de Madrid ni de la cour.
L'Altesse donnée à la princesse des Ursins et au duc de
Vendôme, qui indigna toute l'Espagne, et qui en outra
tous les grands, fut plus sensible au comte d'Aguilar qu'à
pas un, parce que, servant dans son armée, il ne pouvoit
éviter de lui donner cet étrange traitement, qui jamais
n'a appartenu qu'aux infants et au bâtard don J. d'Autriche, qui l'usurpa dans les troubles qu'il excita pendant
la minorité de Charles II, et le parti qui l'éleva jusqu'à
arracher le gouvernement d'entre les mains de la reine
mère régente. Pendant cette campagne de 1711, le duc de
Vendôme mourut fort brusquement et fort solitairement
à Vignaroz, au bord de la mer, comme on l'a vu en son
lieu, et cru empoisonné sans aucun doute. Aguilar eut le
malheur d'en être fort publiquement accusé, et fut renvoyé
dans sa commanderie pour n'en plus sortir. Quoique la
mort du duc de Vendôme eût été reçue avec une joie
marquée par tout ce qui étoit distingué en Espagne en
dignité ou en naissance, par l'extrême dépit de ce traitement d'Altesse, Aguilar, craint et haï de grands et de
petits, ne trouva point de protecteurs, de sorte qu'il passa
bien des années sans sortir de sa commanderie. Vers
1720, il obtint permission de venir faire un tour court à
Madrid, sous prétexte d'affaires et de santé, à condition
de ne se présenter pas devant Leurs Majestés Catholiques. Dans le peu qu'il y séjourna il se jeta à la tête du

parti italien, dont je parlerai bientôt, et il lui fut permis après de venir à Madrid, pendant l'absence de la cour, qui étoit à Lerma, puis d'y faire quelque petit séjour, mais en s'y montrant sobrement, et à la fin de se présenter une fois devant Leurs Majestés Catholiques au palais.

C'étoit un très-méchant homme, sur qui personne ne pouvoit compter, mais si plein d'esprit, de nerf, d'ambition et de ressources qu'il n'étoit pas à mépriser. Ainsi par ces raisons, je fus conseillé d'envoyer lui faire compliment par un gentilhomme, comme à un seigneur que j'avois vu à notre cour autrefois. Dès le lendemain, il m'en envoya un me remercier, et s'excuser sur son indisposition de n'être pas encore venu me rendre ses devoirs, dont il s'acquitteroit incessamment. En effet, il me vint voir deux jours après, et me trouva. Je la lui rendis[1] promptement, et le trouvai seul. Tout se passa en compliments et en discours de philosophe, de sa part, de retraite, etc. Je n'en voulois pas davantage ; il s'en retourna tôt après à sa commanderie, sans avoir réitéré nos visites. Je découvris sans peine un homme piqué, frétillant, désolé de son exil, abattu de santé, et cachant ce qui s'en montroit malgré lui sous des propos de la satisfaction qui se trouve dans le repos et dans la jouissance de soi-même. Son exil s'est adouci depuis, mais la disgrâce a duré jusqu'à sa mort, qui n'est arrivée que plusieurs années depuis mon retour.

Le duc de Noailles et lui ont toujours été en commerce de lettres, et le roi et la reine d'Espagne le savoient, et le trouvoient très-mauvais, et toutefois les laissoient faire avec une sorte de mépris pour tous les deux. Le comte d'Aguilar étoit gendre du septième duc de Monteleon Pignatelli, qui, peu après l'arrivée de Philippe V en Espagne, s'étoit retiré à Naples, où il avoit pris le parti de la maison d'Autriche, à laquelle il étoit demeuré attaché le reste de sa vie.

1. Je lui rendis sa visite.

La maison de Manrique de Lara ne cède à aucune autre
en Espagne en ancienneté et en grandeur d'origine, en
alliances, possessions, en dignités et en emplois; elle
descend de mâle en mâle des comtes souverains de Castille, qui sortoient de même des rois des Asturies et de
Galice. Ils ont donné des reines à la Navarre, à Léon et à
la Castille, et ils en ont épousé des filles. Ils ont été
vicomtes de Narbonne, de la branche desquels est sortie
celle de ces derniers comtes d'Aguilar; enfin ils sont
immédiatement alliés de tout temps aux plus grands et
aux plus puissants de tous les ricos-hombres du Portugal et de tous les royaumes particuliers qui composent aujourd'hui celui des Espagnes, dont le détail
feroit un volume.

Altamira, Ossorio y Moscoso. Roderic de Moscoso, seigneur d'Altamire, perdit son fils unique tout jeune, et eut
deux filles. Agnès, l'aînée, épousa Vasco Lopez d'Olloa,
dont un fils créé par Jean II, roi de Castille, comte d'Altamire, qui eut un fils mort jeune, à qui succéda la sœur
cadette de sa mère Urraque de Moscoso, femme de Pierre
Alvarez Ossorio, fils puîné du premier comte de Transtamare, et frère du premier marquis d'Astorga. C'est de ce
mariage que descend de mâle en mâle le comte d'Altamire
que j'ai vu en Espagne; il en est le neuvième comte, et
cette grandesse, érigée par son trisaïeul paternel de mâle
en mâle, est vers 1610. Son père mourut en 1698 à Rome,
ambassadeur de Charles II, après avoir été vice-roi de
Naples; et sa mère, fille du sixième duc de Segorbe et de
Cardonne, de la maison Folch, étoit de mon temps, et
longuement depuis, camarera-mayor de la reine avec une
très-grande considération.

Ce comte d'Altamire son fils étoit fort jeune, et néanmoins fort considéré, lorsque j'étois en Espagne. Il étoit
bien fait, appliqué, peu répandu, de l'esprit, de la conduite, fort grave, fort dévot, fort mesuré, fort espagnol,
et regrettant toutes les étiquettes, fort homme d'honneur,
l'air d'un grand seigneur, mais un air un peu embarrassé

et très-réservé, et une politesse qui sembloit vouloir bien faire à travers la crainte d'en trop faire. Il fut sommelier de corps du roi Louis, après l'abdication de Philippe V, son favori dans ce court règne, au point qu'il auroit tout gouverné. Il avoit déjà rétabli toutes les étiquettes espagnoles et aboli tout ce qui n'étoit pas des manières et des coutumes antiques. On pouvoit dire de lui que c'étoit un jeune seigneur qui n'avoit point vieilli depuis le temps de Philippe II. Il fut nommé chevalier du Saint-Esprit avant l'âge, et mourut bientôt après sans l'avoir encore reçu et sans avoir été marié. On commençoit déjà de mon temps à le compter beaucoup ; il savoit, et s'appliquoit fort à la lecture, et je ne sais qui auroit pu l'apprivoiser.

Aranda, Roccafull. Cette terre en Aragon a été possédée premièrement en comté par Lope Ximenez de Urrea, et passa par sa fille dans la maison d'Heredia, dont le cinquième comte d'Aranda fut fait grand d'Espagne vers 1590. Cette grandesse est enfin tombée par des héritières, en 1696, à l'héritière H.-Fr. d'Heredia et Urrea, qui la porta en mariage à Guill. de Roccafull, et Rocaberti, comte d'Albaterre. MM. de Roquefeuille qui sont François et en France, et ont eu un grand maître de Malte, prétendent être de même maison que les Roccafull d'Espagne.

Los Arcos, Figuerroa y Laso de la Vega. Philippe III l'érigea en comté pour Pierre, quatrième fils de Gomez Suarez de Figuerroa et d'Elvire Laso de la Vega, lequel Pierre avoit épousé Blanche de Sotomayor, dame de los Arcos : c'est le troisième comte d'Arcos, sorti de mâle en mâle du premier, qui fut fait grand d'Espagne, en 1697, par Charles II, et c'est son fils que j'ai vu, mais assez peu, en Espagne.

Atarez, Villalpando, de Philippe V.

Baños, Moncade. Gonzalve, marquis de Landrada, second fils de J., cinquième duc de Medina Celi, et frère du sixième de bâtards de Foix, eut un fils aîné marié à M. A. I., héritière de Leyva et de Baños. Il en devint veuf, fut vice-roi du Mexique, et se fit carme en 1676. Son fils aîné, comte de Baños et marquis de Landrada, grand écuyer de Charles II, fut fait par lui grand d'Espagne en novembre 1692. Il ne laissa qu'une fille, qui apporta cette grandesse en mariage à Em¹ de Moncade, comte de Baños par elle, frère du marquis d'Ayétone, duquel j'ai parlé au titre d'Ayétone. Il avoit servi avec distinction, et avoit perdu une jambe, mais par accident. Il n'avoit qu'une fille non plus que son frère.

BENAVENTE, Pimentel. Cette maison est des plus grandes et des plus illustres de Portugal, J.-Alph. Pimentel avoit épousé J. Tellez de Menesez, qui lui avoit apporté la ville et terre de Bergança, laquelle étoit fille du comte de Barcellos, et sœur d'Éléonor, femme de Ferdinand, roi de Portugal. Ce Pimentel passa de Portugal en Castille avec l'infante Béatrix, femme de Jean Ier, roi de Castille. Henri III, roi de Castille, lui échangea Bergança pour Benavente en Léon, et l'érigea en comté en récompense de ses services, entre autres d'avoir défendu Bergança jusqu'à la dernière extrémité contre le roi Jean de Portugal. Cet échange et érection est de 1398, et c'est le titre de la grandesse qui est toujours depuis demeurée dans sa postérité masculine.

J'ai fort parlé du douzième comte de Benavente, à l'occasion des seigneurs principaux qui étoient lors du testament de Charles II et de l'avénement de Philippe V à la couronne d'Espagne[1]. Celui-ci, qui étoit sommelier du corps de Charles II, et qui le demeura de Philippe V, fut de la junte de la régence par le testament, et dans la suite fut un des cinq premiers Espagnols à qui Louis XIV envoya le collier du Saint-Esprit. Il étoit gendre du comte d'Oñate Guevara, et mourut fort vieux et fort considéré, et dans sa charge. Je n'ai point vu son fils, qui avoit épousé une sœur du duc de Gandie Borgia. Il passoit sa vie reclus dans ses terres dans une extrême dévotion,

---

[1]. Voyez tome II, p. 368 et suivantes.

affolé des jésuites dont cinq ou six l'y assiégeoient toujours. Il y tenoit sa femme et ses enfants, auxquels il ne donnoit rien, ne vouloit voir personne, et désoloit sa famille et toute sa parenté, qui, avec tous leurs efforts, n'avoient pu le tirer de cette obscurité ni le persuader de marier pas un de ses enfants, quoique fort riche. Ce qui est étrange, c'est qu'ils disoient tous qu'il avoit de l'esprit et du savoir, et pestoient tous contre les jésuites, qu'ils prétendoient l'avoir ensorcelé ; ses sœurs étoient les duchesses de Medina Sidonia et d'Hijar.

CASTRILLO, Crespi.

EGMONT, Pignatelli. Egmont est en Hollande, d'où une des plus grandes et des plus illustres maisons des Pays-Bas a tiré son origine et son nom de cette seigneurie. La souveraineté de Gueldre et de quelques autres pays a été un assez court espace de temps dans une branche de cette maison qui s'éteignit après l'avoir perdue. Ses autres branches s'attachèrent à la maison d'Autriche, et eurent de grands emplois, de grands honneurs, de grands biens, mais des honneurs par les dignités. Je n'ai pu démêler si leur grandesse est de Charles V, comme il est assez apparent, ou de Philippe II. La dernière branche de cette maison s'éteignit en la personne du dernier comte d'Egmont, en 1707, qui, à l'avénement de Philippe V à la couronne d'Espagne, suivit le sort des Pays-Bas, qui se soumirent à ce nouveau monarque. Il servit en France et en Espagne avec beaucoup de valeur et de distinction, étoit lieutenant général et chevalier de la Toison d'or. Il avoit épousé en 1697, à Paris, M. de Cosnac, nièce paternelle du célèbre archevêque d'Aix, commandeur du Saint-Esprit, et parente fort proche de la duchesse de Bracciano, si connue depuis sous le nom de princesse des Ursins, qui fit ce mariage, et qui logeoit Mlle de Cosnac chez elle, à Paris, où elle étoit alors. Le père de ce dernier comte d'Egmont mourut à Cagliari[1] en 1682, vice-roi de Sar-

---

1. Voyez tome XIV, p. 242, note 1.

daigne, étoit arrière petit-fils du comte d'Egmont à qui le duc d'Albe fit couper la tête, et au comte d'Hornes, à Bruxelles, 8 mai 1568. Par la mort du dernier comte d'Egmont, sans enfants de M.-Ang. de Cosnac, à Fraga, en Catalogne, 15 septembre 1707, dans l'armée d'Espagne, sa succession et sa grandesse vint à l'aînée de ses sœurs, mariée à N. Pignatelli, duc de Bisaccia au royaume de Naples, et à leur postérité. Ce dernier comte d'Egmont mourut à trente-huit ans, et sa veuve à quarante-trois, à Paris, en 1717, et cette grande maison d'Egmont fut éteinte.

Nic. Pignatelli, quatrième duc de Bisaccia, épousa en 1695 la sœur aînée du dernier comte d'Egmont, qui en devint en 1707 l'héritière. Lui et le prince de Cellamare, dont il a été tant parlé ici, étoient amis intimes et enfants du frère et de la sœur, et le père de ce duc de Bisaccia et le pape Innocent XII étoient enfants des issus de germains. Nic. duc de Bisaccia, mari de l'héritière d'Egmont, s'attacha au service de Philippe V, et s'y distingua fort. Il fut pris dans Gayette[1], combattant aux côtés du marquis de Villena, et conduit avec lui dans les prisons de Pizzighiton. Il perdit sa femme en 1714, et vint s'établir à Paris, où il maria son fils unique à la seconde fille du feu duc de Duras, fils et frère aîné des deux maréchaux-ducs de Duras, qui a pris le nom et les armes de sa mère, avec ses biens et sa grandesse. Sa sœur a épousé le duc d'Aremberg, grand bailli et gouverneur de Mons et du Hainaut pour l'Empereur. Ce comte d'Egmont, après la mort à Paris du duc de Bisaccia, son père, fit un voyage à Naples, où il mourut, laissant deux fils, dont l'aîné, comte d'Egmont et grand d'Espagne, a épousé la fille unique du duc de Villars, fils unique du maréchal-duc de Villars, dont il n'a point d'enfants; il a un frère; tous deux dans le service du Roi. Leur branche est la cadette de toute la maison Pignatelli.

1. Dans Gaëte. Voyez tome XIV, p. 461 et note 1.

S. Estevan de Gormaz, Acuña y Pacheco, fils aîné du marquis de Villena, dans l'article duquel on trouve tout ce qui regarde ce fils, fort distingué par sa valeur et ses actions, et par sa probité, peu par ses talents, d'esprit assez·court, et courtisan timide. Je l'ai fort vu et pratiqué en Espagne.

S. Estevan del Puerto, Benavidez. On a vu ci-devant, à l'article de Santa-Cruz, quelle est la maison de Benavidez, et de quelle de ses branches sont issus les comtes de S. Estevan del Puerto, enfin l'origine du nom de S. Estevan del Puerto. Je me contenterai donc de dire que le neuvième comte de S. Estevan del Puerto, frère de l'épouse du marquis de Villena, duc d'Escalone, fut un homme de beaucoup d'esprit, de traits plaisants, et en même temps de capacité. Il fut capitaine général du royaume de Grenade en 1672, et en 1678 vice-roi de Sicile, dont il éteignit et punit à Messine les restes de la révolte passée; vice-roi de Naples, en 1687, qu'il quitta au duc de Medina Celi, en 1696, et en arrivant à Madrid il fut fait grand d'Espagne par Charles II, conseiller d'État et grand écuyer de la reine palatine. Il se conduisit si bien à la mort de Charles II, et à l'arrivée de Philippe V en Espagne, qu'il fut majordome-major de la reine sa première femme. Il mourut fort vieux et fort considéré, sans enfants. Son frère, appelé à sa grandesse, quitta force bénéfices, lui succéda, se maria, et eut un fils, qui est le comte de S. Estevan del Puerto qu'on a vu premier ambassadeur plénipotentiaire d'Espagne au congrès de Cambray, gouverneur et premier ministre de l'infant don Carlos en Toscane, enfin chevalier du Saint-Esprit, et grand écuyer du prince des Asturies. Je n'ai point vu son père ni lui en Espagne.

Fuensalida, Velasco, terre en Castille. Henri IV, roi de Castille, la fit comté pour Pierre Lopez d'Ajala. Bernardin de Velasco y Roïas et Cardenas, fils de la sœur et héritière du sixième comte de Fuensalida Ajala, mort sans enfants, lui succéda, et quitta le nom de Colmenar qu'il portoit pour prendre celui de comte de Fuensalida. Son fils fut successivement vice-roi de Navarre, de Sardaigne, de Galice et gouverneur général de Milan. Il ne faut pas omettre qu'il avoit un frère aîné, mort sans enfants, à qui il succéda. Charles II le fit grand d'Espagne vers 1670; c'est son petit-fils de mâle en mâle que j'ai vu à Madrid, mais peu, et j'en ai encore ouï moins parler. C'étoit un grand garçon assez bien fait, de vingt-six ou vingt-sept ans. J'ai parlé de la maison de Velasco au titre des ducs de Frias, connétables de Castille.

Lamonclava, Boccanegra y Portocarrero. Louis Boccanegra y Portocarrero, fait comte de Palma, en 1507, épousa 1° une Tellez Giron, fille du comte d'Urena, en 1499; et en secondes noces Éléonor Laso de la Vega, fille du seigneur de los Arcos. Du premier lit, il eut un fils qui continua les comtes de Palma, et une fille religieuse; du second lit, il eut Ant. seigneur de Lamonclava, duquel est sortie cette branche. Son petit-fils fut fait comte de Lamonclava, et eut Melchior second comte de Lamonclava, que Charles II fit grand d'Espagne vers 1693, et l'envoya gouverneur de la Nouvelle-Espagne. Il eut des fils d'une Urrea, fille du seigneur de Berbedel, qu'il avoit épousée, qu'il emmena avec lui en Amérique, où il mourut, et qui y sont restés, tellement que, lorsque j'étois en Espagne, ils étoient encore aux Indes-Occidentales; je ne sais si le comte de Lamonclava en est revenu depuis. Je remets à parler des maisons Boccanegra et Portocarrero à l'article de Palma.

Lemos, Portugal y Castro. On a tâché d'expliquer, p. 247 et suivantes [1], les branches royales de Portugal, Oropesa, Lemos, Veragua, Cadaval, etc., ainsi on n'en répétera rien. Lemos en Galice a passé dans plusieurs maisons par des héritières, et tomba par cette voie à Pierre Alvarez Ossorio, seigneur de Cabrera et Ribera, qui en fut fait comte en 1457, par Henri IV, roi de Cas-

1. Pages 451 et suivantes de notre tome II. Voyez encore ci-dessus, p. 46 et 47.

tille. Son fils mourut avant lui, qui ne laissa qu'un bâtard, lequel fut héritier de son grand-père. Ce bâtard, second comte de Lemos, ne laissa que deux filles ; l'aînée hérita de Lemos et des biens de son père, et Denis de Portugal, fils puîné du troisième duc de Bragance, n'eut pas honte, à la morisque, de l'épouser. Aussi étoit-il lui-même de race bâtarde, quoique couronné. C'est de lui que sont masculinement venus les comtes de Lemos, grands d'Espagne, jusqu'à présent. J'ignore la date de cette grandesse, qu'on peut vraisemblablement attribuer à Charles V.

C'est le onzième comte de Lemos que j'ai vu en Espagne ; il avoit été vice-roi de Sardaigne, et capitaine général des galères de Naples, sous Charles II, qui lui avoit donné aussi la Toison d'or. On peut voir dans l'article de l'Infantado ce qui est dit de sa conduite, et de celle de la duchesse sa femme, sœur du duc de l'Infantado, à l'égard de Philippe V. Ce comte de Lemos avoit de l'esprit et se faisoit craindre par la liberté de ses traits. D'ailleurs son extrême paresse et sa parfaite incurie l'empêchoit de faire usage de son esprit, et le tenoit renfermé à fumer sans cesse, chose fort extraordinaire pour un Espagnol : aussi n'étoit-il compté pour rien. Sa femme l'étoit et fort considérée : sa figure étoit agréable, et sentoit extrêmement ce qu'elle étoit. Elle avoit de l'esprit, du sens, de la politesse, de l'intrigue, aimoit la conversation et le monde, et en voyoit chez elle plus que les autres dames espagnoles. Je l'ai fort vue ; souvent elle m'envoyoit ce qu'on appelle un *recao*, qui n'est qu'un compliment par un gentilhomme, et savoir de mes nouvelles, et la coutume est d'y répondre par une visite. Elle avoit un beau palais à une extrémité de Madrid, qui donnoit sur la campagne, magnifiquement meublé. Son mari se tenoit dans son appartement. On ne le voyoit jamais dans celui de sa femme, qui s'en passoit très-bien, quoique en grande et juste réputation de vertu. On fut surpris avec raison qu'elle eût accepté d'être camarera-mayor de Mlle de Beaujolois, destinée alors à l'infant don Carlos. On n'en pouvoit choisir une plus agéable par elle-même ni plus capable de former une princesse. Aussi y réussit-elle très-bien, et s'en fit fort aimer.

Maceda, Lanços. C'est une maison de Galice, ancienne, mais qui n'a rien d'illustre. Le comte de Maceda que j'ai vu à Madrid étoit un très-bon et très-honnête homme, fort simple, fort modeste, peu répandu et d'un esprit médiocre. Il n'étoit jamais sorti de chez lui lorsque la guerre mit en feu toutes les provinces d'Espagne. Sa fidélité pour Philippe V se distingua dans la sienne par les efforts de sa bourse, quoique peu riche, de son crédit et de ses soins. Il se présenta à tout avec valeur et jugement, secondé du comte de Taboada son fils, qui avoit tout l'esprit, la valeur, le sens et l'activité possibles. La guerre finie, Philippe V, qui avoit beaucoup ouï parler de leurs services, s'en souvint; il fut surpris de ne les point voir à Madrid; il leur fit dire d'y venir, et fort peu après, il fit le comte de Maceda grand d'Espagne, et tout le monde y applaudit. Dans la suite, il fit la comtesse de Taboada, dame du palais, qui avoit aussi de l'esprit et du mérite, et ils étoient aimés et considérés à Madrid, où ils se fixèrent, et l'étoient fort en Galice. Le comte de Taboada étoit borgne d'accident; il en plaisantoit le premier, il étoit fort dans le monde, et desiré et estimé partout. Il étoit fort des amis des ducs de Veragua et de Liria, du prince de Masseran et de beaucoup d'autres. C'est un de ceux qui venoit le plus familièrement manger ou causer chez moi. Je n'ai point vu d'homme plus gai ni qui eût la repartie plus vive, plus fine, plus à la main. Ces trois amis que je viens de nommer l'attaquoient sans cesse. C'étoit entre eux des escarmouches ravissantes. Il étoit déjà lieutenant général, quoique jeune, et a toujours depuis continué à servir. Il a perdu son père depuis mon retour, et est devenu capitaine général avec beaucoup de réputation de valeur et de talent pour la guerre, et homme d'honneur et de probité. Il a pris le nom de comte de Maceda, et a fait sa couverture depuis la mort de son père.

MIRANDA, Chaves. Cette terre, qui est sur la Duère[1], fut érigée en comté par Henri II, roi de Castille, pour Pierre de Zuniga, second fils du premier comte de Ledesma. Après avoir passé en diverses maisons par des filles héritières, la dernière fut Anne, fille unique de Ferd. de Zuniga, comte de Miranda et duc de Peñaranda, qui porta l'un et l'autre avec beaucoup de grands biens en mariage à J. de Chaves, comte de la Calçada et de Casarubios, fils de Melchior de Chaves, frère et héritier de Balthazar de Chaves, comte de la Calçada et d'Is.-Jos. Chacon y Mendoza, comtesse de Casarubios, et mourut en 1696, et laissa des fils et des filles. Cette maison de Chaves est ancienne et grandement alliée. Je ne vois point la date de la grandesse de Miranda, mais la date de celle du duché de Peñaranda me persuade que l'autre est de même date; car Miranda est certainement grandesse, et le Chaves que j'ai vu à Madrid, qui les possedoit toutes deux, s'appeloit comte de Miranda, ce qu'il n'eût pas fait étant duc de Peñaranda, qui est grandesse, si Miranda ne l'étoit pas. Disons donc un mot de Peñaranda, son érection en duché par Philippe III, pour Jean de Zuniga y Avellaneda y Cardenas, vice-roi de Catalogne, puis de Naples, enfin président des conseils d'État et de guerre. Il étoit fils puîné de Fr. de Zuniga, quatrième comte de Miranda, et il avoit épousé la fille de son frère aîné, héritière de la maison de Mirande. Leur fils Diègue lui succéda, et fut père de Fr., troisième duc de Peñaranda, auquel Philippe IV accorda la grandesse de première classe en 1629; car ce n'est que depuis très-peu d'années que tous les duchés sont peu à peu devenus grandesses, avant quoi ils ne donnoient qu'une dénomination distinguée, mais sans rang et sans honneurs. L'année suivante il devint

1. Sur le Duero ou Douro.

comte de Miranda par la mort de sa grand'mère susdite. Sa postérité masculine défaillit, et ses biens et ses deux grandesses furent portées dans la maison de Chaves, comme il a été expliqué au commencement de cet article.

Montijo, Acuña y Portocarrero. On peut voir au titre d'Ossone ce qu'il est dit de la maison d'Acuña, et que les marquis de Villena, ducs d'Escalone, en sont les aînés. Pierre d'Acuña, second fils du premier duc d'Escalone et marquis de Villena, et de M., héritière de Portocarrero, en ajouta le nom au sien, et fit cette branche, qui souvent porta le nom seul de Portocarrero. Son fils fut seigneur de Montijo, et le fils de celui-là en fut fait comte par Charles II, en 1697. C'est le cinquième comte de Montijo que j'ai vu en Espagne. Il étoit fort jeune et fort bien fait, et avoit déjà la Toison d'or. Son père avoit été fait grand d'Espagne par Charles II, et avoit laissé son fils enfant, qui fut marié de fort bonne heure, servit dès qu'il le put dans la fin de la guerre, s'incommoda, et eut le bon sens de se retirer avec sa femme dans ses terres pour raccommoder ses affaires. Il y avoit déjà longtemps qu'il vivoit dans cette retraite, qui n'étoit pas fort loin de Lerma, lorsqu'il y parut au mariage du prince des Asturies. Il y fut très-bien reçu du roi, et de la reine, qui avoit pris de la bonté pour lui. Cette retraite lui avoit fait honneur, et il avoit montré de la valeur à la guerre. Toute la cour marqua de la joie et de l'empressement de le voir. Il retourna chez lui de Lerma, et ne vint à Madrid que peu avant mon départ, où il fut très-bien reçu de tout le monde, et où je le vis assez. Il me parut de l'esprit, instruit, sage, et beaucoup de politesse et d'envie de faire. C'est lui qui longtemps depuis fut ambassadeur en Angleterre, et à Francfort pour l'élection de l'Empereur, électeur de Bavière. Il se plaignit fort de mon absence à la Ferté dans ses courts passages à Paris. Il fut grand écuyer de la reine après Cellamare, et son majordome-major après Santa-Cruz, qui enfin lui a procuré l'ordre du Saint-Esprit.

Oñate, Velez de Guevara, terre en Biscaye, est possédée depuis plusieurs siècles par l'ancienne maison Velez de Guevara, illustre par ses possessions, ses alliances et ses emplois. Henri IV, roi de Castille, fit en 1469 Innigo Velez de Guevara comte d'Oñate, dans la postérité masculine duquel elle s'est toujours conservée de père en fils, ou deux seules fois par des héritières qui ont épousé de leurs parents du même nom, armes et maison qu'elles. Le huitième comte d'Oñate dont la grand'mère étoit Tassis ou Taxis, succéda à l'utile charge héréditaire de grand maître des postes d'Espagne et au comté de Villamediana à J. de Tassis, second comte de Villamediana, neveu de sa grand'mère, qui fut tué d'un coup de pistolet, 21 août 1622, à Madrid étant dans son carrosse avec don Louis d'Haro; et on prétendit alors que Philippe IV l'avoit soupçonné d'être amoureux de la reine son épouse, Éliz. de France, et avoit fait faire le coup. Ce comte de Villamediana n'avoit point d'enfants, et ce huitième comte d'Oñate transmit ses biens et sa charge à sa postérité, laquelle, je crois, a eu le même sort que les charges héréditaires de connétable et d'amirante de Castille, supprimées par Philippe V, et que celle[1] de grand maître des postes, dont le profit étoit grand et les fonctions importantes et peu convenables à une succession héréditaire, aura changé de forme; mais c'est de quoi je ne me suis pas avisé de m'informer. C'est le onzième comte d'Oñate que j'ai vu fort peu à Madrid, où il vivoit fort retiré, où peut-être l'avoit jeté la disgrâce de son puissant beaupère, le huitième duc de Medina Celi, mort en prison en 1711, à Fontarabie, comme on le peut voir à l'article de Medina Celi.

Quant à la date de la grandesse, il paroit qu'elle est la même que l'érection en comté, c'est-à-dire qu'Innigo Velez de Guevara, premier comte d'Oñate en 1469, devint en même temps rico-hombre, et que de cette dignité les

---

1. Et je crois que celle.....

comtes d'Oñate passèrent sous Charles V à celle de grands d'Espagne, ayant toujours été grands d'Espagne depuis.

Oropesa, Portugal y Toledo. J'ai expliqué, ce me semble, p. 247 et suivantes[1], les branches royales de Portugal, Oropesa, Lemos, Veragua, Cadaval, etc., en sorte que je n'ai plus rien à y ajouter ici. J'ai de même exposé, lors de l'avénement de Philippe V à la couronne d'Espagne, ce qui regardoit le personnel du comte d'Oropesa d'alors, président du conseil de Castille sous Charles II, exilé par lui, rappelé tout à la fin de la vie de ce roi, exilé de nouveau peu après l'arrivée de Philippe V en Espagne, et mort dans cet exil. Depuis mon retour, son fils revint à Madrid, y épousa une fille du comte de S. Estevan de Gormaz, et fut après chevalier de la Toison, en même promotion avec son beau-père.

Palma[2], Boccanegra y Portocarrero. Alphonse XI, roi de Castille, donna cette terre en 1342 à Gilles Boccanegra, qui s'étoit mis à son service, et étoit pour lui général de la mer. Son frère étoit duc de la république de Gênes. Gilles avoit épousé M. de Fiesque. Leur troisième petit-fils, quatrième seigneur de Palme, épousa Fr. Portocarrero, et ses descendants s'honorèrent tellement de cette alliance qu'ils quittèrent leur nom de Boccanegra, et ne prirent plus que le nom de Portocarrero. Louis, arrière-petit-fils du Boccanegra et de la Portocarrero, et huitième seigneur de Palma, en fut fait comte par la reine Jeanne, mère de Charles V, en 1507, et son petit-fils, troisième comte de Palme, fut fait marquis d'Almenara en 1623, par Philippe IV. Le fils de ce troisième comte de Palme, et premier marquis d'Almenara, mourut avant son père, et laissa deux fils, dont le cadet fut le fameux cardinal Portocarrero, promu par Clément IX, en 1669, depuis archevêque de Tolède, dont il a été tant parlé ici à l'occasion

---

1. Pages 451 et suivantes de notre tome II. Voyez encore ci-dessus, p. 46 et 47 et p. 93.
2. Saint-Simon écrit tantôt *Palma*, tantôt *Palme*.

du testament de Charles II, de l'arrivée de Philippe V en Espagne, et plusieurs fois depuis. Son frère aîné L.-Ant.-Th. Boccanegra y Portocarrero, cinquième comte de Palme, fut rétabli, en 1679, par Charles II, dans le rang et honneurs de grand d'Espagne, dont ses pères, ricoshombres avant Charles V, avoient été laissés par cet empereur et roi d'Espagne dans l'état commun de ceux qu'il avoit comme dégradés, en abolissant cette dignité pour établir en sa place celle de grand d'Espagne, où il n'avoit point admis les comtes de Palme, ni ses successeurs jusqu'à Charles II. Ce premier grand d'Espagne, comte de Palma, eut un fils qui fut persécuté par la princesse des Ursins, sous Philippe V, par haine pour sa femme, qui avoit beaucoup d'esprit, qui voyoit beaucoup de monde à Madrid, y étoit extrêmement considérée, et y tenoit une manière de tribunal où tout étoit apprécié, où on ne pardonnoit pas à la princesse des Ursins sa conduite fort étrange à l'égard du cardinal Portocarrero, dont on a parlé ici plus d'une fois. A la fin même le comte et la comtesse de Palme furent exilés; c'est leur fils qui leur avoit succédé du temps que j'étois en Espagne, mais que je n'y ai point vu, qui vivoit mécontent et fort retiré, qui venoit fort rarement à Madrid, et qui ne se présentoit point au palais.

Parcen, Sarcenio.

Paredes, dit Tolede y la Cerda, en Castille, appartenante à Roderic Manrique, qu'Henri IV en fit comte et grand de Castille en 1452. De cette maison de Manrique de Lara elle passa en plusieurs autres par des filles héritières, puis à un cadet de la maison de Gonzague, dont l'héritière épousa Th., des bâtards de Foix, marquis de la Laguna en 1675. Il étoit frère du huitième duc de Medina Celi, et oncle du dernier duc de Medina Celi, mort prisonnier à Fontarabie, dernier duc de Medina Celi des bâtards de Foix. Le marquis de la Laguna, devenu ainsi par sa femme comte de Paredes, fut capitaine général de la mer, vice-roi de la Nouvelle-Espagne, enfin majordome-major de la palatine, seconde femme de Charles II, qui en même temps le fit grand de la troisième classe, et seulement pour sa personne, en 1689; il mourut en 1692. Fort peu après, Charles II accorda la grandesse à sa veuve pour elle et pour ses héritiers à toujours, en considération de ce que les comtes de Paredes avoient été grands de Castille jusqu'à Charles V, c'est-à-dire ricoshombres, et n'avoient pas été compris parmi ceux qui de ce rang passèrent, sous Charles V, à celui de grands d'Espagne, et demeurèrent dégradés. Cette même dame fut, en 1694, camarera-mayor de la reine, mère de Charles II, jusqu'à la mort de cette princesse, qui arriva en 1696. Elle laissa un fils né à Mexique en 1683, que j'ai vu à Madrid.

Peñaranda, Velasco, terre qu'il ne faut pas confondre avec une autre de même nom qui est duché, dont il a été parlé en l'article de Miranda. Celle-ci fut érigée en comté par Philippe III pour Alph. de Bracamonte, gouverneur de l'infant Ch., son fils. Balthasar-Em¹, fils aîné d'Alph. de Bracamonte, second comte de Peñaranda n'eut que deux filles. L'aînée porta le comté de Peñaranda en mariage à Gaspar de Bracamonte, frère de son père, qui fut conseiller d'État, président des conseils des ordres, des Indes et d'Italie, vice-roi de Naples, ensuite ambassadeur plénipotentiaire d'Espagne à la paix de Munster; enfin, à la mort de Philippe IV, un des gouverneurs de la monarchie. Il mourut à Madrid en 1676. Son fils mourut tout à la fin de 1689 sans enfants.

Son héritière fut Ant. de Bracamonte, seconde fille de Balthasar-Em¹, second comte de Peñaranda, dont la sœur aînée l'avoit porté en mariage au frère de leur père. Cette Ant. avoit épousé Pierre Fernandez de Velasco, second marquis del Fresno, qui fut ambassadeur d'Espagne en Angleterre et conseiller d'État. Son père, né sourd et muet, avoit appris à se faire entendre, à lire, écrire, etc., avec le prince de Carignan, en 1638, à Madrid, par l'industrie d'un Espagnol, nommé Em¹ Ramirez de Carrion. Ce second marquis del Fresno, devenu comte de Peñaranda par sa femme, obtint de Charles II la grandesse à vie de troisième classe, puis de l'étendre à la vie de son fils, qui l'a enfin obtenue perpétuelle de Philippe V. On a parlé sous le titre de Frias de la maison de Velasco. Ce comte de Peñaranda étoit à Madrid de mon temps.

PERALADA, Roćaberti.

PRIEGO, Cordoue. J'ai fort connu et pratiqué à Madrid le comte de Priego, qui étoit ami intime du duc de Bejar, avec lesquels j'ai eu en tiers, plusieurs bonnes et sages conversations, et quelquefois assez instructives. Le comte de Priego étoit un petit homme noir, rougeaud, ventru, des yeux petillants d'esprit et de feu, et qui ne trompoient pas ; aussi avant dans le grand monde qu'un seigneur espagnol y pouvoit être, et qui se fit faire grand d'Espagne fort plaisamment.

Il avisa que la princesse des Ursins, qui avoit fait venir d'Italie à Madrid le fils de sa défunte sœur de Lanti, qu'elle avoit fort aimée, qu'il étoit pauvre et qu'elle cherchoit à le marier richement, lui fit accroire que sa fille unique seroit un fort grand parti. Il sut si bien conduire que tous les examens qu'elle en fit faire l'en persuadèrent si bien qu'elle pensa tout de bon au mariage, et le lui fit proposer. Priego, en habile homme, se fit prier, et si bien qu'il déclara qu'il vouloit une condition sans laquelle il ne le feroit point, et avec laquelle il concluroit[1] de tout son cœur ; que cette condition étoit au pouvoir de la princesse des Ursins et à l'avantage de son neveu ; qu'en un mot il vouloit être grand d'Espagne. M⁽ᵐᵉ⁾ des Ursins, surprise de la sécheresse avec laquelle cette proposition se faisoit, fit la froide, se montra étonnée que quelqu'un prétendît lui faire la loi. Priego n'en fut pas la dupe, et laissa tomber la chose.

1. L'orthographe de Saint-Simon est *conclueroit*.

Mme des Ursins le voyant si résolu ne voulut pourtant pas manquer une si bonne affaire, lui fit reparler, et proposer de faire donner grandesse à son neveu en épousant sa fille. Priego répondit qu'on se moquoit de lui, qu'il savoit bien que Mme des Ursins ne manqueroit pas tôt ou tard de procurer la grandesse à son neveu ; que peu lui importoit à lui, qui avec ses grands biens ne seroit pas embarrassé de trouver un grand d'Espagne ou un fils aîné de grand pour sa fille, mais que, la voulant bien donner à un homme aussi peu riche qu'étoit Lanti, parce qu'il étoit neveu de la princesse des Ursins, qui le desiroit, et par respect et par attachement pour elle, c'étoit bien le moins qu'il en profitât et qu'il eût la grandesse, qui après lui, qui étoit déjà vieux, et il le paroissoit bien plus qu'il ne l'étoit, passeroit à sa fille et à son gendre. Mme des Ursins, qui vit bien qu'il n'en démordroit[1] pas, essaya de le résoudre à faire le mariage en lui promettant qu'elle prendroit après son temps pour lui faire obtenir ce qu'il desiroit. Mais Priego sentit bien que, s'il marioit sa fille sur ces belles promesses, on se moqueroit de lui après ; que Mme des Ursins feroit[2] faire Lanti grand d'Espagne, et s'excuseroit sur ce qu'elle n'avoit pu obtenir qu'il le fût. Il renvoya donc la proposition bien loin, fit dire net à Mme des Ursins que, pouvant tout ce qu'elle vouloit, il ne comprenoit point tant de difficultés ; qu'en un mot, l'affaire étoit à prendre ou à laisser, et qu'elle pouvoit compter que le mariage ne se feroit point qu'il ne fût grand d'Espagne, qu'il n'en eût toutes les expéditions, et que de plus il n'eût fait sa couverture. Il y tint ferme, fut fait grand d'Espagne, eut toutes ses expéditions, fit sa couverture, après quoi le mariage suivit immédiatement. Il logea chez lui son gendre, et sa fille fut dame du palais. Mais Mme des Ursins et son neveu ne furent pas longtemps sans s'apercevoir que ce grand parti étoit et seroit en

1. *Démorderoit*, au manuscrit.
2. Ce mot est écrit *fairoit*.

effet des plus médiocres, et que Priego les avoit joués pour être fait grand d'Espagne. Ils furent enragés de la duperie, mais ils firent en gens sages : l'affaire étoit faite ; le gendre, qui étoit doux et honnête homme, n'en vécut pas moins bien avec sa femme et son beau-père. Pour Mme des Ursins, elle eut toujours une dent contre lui ; elle la cachoit, mais on s'apercevoit aisément qu'elle ne pouvoit lui pardonner de l'avoir attrapée. On ne convenoit pas trop en Espagne que ce comte de Priego fût de la maison de Cordoue.

Tous les matins en se levant, en toutes saisons, on lui versoit doucement une aiguière d'eau à la glace sur la tête, dont il ne tomboit pas une goutte à terre. Sa tête la consumoit toute à mesure. Il prétendoit que cela lui faisoit le plus grand bien du monde. L'abbé Testu, l'ami de Mme de Maintenon et de tant de gens considérables de la cour et de la ville, avec qui il a passé sa longue vie, et dont il a été parlé ici plus d'une fois, avoit la même pratique, et il n'en tomboit pas non plus une goutte à terre, mais c'étoit de l'eau naturelle, ni chauffée, ni à la glace, en aucune saison. Depuis mon départ, Lanti perdit sa femme, longtemps avant son beau-père, et n'en avoit qu'une fille, en sorte qu'il ne pouvoit plus être grand, parce que la grandesse passoit par-dessus lui du grand-père à la petite fille immédiatement. Il fut du temps en cet état ; à la fin il obtint de Philippe V une grandesse personnelle de troisième classe, et prit alors le nom de duc de Santo-Gemini. Il perdit depuis son beau-père et maria sa fille au second fils de la duchesse d'Havrec, sa sœur, qui par là fut grand d'Espagne et comte de Priego, qui alla s'y établir.

SALVATIERRA, Sarmiento y Sotomayor.

TESSÉ, Froulay, François, à Paris. Le maréchal de Tessé, premier écuyer de Mme la duchesse de Bourgogne, qui se piqua de l'aimer pour avoir fait la paix de Turin et traité son mariage. Elle lui procura la grandesse à bon marché, en 1704, lorsqu'il maria son fils si richement à la fille unique de Bouchu, conseiller d'État ; il fit accroire au Roi que, contre tout usage, le roi d'Espagne lui avoit permis de suivre l'usage de France et de se démettre, comme font les ducs, depuis le dernier connétable de Montmorency, qui se démit le premier, et au roi d'Espagne que le Roi l'avoit voulu ainsi. La tromperie fut découverte, mais la belle-fille avoit eu le tabouret, et le garda.

VISCONTI, *idem*, Gênois. Ainsi, il y a deux Visconti grands d'Espagne, l'un avec titre de marquis, l'autre de comte.

On verra par cette liste tous les grands d'Espagne, et de quelle maison ils sont, existants aujourd'hui, d'un seul coup d'œil, en même ordre qu'en détail ci-devant :

DUCS

Abrantès, *Alencastro*.
Albe, *Tolède*.
Albuquerque, *Bertrand y la Cueva*.
Del Arco, *Manrique de Lara*.
Arcos, *Ponce de Léon*.
Aremberg, *Ligne*.
Arion, *Sotomayor y Zuniga*.
Atri, *Acquaviva*.
Atrisco, *Sarmiento*.
Baños, *Ponce de Léon*.
Bejar, *Sotomayor y Zuniga*.
Berwick, *Fitzjames*.
Bournonville, *idem*.
Doria, *idem*.
Estrées, *idem*. Éteint.
Frias, *Velasco*, connétable de Castille.
Gandie, *Llançol y Borgia*.
Giovenazzo, *Giudice*.
Gravina, *des Ursins*.
Havrec, *Croy*.
Hijar, *Silva*.
Del Infantado, *Silva*.
Licera,   [1] *y Aragon.*
Liñarès, *Alencastro*.
Liria, *Fitzjames*.
Medina Celi, *Figueroa y la Cerda*.
Medina de Riosecco, *Enriquez y Cabrera*.
Medina Sidonia, *Guzman*, amirante de Castille.
S. Michel, *Gravina*.
La Mirandole, *Pico*.
Monteillano, *Solis*.

---

1. Ce blanc est au manuscrit.

Monteleone, *Pignatelli.*
Mortemart, *Rochechouart.*
Éteint.
Nagera, *Ossorio y Moscoso.*
Nevers, *Mancini.*
Noailles, *idem.*
Osuna, *Acuña y Tellez Giron.*
S. Pierre, *Spinola.*
Popoli, *Cantelmi.*
Sessa, *Folch y Cardonna.*
Saint-Simon, *idem.*
Solferino, *Gonzague.*
Tursis, *Doria.*
Veragua, *Portugal y Colomb.*
Villars, *idem.*
Uzeda, *Acuña y Pacheco y Tellez Giron.*
46, dont deux sont les mêmes que leurs fils, conjointement, et deux éteints, ainsi 44 depuis.

PRINCES DE

Bisignano, *Saint-Séverin.*
Santo-Buono, *Caraccioli.*
Buttera, *Branciforte.*
Cariati, *Spinelli.*
Chalais, *Talleyrand,*
Chimay, *Hennin-Liétard.*
Castiglione, *Aquino.*
Colonne, *idem,* connétable de Naples.
Doria, *idem.*
Ligne, *idem.*
Masseran, *Ferrero.*
Melphe, *Doria.*
Ottaïano, *Médicis.*
Palagonia, *Gravina.*
Robecque, *Montmorency.*
Sermoneta, *Gaetano.*
Sulmone, *Borghèse.*
Surmia, *Odeschalchi.*
18.

MARQUIS

Arizza, *Palafox.*
Ayetona, *Moncade.*
Los Balbazès, *Spinola.*
Bedmar, *Bertrand y la Cueva.*
Camaraça, *los Cobos.*
Castel dos Rios, *Semmanat.*
Castel-Rodrigo, *Homodeï; Pio*[1].
Castromonte, *Baësa.*
Clarafuente, *Grillo.*
Santa-Cruz, *Benavidez y Bazan.*
Laconi, *idem.*
Lede, *Bette.*
Mancera[2].
Mondejar, *Ivannez.*
Montalègre, *Guzman.*

1. Ces noms « Castel-Rodrigo, *Homodeï ; Pio* » sont biffés au manuscrit ; mais on lit en marge les mots *mal rayés*, écrits d'une main étrangère. Les mêmes noms se retrouvent, également biffés, dans la liste des comtes qui va suivre, entre « Benavente, *Pimentel* » et « Castrillo, *Crespi.* »
2. Ce nom a été ajouté en interligne.

Pescaire, *Avalos*.
Richebourg, *Melun*. Éteint.
Ruffec, *Saint-Simon*.
Torrecusa, *Caraccioli*.
Tavora, *Tolède*.

Villena, *Acuña y Pacheco*.
Villafranca, *Tolède*.
Visconti, *idem*.
23.

COMTES

Aguilar, *Manrique de Lara*.
Altamira, *Ossorio y Moscoso*.
Aranda, *Rocafull*.
Los Arcos, *Guzman*.
Atarez, *Villalpando*.
Baños, *Moncade y la Cerda*.
Benavente, *Pimentel*.
Castrillo, *Crespi*.
Egmont, *Pignatelli*.
S. Estevan de Gormaz, *Acuña y Pacheco*.
S. Estevan del Puerto, *Benavidez*.
Fuensalida, *Velasco*.
Lamonclava, *Boccanegra*.
Lemos, *Portugal y Castro*.
Maceda, *Lanços*.

Miranda, *Chaves*.
Montijo, *Acuña y Portocarrero*.
Oropesa, *Portugal y Tolède*.
Palma, *Boccanegra y Portocarrero*.
Parcen, *Sarcenio* ou *Sarterio*.
Paredes, dit *Tolède y la Cerda*, mais de *Medina Celi* des bâtards de Foix.
Peñaranda, *Velasco*.
Priego, *Cordoue*.
Peralada, *Rocaberti*.
Salvatierra, *Sarmiento*.
Tessé, *Froulay*.
Visconti, *idem*.
28.

Ainsi 112 grands[1].
On y compte les trois éteints depuis.
Mais Philippe V en a fait beaucoup depuis.
On n'y compte que pour deux les deux pères qui le sont conjointement avec leur fils.

Ducs en Espagne. 32
 en France. 5
 en Flandres. 1
 en Italie. 6
      44

Marquis en Espagne. . . 18
 en France. . . . 1
 en Flandres. . . 0
 en Italie. 3
     22

1. On a reproduit exactement les chiffres donnés par Saint-Simon, quoique ils ne soient pas tous d'accord avec les listes.

Princes en Espagne...	2	Comtes en Espagne...	25
en France....	3	en France....	2
en Flandres...	1	en Flandres...	00
en Italie.....	12	en Italie.....	1
	18		28

	Espagnols.	François.	Flamands.	Italiens.	Anglois.
Ducs...	25	5	3	10	1
Princes..	0	1	3	14	»
Marquis.	14	1	2	5	»
Comtes..	23	1	0	4	»
	62	8	8	33	1

Grands en tous pays, 112.   Grands de tous pays, 112.

Outre ces grands, il y en a par charge ou état, qui sont :

Le majordome-major du roi.
Le grand prieur de Castille de Malte.
L'abbé de Cîteaux.
L'abbé de Clairvaux.
Le général de la Mercy.
Le général des dominicains.
Le général des cordeliers.
Le général des capucins.

Mais ces grands sont imperceptibles. Rien de si rare qu'un majordome-major du roi d'Espagne ne soit pas pris d'entre les grands, et plus rare encore, s'il se peut, qu'il ne soit pas fait grand, s'il ne l'est pas, fort tôt après être fait majordome-major. Le grand prieuré de Castille de l'ordre de Malte, qui vaut cent mille écus de rente, est donné à un des infants, et tant qu'il y aura de ces princes, il y a toute apparence que ce riche morceau demeurera entre leurs mains. A l'égard des moines, ce n'est que très-improprement qu'on les dit être grands d'Espagne. Ils n'ont jamais eu nulle part hors de l'Espagne aucune des distinctions, rangs ni honneurs des grands d'Espagne; ils en reçoivent à titre de généraux d'ordre, et quoi que ce puisse être à titre de grandesse, et jusqu'à présent les choses ont toujours été ainsi en Espagne ; même quand ils y vont pour la visite de leurs couvents ou les affaires de leurs ordres, ils n'y sont pas autrement traités qu'à titre de généraux d'ordre. Tout ce qu'ils ont de particulier en Espagne, et qu'ils n'ont nulle part ailleurs, c'est que la première fois seulement qu'ils vont saluer le roi d'Espagne, il les fait couvrir, et ils se couvrent en effet, et c'est de là qu'ils sont dits grands d'Espagne. Mais après cette première fois, s'ils reparoissent devant le roi d'Espagne, ils ne se couvrent point, et n'y ont aucune distinction différente de celles qu'y ont les autres généraux d'ordre qui ne sont point grands, c'est-à-dire qui ne se couvrent jamais devant le roi d'Espagne. Il en est de même en Espagne à leur égard partout, comme à l'égard de ces derniers, d'avec lesquels ils n'ont aucune différence. Depuis mon retour, le général des jésuites a été associé au même honneur, aussi imperceptible pour lui que pour les six autres.

Il faut maintenant réparer l'oubli que j'ai fait des marquis de Tavara et de Villafranca. Je veux me flatter qu'il n'y en a point d'autre dans ce qu'il y avoit de grands d'Espagne existants en avril 1722, que je suis parti de la cour d'Espagne pour revenir en celle de France. Je n'oserois toutefois m'en répondre, quelque soin que j'y aie pris, dans le peu de temps que j'ai pu y donner en Espagne, et en matière si étendue en tant de pays, et si diverse par tant de transmissions d'héritières. Cet oubli n'est pas dans la table des grands précédente.

TAVARA, Tolède, Em¹, par sa mère A.-M. de Cordoue y Pimentel, dont la mère étoit A.-M. Pimentel, sixième marquise de Tavara. Tavara m'a été donnée pour grandesse par le duc de Veragua, et j'ai de sa main une liste des grands d'Espagne, à laquelle j'ai conformé celle que j'ai mise ici, dans laquelle Tavara est compris[1] entre les marquis grands d'Espagne. Mais je n'ai pas eu ou le temps

1. Il y a bien ici *compris*, au masculin, et trois lignes plus haut, *donnée*, au féminin.

de m'instruire de toutes les grandesses, ou d'en garder toutes les instructions en notes, ou de retenir tout ce que je n'ai pas eu par écrit. Il s'en faut donc beaucoup que je puisse rendre compte de toutes ces grandesses, et celle de Tavara est de ce nombre.

VILLAFRANCA, Tolède. Ce marquis et le précédent étoient enfants des deux frères. Cette terre, dans le royaume de Léon, fut érigée par les rois catholiques en marquisat, vers 1490, en faveur de Louis Pimentel, mort, en 1497, avant son père, quatrième comte de Benavente. Sa fille unique porta sa grandesse et ses biens en mariage à Pierre Alvarez de Tolède, second fils du second duc d'Albe, dans la maison duquel cette grandesse est demeurée jusqu'à celui que j'ai vu en Espagne, qui étoit petit-fils du marquis de Villafranca duquel il a été tant parlé à l'occasion du testament de Charles II, de l'arrivée de Philippe V en Espagne, dont il fut majordome-major, et qui fut un des cinq premiers seigneurs espagnols à qui le feu Roi envoya l'ordre du Saint-Esprit. Son même petit-fils fut par sa mère, héritière de Moncade y Aragon, duc de Montalte et de Vibonne, et par sa femme, marquis de los Velez, de sorte que je le laissai avec quatre grandesses. Il étoit jeune, et ne faisoit pas encore souvenir de son grand-père. Ces trois dernières sont en Aragon, en Sicile et au royaume de Naples, toutes trois de Ferdinand-le-Catholique, les quatre rico-hombreries alors sont devenues grandesses sous Charles V, et n'ont fait que passer d'un état et d'un nom à un autre.

On a vu, lorsque j'ai traité, p.   [1], des grands et de leur dignité, le soin qu'ils apportent de tout temps à faire un mystère de leur ancienneté et de leurs classes. Tous conspirent à vouloir cacher leurs différentes classes, qui en effet ne sont sensibles que dans leurs diplômes d'érection, dans leur couverture, et dans le style de chancel-

1. Pages 95 et 96 de notre tome III.

lerie à leur égard; et quant à l'ancienneté à laisser croire, en l'étouffant parmi eux, qu'ils viennent tous de ces anciens ricos-hombres abolis par Charles V, et transformés en grands d'Espagne, dont il imagina la dignité destituée de la puissance de celle des ricos-hombres qu'il abolit peu à peu en leur substituant la grandesse. J'ai tâché de pénétrer autant qu'il m'a été possible le secret de l'ancienneté. Il est vrai qu'il m'en est échappé une vingtaine sur cent douze grands existants en 1722 que j'ai quitté l'Espagne, et qu'il y en a plusieurs autres, dont je n'ai pu fixer l'érection qu'avec incertitude, en disant vers telle année. Dans ces cas, je me suis réglé aux générations ou aux emplois le plus vraisemblablement qu'il m'a été possible, sans reculer ni avancer trop celui qui le premier a eu la qualité de grand d'Espagne[1], et dont les pères ne l'avoient pas. Et comme ces grandesses, dont les héritières femelles sont presque toutes capables, tombent quelquefois par elles à des grands postérieurs aux grandesses qu'elles leur apportent, j'ai eu soin de les marquer quand cela est arrivé, ce qui s'est trouvé rare.

Quant aux classes, je n'ai pu rien y démêler, sinon que Philippe II, comme je l'ai remarqué p.   [2], en traitant de la grandesse, n'a fait de grands que de la seconde classe. On voit assez au long, dans la première liste alphabétique des grandesses, ce qui regarde ceux qui les ont possédées. Je me contenterai, dans l'abrégé suivant, rangé, non plus par ordre alphabétique ni de titres, mais par l'ordre d'ancienneté que j'ai pu découvrir, pour qui érigées, et à qui tombées, sans m'y étendre davantage, ni rien répéter de ce qui se trouve dans la première liste alphabétique, sinon quelques légers suppléments.

1. Les mots *le premier* sont répétés ici au manuscrit.
2. Pages 93 et 94 de notre tome III.

ÉTAT DES GRANDS D'ESPAGNE EXISTANTS EN AVRIL 1722,
SUIVANT CE QU'ON A PU DÉCOUVRIR DE DATES DE LEUR ANCIENNETÉ
RESPECTIVE.

RICOS-HOMBRES

dont l'ancienne dignité trop multipliée, abrogée par Charles V, et transmuée en celle de grands d'Espagne qu'il inventa, a passé sous ce prince en grandesse, sans nouvelle érection, les autres qui n'y passèrent pas, étant demeurées abolies, et les grands d'Espagne de Charles V, et depuis

HENRI II.

C'est le fameux comte de Transtamare, frère bâtard du roi Pierre le Cruel qui le vainquit, le tua, et fut élu roi de Castille en sa place, dont la couronne passa à sa postérité.

MEDINA CELI, comté 1368, duché 1491, par les rois catholiques. Il y a lieu de croire que cette érection en duché ne fut que pour une dénomination plus distinguée, parce qu'on ne peut pas douter que ce bâtard de Foix, qui eut l'honneur d'épouser l'héritière de Medina Celi, laquelle étoit vraiment la Cerda, et qui en fut fait comte, ne fût pas dès lors rico-hombre. De cette race des bâtards de Foix, ce duché passa par l'héritière dans la maison de Figuerroa, en épousant le marquis de Priego, duc de Feria, deux fois grand d'Espagne, père du duc de Medina Celi que j'ai vu en Espagne, dont elle fut mère, et apporta les grandesses de Medina Celi, duché; Ségorbe, duché; Cardonne, duché; Alcala, duché; Denia, marquisat; Comarès, marquisat; Cogolludo, marquisat; S. Gadée, comté. Ces Figuerroa-Medina Celi en ont encore accumulé plusieurs autres depuis

HENRI III.

BENAVENTE, comté 1398, pour J.-Alph. Pimentel, d'où il n'est point sorti.

AMIRANTE DE CASTILLE, charge héréditairement donnée par le même roi, vers 1400, à Alph. Henriquez, fils puîné de Frédéric, maître de l'ordre de Saint-Jacques, et frère jumeau du roi Henri II, fils bâtards tous deux du roi Alphonse XI, et de sa maîtresse Eléonor de Guzman. On ne peut, ce me semble, contester la qualité de ricohombre à ce premier amirante. Jean II le fit comte de Melgar, vers 1438. Ces dignités ne sont point sorties de cette maison, non plus que celle de duc de Medina di Riosecco, ajoutée par Charles V, 1520.

JEAN II.

ARCOS, comté 1440, pour Pierre Ponce de Léon, marquis, 1484, par les rois catholiques, duc par les mêmes, 1498, sans qu'Arcos soit jamais sorti de cette maison.

HENRI IV

LEMOS, comté 1457, pour Pierre Alvarez Ossorio, dont le fils eut un bâtard, la fille duquel le porta en mariage, un peu à la morisque, à Denis de Portugal, second fils du troisième duc de Bragance, dans la postérité masculine[1], il est demeuré.

MEDINA SIDONIA, duché, février 1460, pour J.-Alph. de Guzman. Jean II l'en avoit fait duc en 1445, mais pour sa vie seulement. Henri IV l'étendit à toute sa postérité légitime, et même à son défaut à l'illégitime, suivant les mœurs morisques. Il est demeuré dans sa postérité masculine et légitime.

MIRANDA, comté, vers 1460, pour Diego Lopez de Zuniga. L'héritière de Zuniga le porta vers 1670 à J. de Chaves y Chacon avec Peñaranda, duché érigé, 1621, par Philippe III, pour J. de Zuniga, devenu comte de Miranda par son mariage avec sa nièce héritière de Miranda. Ainsi, par soi et par elle, il fut deux fois grand d'Espagne. Mais ces doubles grands, soit de la maison de Zuniga, soit de

---

1 Il faut ici suppléer *duquel*.

celle de Chaves, ont toujours porté le nom et titre de comte de Miranda plus ancien, préférablement à celui de duc de Peñaranda, qui tous deux sont demeurés dans la maison de Chaves.

ALBUQUERQUE, duché 1464, pour Bertrand de la Cueva. Sa postérité masculine défaillit bientôt après, et l'héritière le porta en mariage à un François appelé Hugues Bertrand, qui prit le nom seul et les armes de la Cueva, et de ce mariage est issue toute la maison de la Cueva, d'où ce duché n'est point sorti.

VILLENA, marquisat 1468, pour J. d'Acuña y Pacheco, qu'il fit encore l'année suivante, 1469, duc d'Escalona. Henri IV étoit impuissant; Isabelle, sa sœur, le voulut faire déclarer tel, et lui succéder. Cela causa de grands troubles et des partis. Celui d'Isabelle déposa Henri IV en 1465. Il se soutint tant qu'il put, et continua à faire des actes valides de royauté. Isabelle, pour s'appuyer sur le trône de Castille, épousa en 1469, Ferdinand, roi d'Aragon, son cousin issu de germain par mâles sortis du roi Henri II. C'est eux qui sont appelés les rois catholiques, du titre de roi catholique que Ferdinand obtint à Rome ; et comme chacun d'eux gouvernoit son propre royaume avec indépendance l'un de l'autre, on prit l'habitude en Espagne, en parlant d'eux, de dire *les rois*. Cette façon de parler s'y est tellement établie qu'on y dit encore *les rois*, quand on y parle du roi et de la reine ensemble, quoique depuis fort peu de règne de Jeanne, fille d'Isabelle et mère de Charles V, les reines d'Espagne n'ont rien gouverné que quand elles ont été veuves et régentes. Ce peu d'historique eût été mieux en sa place dans la précédente liste détaillée ; j'ai mieux aimé en réparer ici l'oubli.

Henri IV étant mort en 1474, il y eut des prétentions du Portugal sur la Castille, et des troubles qui ne sont pas de mon sujet. J. d'Acuña y Pacheco, qui avoit été favori d'Henri IV, et par conséquent peu attaché à Isabelle, sa sœur, qui de son vivant en vouloit à sa couronne, favorisa le Portugal, dont les efforts furent impuissants. La reine Isabelle l'en punit en lui ôtant le marquisat de Villena, qui est en Castille, et l'unit à sa couronne, où il est toujours demeuré réuni, sans que la postérité masculine de ce J. d'Acuña y Pacheco en aient[1] quitté la prétention et le titre, qu'ils ont toujours porté de préférence à celui du duc d'Escalone. On en voit encore d'autres à l'article de Villena dans la précédente liste détaillée. Cette même postérité masculine est encore en possession du duché d'Escalone, et du titre de Villena, sans le marquisat.

Albe, duché 1469, pour Garcias Alvarez de Tolède, et il est demeuré depuis dans cette maison. Jean II l'avoit donné en titre de comté, dès 1430, à Guttiere Gomez de Tolède, qui étoit évêque, comme on le voit en la présente liste détaillée; le légua à son neveu, père de celui qui fut fait duc. La distance en est si courte que je n'ai pas cru m'y devoir arrêter, d'autant que cela a commencé par un évêque qui n'étoit pas dans le cas des ricos-hombres, ni par conséquent d'en communiquer la dignité aux siens. Ainsi, je me suis fixé à l'érection d'Albe en duché.

Oñate, comté 1469, pour Innigo Velez de Guevara. Il est sorti, puis rentré par des filles héritières, et demeuré enfin dans cette maison.

ROIS CATHOLIQUES.

Infantado, duché 1475, pour Diego Hurtado de Mendoza. Il passa enfin d'héritière en héritière par mariage, vers 1680, à Roderic de Silva, quatrième duc de Pastrana, prince d'Eboli, et est demeuré à leurs descendants masculins, qui ont tous porté le titre de ducs del Infantado préférablement à celui de ducs de Pastrana, comme plus ancien. On a vu, p. 2656[2], ce qui regarde Pastrana, omis ailleurs, parce que cette grandeur est sur la même tête que celle de l'Infantade.

1. Ce verbe est bien au pluriel.
2. Ci-dessus, p. 20 et 21.

Oropesa, comté 1475, pour Ferd. de Tolède. Sa postérité masculine défaillit au cinquième comte d'Oropesa, dont la fille aînée porta ce comté avec d'autres biens en mariage à Édouard de Portugal, frère puîné de Théodose II de Portugal, père du duc de Bragance, ou du roi Jean IV de Portugal, en 1640, par la révolution de Portugal en sa faveur, qui en chassa les Espagnols. Ce comte d'Oropesa par sa femme s'alla établir en Espagne, où sa postérité masculine est demeurée avec le comté d'Oropesa. Il falloit que cette rico-hombrerie, devenue tout de suite grandesse sous Charles V, n'eût pas été mise dans la première classe lorsque les classes furent inventées depuis, et établies, puisqu'elle n'y fut mise que par Charles II, en août 1690, pour ce comte d'Oropesa qu'il exila depuis, qui, après être revenu à Madrid, à l'arrivée de Philippe V, en fut bientôt après exilé, qui se déclara pour l'archiduc, en 1706, qui mourut un an après à Barcelone, dont il a été parlé ici en plusieurs occasions, et dont le fils, comte d'Oropesa, est revenu depuis mon retour, et a épousé à Madrid une fille du comte de S. Estevan de Gormaz.

Najera, duché 1482, pour Pierre Manrique de Lara. D'héritières en héritières, A. de Guevara le porta en mariage à Jos. Ossorio y Moscoso, frère cadet du comte d'Altamire, pendant que j'étois en Espagne.

Gandie, duché 1485, pour Pierre-Louis Llançol, dit Borgia, second fils bâtard du pape Alexandre VI, et père de saint François de Borgia. Ce duché s'est masculinement conservé dans cette maison.

Sessa, duché, vers 1486, pour le grand capitaine Alph. de Cordoue, Fr. de Cordoue, héritière, fit cession de ce duché et de ses autres biens, n'ayant point d'enfants, au fils de sa sœur cadette et unique, Ant. Folch de Cardonne, qui par là fut aussi duc de Baëna, et qui par son père étoit aussi duc de Somme. Ces grandesses se sont masculinement conservées dans cette maison.

Bejar, duché 1488, pour Alvare de Zuniga. Thérèse de Zuniga, héritière, porta ses biens et ce duché en mariage à Fr. de Sotomayor, cinquième comte de Belalcazar, en la postérité masculine duquel il est demeuré.

Frias, duché, vers 1488, pour Bernardin Fernandez de Velasco, second connétable de Castille, de sa maison, qui y rendit cette charge héréditaire. Son père avoit eu cette charge le premier de sa maison, en 1473, après six autres connétables ; ainsi, n'ayant été qu'à vie jusqu'à son fils, j'ai cru ne devoir fixer son ancienneté qu'à l'érection du duché de Frias, qui est depuis masculinement demeuré à sa postérité.

Villafranca, marquisat 1490, pour Louis Pimentel. L'héritière de Pimentel porta ce marquisat et ses autres biens en mariage à Pierre Alvarez de Tolède, second fils du second duc d'Albe, dans la postérité masculine il est demeuré[1], laquelle a depuis acquis par des héritières trois autres grandesses, qui sont les duchés de Montalte et de Vibonne, et le marquisat de loz Velez. Il étoit aussi duc de Ferrandine, mais Villafranca étant plus ancien que ces autres titres, il leur a préféré, ainsi que ses pères, de porter le nom de marquis de Villafranca.

CHARLES V.

Egmont, comté, est sûrement de ce prince : je n'ai pu en découvrir la date. Il y a tout lieu de croire que ce roi des Espagnes n'oublia pas un aussi grand seigneur de ses sujets des Pays-Bas, lorsque, à l'occasion de son voyage d'Espagne en Allemagne pour y recevoir la couronne impériale, il prit son temps d'abolir l'ancienne dignité des ricos-hombres, d'imaginer et d'établir celle des grands d'Espagne, qu'il y substitua, d'en faire en même temps des anciens ricos-hombres par une simple conservation et transition d'une dignité à l'autre, en dégradant tacitement ceux d'entre eux qu'il ne conservoit pas par cette transition, et de leur associer en même temps des plus grands seigneurs à la nouvelle dignité de grands d'Es-

---

1. Voyez ci-dessus, p. 113 et note 1.

pagne, qui n'avoient point été ricos-hombres; des uns et des autres, desquels, devenus grands d'Espagne, il se fit accompagner à son couronnement impérial, où il leur procura des distinctions, des rangs, et l'honneur de se couvrir en sa présence et au couronnement.

Cette grandesse est demeurée jusqu'à nos jours dans la maison d'Egmont, qui s'est entièrement éteinte. La sœur du dernier comte d'Egmont, et dernier mâle, mort sans enfants, hérita de ses biens et de sa grandesse. Elle avoit épousé le duc de Bisaccia de la maison Pignatelli, dont il a été parlé plus d'une fois ici, et dont le fils prit le nom et les armes d'Egmont, et s'est établi en France par son mariage avec la seconde fille du duc de Duras, fils aîné et frère des maréchaux-ducs de Duras.

Veragua, duché 1537, pour Diègue Colomb, fils du fameux Christophe. Ce duché passa par Isabelle Colomb, héritière, à son petit-fils Nuñez de Portugal, dans les descendants masculins duquel[1] il est demeuré.

Pescaire, marquisat 1537, pour Alph. d'Avalos dans la postérité masculine duquel cette grandesse est demeurée.

PHILIPPE II.

Ayétone, marquisat, vers 1560, pour J. de Moncade, dans la postérité masculine duquel cette grandesse est toujours demeurée.

Ossuna, duché 1562, pour Pierre d'Acuña y Giron, dans la postérité masculine duquel cette grandesse est depuis demeurée.

Terranova, duché 1565, pour Ch. Tagliavia. J. Tagliavia, héritière, porta ses biens et cette grandesse en mariage à Hector Pignatelli en 1679. Leur fils aîné épousa la fille héritière du septième duc de Monteleon, Pignatelli aussi, dont la grandesse étoit de Philippe III, en 1613. Ces deux grandesses sont demeurées dans leur postérité masculine; et depuis, ces grands ont préféré de porter le nom de duc

---

1. *Duquel* est ici écrit en interligne.

de Monteleone, comme venant de leur maison, à celui de duc de Terranova, plus ancien, mais leur venant par femme.

Santa-Cruz, marquisat 1582, pour Alvare Bazan, général de la mer, aussitôt après sa victoire navale et l'horrible massacre de sang-froid qu'il fit de tous les prisonniers françois dans l'île de Saint-Michel, juillet 1582. Cette grandesse, d'héritière en héritière, tomba enfin à Fr. Diaz de Benavidez, mort en 1680, père de celui que j'ai vu en Espagne.

Aranda, comté 1590, pour Ant. Ximénès d'Urea. Cette grandesse passa par la maison d'Heredia, dont l'héritière la porta en mariage à Guill. de Rocafull, dans la postérité masculine duquel elle est demeurée.

PHILIPPE III.

Uzeda, duché, vers 1610, pour Fr. Gomez de Sandoval, fils aîné du duc de Lerme, premier ministre, et mort avant lui, dont l'héritière, après diverses générations, quoique cadette, et je n'ai pu découvrir la cause de ce partage, porta la grandesse d'Uzeda en mariage à Gaspard d'Acuña y Tellez Giron, qu'on a vu ici ambassadeur d'Espagne à Rome, à la mort de Charles II, qui fit très-bien à l'avénement de Philippe V, et qui, étant encore son ambassadeur à Rome, se jeta dans le parti de l'archiduc, où il est mort, et a laissé un fils.

Peñaranda, comté, vers 1611[1], pour Alph. de Braccamonte, qui, par l'héritière de Braccamonte, a été porté en mariage à Pierre Fernandez de Velasco, second marquis del Fresno. J'ignore par quelle difficulté, en la transmission de cette grandesse, ce même Pierre Fernandez de Velasco a été fait grand d'Espagne par Charles II, d'abord à vie, puis pour celle aussi de son fils. C'est une difficulté dont je n'ai pas été éclairci, car les Braccamonte, comtes de Peñaranda, ont été certainement

---

1. 1511, au manuscrit.

grands d'Espagne à ce titre, et de la date ci-dessus de Philippe III.

Mondejar, marquisat, vers 1612, pour Innigo Lopez de Mendoza. Cette grandesse passa en plusieurs maisons par des filles héritières. Celle de Cordoue la porta enfin en mariage à Gaspard Ivannez, comte de Tendilla, qui en prit le nom, fit sa couverture en 1678, et a laissé un fils, marquis de Mondejar, que j'ai vu à Madrid.

Hijar, duché 1614, pour J.-Chr.-L. Fernandez de Hijar, arrière-petit-fils de mâle en mâle de J. Fernandez, seigneur d'Hijar[1], en faveur duquel ce duché avoit été érigé en 1483, et n'avoit point passé en grandesse sous Charles V. De filles en filles héritières il tomba dans la maison de Silva, dont l'héritière le porta en mariage, à la fin de 1688, à Frédéric de Silva, marquis d'Orani, son cousin, de même maison, dans la postérité masculine duquel il est demeuré.

Havrec, duché, vers 1616, pour Ch.-Alex. de Croy, de la branche d'Arschot. Sa fille unique porta ses biens et sa grandesse à P.-Fr. de Croy, second fils de Ph. de Croy, comte de Solre, qui prit le nom de duc d'Havrec, et cette grandesse est demeurée en sa postérité masculine.

Sulmone, principauté, vers 1621[2], pour un Borghèse, fils du frère du pape Paul V, à qui cette grandesse ne put être refusée, et qui est demeurée dans cette postérité masculine.

Los Balbazès, marquisat 1621, pour le fameux Ambroise Spinola, dans la postérité masculine duquel cette grandesse s'est conservée, avec celle de duc del Sesto, par le mariage de la fille héritière de Paul Doria, duc del Sesto ; mais ils ont toujours préféré de porter le titre propre de leur maison à celui de duc del Sesto.

PHILIPPE IV.

Altamire, comté 1621, pour Gaspard Ossorio y Moscoso,

1. Il y a bien ici *d'Hijar*, et deux lignes plus haut, *de Hijar*.
2. Saint-Simon a écrit 1521, pour 1621.

dans la postérité masculine duquel cette grandesse s'est conservée. Gaspard étoit pourtant le septième comte d'Altamire lorsqu'il obtint de Philippe IV la grandesse dont ses pères étoient déchus, qui l'avoient eue par l'héritière d'Ulloa y Moscoso. Cette rico-hombrerie, érigée pour Lopez d'Ulloa y Moscoso, dans les fins du règne de Jean II, vers 1452, n'étoit pas passée en grandesse sous Charles V, et étoit ainsi demeurée dégradée.

Abrantès, duché, vers 1625, pour Alph. d'Alencastro, issu par mâles de Georges, bâtard de Jean II, roi de Portugal, dans la postérité masculine duquel cette grandesse est demeurée avec celle de Liñarès, par le mariage du second duc d'Abrantès avec l'héritière de Noroña y Silva, fille de Ferd. duc de Liñarès.

Bisignano, principauté 1626, pour Louis de S. Severino, dans la postérité masculine duquel cette grandesse est demeurée.

Castel Rodrigo, comté, vers 1629, pour Chr. de Moura, qui avoit été premier vice-roi de Portugal, et c'est ce qui me fait craindre de m'être trompé, et qu'encore qu'il fût fort vieux quand il fut fait grand d'Espagne, il ne le soit de Philippe III. Quoi qu'il en soit, son fils et son petit-fils lui succédèrent, et furent l'un après l'autre gouverneurs généraux des Pays-Bas. La fille héritière du dernier épousa, à la fin de 1678, Ch. Homodeï, marquis d'Almonacid, qui devint marquis de Castel Rodrigo et en prit le nom, mais qui ne put faire sa couverture qu'un an après, sur les difficultés qu'il essuya, je n'ai point su sur quoi fondées. Il n'eut point d'enfants, et perdit sa femme, dont hérita la sœur cadette, qui avoit épousé Gilbert Pio, mère du prince Pio, que j'ai vu en Espagne, qui recueillit la grandesse après elle, sans préjudice du rang et des honneurs, restés personnellement au marquis d'Almonacid, avec, sa vie durant, le nom et titre de marquis de Castel Rodrigo.

Torrecusa, marquisat, vers 1630, pour Ch.-André Carraccioli, dont la grandesse est masculinement demeurée à sa postérité.

Colonne, principauté, connétable héréditaire du royaume de Naples vers 1632, pour Laurent-Onuphre, septième connétable Colonne. Cette grandesse est demeurée dans sa postérité masculine.

Camaraça, marquisat, vers 1635, pour Diego de los Cobos, dans la maison duquel cette grandesse s'est conservée.

Aguilar, comté, janvier 1640, pour J. Ramirez d'Arellano. Il épousa A.-M., fille unique de J. de Mendoza, premier marquis d'Hinoyosa qu'elle lui apporta, et fut ainsi doublement grand d'Espagne, comme comte d'Aguilar et marquis d'Hinoyosa. Lui et les siens ont préféré au titre d'Hinoyosa celui d'Aguilar, dont il étoit huitième comte. J. Ramirez d'Arellano eut Aguilar du roi Jean Ier, en 1381. Il étoit rico-hombre de Castille. Son petit-fils, Alph. Ram. d'Arellano, en fut fait comte, 1475, par les rois catholiques, et jouit des honneurs de la grandesse ou rico-hombrerie d'alors. Mais n'ayant point passé en grandesse sous Charles V, elle demeura abrogée jusqu'au rétablissement qui vient d'être expliqué. Celui qui fut rétabli ne laissa qu'une fille, qui épousa, en 1670, Em^l Manrique de Lara, second marquis de Frigilliane, à qui elle apporta ces deux grandesses, et qui a laissé un fils, comte d'Aguilar, que j'ai vu à Paris, et depuis en Espagne. C'est de ce père et de ce fils qu'il est parlé ici à plusieurs reprises.

Aremberg, duché, vers 1650, pour Ph.-Fr. de Ligne, fils aîné de Ph.-Ch. de Ligne, de la branche de Barbançon, prince d'Aremberg, chevalier de la Toison d'or, mort à Madrid en 1640, et de sa seconde femme, Is. de Barlaymont. Ph.-Fr., premier duc d'Aremberg, et fait grand d'Espagne, fut chevalier de la Toison, général des mers des Pays-Bas espagnols, gouverneur du Hainaut et de Valenciennes, et capitaine des archers de la garde bourguignonne de Philippe IV et de Charles II, en Flandres, où il mourut sans postérité en 1674. Ses biens et sa grandesse passèrent à Ch.-Eugène, son frère, dans la postérité masculine duquel elle est demeurée, mais passée et retournée au service de la maison d'Autriche, depuis que les Pays-Bas espagnols sont rentrés sous son obéissance. J'ai voulu suppléer ici à la négligence de cet article dans le précédent état détaillé [1].

LIGNE, pricipauté 1660, pour Ch. Lamoral de Ligne, grand-père de celui qui existoit lorsque j'étois en Espagne, qui a postérité masculine, et est à Bruxelles au service de l'Empereur. Il est de Philippe IV.

CHARLES II.

FUENSALIDA, comté 1670, pour Bernardin de Velasco y Rojas et Cardonne. Cette grandesse s'est conservée dans sa postérité masculine.

SAINT-PIERRE, duché 1675, pour Fr.-M. Spinola. Cette grandesse est demeurée dans sa postérité masculine.

PALMA, comté 1679, pour L.-Ant.-Th. Boccanegra y Portocarrero, en juillet 1679 [2]. Louis Boccanegra y Portocarrero avoit été fait comte de Palma par la reine Jeanne, 1507, mais cette rico-hombrerie, n'ayant point passé en grandesse sous Charles V, fils de cette reine, demeura abrogée. Depuis le rétablissement de cette grandesse, elle est demeurée dans la postérité masculine de celui qui l'a obtenu.

NEVERS, 1680, pour J.-B. Spinola, dont la fille aînée l'a portée en mariage, en 1709, à L.-Jules-Fr. Mancini, dit Mazzarini, fait depuis duc et pair de Nevers.

SANTO-BUONO, principauté 1684, pour Matthieu Carraccioli. Cette grandesse est demeurée dans sa postérité masculine.

SURMIA, principauté, vers 1686, pour [3] Odeschalchi, neveu du pape Innocent XI. Cette grandesse est encore dans les mâles de cette famille.

1. Voyez LIGNE, page suivante, oublié ici. (*Note de Saint-Simon.*) On lit en effet le paragraphe relatif à la principauté de Ligne à la page suivante du manuscrit, après l'article OTTAÏANO (ci-après, p. 125), et précédé du mot *Oublié*.
2. Les mots « en juillet 1679 » ont été ajoutés en marge.
3. Ici, et plus loin à maintes reprises, les prénoms sont restés en blanc.

GIOVENAZZO, duché 1690, pour del Giudice, mais pour trois vies ou générations seulement. Cette troisième génération est la fille unique du prince de Cellamare plus connu, et dont il a été tant parlé ici sous ce nom. Elle étoit dans un couvent à Rome. Je ne sais qui elle a épousé.

LIÑARÈS, duché, vers 1692, pour de Noroña, dont la fille unique l'a porté au second duc d'Abrantès, qui, par un moyen ou grâce à moi inconnue, a divisé ces deux grandesses entre ses fils ou petits-fils.

BAÑOS, comté 1692, pour Pierre, dit de la Cerda y Leyva, mais branche cadette des ducs de Medina Celi, bâtards de Foix, dont la fille héritière épousa, en 1693, Em¹ de Moncade, frère du marquis d'Ayétone, dont ce comte de Baños n'a eu qu'une fille point mariée lorsque j'étois en Espagne. Je n'ai point appris depuis à qui elle aura porté sa grandesse.

PAREDES, comté 1692, pour Th. marquis de la Laguna, frère du huitième duc de Medina Celi. En 1689, il avoit été fait grand à vie ; ce ne fut que trois ans après qu'il le fut fait à toujours, et cette grandesse est demeurée dans sa postérité masculine.

C'est une rico-hombrerie érigée par Henri IV, 1452, pour Roderic Manrique, qui n'ayant point passé en grandesse sous Charles V, demeura abrogée, et dont la terre passa par des héritières de maison en maison jusqu'à l'épouse de ce marquis de la Laguna qui obtint la grandesse, et prit le nom de comte de Paredes.

LAMONCLAVA, comté, vers 1693, pour Melchior Boccanegra y Portocarrero, dont la grandesse est demeurée dans sa postérité masculine.

S. ESTEVAN DEL PUERTO, comté 1696, pour Fr. de Benavidez, dont la grandesse est demeurée dans sa postérité masculine.

MONTALÈGRE, marquisat, octobre 1697, pour Martin-Dominique de Guzman, qui a des fils.

Los Arcos, comté, octobre 1697, pour Joachim Figuerroa y Laso de la Vega, qui a des fils.

Montijo, comté 1697, pour ` d'Acuña y Portocarrero. On a parlé ailleurs de son fils, que j'ai vu en Espagne, et qui a postérité masculine.

Baños, duché 1698, pour   Ponce de Léon, frère du duc d'Arcos, établi depuis en Portugal dans ses biens maternels.

Castromonte, marquisat 1698, pour Jean Baësa, a postérité masculine.

Castiglione, principauté 1699, pour Th. d'Aquino, que nous prononçons d'Aquin.

Ottaïano, principauté 1700, pour Joseph de Médicis, qui a postérité masculine.

PHILIPPE V.

Castel dos Rios, marquisat 1700, avant partir de Versailles, pour   de Semmenat, ambassadeur d'Espagne en France, à la mort de Charles II. C'est le premier qui reconnut et baisa la main de Philippe V, qui, par le conseil du Roi son grand-père le fit grand de la première classe à Versailles, et l'y fit couvrir comme grand d'Espagne la première fois devant lui, pour lui tenir lieu d'avoir fait sa couverture. Sa grandesse subsiste dans sa postérité masculine.

Mortemart, duché 1701. En arrivant à Madrid, une des premières choses que fit Philippe V, fut de faire grand de la première classe le duc de Beauvillier, son gouverneur. Cette grandesse passa au duc de Mortemart, par le mariage de sa fille unique, et s'est éteinte depuis mon retour par la mort de la duchesse de Mortemart et de toute sa postérité.

Estrées, comté 1702, pour   comte d'Estrées, qui passa le roi d'Espagne de Barcelone à Naples, étant vice-amiral de France. Longtemps depuis mon retour, il est mort duc, pair et maréchal de France, sans postérité, et sa grandesse est demeurée éteinte.

Liria, duché 1704, pour   Fitzjames, duc de Berwick, à qui peu après son fils fut adjoint en la même grandesse, pour en jouir avec les mêmes rang, honneurs, etc., que lui. Il prit alors le nom de duc de Liria. Cette grandesse est dans sa postérité masculine établie en Espagne.

Gravina, duché 1704, pour   , chef de la maison des Ursins. Cette grandesse est demeurée dans sa postérité masculine.

Bedmar, marquisat 1704, à la prière du roi, pour   Bertrand la Cueva, commandant général des Pays-Bas espagnols. Cette grandesse, faute de mâles, passe à son gendre, second fils du marquis de Villena, qui s'appelle le marquis de Moya, et qui prendra le nom de marquis de Bedmar.

Tessé, comté 1704, pour   de Froulay, comte de Tessé, maréchal de France. Cette grandesse est demeurée dans sa postérité masculine.

La Mirandole, duché 1705, pour   Pico. Cette grandesse est demeurée dans sa postérité masculine.

Atri, duché 1706, pour   Acquaviva, frère du cardinal Acquaviva, chargé des affaires d'Espagne à Rome. Son fils l'étoit du temps que j'étois en Espagne; et il étoit lors en Italie, et a postérité masculine.

Chimay, principauté 1706, pour   Hennin-Liétard, chevalier de la Toison d'or de Charles II. Il a été mon gendre, est mort sans enfants. Sa grandesse a passé à son frère, mort aussi depuis, et au fils qu'il a laissé, et qui s'établit en France.

Monteillano, duché 1707, pour   de Solis. Cette grandesse est demeurée dans sa postérité masculine.

Priego, comté 1707, pour   de Cordoue. Sa fille unique a épousé   Lanti, dit de la Rovere; elle est morte devant son père, et n'a laissé qu'une fille. Le père déchu par là de cette grandesse que sa femme n'a point eue, a été fait grand à vie, sous le nom de duc de Santo-Gemini, et a marié sa fille, avec la grandesse, au second fils de la duchesse d'Havrec, sa sœur, Croy, qui s'établit en

Espagne et prend le nom de comte de Priego, tout cela longtemps depuis mon retour d'Espagne.

Noailles, comté 1711, pour le duc de Noailles, qui longtemps depuis a obtenu de faire passer sa grandesse à son second fils, qui en jouit, et a postérité masculine.

Popoli, duché 1711, pour Cantelmi. Cette grandesse est demeurée dans sa postérité masculine.

Masseran, principauté 1712, pour Ferreiro. Cette grandesse est demeurée dans sa postérité masculine.

Richebourg, marquisat 1712, pour de Melun. Éteinte, n'ayant laissé que deux filles non mariées, qui n'ont point voulu l'être, et hors d'âge d'avoir postérité.

Chalais, principauté 1713, pour de Talleyrand. Sa fille unique a épousé un fils de son frère.

Robecque, principauté 1713, pour de Montmorency. Son frère, faute de postérité et appelé, a recueilli cette grandesse, et a laissé un fils, qui en jouit et a des garçons.

Maceda, comté 1714, pour Lanços. Cette grandesse est demeurée dans sa postérité masculine.

Solfarino, duché 1714, pour Gonzague. Cette grandesse est demeurée dans sa postérité masculine.

S. Estevan de Gormaz, comté 1715, pour Acuña y Pacheco, fils aîné du marquis de Villena, duc d'Escalona, qui a postérité masculine.

Bournonville, duché 1715, pour *idem*, non marié, a fait longtemps depuis passer sa grandesse et sa charge de capitaine de la compagnie des gardes du corps wallons, au fils d'un de ses frères.

Villars, duché 1716, pour le maréchal-duc de Villars. Son fils unique n'a qu'une fille unique, mariée au comte d'Egmont.

Lede, marquisat 1717, pour Bette. Cette grandesse est demeurée dans sa postérité masculine.

Saint-Michel, duché 1718, pour Gravina. Il a des fils, et s'est fait depuis cardinal.

Del Arco, duché 1718, sans enfants. Je ne sais à qui cette grandesse est allée.

Saint-Simon, comté, janvier 1722, pour le duc de Saint-Simon et le marquis de Ruffec, son second fils, conjointement.

Arion, duché 1722, pour   Sotomayor y Zuniga. Je ne sais à qui cette grandesse est allée, car il n'a point été marié.

Il faut maintenant donner une liste toute simple des grands d'Espagne dont la date est ou nettement ou suffisamment reconnue, en marquant les anciennes rico-hombreries que Charles V fit passer tout de suite en grandesses, sans érection, et celles qui, ayant été abrogées par le même prince d'une manière tacite, mais très-réelle, en ne les faisant point passer en grandesses, ce qui de fait les dépouilla pour toujours de leurs rangs, honneurs et distinctions, sont redevenues grandesses, mais par des érections faites par les rois successeurs de Charles V, ce qui fixe leur ancienneté parmi les grands, sans la remonter à celle des rico-hombreries abrogées, mais les réduisant à la date de l'érection de leurs grandesses. Si on veut voir leurs dates et de quels rois, si on veut voir leurs maisons et si les possesseurs actuels sont héritiers de mâle en mâle, ou par des filles héritières, ou eux-mêmes impétrants de ces grandesses, c'est ce qui se trouve exactement et différemment détaillé dans les deux précédents états des grands d'Espagne. On fera suivre la liste qu'on va donner des grands, suivant leur ancienneté connue ou justement présumée, d'une autre liste aussi toute nue, par titres et par ordre alphabétique, des grands dont on n'a pu connoître ni présumer les dates d'érection, non plus que de la plupart de ceux-là aucune autre chose, desquels le grand nombre est d'Italiens jamais sortis d'Italie.

Si, au lieu de cent douze grands d'Espagne, il s'en trouve cent treize dans ces deux listes jointes ensemble, c'est que le marquis de Mancera avoit été oublié. Je l'ai dans la liste des marquis grands d'Espagne de la main du duc de Veragua. J'avouerai de plus que j'ai oublié quel il est. Le duc de Veragua a écrit Portocarrero à côté de son nom, mais je n'en suis pas plus avancé, parce que c'est peut-être le nom de l'héritière qui a apporté cette grandesse. Le marquis de Mancera, qui s'appeloit Ant.-Séb. de Tolède, second marquis de Mancera, fut fait grand d'Espagne en mai 1692, par Charles II. Il fut ambassadeur à Venise et en Allemagne, vice-roi de la Nouvelle-Espagne, majordome-major de la reine mère de Charles II, enfin conseiller d'État. C'est lui dont il [a] été parlé plus d'une fois par la fidélité et l'attachement qu'il signala pour Philippe V d'une façon si éclatante, et dont la singularité de ne manger jamais de pain, ni rien qui en tînt lieu, a été aussi expliquée. Il mourut en 1711, à l'âge de cent sept ans, ayant jusqu'alors conservé sa tête entière et toute sa santé. Charles II l'avoit fait grand seulement à vie, Philippe V le fit pour toujours, et je n'en sais pas la date. Il ne pouvoit moins faire pour lui. Il ne laissa qu'une fille, peut-être grand'mère lorsqu'il mourut. J'ai donc ignoré ou oublié le mariage de cette fille, et ce qui s'en est suivi. Je n'ai point vu de Marquis de Mancera tant que j'ai été en Espagne, tellement que je réserve ce titre pour la liste des grands dont la date et souvent les personnes me sont demeurées inconnues.

LISTE SIMPLE DES GRANDS D'ESPAGNE, SUIVANT LEUR ANCIENNETÉ, NETTEMENT OU SUFFISAMMENT RECONNUE, EN MARQUANT CEUX QUI D'ABORD OU DEPUIS SONT ISSUS DES ANCIENS RICOS-HOMBRES, ABROGÉS PAR CHARLES V, QUI SUBROGEA À CETTE ANCIENNE DIGNITÉ LA NOUVELLE DES GRANDS, ET CEUX QUI ONT PLUSIEURS GRANDESSES D'ESPAGNE[1].

GRANDESSES.
12 Le duc de Medina Celi.
Le comte de Benavente.
2 L'amirante de Castille,

GRANDESSES.
comte de Melgar, duc de Medina di Riosecco.
6 Le duc d'Arcos.

1. Les chiffres indiquent le nombre des grandesses. Voyez ci-dessus, p. 3, la première phrase du chapitre.

Le comte de Lemos.
2 Le duc de Medina Sidonia.
2 Le comte de Miranda.
Le duc d'Albuquerque.
3 Le marquis de Villena, duc d'Escalona.
9 Le duc d'Albe.
Le comte d'Oñate.
5 Le duc del Infantado.
Le comte d'Oropesa.
Le duc de Nejara.
Le duc de Gandie.
3 Le duc de Sessa.
Le duc de Bejar.
3 Le duc de Frias, connétable de Castille.

On voit ci-devant à leurs titres pourquoi l'amirante et le connétable de Castille sont ici différemment qualifiés.

4 Le marquis de Villafranca.

Tous ces grands ont passé sous Charles V directement de la dignité de ricos-hombres à celle de grand d'Espagne sans érection.

Ceux dont la dignité de ricos-hombres est demeurée abrogée par le fait lors de ce changement de Charles V, et qui depuis ont été faits grands d'Espagne, seront marqués à côté de leur nom par ces deux lettres : R. H.[1].

Le comte d'Egmont.
Le duc de Veragua.
2 Le marquis de Pescaire. R. H.
3 Le marquis d'Ayétone. R. H.
Le duc d'Ossone.
2 Le duc de Monteleon et de Terranova.
Le marquis de Santa-Cruz.
2 Le comte d'Aranda.
Le duc d'Uzeda.
Le comte de Peñaranda.
Le marquis de Mondejar.
2 Le duc d'Hijar. R. H.
Le duc d'Havrec.
Le prince de Sulmone.
3 Le marquis de los Balbazès.
5 Le comte d'Altamire. R. H.
Le duc d'Abrantès.
Le prince de Bisignano.
Le marquis de Castel Rodrigo.
Le marquis de Torrecusa.
Le connétable Colonne.
Le marquis de Camaraça.
3 Le comte d'Aguilar. R. H.
2 Le duc d'Aremberg.

1. Voyez ci-dessus, p. 4 et note 1.

SUIVANT L'ANCIENNETÉ ENTRE EUX.   131

Le prince de Ligne.   Le duc de Liria.
Le comte de Fuensalida.   Le duc de Gravina.
Le duc de Saint-Pierre.   Le marquis de Bedmar.
Le comte de Palma. R. H.   Le maréchal de Tessé.
Le duc de Nevers.   Le duc de la Mirandole.
Le prince de Santo-Buono.   Le duc d'Atri.
Le prince de Surmia.   Le prince de Chimay.
Le duc de Giovenazzo.   Le duc de Monteillano.
Le duc de Liñarez.   Le comte de Priego.
Le comte de Baños.   Le duc de Noailles.
2 Le comte de Paredes.   Le duc de Popoli.
  R. H.   Le prince de Masseran.
Le comte de Lamonclava.   Le marquis de Richebourg,
Le comte de S. Estevan del   éteint.
  Puerto. R. H.   Le prince de Chalais.
Le marquis de Montalè-   Le prince de Robecque.
  gre.   Le comte de Maceda.
Le comte de los Arcos.   Le duc de Solferino.
Le comte de Montijo.   Le comte de S. Estevan de
Le duc de Baños.   Gormaz.
Le marquis de Castromonte.   Le duc de Bournonville.
Le prince de Castiglione.   Le maréchal-duc de Vil-
Le prince d'Ottaïano.   lars.
Le marquis de Castel dos   Le marquis de Lede.
  Rios.   Le duc de Saint-Michel.
Le duc de Mortemart, éteint.   Le duc del Arco.
Le maréchal d'Estrées,   Le marquis de Ruffec.
  éteint.   Le duc d'Arion.

LISTE SIMPLE DES GRANDS D'ESPAGNE DONT J'IGNORE LES DATES D'ÉREC-
TION ET BEAUCOUP D'AUTRES CONNOISSANCES, PAR ORDRE ALPHABÉ-
TIQUE ET PAR TITRES.

Les ducs d'Atrisco.   Cariati.
         Doria.   Doria.
      2 Licera.   Melphe.
         Tursis.   Palagonia.
Les princes de Butera.   Sermonetta.

Les marquis d'Arizza.　　Les comtes d'Atarès.
　　　　Clarafuente.　　　　　　Castrillo.
　　　　Laconi.　　　　　　　　Parcen.
　　　　Mancera.　　　　　　　Peralada.
　　　　Tavara.　　　　　　　　Salvatierra.
　　　　Visconti.　　　　　　　Visconti.
　　　　　　　　　　　　　　　　　22

CHAPITRE II.

Rang observé toujours dans l'ordre de la Toison d'or. — Quel est l'état de capitaine général des armées d'Espagne. — Médiannates et lansas des grands; appointements des maisons royales, des capitaines généraux et des conseils; explication sur les serments; quelles de ces personnes n'en prêtent point; quelles en prêtent, et entre quelles mains. —Buen-Retiro.—Casa del Campo.—L'Escurial.—Aranjuez.—Le Pardo. — La Sarçuela.— Le Pardillo.— Don Gaspard Giron; sa naissance, son caractère.— Du marquis de Villagarcias.— De Cucurani.— De Villafranca, introducteur des ambassadeurs. —Hyghens, premier médecin du roi d'Espagne; son caractère. — Hyghens m'engage à conférer secrètement avec le duc d'Ormond; son caractère. — Le Gendre, premier chirurgien; son caractère.— Ricœur, premier apothicaire; son caractère. — Marquis del Surco et sa femme; leur fortune, leur caractère. — Valouse; sa fortune, son caractère. — Hersent; son état, son caractère. — Cardinal Borgia; son caractère. — Garde et livrée. — Armendariz, lieutenant-colonel du régiment des gardes espagnoles; son caractère. — Titolados. — L'Excellence. — Comtesse d'Altamire; son caractère. — Caractère de quelques señoras de honor. — Don Dom. Guerra, confesseur de la reine; son caractère. — MM. de Saint-Jean père et fils; leur fortune et leur caractère. — Capitaines des gardes du corps et colonels des régiments des gardes prêtent seuls serment entre les mains du roi d'Espagne. — Salazar; sa fortune et sa réputation.

CHEVALIERS DE L'ORDRE DE LA TOISON D'OR EXISTANTS
EN AVRIL 1722.

DE CHARLES II.

L'Empereur.　　　　　　　　Le comte de Lemos.
Le prince Jacq. Sobieski.　　Le prince de Chimay.
Le duc de Bejar.　　　　　　Le marquis de Conflans-
Le duc de Lorraine.　　　　　　Vatteville.
Le duc de Bavière, électeur.　Le duc de Monteleon.

DE PHILIPPE V.

Le prince des Asturies.
Le duc d'Orléans, régent.
Le duc de Noailles.
Le comte de Toulouse.
Le duc de Berwick.
Le comte de Thöring, premier ministre de Bavière.
Le duc d'Albuquerque.
Le marquis de Villena.
Le duc de Popoli.
Le marquis de Richebourg.
Le prince Ragotzi.
Le prince de Masseran.
Le duc de Bournonville.
Le duc d'Atri.
Le prince de Robecque.
Le marquis de Beauffremont.
Le marquis d'Arpajon.
Le maréchal-duc de Villars.
Le marquis de Brancas, depuis maréchal de France.
Le comte de Montijo.
Le duc de Liria.
Le marquis de Béthune, depuis duc de Sully.
Le prince Fréd. de Nassau.
Le marquis, depuis maréchal d'Hasfeld.
Le marquis de Caylus.
Duc Lelio Caraffa.
Le marquis Mari.
Le duc de Ruffec.
Le marquis, depuis maréchal de Maulevrier.
Le marquis, depuis maréchal de la Fare.

Cet ordre, non plus que ceux de Saint-Jacques de Calatrava et d'Alcantara, ne souffre de rang ni de préférence que par l'ancienneté de réception entre les chevaliers, sans exception quelconque que des têtes couronnées, mais d'aucuns autres souverains, ni en même promotion d'autre préférence que de l'âge, tellement que le prince des Asturies, fils aîné de Philippe V, est le premier exemple de chevalier qui ait précédé ses anciens, encore à la prière du roi, son père, en plein chapitre, accordée par les chevaliers, et sans conséquence pour tout ce qui ne seroit pas infant d'Espagne. A cet exemple, nos princes du sang, et même légitimés, ont prétendu le même honneur, lorsqu'il y a eu depuis des colliers envoyés en France, et des chevaliers à recevoir. Ces princes y ont trouvé beaucoup de résistance, tellement qu'ils ne se trouvent point aux chapitres lorsqu'il y a des chevaliers à recevoir, et qu'eux-mêmes ont reçu le collier sans cérémonie. Je diffère à parler de cette cérémonie de réception, et de quelques autres choses qui regardent cet ordre, à l'occasion de la réception de mon fils aîné.

CAPITAINES GÉNÉRAUX DES ARMÉES.

Le duc d'Arcos.
Le comte d'Aguilar.
Le marquis d'Ayétone.
Le duc de Saint-Pierre.
Le marquis de Bedmar.
Le marquis de Richebourg.
Le prince Pio[1].
Le comte de S. Estevan de Gormaz.
Le marquis de Lede.

Le comte de las Torrès est enfin devenu grand d'Espagne.
Le marquis de Casa-Fuerte.
D. Fr. Manriquez.
Le marquis de Thouy.
Le depuis maréchal de Puységur.
M. de Seissan.

Ces neufs tous grands d'Espagne.

C'est tout ce qu'il existoit de capitaines généraux d'armées tandis que j'étois en Espagne.

Ces capitaines généraux sont, à l'égard du militaire, honneurs et commandement, semblables en tout à nos maréchaux de France, et prétendent rouler d'égal avec eux. Mais ils leur sont, au fond, totalement inférieurs, en ce qu'ils ne sont point officiers de la couronne, qu'ils ne sont ni juges de la noblesse sur le point d'honneur, ni supérieurs en rien à la noblesse, et qu'ils n'ont ni rang ni honneurs, hors les fonctions militaires, sinon l'Excellence, traitement qui se borne à ce mot, dont je parlerai ailleurs.

MAISON DU ROI D'ESPAGNE LORSQUE J'Y ÉTOIS.

Majordome-major.

Le marquis de Villena, duc d'Escalona.

---

1. Le duc de Popoli, grand d'Espagne, que j'oubliois. (*Note de Saint-Simon.*)

Majordomes de semaine.

D. Gaspar Giron.   Le comte de Casa-Real.
Le marquis de Villagarcias.   Le comte Cucurani.

Surnuméraires.

Le comte Saratelli.   Le marquis d'Almodovar.

Introducteur des ambassadeurs.

Le marquis de Villafranca.

Premier médecin.

M. Hyghens.

Premier chirurgien

M. le Gendre.

Premier apothicaire.

M. Ricœur.

Sommelier du corps.

Le marquis de Montalègre.

Gentilshommes de la chambre.

Le comte de Peñaranda.   Le duc de Liria.
Le duc de Bejar.   Le comte de Maceda.
Le duc de Veragua.   Le duc de Solferino.
Le comte de Baños.   Le duc de Bournonville.
Le comte de S. Estevan de Gormaz.   Le duc de Popoli.
   Le duc de Monteillano.
Le marquis de Santa-Cruz.   Le marquis de Cogolludo, fils aîné du duc de Medina Celi.
Le duc del Arco.
Le duc de Gandie.
Le marquis de los Balbazès.
Le prince de Masseran.
Le marquis de Montalègre, fils du sommelier.
Le marquis del Surco,
Le marquis de Valouse, } non grands.

Guardaroba.

M. Hersent.

La grande et petite livrée du roi et de la reine d'Espagne, pages, valets de pied, gens d'écurie, valets de peine, sont en tout les mêmes que celles de France, même celle de garçons bleus du château et des tapissiers.

Grand écuyer.

Le duc del Arco.

Le duc de la Mirandole en conservoit les honneurs et les appointements, en cédant la charge qu'il avoit au duc del Arco.

Premier écuyer.

Le marquis de Valouse.

Grand aumônier.

L'archevêque de Compostelle, par son siége, et qui effaceroit le patriarche des Indes, s'il se trouvoit à la cour. Mais les évêques résident toujours dans leurs diocèses, en sorte qu'il n'est rien de plus rare ni de plus court que d'en voir quelqu'un à Madrid, et toujours pour affaires nécessaires[1]. Les fonctions de grand aumônier sont suppléées en tout, et sans dépendance, en l'absence continuelle de l'archevêque, par :

Le patriarche des Indes, qui est sacré *in partibus* sous ce titre; qui ne lui donne quoi que ce soit aux Indes ni ailleurs, hors de la chapelle.

Le cardinal Borgia.

GARDE DU ROI D'ESPAGNE.

C'est Philippe V qui se l'est donnée à l'instar de la France. Ses prédécesseurs n'avoient que la compagnie des hallebardiers, qui répond en tout à celle de nos Cent-Suisses.

CAPITAINES DES GARDES DU CORPS.

Première compagnie, espagnole.

Le comte de S. Estevan de Gormaz.

Seconde compagnie, italienne.

Le duc de Popoli.

Troisième compagnie, wallonne.

Le duc de Bournonville.

Il n'y a point de quatrième compagnie.

---

1. Le manuscrit porte *affaire* au singulier, et *nécessaires* au pluriel.

Compagnie des hallebardiers.

Le marquis de Montalègre, sommelier.

Régiment des gardes espagnoles.

Colonel : le marquis d'Ayétone.

Régiment des gardes wallonnes.

Le marquis de Richebourg.

Ces six corps, officiers, gardes, hallebardiers, soldats, drapeaux, étendards, en tout et partout ont le pareil et tout semblable uniforme, hommes et chevaux, que les compagnies des gardes du corps, celle des Cent-Suisses, et les régiments des gardes françoises et suisses. Les capitaines et les officiers des gardes du corps et des hallebardiers portent des bâtons, comme en France, quand ils sont en quartier, et servent de même [1].

Ce qui suit auroit été ailleurs plus à sa place, mais ce seroit pis de l'oublier [2].

La médiannate que paye au roi d'Espagne un grand d'Espagne pour la première fois monte à huit mille ducats. Ses descendants en payent quatre mille à chaque mutation. Les frais pour la première fois vont bien à la moitié. Les lansas que paye tous les ans un grand d'Espagne se montent à soixante pistoles quand sa grandesse est placée sur un titre de Castille.

Les fonctions des charges ont été, ce me semble, suffisamment expliquées, mais les appointements oubliés. Les voici, ils sont tous en pistoles :

MAISON DU ROI.

Majordome-major.	1 800 pistoles.
Majordomes de semaine.	400

---

1. N^a Que ce qui fait mal à propos ci-après la page 2688 doit être immédiatement à la suite de celle-ci. (*Note de Saint-Simon.*) Voyez la note suivante.

2. N^a Tout le contenu en cette page y est transposé par oubli, et doit être mis à la suite immédiate de la page ci-devant 2670. (*Note de Saint-Simon.*) Voyez la note précédente. Nous avons rétabli le texte dans l'ordre demandé par Saint-Simon.

La médecine n'a rien de fixé.

Introducteur des ambassadeurs	275
Sommelier du corps	430
Gentilshommes de la chambre	90
Guardaroba	
Grand écuyer	900
Premier écuyer	300
Patriarche des Indes	90
Capitaines des gardes du corps	1 000
Capitaine des hallebardiers	1 000
Colonels des régiments des gardes	1 000

MAISON DE LA REINE.

Majordome-major	1 300
Majordomes de semaine	200
Camarera-mayor	800
Dames du palais	834
Señoras de honor	200
Grand écuyer	300
Premier écuyer	200

Grands officiers et autres officiers et domestiques du prince et de la princesse des Asturies, un quart moins que ceux du roi.

Gouverneur de l'infant don Ferdinand	600
Capitaines généraux des provinces	2 000
Présidents ou gouverneurs des conseils	2 000
Secrétaires d'État	2 000
Secrétaire de l'estampille	

Conseillers d'État n'ont point d'appointements.

Nul emploi ni charge vénale en Espagne.

Il n'y a point de charge en Espagne qui réponde à notre grand prévôt ou prévôt de l'hôtel.

Le majordome-major en certaines choses, et le corrégidor de Madrid en d'autres, y suppléent.

EXPLICATION DES SERMENTS.

Les trois charges chez le roi et chez la reine, reçoivent le serment de tous ceux et celles qui sont chacun sous leurs charges.

Le patriarche aussi, et les capitaines des gardes du corps, celui des hallebardiers, et les colonels des deux régiments des gardes.

- Le président ou gouverneur du conseil de Castille,
- Les deux majordomes-majors,
- Le capitaine des hallebardiers,
- Les gouverneurs des infants.

n'en prêtent point;

- Le sommelier du corps,
- La camarera-mayor,
- Les deux grands écuyers,
- Le patriarche des Indes

le prêtent entre les mains de leur majordome-major.

Les seuls capitaines des gardes du corps et colonels des deux régiments des gardes, entre les mains du roi.

Les présidents ou gouverneurs des conseils entre les mains de celui du conseil de Castille.

Les conseillers et officiers de chaque conseil, entre les mains du président ou gouverneur de leur conseil.

Les secrétaires d'État le prêtoient dans le conseil d'État.

Le secrétaire de l'estampille entre les mains du sommelier du corps.

Les conseillers d'État entre les mains du plus ancien secrétaire d'État.

Les gouverneurs des maisons royales entre les mains d'un conseiller de la junte des bâtiments.

- Les vice-rois,
- Gouverneurs des provinces,
- Capitaines généraux des armées,
- Capitaines généraux des provinces,

j'ignore s'ils prêtent serment, ou entre les mains de qui.

Pareillement le corrégidor de Madrid et des autres villes, comme le président ou gouverneur du conseil de Castille est leur supérieur, je croirois que ce seroit entre ses mains.

GOUVERNEURS DES MAISONS ROYALES.

Le comte d'Altamire, du Buen-Retiro.
Le duc de Medina Celi, de la Casa del Campo.
Le Père prieur de l'Escurial,
   de l'Escurial,
   d'Aranjuez.
Le duc del Arco, comme grand écuyer, est surintendant de toutes les chasses, et gouverneur par là
   du Pardo,
   de la Torre di Parada,
   de la Sarçuela,
   du Pardillo;
et il est personnellement gouverneur
   de Balsaïm et
   de Saint-Ildefonse.

Disons ici un mot de ces maisons royales, puisque l'occasion s'en présente si naturellement, sans m'abandonner à des descriptions qui ne sont pas de mon sujet, et qu'il faut voir dans les différents voyageurs. Le Buen-Retiro et un vaste et magnifique palais, à une extrémité de Madrid, dont il est séparé par un espace large d'une portée de mousquet, et qui a un grand et fort beau parc. La cour y passoit, de mon temps, quelques mois de l'année, et s'y est fixée depuis l'incendie du palais de Madrid. On voit par là que c'est un gouvernement fort agréable.

La Casa del Campo est un bâtiment fort commun, vis-à-vis la place du palais de Madrid, le Mançanarez entre deux, et tout près dans la plaine. Il y a un parc, quelques pièces d'eau, quelque bois, mais de ceux des Castilles et fort peu de vrais arbres. C'est proprement une ménagerie, mais fort mal remplie et aussi mal entretenue. Je n'ai jamais vu personne s'y aller promener, ni Leurs Majestés Catholiques. Cela peut faire une maison de campagne au duc de Medina Celi, où il peut aller en moins de demi-heure, et fournir sa table de bien des commodités, si les Espagnols connoissoient les tables, même les plus frugales.

J'ai dit de l'Escurial tout ce que j'en pouvois dire. Le roi est maître d'agréer ou non l'élection du prieur, d'en mettre un, de l'ôter quand il veut; et ce prieur, avec l'autorité que sa place lui donne sur ses moines et dans le monastère, a aussi celle de gouverneur sur les appartements de Leurs Majestés Catholiques, de leur cour et de toute leur suite.

Pour Aranjuez, je remettrai d'en parler au petit voyage que j'y ai fait pour le voir. Je dirai en attendant que je n'y trouvai pas le gouverneur, chez qui pourtant je fus logé. C'étoit un homme du commun, dont je n'ai pas retenu le nom, et que je n'ai jamais rencontré, ni ouï parler de lui à personne.

Le Pardo est un bâtiment carré, fermé des quatre côtés, à peu près égaux et assez courts, dont la cour est triste, et les appartements de Leurs Majestés Catholiques des plus médiocres en tout ; les autres des plus étroits et en fort petit nombre. Il n'y a ni avant-cour ni autre bâtiment, ni jardin, ni parc. La cour y va pourtant quelquefois, mais avec le plus étroit nécessaire. C'est une habitation entièrement esseulée où je ne comprends pas qu'on puisse aller, car rien du tout n'y appelle. Cela est au bord d'une plaine aride, peu éloigné d'une colline au pied de laquelle on passe sur un très-médiocre pont, au haut de laquelle est un couvent de capucins, tout seul, d'où on voit tant que la vue se peut étendre dans la plaine d'en haut et d'en bas, excepté la Torre di Parada, qui en est assez proche. Ce n'est, en effet, qu'une vieille tour, avec une espèce de cabaret joignant, bas et petit, où on met des relais qui ont donné le nom di Parada à cette tour. Il y a de Madrid au Pardo deux lieues, c'est-à-dire au moins comme de Paris à Versailles. Le chemin est assez longtemps agréable le long du Mançanarez en le remontant, et par ce qui fait le cours de Madrid.

La Sarçuela est un peu plus éloignée de Madrid. C'est une espèce de petit château, fort commun en dehors et en dedans, mais qui a une sorte de basse-cour et un jardin, mais dans un grand éloignement de toute autre habitation. La cour n'y alloit plus, mais Charles II quelquefois.

Le Pardillo est un Pavillon tout seul au milieu du vaste parc de l'Escurial, bon pour aller faire une collation, ou pour s'aller rafraîchir une heure ou deux après la chasse dans ce vaste parc, qui a beaucoup de fauve et de ces mauvais bois des Castilles.

De Balsaïm et de S. Ildephonse, je remets à en parler au voyage que j'y ai fait.

Pour varier et ne pas confondre, je placerai ici ce que je puis dire de quelques-uns de ceux qui viennent d'être nommés. Je dis quelques-uns, parce que tous n'en fournissent pas matière. J'ai parlé des grands d'Espagne à chacun de leurs articles, lorsqu'il s'est trouvé choses à en dire. Je viens maintenant à ceux qui ne le sont pas, et qui se trouvent dans la liste précédente de la maison du roi, que j'ai tous rangés à la suite du grand officier, grands et autres, de la charge duquel ils dépendent et sont subordonnés.

Don Gaspard Giron, le plus ancien des majordomes du roi de semaine, fut chargé de me recevoir, accompagner, faire servir par les officiers du roi, convier des seigneurs à dîner chez moi, et faire les honneurs de ma table et de ma maison, tant que je fus traité à mon arrivée, et je me suis depuis adressé à lui quand j'ai eu besoin de quelqu'un du palais pour ma curiosité particulière. Il étoit Acuña y Giron, c'est-à-dire de même maison que le marquis de Villena, duc d'Escalona, majordome-major, et de la branche du duc d'Ossone.

C'étoit un grand homme sec, noir, vieux, qui avoit été bien fait et galant, vif, quoique grave, salé en reparties et en plaisanteries, gai et très-poli, avec cela néanmoins la gravité du pays, et sentant en toutes ses manières sa haute naissance, mais avec aisance et sans rien de glorieux. Il faut cependant avouer que son premier aspect rappeloit tout à fait le souvenir de don Quichotte. C'étoit l'homme le plus rompu à la cour, qui savoit le mieux les anciennes et les nouvelles étiquettes, les rangs, les droits, les règles, les cérémonies, les personnages distingués ou principaux, les ressorts des fortunes et des chutes, avec de l'esprit et de la lecture, qui, tout discret qu'il fût, le rendoient d'une très-aimable et utile conversation. Il avoit passé sa vie dans un emploi qui le tenoit presque toujours dans le palais, où il avoit été témoin de près d'une infinité de choses importantes et curieuses, toujours au milieu de la cour, en tous lieux, et parmi tous les changements de ministère, plus employé qu'aucun des majordomes à recevoir les ambassadeurs distingués, les princes et les personnes les plus considérables qui venoient à Madrid, et que le roi vouloit honorer, M. le duc d'Orléans en particulier, au-devant duquel il fut envoyé avec les équipages du roi, et qu'il reçut et accompagna toutes les fois qu'il alla à Madrid. Ces fonctions continuelles lui avoient acquis une grande familiarité avec le roi et la reine, qui se plaisoient quelquefois à causer avec lui en particulier, et avec qui il étoit fort libre. Cela le faisoit compter par les courtisans les plus élevés, même par les ministres; et comme il passoit sa vie au milieu de la cour par des fonctions continuelles, il vivoit avec tout le monde avec beaucoup d'aisance et de familiarité. C'étoit un homme tout fait pour l'emploi qu'il exerçoit, et un répertoire vivant auquel le roi, les ministres, les seigneurs avoient recours avec confiance sur les difficultés qui survenoient sur le cérémonial, ou d'autres matières que son expérience dans ses fonctions et dans les choses de la cour lui avoit[1] apprises. C'étoit d'ailleurs un fort honnête

---

1. *Avoient*, au manuscrit.

-homme, homme d'honneur et de bien, d'une conduite sans reproche à l'égard de la cour, et quoique assez pauvre, désintéressé et point du tout avide de grâces. Je me suis souvent étonné comment il étoit demeuré ensablé dans un emploi qui sert de passage aux fortunes de toute espèce. Il y étoit si propre et si commode au roi, aux ministres qui s'en servoient et aux majordomes-majors pour l'exercice de leur charge, que j'ai toujours cru que c'est ce qui l'y avoit arrêté. Je l'ai donc beaucoup fréquenté, et j'en ai tiré des choses utiles et curieuses. Nous nous étions pris tous deux d'amitié.

Le marquis de Villagarcias étoit le second des majordomes. Il avoit moins d'esprit, de finesse dans l'esprit, mais un agrément, une bonté, une politesse extrême, et un desir d'obliger toujours prêt et prévenant. C'étoit aussi un homme de qualité, estimé et assez compté, qui avoit été destiné à l'ambassade de Portugal, qui n'eut pas lieu. Le duc de Liñarez, mari de la camarera-mayor de la reine douairière à Bayonne, étoit mort au Mexique, dont il étoit vice-roi, quelque temps avant que j'arrivasse en Espagne; et peu avant que j'en partisse Villagarcias fut nommé pour lui succéder, ce qui fut pour lui une grande fortune, dont je remarquai que toute la cour fut bien aise.

Cucurani étoit un Italien raffiné, appliqué, instruit, glorieux, ambitieux, particulier, qui n'avoit la confiance de personne. Il étoit gendre de la nourrice de la reine, qui étoit aussi azafata, et il espéroit tout par là. Il avoit de l'esprit et du manége. Depuis mon retour, assez tôt, il obtint une ambassade dans le Nord.

Villafranca, si différent en tout du grand d'Espagne, et qui sans lui appartenir en rien portoit le même titre (j'expliquerai ce terme après), étoit un vieil homme renfermé, qui ne paroissoit que pour ses fonctions, glorieux et ridicule. Je ne sais plus à quelle occasion de bonnes fêtes[1], de jour de naissance ou de baptême de l'infant

1. Voyez tome VI, p. 33 et note 1.

don Philippe, les ambassadeurs qui étoient à Madrid allèrent ensemble complimenter le roi, la reine, le prince et la princesse des Asturies. Les ambassadeurs d'Angleterre, de Venise et de Hollande, Maulevrier et moi, étions avec le nonce, qui portoit la parole, et ce que chacun avoit amené de principal de chez soi nous accompagnoit. Arrivés au palais, l'introducteur se fit attendre une demi-heure au delà de l'heure qu'il avoit marquée, car à ces sortes de compliments, il n'y a que l'introducteur des ambassadeurs, à la différence de l'entrée et de la première audience de cérémonie. Le nonce fut choqué d'attendre, et lui en dit son avis. Sans prendre la peine de répondre, il alla gratter à la porte du cabinet des Miroirs, et nous introduisit tout de suite. En sortant, le nonce, encore plus choqué de ce procédé, lui en lâcha des lardons, auxquels l'introducteur répondit avec impertinence. Le nonce, pour lui marquer son mépris, dédaigna de se fâcher, et avec un sourire nous demanda ce que nous en pensions. Nous ne pûmes alors éviter d'en dire chacun notre mot. L'introducteur, piqué, voulut se rebecquer; le nonce alors se moqua de lui tout franchement, lui dit qu'il nous faisoit sentir qu'il étoit de méchante humeur, et le brocarda tant et si bien, chemin faisant, que l'introducteur lui répondit enfin, après avoir assez grommelé entre ses dents, qu'il voyoit bien qu'il feroit mieux de nous laisser faire nos visites, et nous quitta : on s'en moqua de lui un peu davantage. Nous continuâmes sans lui toute notre tournée, mais nous ne voulûmes pas en porter de plaintes. C'étoit un pauvre bonhomme très-dépourvu d'esprit et de sens, fort incapable de son emploi, quoique des plus légers, et compté pour rien par tout le monde.

Hyghens, premier médecin, étoit Irlandois, docteur en plusieurs universités et en celle de Montpellier, d'où il étoit passé en Espagne médecin des armées. On y fut si content de sa conduite et de sa capacité que le roi d'Espagne le fit son premier médecin, et avoit en lui beaucoup de confiance et plus que la reine n'auroit voulu, quoique elle le traitât fort bien. Mais elle ne souffroit pas volontiers d'autres gens que donnés de sa main pour cet intérieur si assidu et si intime, et auroit désiré cette place à son premier médecin Servi, qui étoit de son pays, de son choix, et qui lui étoit entièrement livré. Elle en vint à bout, en effet, quelques années après mon retour que Hyghens mourut.

Cet Irlandois, qui parloit parfaitement françois, étoit un excellent médecin, qui, sans entêtement ni attachement de médecin, ne vouloit que guérir son malade avec une grande application. J'en fis une heureuse expérience à ma petite vérole, dont les détails, qui pourroient instruire des médecins de bonne foi, seroient ici étrangers. Son caractère ouvert mais discret, doux mais ferme, montroit sans la plus légère affectation une belle âme, toujours occupée du bien, sans nul autre intérêt quelconque, quoique il aimât sa famille, qui étoit assez nombreuse, et de plus détaché de toute ambition, voyant de très-près les intrigues, sans y vouloir jamais entrer, disant très-nettement le vrai au roi sur sa santé, et le lui disant de même et à la reine, quand l'un ou l'autre l'en mettoient à portée, sur d'autres matières, mais sans s'avancer jamais sur aucune, et parlant toujours avec grande discrétion et grand éloignement de nuire à personne. Aussi étoit-il fort aimé et considéré. Il avoit l'esprit juste, agréable, modeste, avoit beaucoup de belles-lettres et savoit bien l'histoire, surtout il connoissoit bien les maîtres et la cour, et passoit pour un grand et sage médecin, et pour le seul même en Espagne qui méritât le nom de médecin. Il possédoit très-bien la chirurgie, et avoit souvent fait d'heureuses opérations, bon botaniste, bon artiste, connoissoit bien les simples et les remèdes, dont il savoit faire usage, et la composition des médicaments comme le meilleur apothicaire et comme un bon chimiste. Tant de bonnes qualités étoient relevées par une piété sage, éclairée et vraie, qui n'étoit que pour lui, et qui n'incommodoit personne que par le frein qu'elle mettoit à sa langue, plus souvent que n'auroient voulu ceux qui étoient à portée avec lui de l'entretenir librement. Sa conversation m'a été d'un grand secours et m'a instruit de bien des choses. Il aimoit son pays, ses compatriotes avec tendresse, et avoit le plus vif attachement pour le roi Jacques, et pour tout ce qui étoit de son parti. La sagesse le retenoit, à cet égard, dans les plus justes bornes, à l'extérieur; mais quand il se trouvoit en liberté avec des amis, ce feu de patrie lui échappoit, et bienfaisant pour tout le monde, il ne se possédoit pas d'aise quand il pouvoit rendre quelque service à quelque jacobite. J'eus tout loisir de le connoître pendant six semaines qu'il ne bougea d'auprès de moi.

Sa candeur, sa probité, ses soins me gagnèrent, son esprit me plut, nous prîmes grand' amitié l'un pour l'autre. Je dus la sienne, à ce que je crois, au penchant qu'il sonda et qu'il trouva en moi pour le roi Jacques. Je le trouvai si sage et si discret que je ne me cachois point de lui, sans toutefois lui rien dissimuler sur les liens de notre cour à cet égard, et sur mon impuissance. Je lui expliquai même les ordres précis que j'avois là-dessus, et d'éviter le duc d'Ormond, qu'il mouroit d'envie que j'entretinsse. J'y consentis, à condition que ce seroit sous le plus grand secret, à notre retour à Madrid; que le duc d'Ormond se rendroit chez lui, m'y attendroit sans pas un de ses gens dans la maison, se tiendroit dans un cabinet séparé; qu'averti par Hyghens, j'irois à l'heure marquée lui faire visite, je le trouverois seul, et qu'après que mes gens seroient retirés, je passerois dans le cabinet où seroit le duc d'Ormond; qu'après la conversation, je le laisserois dans ce cabinet et reviendrois dans la chambre d'Hyghens, d'où je m'en irois comme ayant fini ma visite; que le duc d'Ormond ne se retireroit que quelque temps après; qu'au palais ni ailleurs, nous ne nous approcherions point l'un de l'autre, et que nous nous saluerions avec la civilité que nous nous devions, mais avec froideur et indifférence marquée. Pour le dire tout de suite, cela s'exécuta de la sorte plusieurs fois chez Hyghens, sans que personne s'en soit jamais aperçu, et notre froideur, si marquée ailleurs, nous donnoit quelquefois envie de rire.

Je trouvai dans le duc d'Ormond toute la grandeur d'âme que nul revers de fortune ne pouvoit altérer, la noblesse et le courage d'un grand seigneur, la fidélité la plus à toute épreuve, et l'attachement le plus entier au roi Jacques et à son parti, malgré les traverses qu'il en avoit essuyées, et auxquelles il étoit tout prêt de s'exposer de nouveau dès qu'il pourroit en espérer le plus léger succès pour les affaires d'un prince si malheureux. D'ailleurs, je trouvai si peu d'esprit et de ressources que j'en fus doublement affligé pour le roi Jacques et son parti, et pour le personnel d'un seigneur si brave, si affectionné et si parfaitement honnête homme. Je ne lui dissimulai non plus que j'avois fait à Hyghens les chaînes de notre cour, et mon impuissance à cet égard, de sorte que nos entretiens, où il me confia aussi ses déplaisirs sur les méprises du roi Jacques et les divisions de son parti, n'aboutirent qu'à des regrets communs et à des espérances bien frêles et bien éloignées.

Le Gendre étoit très-bon chirurgien ; le roi l'aimoit, et la reine aussi, parce qu'elle n'avoit personne en main pour le remplacer. C'étoit d'ailleurs un drôle hardi, souple, intéressé, qui se faisoit compter, et qui, tant qu'il pouvoit, se mêloit de plus que de son métier, mais sagement et sans y paroître.

Ricœur étoit plus en sa place, aimé, estimé, bien avec le roi et la reine, capable dans son métier, obligeant, bienfaisant, fort françois, qui n'étoit pas sans intérêt et sans songer à ses affaires, mais sans intéresser l'honnête homme, et qui longtemps après mon retour, voyant Hyghens mort et la Roche aussi, auxquels il étoit fort attaché, Servi à la place d'Hyghens, et le Gendre ayant l'estampille qu'avoit la Roche, obtint à toute peine de se retirer, et vint mourir en France, où il vécut, en effet, en homme de bien et fort dans la retraite. Je n'eus point de commerce que d'honnêteté avec ces deux derniers, qui ne pouvoient pas m'être d'un grand usage.

Le marquis del Surco étoit un Milanois de fortune, fin, délié, de beaucoup d'esprit et de jugement, grand et bien fait, qui avoit été à Milan capitaine des gardes du prince de Vaudemont, et depuis, son espion en Espagne, par conséquent impérial fort dangereux, homme de beaucoup de manége et d'intrigue, et dont la corruption du cœur et de l'ambition avoit beaucoup profité à l'école d'un si bon maître, et si heureux en ce genre. Un extérieur froid, mesuré cachoit ses sourdes menées, toujours bas valet de qui pouvoit le plus, et ne faisant jamais sans vues le pas en apparence le plus indifférent. Sa souplesse, son intrigue, les voiles épais dont il savoit se couvrir, une ambition en apparence tranquille, en effet la plus active et la plus infatigable, une dévotion de commande, une connoissance parfaite de ceux à qui il avoit affaire, une grande adresse à savoir leur plaire, les gagner, s'en servir, le porta à la place de sous-gouverneur du prince des Asturies, et, ce qui scandalisa toute la cour, à la clef de gentilhomme de la chambre du roi. Sa femme, faite exprès pour lui, grande, bien faite comme lui, et de bon air, qu'il avoit bien dressée, avoit aussi beaucoup d'esprit et d'intrigue, et elle étoit ainsi arrivée par la cabale italienne, dont je parlerai en son temps, a être señora de honor de la reine et assez bien avec elle, de façon qu'il se pouvoit dire qu'en gouverneur et en sous-gouverneur du prince des Asturies, quoique chacun en son genre, il eût été difficile de choisir deux plus insignes et plus dangereux fripons, et plus radicalement incapables de donner la moindre éducation à un prince, tous deux aussi malhonnêtes gens l'un que l'autre, tous deux pleins d'art, d'esprit et de vues, mais del Surco plus encore que le Popoli, et moins affiché que lui pour ce qu'ils étoient l'un et l'autre. Ils se connoissoient bien tous deux, par conséquent, ne s'aimoient ni ne s'estimoient; mais ils sentoient tous deux qu'il étoit de leur intérêt de ne se pas brouiller et d'avoir l'air de s'entendre, et leur intérêt étoit leur maître absolu. Je reçus peu de civilités de Surco, sous prétexte de l'attachement de sa charge, mais beaucoup de sa femme, dont les manières étoient très-aimables, ce que n'avoit pas son mari, dont le dedans, à l'esprit près, et le dehors me rappelèrent souvent M. d'O, dont del Surco avoit aussi l'impertinente importance, car pour le Saumery, il n'en avoit que la corruption, et d'ailleurs n'alloit pas à la cheville du pied de Surco.

Valouse, gentilhomme d'assez bon lieu du comtat d'Avignon, élevé page de la petite écurie, produit par du Mont au duc de Beauvillier pour être écuyer de M. le duc d'Anjou, parce qu'il étoit bon homme de cheval, sage et de bonnes mœurs, suivit ce prince en Espagne, et y devint un des fréquents exemples qu'avec de la sagesse et de la conduite on fait fortune dans les cours sans avoir aucun esprit. Il fit son capital de s'attacher au roi, à ses supérieurs, de ne se mêler d'aucune intrigue, de ne donner d'ombrage à personne, d'être réservé en tout, et appliqué à son emploi, souple à qui gouvernoit, avec indifférence dans tous les changements, appliqué à plaire au roi, et aux deux reines l'une après l'autre, point répandu dans la cour, sous prétexte de l'assiduité de ses fonctions; bien avec tout le monde, sans nulles liaisons particulières, et inutile à tout par le non-usage, de résolution prise, de sa faveur pour qui que ce fût; d'ailleurs aussi ne nuisant à personne. Il fut bientôt majordome de semaine, puis premier écuyer après le duc del Arco, et totalement dans sa main, et vivant sous lui grand écuyer comme sous son maître, dont il étoit fort bien traité; il poussa enfin, longtemps après mon retour, jusqu'à être chevalier de la Toison d'or, et mourut comme il avoit vécu sans s'être marié et sans avoir amassé beaucoup de bien, dont il ne se soucia pas.

Je l'avois connu dans la jeunesse des princes, je le retrouvai tel que je l'avois laissé. J'en reçus toutes sortes de prévenances; je lui fis aussi toutes sortes de politesses, mais sans particulier, sans liaison, qu'il ne souhaitoit pas et qui m'auroit été fort inutile. Il obtint aussi une clef de gentilhomme de la chambre, et fut préféré pour être de service au rare défaut du marquis de Santa-Cruz et du duc del Arco, mais cela longtemps aussi depuis mon retour.

Hersent étoit fils d'un homme de qui j'ai parlé à l'occasion du départ de Versailles de Philippe V. Il ressembloit à son père pour l'honneur et la probité, mais non pour la liberté, la familiarité, la confiance du roi, et une sorte d'autorité qu'il avoit usurpée, que nul autre que les ministres ne lui envioit[1], parce qu'elle étoit utile au bien et à tous, et qu'il ne se méconnoissoit point. Le fils n'en avoit ni l'esprit ni le crédit, ni la considération, quoique sur un pied d'estime, et mêlé et fort bien avec tout le monde, en se tenant pourtant assez dans les mesures de son état. J'en reçus toutes sortes d'attentions, mais je n'en tirai pas grand fruit.

Le cardinal Borgia revint de Rome à Lerma, pendant ma petite vérole, du conclave où le cardinal Conti avoit été élu. C'étoit un grand homme de bonne mine, oncle paternel du duc de Gandie, et neveu d'un autre cardinal Borgia aussi patriarche des Indes. Son adieu au cardinal de Conti, frère du Pape, le caractérisera mieux que tout ce que j'en pourrois dire. Parmi les compliments de regrets réciproques de leur séparation, Borgia dit à Conti que tout ce qui le consoloit étoit l'espérance du plaisir de le revoir bientôt, et que dans peu un autre conclave le rappelleroit à Rome. On peut juger comment le frère du Pape trouva ce compliment bien tourné. Borgia étoit un très-bon homme qui n'avoit pas le sens commun, et dont sa famille et le défaut de sujets ecclésiastiques avoit fait

---

1. *Envioient*, au manuscrit.

la fortune. La difficulté de la main nous empêcha de nous visiter; mais force civilités au palais et partout où nous nous rencontrions, et quelquefois des envois de compliments de l'un chez l'autre. Son rang et sa charge lui attiroient quelque sorte de considération; mais de sa personne il étoit compté pour rien. Le roi et la reine l'aimoient assez, et ne se contraignoient point de s'en moquer.

On a vu en son lieu le temps et la façon dont le roi d'Espagne se forma une garde, le premier de tous ses prédécesseurs, et ce qui se passa en cette occasion. La copie de celle du Roi, son grand-père, en fut si fidèle que ce seul mot instruit de sa composition, de son service, de son uniforme, en sorte qu'à voir cette garde on se croyoit à Versailles. Il en étoit de même dans les appartements à l'égard des garçons du palais et des garçons tapissiers, quoique en bien plus petit nombre que les garçons du château et les tapissiers à Versailles, où on s'y croyoit aussi à les voir et leur service. Il en étoit de même pour la livrée du roi, de la reine et de la princesse des Asturies; et tous les services des compagnies des gardes du corps et des régiments des gardes, de leurs capitaines, de leurs colonels, de leurs officiers entièrement semblables à ceux d'ici, sinon qu'il n'y a que trois compagnies des gardes du corps, dont les capitaines et le guet servent par quatre mois chacun, au lieu de trois ici, où il y a quatre compagnies.

Armendariz, lieutenant général assez distingué, étoit lieutenant-colonel du régiment des gardes espagnoles. C'étoit un homme d'esprit, remuant, insinuant, intrigant, impatient de l'état subalterne, qui avoit ses amis et son crédit, et que le marquis d'Ayétone étoit importuné de trouver assez souvent sur son chemin dans les détails et sur les grâces à répandre dans le régiment. Mais l'extérieur étoit gardé entre eux, et j'ai souvent trouvé Armendariz, chez le marquis d'Ayétone, d'un air assez libre quoique respectueux. Il étoit fort poli, agréable en conversation, bien reçu partout, assez souvent chez moi. Il avoit de la réputation à la guerre; on prétendoit qu'il ne falloit pas se fier à lui ailleurs. Avant mon départ, il fut nommé pour succéder au marquis de Valero, sur le point de revenir de sa vice-royauté du Pérou, qui se trouva fait duc d'Arion et grand d'Espagne en arrivant à Madrid.

Il ne faut pas aller plus loin sans dire un mot de ce qui est connu en Espagne sous le nom de *titolados*. Ce sont les marquis et les comtes qui ne sont point grands. La plaie françoise a gagné l'Espagne sur ce point, mais d'une manière encore plus fâcheuse, en ce que ce n'est pas simple licence comme ici, et, dès là, facile à réformer quand il plaira au Roi de le vouloir; mais en Espagne, c'est concession du roi en lettres-patentes enregistrées au conseil de Castille ou d'Aragon sur une terre, et dès là érection, ou sans terre sur le simple nom de celui que le roi veut favoriser d'un titre de marquis ou de comte, tellement que, quelque infimes qu'ils soient en grand nombre, tels que le marchand Robin, directeur de la conduite de Maulevrier, et le directeur de la vente du tabac à Madrid,   [1], tous deux faits comtes peu avant mon arrivée en Espagne, et comme quantité d'autres qui ne valent pas mieux, ces gens-là sont véritablement marquis et comtes, et quels qu'ils soient d'eux-mêmes, ils y sont fondés en titre qui ne peut leur être disputé, au lieu qu'en France, qui veut se faire annoncer marquis ou comte, le devient aussitôt pour tout le monde, qui en rit, mais qui l'y appelle, sans autre droit ni titre que l'impudence de se l'être donné à soi-même. Ainsi en Espagne comme en France, tout est plein de marquis et de comtes les uns de qualité, grande ou moindre, les autres, canailles ou peu s'en faut, pour la plupart, ceux d'ici, de pure usurpation de titre, ceux d'Espagne, de concession de titre. Mais cette concession

1. Ce blanc laissé par Saint-Simon était destiné au nom du directeur de la vente du tabac.

ne les mène pas loin. Ces titres ne donnent aucun rang, et depuis qu'il n'y a plus d'étiquette et de distinction de pièces chez le roi pour y attendre, ces *titolados* ne jouissent d'aucune distinction. Les marquis et les comtes de qualité sont honorés et considérés de tout le monde, selon leur naissance, leur âge, leur mérite, leurs emplois, comme le sont aussi les gens de qualité qui n'ont point ces titres, et qu'on appelle don Diègue un tel, etc., et ces autres marquis et comtes en détrempe sont méprisés autant et plus que s'ils ne l'étoient pas, et en cela, ils font mieux que nous ne faisons en France.

Il faut pourtant dire que ces *titolados* peuvent avoir un dais chez eux, mais toujours avec un grand portrait du roi d'Espagne dessous, qui est la différence du dais des grands d'Espagne, qui n'ont jamais de portrait du roi dessous, mais des ornements de broderie ou leurs armes, ou rien du tout dans la queue, et toute unie comme il leur plaît. Ces dais avec le portrait du roi descendent, s'il se peut, encore davantage. Hyghens en avoit un ainsi comme premier médecin, que j'y ai vu plusieurs fois, et j'y appris qu'il étoit commun à d'autres fort petites charges; mais toutefois n'a pas un dais avec le portrait du roi, sans titre et droit de l'avoir, mais le portrait du roi qui veut, chez soi et comme il veut, sans dais.

Cette matière me conduit à celle de l'*Excellence*. On ne se licencie plus de la refuser sous aucun prétexte, comme on faisoit autrefois sous prétexte de familiarité et de liberté, par des gens fâchés de ne l'avoir pas eux-mêmes. Je ne sais comment cet abus s'est enfin aboli; mais entre grands ou autres qui ont l'Excellence, il arrive quelquefois qu'ils se tutoient et s'appellent par leurs seuls noms de baptême, par familiarité, et non pour éviter ce qu'ils se doivent réciproquement. L'Excellence, autrefois réservée aux grands et aux ambassadeurs étrangers, s'est peu à peu infiniment étendue. Les fils aînés des grands, les successeurs immédiats à une grandesse, les vice-rois et les gouverneurs de provinces, les capitaines généraux et les conseillers d'État, les chevaliers de la Toison d'or, ceux que le roi d'Espagne nomme à une ambassade, même le cas arrivant qu'ils n'y aillent pas, et le marquis de Villagarcias dont j'ai parlé naguère l'avoit acquise de cette sorte, à plus forte raison ceux qui ont été ambassadeurs, enfin le gouverneur du conseil de Castille, tous ceux-là, et leurs femmes, ont l'Excellence, tellement, qu'il importe fort de savoir à qui on parle pour ne pas offenser ceux qui l'ont à qui on ne la donneroit pas, et peut-être davantage ceux à qui on la donneroit et à qui on ne la devroit pas.

C'est la méprise qui m'arriva, dont je fus fâché après, mais qui auroit pu être plus désagréable. Ce fut à Lerma, au sortir de la cérémonie du mariage du prince et de la princesse des Asturies, à la fin de laquelle je venois d'être déclaré grand d'Espagne de la première classe conjointement avec mon second fils, et l'aîné déclaré chevalier de la Toison d'or. Je venois d'être accablé des compliments de toute la cour. Ma journée, qui avoit commencé de bon matin, étoit loin d'être finie, et moi sortant de maladie, fort fatigué. Je profitai donc d'un tabouret qui se rencontra dans une des premières salles, ayant autour de moi ce que j'avois mené de plus considérable. Je me reposois de la sorte, lorsqu'un jeune [homme] bien fait, un peu noir, s'en vint me faire des compliments empressés et fort polis, avec un air de respect et de déférence. Je crus le connoître parfaitement ; je me levai, lui répondis sur le même ton, je multipliai mes remerciements, et je l'accablai d'*Excellence*. Il eut beau me témoigner sa honte de me voir debout pour lui, je pris cela pour un raffinement de politesse, je n'avois garde de me rasseoir, n'ayant pas d'autre siége à lui présenter, enfin il s'en alla pour [me[1]] laisser rasseoir. Dès qu'il

---

1. Saint-Simon a écrit *le*, pour *me*.

fut retiré, l'abbé de Saint-Simon me demanda quel plaisir je prenois à confondre ce pauvre garçon qui me venoit marquer son respect et sa joie, et à l'accabler d'*Excellence* et de moqueries. Surpris à mon tour, je lui demandai si je pouvois en user autrement avec le marquis de Cogolludo, fils aîné du duc de Medina Celi. « Le marquis de Cogolludo! reprit l'abbé; mais vous n'y songez pas, c'est   ,[1] le fils de Mme de Plénœuf, dont l'embarras nous a fait pitié. » En effet, c'étoit lui-même. La Fare l'avoit amené avec lui, comme je partois de Madrid pour Lerma. Je n'avois fait qu'entrevoir ce jeune homme lorsqu'il me le présenta, et je ne l'avois ni vu ni rencontré depuis, séparé jusqu'à la veille de ce jour-là par la petite vérole. Ils se mirent tous à rire et à se moquer de moi ; mais ils convinrent tous qu'il ressembloit beaucoup au marquis de Cogolludo. De lui faire des excuses de l'avoir trop bien traité, il n'y avoit pas moyen ; de lui laisser penser que je m'étois moqué de lui, étoit encore pis : l'expédient fut d'en faire le conte à La Fare.

Venons maintenant à la maison de la reine d'Espagne.

MAISON DE LA REINE.

Majordome-major.

Le marquis de Santa-Cruz.

Je ne parlerai point des trois majordomes de semaine, dont Magny en étoit un.

Premier médecin.

M. Servi.

J'ai parlé de lui il n'y a pas longtemps.

Camerera-mayor.

La comtesse douairière d'Altamire, Angela Folch de Cardonne et Aragon.

Dames du palais.

La princesse de Robecque.

---

1. Encore un blanc destiné à un nom propre.

La duchesse de Saint-Pierre.
La princesse de Pettorano.
La comtesse de Taboada.

Señoras de honor.

M˙˙˙ Rodrigo.   Albiville.
     Carillo.   Monteher.
     Nievès.   O'Calogan.
     Del Surco.   Cucurani.
     Riscal d'Alègre.

Azafata.

Donna Laura Piscatori, nourrice de la reine.

Confesseur.

Don Domingo Guerra.

Grand écuyer.

Le duc de Giovenazzo, c'est-à-dire notre prince de Cellamare.

Premier écuyer.

Marquis de Saint-Jean, et son fils en survivance.

 La comtesse d'Altamire étoit fille du sixième duc de Ségorbe et de Cardonne. Son mari mourut en 1698, étant ambassadeur d'Espagne à Rome. Elle étoit mère du comte d'Altamire et du duc de Najara, et belle-mère du comte de S. Estevan de Gormaz. On a vu ailleurs dans quelle union elle, le marquis de Villena et le marquis de Bedmar et leurs enfants vivoient ensemble, ce qui redoubloit leur considération. Cette comtesse d'Altamire étoit une des plus grandes dames d'Espagne, en tout genre, d'une grande vertu et de beaucoup de piété. Avec un esprit qui n'étoit pas supérieur, elle avoit toujours su se faire respecter par sa conduite et son maintien, et personne n'étoit plus comptée[1] qu'elle par la cour, par les ministres successifs, par le roi et la reine mêmes. Elle fut d'abord camarera-mayor, après l'expulsion de la princesse des

---

1. Ce participe est bien au féminin.

Ursins, et toujours également bien avec la reine, et sur un grand pied de considération. Elle faisoit fort assidûment sa charge et fort absolument, toutefois poliment avec les dames, mais dont pas une n'eût osé lui manquer, ni branler seulement devant elle. Elle étoit petite, laide, malfaite, avoit environ soixante ans et en paroissoit bien soixante-quinze. Avec cela, un air de grandeur et une gravité qui imposoit. J'allois quelquefois la voir. Elle étoit toujours sur un carreau, au fond de sa chambre; des dames sur des carreaux ou des siéges, comme elles vouloient; on me donnoit un fauteuil vis-à-vis d'elle. Je la trouvai une fois seule, elle ne savoit pas un mot de françois ni moi d'espagnol, de manière que nous nous parlâmes toujours sans nous entendre que par les gestes; elle en sourioit parfois et moi aussi. J'abrégeai fort cette visite.

J'ai parlé ailleurs de la princesse de Robecque, de la duchesse de Saint-Pierre, et de la princesse de Pettorano. La comtesse de Taboada n'étoit point laide, et ne manquoit pas d'esprit ni de vivacité; j'ai parlé de son mari et de son beau-père le comte de Maceda, grand d'Espagne.

Parmi les señoras de honor, il y en avoit plusieurs qui avoient de l'esprit et du mérite. La femme de Sartine, qui avoient été cameriste et bien avec la reine, la devint à la fin. Mme de Nièves, très-bien avec la reine, étoit gouvernante de l'infante, et vint et demeura à Paris avec elle, et s'en retourna aussi avec elle. On lui trouva en ce pays de l'esprit, du sens et de la raison; je ne sais si cela fut réciproque. Mme de Riscal d'Alègre étoit une femme bien faite, qui avoit beaucoup de mérite, qui étoit considérée, et qui auroit été fort propre à bien élever une princesse. Mme d'Albiville étoit une Irlandoise âgée, qui méritoit aussi sa considération. Le mérite de Mme de Cucurani étoit d'être fille de l'azafata, qui étoit Parmesane, nourrice de la reine, et qui, toute grossière paysanne qu'elle étoit née et qu'elle étoit encore, conservoit un grand ascendant sur la reine, étoit la seule qui, par l'économie des journées, pouvoit chaque jour lui dire quelque mot tête à tête, et qui avoit assez d'esprit pour avoir des vues, et les savoir conduire. Enfin ce fut elle qui fit chasser le cardinal Alberoni, dont on ne seroit jamais venu à bout sans elle. Comme elle étoit extraordinairement intéressée, il y avoit des moyens sûrs de s'en servir. D'ailleurs elle n'étoit point méchante. Pour son mari, ce n'étoit qu'un paysan enrichi, dont on ne pouvoit rien faire, et qui n'étoit souffert que par l'appui de sa femme. Mais celle-ci étoit redoutée et ménagée par les ministres et par toute la cour.

Don Domingo Guerra, confesseur de la reine, n'étoit rien ni de rien lorsque j'étois en Espagne. Il étoit frère de don Michel Guerra, de qui je parlerai bientôt, et n'en tenoit pas la moindre chose. Le plus plat habitué de paroisse auroit paru un aigle en comparaison de ce confesseur. Il n'est pas de mon sujet de parler d'un peu de crédit qu'il eut assez longtemps depuis mon retour, qui n'en fit qu'un abbé commandataire de Saint-Ildephonse et un évêque *in partibus*, quoique il l'eût enflé jusqu[à] penser au cardinalat, et à se croire un personnage, mais avec qui personne n'eut à compter.

Les deux Saint-Jean, père et fils, étoient d'espèce à donner de la surprise de les voir premiers écuyers de la reine. Je n'ai point su par où elle les prit en si grande amitié, qui, du temps que j'étois en Espagne, étoit déjà fort marquée. C'étoient des gens cachés, mesurés, respectueux avec tout le monde, qui se produisoient peu, qui ne faisoient nulle montre de leur faveur, qui ne vouloient être mal avec personne, ni liés avec aucun. Sages dans leur conduite, ils ne donnoient aucune prise. Comme ils ne vouloient faire que pour eux et rien pour personne, pour mieux ménager leur crédit pour eux, éviter l'envie et cacher leurs vues, ils s'enveloppoient de modestie et d'impuissance, et ne servoient et ne desservoient personne. Le père avoit bien commencé; le fils, qui avoit plus d'esprit et de montant, et longtemps depuis mon retour, on fut subitement épouvanté de le voir tout d'un coup grand écuyer de la reine et grand d'Espagne.

J'ai expliqué avec assez de détail les fonctions de toutes ces charges, p [1], [pour] que je n'ai[e] rien à y ajouter, sinon que les trois capitaines des gardes du corps et les colonels des deux régiments des gardes prêtent serment entre les mains du roi. Ce sont les seuls dont le roi même le reçoit, et ces charges et ces gardes sont aussi d'établissement nouveau.

On a vu plus haut de quelles personnes furent formées les maisons du prince et de la princesse des Asturies, lorsque j'ai parlé de cet établissement. Je n'ai donc rien à y ajouter, sinon que leurs fonctions chez le prince et la princesse sont pareilles à celles que les mêmes charges ont chez le roi et chez la reine. L'âge alors si tendre des infants me dispensera de parler des personnes employées auprès d'eux. Del Surco et Salazar, major des gardes du corps, lieutenant général et homme d'esprit et de qualité, furent dans la suite gouverneurs chacun d'un. Je le dis pour la singularité de cette fortune pour un homme tel que le Surco, et pour celle du soupçon peut-être mal fondé, mais reçu comme certain par tout le monde, que le Salazar avoit empoisonné sa femme, comme le duc de Popoli avoit fait la sienne, ce qui fit dire à la cour qu'avoir empoisonné sa femme étoit une condition nécessaire pour arriver à l'honneur et à la confiance d'être gouverneur des infants.

1. Pages 474-478 de notre tome II.

CHAPITRE III.

Miraval, gouverneur du conseil de Castille; son caractère. — Caractère du grand inquisiteur. — Conseils. — Deux marquis de Campoflorido extrêmement différents à ne pas les confondre. — Archevêque de Tolède; constitution; Inquisition. — Le nonce ni les évêques n'ont point l'Excellence; premier et unique exemple en faveur de l'archevêque de Tolède, de mon temps. — Conseillers et conseil d'État nuls; ce qu'ils étoient. — Don Michel et don Domingo Guerra; leur fortune et leur caractère. — Fortune et caractère du marquis de Grimaldo et de sa femme. — Riperda. — Fortune et caractère du marquis de Castellar et de sa femme. — Jalousie du P. d'Aubanton du P. d'Aubrusselle; caractère de ce dernier. — Jésuites tous-puissants, mais tous ignorants en Espagne, et pourquoi. — Fortune et caractère du chevalier Bourck. — Caractère et fortune du nonce Aldobrandini en Espagne. — Caractère et fortune du colonel Stanhope, ambassadeur d'Angleterre en Espagne. — Bragadino, ambassadeur de Venise en Espagne; l'ambassadeur d'Hollande; ambassadeurs de Malte traités en sujets en Espagne. — Guzman, envoyé de Portugal. — Caractère de Maulevrier. — Duc d'Ormond; son caractère, sa situation en Espagne. — Marquis de Rivas, jadis Ubilla; sa triste situation en Espagne; je le visite.

Venons maintenant aux conseils, que je trouvai et que je laissai dans un grand délabrement, pour ce qui regardoit les conseils particuliers.

Le marquis de Miraval étoit gouverneur du conseil de Castille. C'étoit un homme de médiocre naissance, qui avoit été ambassadeur d'Espagne en Hollande, et qui en fut rappelé pour occuper cette grande place, dont il n'étoit pas incapable. Il étoit doux, poli, accessible, équitable. Son esprit toutefois n'étoit pas transcendant, et son inclination étoit autrichienne. La cabale italienne, à laquelle il étoit étroitement lié, l'avoit porté par la reine à cette grande place. C'étoit un grand homme fort bien fait, qui avoit l'attention polie de n'aller presque jamais en carrosse que ses rideaux à demi tirés, pour ne faire arrêter personne.

Don Fr. Camargo, ancien évêque de Pampelune, étoit

inquisiteur général ou grand inquisiteur. Je n'ai jamais vu homme si maigre ni de visage si affilé. Il ne manquoit point d'esprit; il étoit doux et modeste. On eût beaucoup gagné que l'Inquisition eût été comme lui.

Le comte de Campoflorido étoit président du conseil des finances, où il ne faisoit rien depuis longtemps qu'une longue maladie le conduisit au tombeau, depuis mon arrivée en Espagne : l'ancien de ce conseil le gouverna pendant tout mon séjour, avec le trésorier général, desquels je n'entendis point parler.

La présidence du conseil des Indes et de celui de la marine vaquoit pendant que j'étois en Espagne; les doyens obscurs de ces conseils les conduisoient. La présidence de celui des Indes fut donnée, après mon départ, au marquis de Valero, à son arrivée de la vice-royauté du Pérou, avec la grandesse et le titre de duc d'Arion.

Le marquis de Bedmar étoit président du conseil des ordres et du conseil de guerre. La première[1] étoit sérieuse, donnoit quelque travail, du crédit et de la considération. L'autre étoit tombée à n'être plus qu'un nom.

A l'égard du conseil d'Italie et de celui des Pays-Bas, ils étoient tombés par le démembrement de ces pays de la domination d'Espagne, et passés sous celle de l'Empereur.

J'ai oublié d'avertir qu'il ne faut pas confondre le Campoflorido, dont je viens de parler, avec le marquis de Campoflorido, capitaine général du royaume de Valence, lorsque j'étois en Espagne. Celui-ci étoit un fin et adroit Sicilien qui s'étoit acquis la protection de la reine par le mariage de son fils avec la fille aînée de donna Laura Piscatori, nourrice et azafata de la reine, qui, contre tous les usages d'Espagne, le maintint quinze ou seize ans dans la place de capitaine général du royaume de Valence,

---

1. La première de ces deux présidences.

qu'il gouverna en effet fort sagement. Il en sortit par
être fait grand d'Espagne, et vint après ici ambassadeur
d'Espagne, où chacun a pu juger de son esprit, et qu'il
a été peut-être le seul bon ambassadeur qu'on ait vu ici
envoyé par l'Espagne, depuis don Patricio Laullez.

Il y avoit déjà plus d'un règne que les archevêques de
Tolède, chanceliers de Castille par leur siége, en avoient
perdu toute fonction et toute mémoire, et qu'ils étoient
réduits au pur ecclésiastique, sans plus avoir aucune
autre prétention. Diego d'Astorga y Cespedes l'étoit pendant
que j'étois en Espagne. Né en 1666, il fut inquisiteur
de Murcie, évêque de Barcelone en décembre 1715,
grand inquisiteur d'Espagne en 1720, et en mars suivant
archevêque de Tolède, en quittant la place de grand
inquisiteur, enfin cardinal par la nomination du roi
d'Espagne, en novembre 1727.

On a vu ici, p.   [1], ce que j'ai dit de ce prélat, et la
confiance avec laquelle il me parla contre la constitution
Unigenitus, le despotisme des papes et de l'Inquisition en
Espagne et dans tous les pays d'Inquisition, qui ne laissoient
aucune autorité ni liberté aux évêques, qu'ils faisoient
trembler, qui étoient réduits aux simples fonctions
manuelles, et qui, bien loin d'oser juger de la foi, n'auroient
pas même hasardé de recevoir la constitution *Unigenitus*
sans risquer d'être envoyés par l'Inquisition pieds
et poings liés, à Rome, pour avoir osé se croire en droit
de pouvoir donner une approbation à ce qui émanoit de
Rome, qu'ils sont obligés de recevoir à genoux, les yeux
fermés, sans s'informer de ce que c'est, si dans cette conjoncture
le Pape ne leur avoit pas permis et ordonné de
la recevoir; combien il déplora avec moi l'anéantissement
de l'épiscopat en Espagne et autres pays d'Inquisition, où
ce tribunal d'une part, celui du nonce de l'autre, avoit
entièrement dépouillé les évêques, qui n'étoient plus les
ordinaires de leurs diocèses, mais de simples grands

---

1. Pages 275-279 de notre tome XIV.

vicaires, sacrés pour le caractère épiscopal et donner la confirmation et l'ordination et rien de plus, destitués même des pouvoirs que les évêques des autres pays donnent à leurs grands vicaires ; enfin combien il me remontra l'importance extrême que nos évêques ne tombassent pas dans cet anéantissement, sous lequel ceux d'Espagne et de tous les pays d'Inquisition gémissoient, et combien les nôtres se devoient souvenir de ce que c'est que d'être évêques, soutenir les droits divins de l'épiscopat, et résister avec toute la sagacité et la fermeté possible des ruses et des violences de Rome, dont le but continuel est d'anéantir partout l'épiscopat pour rendre les papes évêques, seuls et uniques et ordinaires immédiats de tous les diocèses, pour être les seuls maîtres dans l'Église, et par là de revenir à la domination temporelle qu'ils ont si longtemps essayé d'exercer partout, et de ne pouvoir enfin y être contredits par personne de leur communion.

Ce prélat, éclairé et si judicieux, en vénération à toute l'Espagne par sa modestie, sa frugalité, ses mœurs, ses aumônes, sa vie retirée et studieuse, sa douceur et son éloignement de toute ambition, tel que les dignités le vinrent toutes chercher, sans en avoir jamais brigué aucune, ce que ce prélat, dis-je, crut m'apprendre sur l'esclavage et le néant de l'épiscopat dans les pays d'Inquisition, et qui met en si grande évidence le cas qu'on doit faire de l'acceptation faite de la constitution par tous les évêques et les docteurs de ces pays, que nos boutefeux d'ici ont tant sollicitée et tant fait retentir pour faire accroire de force et de ruse que l'Église avoit parlé, etc., cela même on l'a vu dans ce qui a été donné ici de M. [de] Torcy ; par les dures réprimandes, et ce qu'il arriva à Aldovrandi, nonce en Espagne, pour avoir fait accepter la constitution par des évêques, licence prise par eux, qui fut trouvée si mauvaise à Rome, quoique à la sollicitation d'Aldovrandi, que ce nonce en fut perdu, et eut toutes les peines qu'on a vues à s'en relever, et que le

Pape, pour couvrir cet étrange excès des évêques d'Espagne, leur commanda à tous de recevoir sa constitution *Unigenitus*, afin qu'il ne fût pas dit qu'ils eussent osé le faire sans ses ordres précis; et en même temps les évêques, qui l'avoient acceptée à la réquisition du nonce, furent fort blâmés et menacés de Rome, comme ceux qui n'avoient osé déférer là-dessus aux instances du nonce furent loués et approuvés.

Cet archevêque de Tolède est le premier et l'unique prélat à qui l'Excellence ait été accordée, pour lui et pour les archevêques ses successeurs. Aucun autre n'a ce traitement, non pas même le nonce du Pape, quoique si puissant en Espagne, et le premier de tous les ambassadeurs, qui l'ont tous. Les nonces, comme tous les autres archevêques et évêques d'Espagne, se contentent de la Seigneurie illustrissime, et ne prétendent point l'Excellence, même depuis que l'archevêque de Tolède l'a obtenue, fort peu avant que j'arrivasse en Espagne. C'est aussi la seule distinction qu'il ait par-dessus les autres archevêques et évêques.

CONSEILLERS D'ÉTAT.

Le duc d'Arcos, le duc de Veragua, le marquis de Bedmar, le comte d'Aguilar, le prince de Santo-Buono, le duc de Giovenazzo, tous grands d'Espagne, don Michel Guerra, le marquis Grimaldo, secrétaire d'État.

On l'a déjà dit, les conseillers d'État sont, ou plutôt étoient en Espagne ce que nous appelons ici ministres d'État. Aussi étoit-ce le dernier et le suprême but de la fortune et de la faveur. Mais depuis que la princesse des Ursins eut fait quitter prise aux cardinaux Portocarrero et d'Estrées, et à tous ceux qui avoient eu part au testament de Charles II, qui avoit mis Philippe V sur le trône, renfermé le roi d'Espagne avec la reine et elle, et changé toute la forme de la cour et du gouvernement, les fonctions des conseillers d'État tombèrent tellement en désuétude qu'il ne leur en demeura que le titre vain et oisif, sans rang ni fonctions quelconques, et sans autre distinction que de pouvoir aller en chaise à porteurs dans les rues de Madrid, avec un carrosse à leur suite, et l'Excellence. Aussi fut-ce uniquement pour donner l'Excellence à Grimaldo qu'il reçut le titre de conseiller d'État pendant que j'étois à Madrid. Je le lui donnois[1] souvent avant qu'il l'eût par cette voie. Cela le flattoit, parce qu'il étoit glorieux et qu'il étoit peiné de traiter continuellement avec des ambassadeurs et avec des grands et d'autres qu'il falloit bien qu'il traitât d'Excellence, et dont il ne recevoit que la Seigneurie. Il m'en reprenoit quelquefois en souriant ; je répondois que je ne me corrigerois point, parce que je ne pouvois me mettre dans la tête qu'il ne l'eût pas. Nous reviendrons à lui tout à l'heure. Je passe les grands, parce que j'en ai parlé sous leurs titres.

Don Michel Guerra étoit une manière de demi-ecclésiastique sans ordres, mais qui avoit des bénéfices, qui étoit vieux et qui n'avoit jamais été marié. C'étoit une des meilleures têtes d'Espagne, pour ne pas dire la meilleure de tout ce que j'y ai connu ; instruit, laborieux, parlant bien et assez franchement. Aussi, quoique tout à fait hors de toutes places, étoit-il fort aimé et considéré. Il étoit chancelier de Milan, et à Milan lors de l'avénement de Philippe à la couronne d'Espagne ; il se conduisit bien dans cette conjoncture. Sa place étoit également importante et considérable, et faisoit compter les gouverneurs généraux du Milanois avec elle. Il y étoit fort estimé et fort autorisé. Peu après l'avénement de Philippe V à la couronne, il quitta Milan, passa quelque temps à Paris, où il fut traité avec beaucoup de distinction par le roi et les ministres, et fort accueilli des seigneurs principaux. C'étoit un homme fort rompu au grand monde et aux affaires, qui ne se trouva ni ébloui ni embarrassé parmi ce monde nouveau pour lui. Il repassa d'ici en Espagne, après avoir vu le Roi en particulier, et conféré avec

---

1. Je lui donnais l'Excellence.

quelques-uns de nos ministres, dont il remporta l'estime et de toute la cour. Il eut son tour à être gouverneur du conseil de Castille, mais il ne l'accepta qu'à condition de n'être pas tenu d'en garder le rang, s'il venoit à quitter cette grande place, parce que, disoit-il, il ne prétendoit pas mourir d'ennui pour y avoir passé. En effet, il ne la conserva pas longtemps. Ce n'étoit pas un homme à ployer bassement; et quand il l'eut quittée, il reprit, en effet, son genre de vie accoutumé, sans aucun rang et libre dans sa taille, fort visité et considéré, assez souvent même consulté. Je le voyois assez souvent chez lui et chez moi. Quoique il n'aimât pas les François, il s'entretenoit fort familièrement avec moi, et, outre que sa conversation étoit gaie et agréable, j'y trouvois toujours de quoi profiter et m'instruire.

Il avoit dans une forte santé une incommodité étrange : sa tête se tournoit convulsivement du côté gauche. Dans l'ordinaire cela étoit léger, mais presque continuel, par petites saccades. Il étoit déjà dans cet état quand il passa à Paris, retournant de Milan en Espagne. Depuis, cela avoit augmenté, et la violence en étoit quelquefois si grande que son menton dépassoit son épaule, pour quelques instants, plusieurs fois de suite. Je l'ai vu chez lui, le coude sur sa table, tenant sa tête avec la main pour la contenir, d'autres fois au lit pour la contenir davantage. Il m'en parloit librement, et cela n'empêchoit point la conversation. Il avoit fait inutilement plusieurs remèdes en Italie et en Espagne, et avoit consulté son mal ici. Il n'avoit trouvé de soulagement considérable et long que par les bains de Barége, et il étoit sur le point d'y retourner quand je partis d'Espagne.

On admiroit à Madrid comment je l'avois pu si bien apprivoiser avec moi : avec tout son agrément et son usage du grand monde, il avoit du rustre naturellement, et les grands emplois par lesquels il avoit passé ne l'en avoient pas corrigé. Ainsi ses propos avoient souvent une nuance brusque, sans que lui-même le voulût, ni s'en aperçût par l'habitude. Je sentis bien qu'il ne faisoit pas grand cas du gouvernement d'Espagne, ni beaucoup plus de celui du cardinal du Bois. Ce n'étoient pas matières[1] même à effleurer pesamment de part ni d'autre, mais qui ne laissoient pas de se laisser entendre. Il étoit frère du confesseur de la reine; ils logeoient ensemble; il le méprisoit parfaitement. Don Michel étoit grand, gros, noir, de fort bonne mine, et la physionomie de beaucoup d'esprit.

Le marquis de Grimaldo, secrétaire d'État des affaires étrangères, étoit le seul véritable ministre. Je l'ai fait connoître p. 2593[2], par sa figure singulière et par son caractère. C'étoit un homme de si peu, et qui avoit si peu de fortune que le duc de Berwick m'a conté que la première fois qu'il fut envoyé en Espagne, il lui fut présenté pour être son secrétaire pour l'espagnol; qu'il ne le prit point, parce qu'il ne savoit pas un mot de françois, et qu'ensuite il entra sous-commis dans les bureaux d'Orry. Des hasards d'expéditions le firent connoître et goûter à Orry; il en fit son secrétaire particulier, et il y plut à Orry de plus en plus. Il lui donna sa confiance sur bien des choses, le fit connoître à Mme des Ursins et à la reine; il se servit peu à peu de lui pour l'envoyer porter au roi des papiers, et en recevoir des ordres sur des affaires, quand ses occupations lui faisoient ménager son temps. Ces messages se multiplièrent; il avoit la princesse des Ursins et la reine pour lui; il fut donc tout à fait au gré du roi, tellement qu'Orry, à qui son travail avec le roi n'étoit qu'importun, parce qu'un avec Mme des Ursins, par conséquent maître de l'État, il n'avoit pas besoin de particuliers avec le roi pour soutenir sa puissance et son autorité particulière, il se déchargea de plus en plus de tout le travail que Grimaldo pouvoit faire pour lui avec le roi, et des suites de ce travail, comme ordres, arrangements, etc., dont Grimaldo faisoit le détail, et lui en ren-

1. Il y a *matière*, au singulier.
2. Pages 351 et 352 de notre tome XVII.

doit un compte sommaire, ce qui le tira bientôt de la classe des premiers commis et en fit une manière de petit sous-ministre de confiance. Le roi s'y accoutuma si bien que la chute d'Orry, celle de Mme des Ursins, l'ascendant que prit la nouvelle reine sur son esprit, presque aussitôt qu'elle fut arrivée, ne purent changer le goût que le roi avoit pris pour lui, ni sa confiance. Alberoni et la reine le chassèrent pourtant de toute affaire et de toute entrée au palais, mais ils ne purent venir à bout de l'exiler de Madrid.

Grimaldo, pendant la durée de son petit ministère, s'en étoit servi pour se lier avec la Roche, avec les valets intérieurs et pour gagner les bonnes grâces du duc del Arco et du marquis de Santa-Cruz, amis intimes l'un de l'autre, l'un favori du roi, l'autre de la reine, et par leur faveur et leurs charges dans l'intérieur du palais. Il s'étoit fait aussi des amis considérables au dehors du palais, bien voulu en général et mal voulu de personne que d'Alberoni et de ses esclaves. Plus ce premier ministre se faisoit craindre et haïr, plus on souhaitoit sa chute, plus on plaignoit le malheur de Grimaldo, plus on s'intéressoit à lui. L'Arco n'avoit jamais ployé sous Alberoni d'une seule ligne; Alberoni n'avoit pu le gagner, et n'avoit osé l'attaquer. Santa-Cruz, plus en mesure avec lui par rapport à la reine, ne l'en aimoit pas mieux. Il étoit, comme et pourquoi je l'ai dit ailleurs, ami intime du duc de Liria, auquel Grimaldo s'étoit attaché dans ses petits commencements, parce qu'il avoit cultivé la protection du duc de Berwick, dont il avoit pensé être secrétaire, et Liria et Grimaldo furent toujours depuis dans la même liaison dans laquelle Sartine se glissa. Santa-Cruz et l'Arco faisoient ainsi passer bien des avis de l'intérieur à Grimaldo par Liria, quelquefois l'Arco par le même ou par Sartine, et peu à peu il arriva bien des fois que sous quelque prétexte de quitter la reine quelques moments, ou pendant sa confession, ou entre le déshabillé du roi et son coucher où il n'y avoit jamais que Santa-Cruz, et l'Arco et deux valets françois intérieurs, le roi faisoit entrer Grimaldo par les derrières, conduit par la Roche, et l'entretenoit d'affaires et de bien d'autres choses. La difficulté de le voir en augmenta le desir, le goût, la confiance, tellement que la chute d'Alberoni fit le rappel subit de Grimaldo au palais et aux affaires.

Il fut fait secrétaire d'État avec le département des affaires étrangères, et bientôt après, sans être chargé des autres départements des secrétaires d'État, il travailla seul sur tous avec le roi, à leur exclusion. Le roi, toujours peiné de multiplier les visages dans son intérieur, accoutuma bientôt les autres secrétaires d'État, et ceux qui en vacance de présidents ou de gouverneurs des conseils des Indes, des finances, etc., d'envoyer à Grimaldo ce qu'ils auroient porté eux-mêmes au travail avec le roi, en sorte que Grimaldo lui rendoit compte tout seul de ces différentes affaires de tous les départements, recevoit ses ordres, et les envoyoit avec les papiers à ceux de qui il les avoit reçus. On voit par cette mécanique qu'elle rendoit Grimaldo maître, ou peu s'en falloit, de toutes les affaires, et les autres secrétaires d'État, ou conducteurs à temps des conseils, impuissants, sans le concours de Grimaldo, par conséquent ne voyant jamais le roi, et dès là, fort subalternes. De là vint que pas un d'eux ne suivit plus le roi en ses voyages, qui dans Madrid ne les voyant jamais où ils étoient tous, et ne travaillant sur les affaires de tous les départements qu'avec le seul Grimaldo, le roi les accoutuma bientôt à demeurer à Madrid, et à envoyer chaque jour s'il en étoit besoin, ou plusieurs fois la semaine, à Grimaldo dans le lieu où le roi étoit, tout ce qui avoit à passer sous ses yeux, et à recevoir par Grimaldo la réponse et les ordres du roi sur chaque affaire de chaque département.

Quoique Grimaldo fût glorieux, et qu'une situation si brillante lui fît élever ses vues bien haut pour ennoblir et élever sa fortune, il eut grand soin de conserver ses anciens amis, de s'en faire de nouveaux, d'avoir un accès doux et facile pour tout le monde, d'expédier de façon que rien ne demeurât en arrière par sa négligence, de tenir ses commis en règle et assidus au travail, de ne les laisser maîtres de rien, et en les traitant tous fort bien, d'empêcher qu'aucun prît ascendant sur lui. Par cette conduite, il fit que tout le monde étoit content de lui, et que, dans l'impossibilité d'espérer que le roi sortît jamais de la prison où Mme des Ursins l'avoit accoutumé, et qu'Alberoni avoit soigneusement entretenue, et à laquelle ce prince s'étoit si fortement accoutumé, il n'y avoit personne de la cour ni d'ailleurs qui n'aimât mieux Grimaldo pour geôlier, et avoir affaire à lui qu'à tout autre.

A l'égard de ceux dont il portoit le travail au roi, à leur exclusion, il adoucissoit cette peine par les manières les plus polies et les plus considérées. Il ne se mêloit immédiatement d'aucun de leurs départements, c'est-à-dire qu'il n'écoutoit point ceux qui y avoient des affaires : c'étoit à eux à s'en démêler avec les ministres naturels du département dont étoient leurs affaires; et lui, il n'en entendoit parler que par l'envoi que lui faisoient ces ministres des papiers qu'ils auroient portés devant le roi, et du compte qu'ils lui en [auroient] rendu, s'ils eussent travaillé avec Sa Majesté. Quelquefois alors Grimaldo écoutoit ceux que ces affaires regardoient; je dis quelquefois, selon que l'importance de l'affaire le demandoit, ou que la considération des personnes l'exigeoit, car d'ordinaire il s'en tenoit à ce que les ministres lui envoyoient, formoit son avis là-dessus, en conformité du leur ou non, mais rapportant toujours au roi leur avis et sur[1] quoi ils le fondoient, accompagnoit le renvoi qu'il faisoit des papiers et de la décision du roi, avec célérité et politesse. Bien étoit vrai qu'il prenoit plus de connoissances de certaines affaires, mais ce n'étoit qu'avec beau-

1. Il y a deux fois *et sur* au manuscrit.

coup de choix pour suffire à son propre travail, et ne se pas noyer dans celui de tous les autres. Malgré ces attentions, il étoit impossible que les autres secrétaires d'État, etc., ne sentissent le poids de ce joug qui les séparoit du roi comme de simples commis, et qui leur donnoit un censeur tête à tête avec le roi, en lui rapportant toutes leurs affaires. J'expliquerai plus bas cette façon de travailler, et la jalousie qui en résulta, mais qui fut impuissante jusque longtemps après mon retour, et qui n'en mit pas les autres ministres plus à portée du roi, trop accoutumé de si longue main à ne travailler qu'avec un seul, toujours le même. Je me contente de raconter ce que j'ai vu, sans louer ni blâmer ici cette manière de gouverner une si vaste monarchie.

Grimaldo étoit chancelier de l'ordre de la Toison d'or, sans en porter sur soi ni à ses armes aucune marque. Il avoit bien envie d'en devenir chevalier, et il y parvint enfin à la longue. Par lui-même, j'ai eu lieu de croire qu'il eût été plus modeste, mais il avoit une femme qui pouvoit beaucoup sur lui, qui avoit de l'esprit, des vues, du monde, qui crevoit d'orgueil et d'ambition, qui ne prétendoit à rien moins qu'à voir son mari grand d'Espagne, qui ne cessoit de le presser d'user de sa faveur. Il en avoit un fils et une fille fort gentils : c'étoient des enfants de huit ou dix ans qui paroissoient fort bien élevés. Son frère, l'abbé Grimaldo, fort uni avec eux, l'étoit parfaitement d'ambition avec sa belle-sœur, et le poussoient de toutes leurs forces. Mais outre que cette femme étoit ambitieuse pour son mari, elle étoit haute et altière avec le monde, et se faisoit haïr par ses airs et ses manières, et ce fut en effet cela qui le perdit à la fin. L'abbé Grimaldo imitoit un peu sa belle-sœur dans ce dangereux défaut. Il étoit craint et considéré, mais point du tout aimé, même de la plupart des amis de son frère.

J'étois instruit de ces détails, mais des plus intérieurs par le duc de Liria, et surtout par Sartine véritablement intéressé et attaché à Grimaldo, et par le chevalier Bourck, dont je parlerai dans la suite. Je voyois assez souvent Mme Grimaldo chez elle et son beau-frère; et il est vrai qu'à travers la politesse et la bonne réception, l'orgueil de cette femme transpiroit et révoltoit, non pas moi, qui aimois son mari, et qui n'en faisois que rire en moi-même, ou en dire tout au plus quelque petit mot, et encore rare et mesuré, à Sartine ou au duc de Liria. Je pense que ce fut elle qui se servit de Sartine et de Bourck pour me pressentir sur la grandesse. Je raconte ceci de suite, quoique après le retour de Lerma à Madrid, et pour sonder si je voudrois y servir Grimaldo. Rappelé à sa charge de secrétaire d'État, au moment de la chute d'Alberoni, il avoit été témoin de bien près de la rapidité de la fortune de Riperda devenu comme en un clin d'œil premier ministre aussi absolu que le fut jamais son prédécesseur Alberoni, et en même temps grand d'Espagne, dans le premier engouement de ce beau traité de Vienne qu'il y avoit conclu : fruit amer du renvoi de l'infante en Espagne.

Riperda, gentilhomme hollandois, et ambassadeur d'Hollande en Espagne, à qui il s'étoit attaché depuis son rappel, et dont il a été tant parlé ici, d'après Torcy, étoit étranger à l'Espagne, devenu une espèce d'aventurier. Grimaldo qui, en jouant sur le mot et de sa terminaison en *o* ou en *i*, avoit franchement arboré les armes pleines de Grimaldi, se prétendoit être de cette maison, depuis qu'il étoit secrétaire d'État, par conséquent de bien meilleure maison que Riperda. Il n'y avoit aucun Grimaldi en Espagne pour lui contester cette prétention. Le règne de Riperda avoit été court, et sa chute bien méritée, mais affreuse. Sa gestion, à la suite de celle d'Alberoni, avoit dégoûté le roi et la reine des premiers ministres, sans les détacher de ne travailler qu'avec un seul ministre, et ce seul ministre fut encore Grimaldo. Il succéda donc à Riperda, non au titre ni au pouvoir, mais au moins à l'accès unique, et à rapporter seul au roi les affaires de tous les départements, comme il avoit fait auparavant.

C'en étoit bien assez pour mettre la grandesse dans la tête de sa femme et de son frère, et pour le tenter lui-même, quoique plus sage et plus clairvoyant qu'eux.

Pour revenir sur mes pas à mon temps, le servir dans cette ambition n'avoit rien de contraire au service ni à l'intérêt de la France : c'étoit, au contraire lui attacher de plus en plus l'unique ministre qui approchât du roi et de la reine d'Espagne, et qui avoit toujours bien mérité de la France. Ces raisons et mon inclination m'y portoient par tout ce que je devois, comme on verra bientôt, à l'amitié de Grimaldo ; mais je sentois aussi combien je devois éviter de me mêler des choses purement intérieures de la cour d'Espagne, et quoique pour l'importance et la conduite des affaires, les ministères et les dignités n'aient rien de commun, et soient choses entièrement séparées, je m'étois fait là-dessus à moi-même une leçon générale, quand je refusai au P. d'Aubanton d'entrer dans ses vues et dans ce que le roi d'Espagne voudroit faire par mon ministère pour faire rendre aux jésuites le confessionnal du Roi. Il étoit néanmoins plus que délicat d'éconduire Sartine et Bourck sur une proposition que je sentois bien qu'ils ne me faisoient pas d'eux-mêmes. Je pris donc le parti de leur montrer que je la goûtois, que je me prêterois avec empressement à procurer cette élévation à Grimaldo ; mais tant pour lui-même que pour moi, il s'y falloit garder de faux pas, et que c'étoit à lui à me conduire dans un terrain qu'il connoissoit si bien, et dont l'écorce m'étoit à peine connue. Par cette réponse, qui me vint sur-le-champ dans l'esprit, j'espérai des mesures de Grimaldo, de sa crainte de se perdre en voulant voler trop haut, de son embarras à se servir d'un étranger qui, quelque bien qu'il fût et qu'il parût auprès de Leurs Majestés Catholiques, ne les voyoit pourtant jamais seul que par audiences, dont les occasions désormais ne pouvoient être fréquentes, tiendroient Grimaldo en des délais continuels qui me feroient gagner le temps de mon départ, et ne me concilieroient pas moins sa reconnoissance de mes offres et de ma bonne volonté. En effet tout cela arriva comme je l'avois prévu.

Le marquis de Castellar, secrétaire d'État de la guerre, étoit un grand homme fort bien fait, avec un œil pourtant un peu en campagne, et jeune. Il étoit frère de Patiño, qui étoit alors intendant de marine à Cadix, qui ne vint point à Madrid de mon temps, et qui longtemps après devint premier ministre avec plus de pouvoir qu'aucun autre qu'il l'eût été, qui se fit à la fin grand d'Espagne, et qui mourut dans toute cette autorité. Il a été parlé de lui ici plus d'une fois. Ils étoient Espagnols d'assez bon lieu, établis à Milan depuis quelques générations, et revenus enfin en Espagne. Patiño avoit été jésuite. Lui et son frère se haïssoient parfaitement, et se sont haïs toute leur vie.

Castellar aimoit fort son plaisir, paroissoit très-rarement à la cour, étoit autant qu'il pouvoit dans le monde, fort paresseux avec de l'esprit, de la capacité, une grande facilité de travail, qui expédioit en deux heures avec justesse plus qu'[un] autre en sept ou huit heures. Il portoit avec la dernière impatience d'envoyer ses papiers à Grimaldo, et de n'en recevoir que par lui les réponses et les ordres du roi. Toutefois il fit tant qu'il parvint pendant que j'étois à Madrid, à travailler avec le roi deux fois assez près à près, et cela fit nouvelle et mouvement dans la cour. Grimaldo ne s'en émut pas, et il eut raison. Castellar ne put se contenir de témoigner au roi que tout se perdoit par cette façon de faire passer toutes leurs affaires par Grimaldo, et de ne travailler qu'avec lui. Cette représentation peut-être trop forte, et qui put aussi être un peu aigre, déplut au roi, qui depuis ne voulut plus travailler avec lui, et il en arriva autant à celui qui étoit par intérim en premier aux finances, qu'au premier travail de Castellar avec le roi, il y avoit pouillé[1]. Ainsi Grimaldo, sans se remuer le moins du

---

1. Voyez tome II, p. 225 et note 1, tome IV, p. 461, etc.

monde, continua tranquillement à faire seul avec le roi la besogne de tous.

Ce mauvais succès de Castellar acheva de le piquer. Sa femme n'étoit pas moins haute que celle de Grimaldo, et personnellement ne se pouvoient souffrir l'une l'autre. Le feu s'alluma donc tout à fait entre elles et entre leurs maris. Castellar se lâcha indiscrètement sur Grimaldo, qu'il força, malgré lui, à se fâcher. Cela fit du bruit et des partis; mais celui de Castellar n'étoit rien en comparaison de celui de Grimaldo, qui avoit pour lui la faveur et la confiance privative de toutes les affaires.

Castellar me voyoit assez; sa conversation étoit fort agréable. On me voyoit bien avec lui, et beaucoup mieux encore avec Grimaldo, et sur un pied d'amitié et de confiance. Leurs amis me pressèrent de travailler à les raccommoder, Sartine, Bourck, les ducs de Liria et de Veragua, le prince de Masseran et d'autres. C'étoit une bonne œuvre qui ne pouvoit qu'être bonne au service du roi et utile à tous les deux. J'aurois réussi, si je n'avois eu affaire qu'aux deux maris; mais les deux femmes, qui vouloient se manger, et périr ou culbuter le secrétaire d'État opposé, se mirent tellement à la traverse que je m'aperçus bientôt que je n'y gagnerois rien que de me mettre peut-être mal avec l'un ou l'autre, tellement que je me retirai doucement de cette entremise, sans y laisser rien du mien.

Quand ils se furent bien aboyés, ils se turent, mais ne se pardonnèrent pas. De ce moment Castellar, à qui sa place devenoit tous les jours plus insupportable, mais qui ne pouvoit la quitter pour demeurer rien, tourna toutes ses vues sur l'ambassade de France, et m'en parla plusieurs fois. Je lui représentai toujours que pour mon particulier, rien ne me pouvoit être plus agréable, mais qu'il prît garde à quitter le réel qu'il tenoit, et qui le pouvoit devenir davantage, et plus agréable par des choses que le temps amenoit, et qu'on ne pouvoit prévoir, ce que j'accompagnois de choses flatteuses sur son mérite, sa capacité, sa réputation, et en tout cela je lui disois vrai, et je l'entretins toujours de la sorte, sans entrer en aucun engagement : c'est que je sentois combien cette ambassade seroit désagréable à Grimaldo, que par toute raison j'aimois mieux que l'autre, et que je voyois bien aussi que la correspondance étroite, si desirable entre les deux cours, courroit risque d'être mal servie entre un ambassadeur d'Espagne et le ministre unique d'Espagne, et spécialement des affaires étrangères, aussi ennemis l'un de l'autre que l'étoient ces deux hommes.

Castellar enfin y réussit, mais longtemps après, et eut entre-deux une attaque d'apoplexie, qui, d'un homme gai, léger, de la conversation la plus fine, la plus leste, la plus aimable, mais aussi la plus solide et la plus suivie quand cela étoit à propos, en fit un homme triste, pesant jusqu'à en être lourd et massif, qui ne produisoit rien, qui ne suivoit pas, qui travailloit même pour comprendre. Je m'étois fait un grand plaisir de le revoir ici ambassadeur. A son premier aspect ma surprise fut grande, et mon étonnement encore plus dès la première conversation. C'étoit une apoplexie ambulante : aussi le tua-t-elle bientôt.

Il mourut à Paris, et laissa un fils à qui son oncle fit épouser l'héritière d'une grandesse. Il étoit fort jeune et fort fou du temps que j'étois en Espagne. Il s'est depuis appliqué au service, il y a acquis de la réputation ; il s'est soutenu après la mort de son oncle, dont il a eu aussi la grandesse. Il trouva le moyen de s'attirer la protection de la reine ; il eut des commandements en chef, qui l'ont conduit à être capitaine général.

J'ai parlé p.   et p.   [1] de la Roche et du P. d'Aubanton assez pour n'avoir rien à y ajouter : seulement

---

1. Voyez tome XVII, p. 318 et 319, et tome II, p. 494 et 495.

dirai-je que ce maître jésuite vieillissoit, et qu'il commençoit à perdre la mémoire. Je m'en aperçus dans les conversations fréquentes que j'avois avec lui chez moi, ou au collége impérial, où il étoit fort bien logé. Mais cette foiblesse de mémoire me fit découvrir plus d'une friponnerie de sa part par lui-même, sur des affaires où d'abord il m'avoit promis merveilles, et dès le lendemain me venoit conter celles qu'il avoit opérées là-dessus avec le roi, puis quelques jours après me disoit tout le contraire, oubliant ce qu'il m'avoit raconté. C'est que ce qu'il m'avoit dit d'abord étoit une fable, et ce qu'il me rendoit après étoit ce qu'il avoit exécuté. Je n'en fus ni surpris ni n'en fis pas semblant. Je connoissois trop le personnage pour m'y fier en rien, mais je ne fus pas fâché de jouir du défaut de sa mémoire, et de m'amuser à lui en tendre des panneaux.

Mais ce qui m'importuna de lui à l'excès, fut sa jalousie du P. d'Aubrusselle, jésuite françois, demeurant aussi au collége impérial, et précepteur des infants. C'étoit un homme d'esprit, de savoir, fort instruit des choses d'Espagne et de l'intérieur du palais, aimé et estimé généralement, et d'une conversation agréable, sage, discrète, mais toutefois instructive. Aubanton, qui craignoit toujours pour sa place, et pour la confiance et l'autorité qu'elle lui donnoit, se sentoit vieux et connu. L'expérience qu'il avoit faite de pouvoir être congédié, le rendoit soupçonneux sur tous ceux qui lui pouvoient succéder. Il voyoit bien qu'Aubrusselle étoit le plus apparent et le plus naturel; la bienveillance générale et la réputation qu'il avoit acquise en Espagne le blessoit; tout lui étoit suspect de ce côté-là, à tel point qu'Aubrusselle m'en avertit, me pria d'éloigner mes visites, surtout de n'aller point chez lui les jours que j'irois voir Aubanton, et de ne trouver pas mauvais qu'il vînt peu chez moi. Je m'informai d'ailleurs de cette jalousie, et par ce que j'en appris, je vis que le P. d'Aubrusselle ne m'en avoit pas tout dit. Il craignoit encore ses relations en

France, et même à Rome, quelque vendu qu'il fût à cette dernière cour. En un mot, tout lui faisoit ombrage, et plus sa tête vieillissoit, moins il étoit capable de se contenir là-dessus, sans succomber à des échappées, quelque seconde nature qu'il se fût faite de la dissimulation la plus profonde et de la plus naturelle fausseté. Cela fit qu'Aubrusselle et moi eûmes moins de commerce ensemble que lui et moi n'eussions voulu.

Puisque je parle de jésuites, il faut achever ici ce qui les regarde. Je ne les trouvai pas en Espagne moins puissants qu'ils se le sont rendus partout ailleurs, pénétrant partout, imposant partout, et d'amour ou de crainte se mêlant [de] tout. Les dominicains, autrefois si puissants en Espagne, y étoient devenus de petits compagnons auprès d'eux, et dans l'Inquisition même, où les jésuites s'étoient saisis de la pluralité des places, et des plus importantes. Mais quels pays que ceux d'Inquisition ! Les jésuites savants partout et en tout genre de science, ce qui ne leur est pas même disputé par leurs ennemis, les jésuites, dis-je, sont ignorants en Espagne, mais d'une ignorance à surprendre. Ce sont les PP. d'Aubanton et d'Aubrusselle qui me l'ont dit, et plusieurs fois, qui ne pouvoient s'accoutumer en ce qu'ils en voyoient. C'est que l'Inquisition furette tout, s'alarme de tout, sévit sur tout avec la dernière attention et cruauté. Elle éteint toute instruction, tout fruit d'étude, toute liberté d'esprit, la plus religieuse même et la plus mesurée. Elle veut régner et dominer sur les esprits, elle veut régner et dominer sans mesure, encore moins sans contradiction, et sans même de plaintes ; elle veut une obéissance aveugle sans oser réfléchir ni raisonner sur rien, par conséquent elle abhorre toute lumière, toute science, tout usage de son esprit ; elle ne veut que l'ignorance, et l'ignorance la plus grossière ; la stupidité dans les chrétiens est sa qualité favorite, et celle qu'elle s'applique le plus soigneusement d'établir partout, comme la plus sûre voie du salut, la plus essentielle, parce qu'[elle] est le fondement le plus solide de son règne et de la tranquillité de sa domination.

Le chevalier Bourck étoit un gentilhomme irlandois, qui avoit été quelque temps au cardinal de Bouillon, à Rome, et qui n'aimoit pas qu'on le sût, car il étoit pauvre, glorieux et important. Son maître, qui ne pouvoit tenir dans sa peau, et qui toujours étoit plein d'un monde de vues obliques et folles, lui reconnut de l'esprit; et un esprit de manége et d'intrigue, qui en effet étoient le centre et la vie de Bourck, et l'employa à des messages et à de petites négociations dans Rome et au dehors. Il fut chargé d'une autre vers les princes d'Italie, que le cardinal de Bouillon avoit imaginée pour leur faire agréer une augmentation de cérémonial en faveur des cardinaux. Bourck, domestique pour son pain, parce qu'il n'en avoit pas, mais blessé de l'être, tira sur le temps et sur la foiblesse de son maître, pour lui persuader qu'il réussiroit beaucoup mieux s'il étoit l'homme du sacré collége, dont le nom imposeroit bien plus aux princes avec qui il traiteroit, que s'il n'agissoit qu'au nom d'un cardinal particulier, quelque considérable qu'il fût. Bouillon, fanatique d'orgueil en tout genre, qui s'étoit mis en tête cette augmentation de cérémonial, et pour le succès duquel tout lui étoit bon, goûta la proposition, et obtint de la complaisance des cardinaux, de charger Bourck de cette négociation en leur nom, mais toutefois sans se commettre au cas qu'elle ne réussît pas.

Ce point gagné, Bourck, admis chez les principaux cardinaux, pour recevoir leurs ordres et voir avec eux les moyens d'agir en leur nom, mais d'une manière secrète, et qui ne les commît point s'il ne réussissoit pas, comme presque tous se doutoient bien qu'il échoueroit, et ne s'étoient laissés aller que par foiblesse pour l'impétuosité du cardinal de Bouillon, qui, dans la plus haute faveur du Roi, étoit chargé de ses affaires à Rome, et y faisoit un personnage principal, et le premier pour la splendeur de sa magnificence, Bourck, dis-je, leur insinua que l'homme chargé par le sacré collége ne pouvoit, avec décence pour ce grand corps, être payé que par lui, et qu'il seroit trop indécent que ce même homme pût être reconnu par les princes avec qui il traiteroit pour être domestique d'un cardinal particulier. Avec cette adresse, il se tira de sa condition, sans perdre les bonnes grâces de son maître, et tira du sacré collége plus qu'il ne tiroit du cardinal de Bouillon.

Le voilà donc à Parme, à Modène sans éclat et sourdedement; la négociation traîna le plus longtemps qu'il put. Elle eût fini d'abord, car ces princes se moquèrent de ses propositions au premier mot qu'il leur en dit, mais Bourck vouloit se faire valoir et faire durer la commission. Elle échoua enfin, et il eut encore l'adresse de se faire donner une petite pension par le sacré collége, dont il a toujours joui, pour le récompenser tant de ses peines et de ses dépenses prétendues, que pour le dédommager de ce qu'il perdoit à n'être plus au cardinal de Bouillon. Je n'entreprendrai pas de le suivre, il me mèneroit trop loin. Je me contenterai de dire qu'il fit plusieurs voyages par inquiétude d'esprit, et peut-être moins pour chercher fortune que chercher à se mêler ; car se mêler, négocier, intriguer, étoit son élément et sa vie.

A la fin il se fixa en Espagne, où il fut assez bien voulu de la princesse des Ursins, dont il avoit fréquenté les antichambres à Rome, à la mode du pays. Elle lui confia même plusieurs choses, et le mit tout à fait bien auprès du roi et de la reine, qui lui parloient souvent familièrement en particulier, et lui, à l'en croire, leur donnoit souvent de fort bons conseils, et à Mme des Ursins, et leur parloit fort hardiment. Cette posture, et un naturel vif, entreprenant, haut, souvent même audacieux et très-libre, soutenu d'esprit et de connoissances, le faisoit ménager, mais craindre par les ministres, et le mêla fort avec le monde et avec la cour où il s'étoit fait des amis. L'arrivée d'une nouvelle reine, et la chute subite de Mme des Ursins diminua fort ses accès et sa considération. Néanmoins il se soutint, et ne laissa pas d'être encore de quelque chose sous Alberoni. C'étoit un homme qui ne s'abandonnoit point, et qui savoit toujours s'introduire par quelque coin. Il avoit toujours ménagé Grimaldo, en sorte qu'après le ministère d'Alberoni, il espéra tout de la protection de Grimaldo. Mais Grimaldo, qui le connoissoit, le traita toujours avec une distinction qui l'empêcha de s'écarter de lui, mais qui le tint toujours en panne, parce qu'en effet ce ministre craignoit son caractère et profita de l'éloignement que la reine avoit pris de lui pour l'empêcher de se rapprocher d'elle et du roi.

C'est dans cette situation que je le trouvai en arrivant à Madrid. On me l'avoit donné pour un homme fort attaché à la France, et dont je pourrois tirer beaucoup de lumières. J'en tirai en effet, mais souvent aussi bien des visions. Il étoit ami de plusieurs personnes distinguées ; le pays et le jacobisme l'avoient lié avec le duc de Liria, Hyghens, le duc d'Ormond, et plusieurs autres. Il étoit aussi ami de Sartine, mais tous connoissoient bien son caractère. Il étoit en effet fort instruit d'événements intérieurs du palais fort curieux, et de beaucoup de choses et d'affaires où il étoit entré, et d'autres où il s'étoit fourré. Il parloit bien, mais beaucoup, et on pouvoit dire qu'il étoit malade de politique. Il y revenoit toujours de quelque extrémité opposée que se trouvât la conversation. Il possédoit seul, à son avis, tous les intérêts des différentes grandes et médiocres puissances de l'Europe, et il en accabloit sans cesse ceux qu'il fréquentoit, avec un ton d'autorité de ministre en place. Je ne laissai pas d'en tirer assez de bonnes choses, et de m'en amuser d'ailleurs. Je dois dire aussi que je n'en ai vu ni ouï dire rien de mauvais. Il n'étoit point intéressé d'argent, et a passé toujours pour honnête homme.

Désespéré de ne pouvoir rattraper d'accès auprès du roi et de la reine, il tourna ses pensées vers l'ambassade d'Espagne à Turin. De son premier état à y représenter le roi d'Espagne il y avoit un peu loin ; mais on n'épluche pas toujours ce que les ambassadeurs ont été, et je crois qu'il se seroit utilement acquitté de cette ambassade délicate. Il me pria fort de m'y employer. J'en parlai à Grimaldo, qui me répondit en ministre fort rompu au métier. Quoique il n'oubliât rien pour me marquer son empressement de servir Bourck, et qu'il me pressât même de tâcher de pressentir le roi et la reine sur lui en général, sans néanmoins rien particulariser, je sentis bien qu'il n'avoit aucune envie d'employer Bourck, ni de le mettre en aucune passe. Son caractère ferme, impérieux, libre, arrêté à son sens, avoit fait peur à tous les ministres, à ceux mêmes dans la confiance de qui il étoit entré, et qui tous le craignirent et jugèrent le devoir écarter de tout pour n'avoir point à compter avec lui. C'est aussi ce qui arriva en cette occasion. Je trouvai moyen de parler de Bourck dans une audience. Comme j'évitois de traiter toute affaire qui auroit pu me retenir en Espagne plus que je n'aurois voulu, ces audiences se tournoient bientôt en conversation. Je reconnus de l'éloignement dans le roi pour Bourck, et un air de secrète moquerie dans la reine. Il ne m'en fallut pas davantage pour m'arrêter sur un homme en faveur duquel rien ne m'engageoit à me prodiguer, et auquel je voyois tout contraire. Je rendis foiblement à Grimaldo ce qui s'étoit passé là-dessus, qui sourit et n'en parut ni fâché ni surpris. A Bourck, je ne lui dis que des choses générales, et je me gardai bien d'en reparler depuis.

Il se lassa enfin de vains projets et d'espérances aussi vaines. Il quitta l'Espagne peu après mon retour, et s'en vint à Paris où je le vis assez souvent, et où il ne put s'agripper à rien. Sept ou huit mois le lassèrent. Il s'en alla mourir à Rome entre le roi Jacques et la princesse des Ursins, dans un âge fort avancé, après y être demeuré quelques années à y tracasser comme il put. J'ai parlé ailleurs des malheurs singuliers de sa famille.

Il faut dire aussi un mot des ministres étrangers qui

étoient lors à Madrid. Le nonce Aldobrandin, jeune, grand, fort bien fait, montroit un prélat romain, c'est-à-dire un ecclésiastique qui ne l'est que pour la fortune, sans néanmoins rien d'indécent. Il étoit gai, vif, plaisant, ouvert avec de l'esprit et beaucoup de monde, fort à travers du meilleur de Madrid et des dames, l'air galant, familier avec le roi et la reine, et n'aimant point du tout les François, mais m'accablant de recherches et de politesse. J'y répondois avec grande attention, sans aller une ligne au delà, et je le charmois sans le convertir en lui parlant souvent de ce que la France devoit à la mémoire de Clément VIII, et de la gloire et de la sagesse de son pontificat. Il fut cardinal au sortir de sa nonciature, un peu plus tôt qu'il n'auroit voulu, car elle lui valoit fort gros, et il étoit pauvre. Quoique il eût l'air fort sain, il ne jouit pas longtemps de sa pourpre, et la France ni l'Espagne n'y perdirent rien.

Le colonel Stanhope étoit ambassadeur d'Angleterre. C'est le même qui y étoit depuis longtemps, en deux fois, et dont il a été tant parlé ici dans ce qui est donné de M. de Torcy. C'étoit parfaitement un Anglois. Savant et amoureux de ses livres et de l'étude des sciences abstraites, versé dans l'histoire, fort au fait des intérêts de sa nation et des détails de sa cour et du parlement d'Angleterre, parlant bien les langues, sérieux, parlant peu, sans cesse aux écoutes, instruit à fond de la cour du pays, du commerce, des intérêts généraux et particuliers de la nation chez qui il résidoit, avec cela peu répandu, aimant la solitude, naturellement triste, rêveur, réfléchissant, une maison honnête, une bonne table assez peu et assez mal fréquentée, poli mais froid, fermé et je ne sais quoi de repoussant, occupé à pomper[1] et à parler sans rien dire, et ne laissant pas de trouver ses plaisirs au fond ténébreux de son appartement, mais secrètement autant qu'il étoit possible, et sans indécence, et ne sor-

1. Voyez tome VI, p. 204 et note 1.

tant de chez lui que par raison et point du tout par goût.

J'avois des ordres très-exprès et très-réitérés de le voir souvent et avec confiance. J'en fis assez pour éviter tout reproche; mais j'usai de sobriété avec un homme dont le goût particulier et de solitude m'en offroit le moyen, et pour la confiance je m'en tins à l'écorce. C'étoit un homme de beaucoup d'esprit, de conduite, de sens, mais tout en dedans, sans rien qui attirât à lui. D'ailleurs je ne fus jamais affolé de l'Angleterre; j'en laissois l'enthousiasme au cardinal du Bois, qui le porta où il avoit prétendu et qui le maintint où il étoit arrivé.

Stanhope avoit ramassé je ne sais où un prêtre italien qu'on appeloit l'abbé Tito Livio, qui se fourroit partout, ramassoit tout, intriguoit partout. C'étoit un drôle d'esprit, de savoir, de fort bonne compagnie, plaisant même avec sel et jugement, dangereux au dernier point. Il étoit reçu en beaucoup d'endroits où il amusoit, mais il étoit craint, et au fond méprisé comme un espion qu'il étoit, et fort débauché. Il tâcha fort de s'introduire chez moi, mais inutilement, sans toutefois rien qui pût être trouvé mauvais par Stanhope. Cet ambassadeur demeura encore longtemps en Espagne, figura depuis dans les charges et le ministère d'Angleterre, et finit par la vice-royauté d'Irlande.

Bragadino, d'une des premières maisons de Venise, et ce n'est pas peu dire, étoit ambassadeur de cette république. Lui et sa femme étoient de fort aimables gens et d'un fort bon commerce.

L'ambassadeur d'Hollande mangeoit son pain et son fromage dans sa poche. C'étoit un homme qu'on ne voyoit et qu'on ne rencontroit jamais.

L'ambassadeur de Malte étoit un chevalier espagnol, qui, avec le caractère et les immunités d'ambassadeur, ne jouissoit d'aucun des honneurs de la cour qui y sont attachés, parce que Malte a été donnée à la religion[1]

---

1. Voyez tome III, p. 431 et note 1.

comme un fief de Sicile dont les rois d'Espagne avoient toujours été en possession, quoique alors Philippe V n'y fût plus. J'ai vu cet ambassadeur avoir une audience en cérémonie, en présence de tous les grands avertis, et moi comme les autres, car les ambassadeurs ne se trouvent point à ces fonctions, le roi debout, sous son dais, couvert, les grands couverts, appuyés à la muraille, les gens de qualité vis-à-vis, découverts. L'ambassadeur de Malte ne se couvrit point, complimenta le roi d'Espagne, et lui présenta de fort beaux faucons de la part du grand maître et de la religion. Comme c'étoit une espèce d'hommage, je m'informai si cet ambassadeur ne se couvroit point en arrivant en sa première audience de cérémonie. Il me fut répondu que non, et qu'elles se passoient toutes comme celle que je voyois, excepté les faucons. Ce qui me surprit le plus, c'est que les grands ne se découvrirent pas un seul moment, et il se retira comme il étoit entré, le roi et tous les grands présents et couverts.

Un Guzman étoit envoyé de Portugal, qui voyoit fort le monde, vivoit fort noblement et se faisoit aimer et estimer. Il me donna un grand, magnifique et excellent repas la veille de mon départ, avec toute sorte d'aisance et de politesse.

Après avoir différé, et parlé de tous les ministres étrangers, il faut enfin venir à M. de Maulevrier. De ma vie je ne l'avois vu qu'à Madrid, ni n'avois eu occasion de rien, directe ni indirecte, à son égard, ni avec personne qui lui touchât en rien. Le seul des siens que j'avois vu et connu étoit l'abbé de Maulevrier, son oncle, aumônier du feu Roi, dont il a été parlé ici quelquefois, et avec lequel j'avois toujours été fort bien. J'ignore donc en quoi je pus déplaire à un homme entièrement inconnu, et qui sans mon consentement n'auroit pas eu l'honneur de recevoir le caractère d'ambassadeur du Roi. Dès Paris, je savois qu'il avoit trouvé fort mauvais que je vinsse en Espagne, et comme je l'ai déjà dit, qu'on n'eût pas choisi le duc de Villeroy ou la Feuillade. Je résolus d'ignorer cette impertinence, et de vivre avec lui comme si j'eusse été content de lui. Je trouvai un homme fort respectueux, fort silencieux, fort réservé, et je m'aperçus bientôt qu'il n'y avoit rien dans cette épaisse bouteille que de l'humeur, de la grossièreté et des sottises. Je ne sais où l'abbé du Bois avoit pris un animal si mal peigné.

Il l'avoit fait accompagner par un marchand, devenu petit financier, qui s'appeloit Robin, et qui en portoit tout à fait la mine. C'étoit pour le diriger dans les affaires du commerce, mais il se trouva qu'il le dirigeoit dans toutes, et que sans Robin aucune n'eût marché. Aussi Robin, qui avoit de l'esprit et du sens, ayant envie d'être dépêché au Roi pour lui porter son contrat de mariage, je n'osai priver Maulevrier de son Mentor, quoiqu'ils m'en priassent tous deux. Je me contentai de mander le refus au cardinal du Bois, sans m'expliquer de la raison. Le cardinal ne fut pas si réservé dans sa réponse à cet article. Il me remercia de l'avoir refusé, et ajouta plaisamment que Robin étoit l'Apollon sans lequel Maulevrier ne pouvoit faire des vers. Peu de jours après mon arrivée, je l'allai voir en cérémonie. Je ne sais si ce fut ignorance ou panneau, il voulut donner la main à mes enfants. Je m'en aperçus assez tôt pour l'empêcher.

Sa bêtise l'avoit mis à merveilles avec Grimaldo, parce que, sans autre façon, il lui montroit toutes les dépêches qu'il recevoit de la cour. Rien n'étoit plus commode au ministre d'Espagne. J'en avertis le cardinal du Bois, mais sans aucun commentaire, qui me manda qu'il n'étoit pas à le savoir, et que tout le remède qu'il y avoit trouvé, c'étoit d'être fort attentif à ne rien écrire à Maulevrier que Grimaldo ne pût voir.

J'ai expliqué ailleurs la conduite qu'il eut avec moi à la signature du contrat de mariage. Si je m'amusois à marquer toutes ses sottises, je serois bien long et bien ennuyeux. Malgré tout cela, je lui montrai toujours le même visage, et à son caractère les mêmes égards. Il venoit presque tous les jours chez moi le plus librement du monde et très-souvent dîner, fort souvent aussi au palais ensemble. Le monde, qui avoit ou vu ou su ce qui s'étoit passé à la signature du contrat de mariage, et qui le haïssoit et le méprisoit, admiroit ou mon tranquille mépris ou ma patience. Comme j'avois résolu de ne me point fâcher, et surtout de ne point divertir le monde à nos dépens, je tournois toujours ce qu'on me disoit de lui en plaisanterie, et disois qu'il étoit le meilleur homme du monde.

Sa grossièreté, son humeur et sa bêtise lui avoient acquis une haine peu commune et générale. Il ne voyoit personne, et disoit franchement au palais, à tous ces seigneurs, qu'il aimoit mieux être tout seul que voir des Espagnols. Cette brutalité, qu'ils m'ont tous rapportée, qu'il leur répétoit souvent, est inconcevable. Il blâmoit devant eux leurs mœurs, leurs coutumes, leurs manières, leur disoit qu'elles étoient ridicules, n'en approuvoit aucune, et même ce qu'il y avoit de plus beau, édifices, fêtes, etc., il le trouvoit vilain, et se plaisoit à le leur dire, jusque-là qu'il n'avoit pas honte de leur témoigner nettement et souvent qu'il ne pouvoit souffrir l'Espagne ni les Espagnols. La plupart des seigneurs lui tournoient le dos au palais : je l'y trouvois isolé seul au milieu de la cour.

Quoique ces brutalités me revinssent de toutes parts, je les aurois crues exagérées, sans une des plus fortes dont je fus témoin et bien honteux. C'étoit à Lerma, la veille du mariage, et la première fois que je fis la révérence au roi et à la reine après ma petite vérole. J'attendois, pour avoir cet honneur, dans une petite pièce devant leur appartement intérieur avec Maulevrier et cinq ou six grands d'Espagne, avec lesquels je causois. Un homme étoit dans la même pièce, au haut d'une fort longue échelle, qui rattachoit une tapisserie. Tout d'un coup voilà Maulevrier qui se met à dire en faisant la grimace :

« Voyez-vous cet animal là-haut, combien il est maladroit; aussi est-ce un Espagnol; » et tout de suite à lui dire des injures. Moi, bien étonné, à rompre les chiens, et ces seigneurs à me regarder. Pour tout cela, Maulevrier ne démordit point. « B... d'Espagnol, dit-il, je voudrois te voir tomber de là-haut pour ta peine, et te rompre le col; tu le mériterois bien; j'en donnerois deux pistoles. » Véritablement je fus si effarouché, que je n'eus pas le mot à dire pour détourner ces beaux propos : « Eh! le sot b... d'Espagnol, et le sot! hé le maladroit! mais voyez donc comme il est gauche. » J'écoutai tout comme ne sachant plus ce que j'entendois ni où j'étois. Ces seigneurs, à force d'excès, s'en mirent à rire et à me dire : « M. le marquis de Maulevrier nous loue toujours. » J'eusse voulu être en mon village. Ce mot n'arrêta point Maulevrier; il soutint son dire. Enfin je fus appelé pour entrer où étoient le roi et la reine. Je pense qu'après les avoir quittés, ces seigneurs ne tinrent pas longue compagnie à cet ambassadeur si bien appris; outre qu'avec la haine, cette rusticité lui concilia le mépris, et sa vie mesquine en table nulle, et en équipages pauvres et courts, l'acheva. Il me donna pourtant une fois et même deux un assez grand et bon repas.

Il s'en falloit bien que je me crusse à portée de lui parler d'adoucir et de modérer ses manières. Quelque peu d'intérêt que je prisse en lui, je ne pouvois me détacher de celui de la nation, et de ce déshonneur du choix d'un pareil ministre. Je n'en parlai point non plus à son conducteur Robin, que je jugeai bien qui sentoit les mêmes choses, et qu'il ne pouvoit retenir cette étrange humeur. J'ignore quel mérite il avoit à la guerre, ni comment il ensorcela M. le prince de Conti de se piquer d'honneur d'arracher pour lui un bâton de maréchal de France. Ce que je sais, c'est que ce fut à l'étonnement général, pour n'en pas dire davantage.

Le duc d'Ormond étoit à Madrid sur un grand pied de considération de tout le monde et des ministres. Il en étoit fort visité et tenoit une table abondante et délicate, où il y avoit toujours quelques seigneurs et beaucoup d'officiers. Il tiroit gros du roi d'Espagne. Il alloit presque tous les jours au palais, où il étoit fort accueilli, et je ne l'ai point vu à portée du roi et de la reine qu'ils ne lui parlassent, et quelquefois même en s'arrêtant à lui avec un air de considération et de bonté. Il portoit publiquement la Jarretière et le nom de duc d'Ormond. Il ne se trouvoit point où on se couvroit; mais d'ailleurs il étoit traité en tout et partout comme les grands : il étoit petit, gros, engoncé, et toutefois de la grâce à tout, et l'air d'un fort grand seigneur, avec beaucoup de politesse et de noblesse. Il étoit fort attaché à sa religion anglicane, et refusa constamment les établissements solides qui lui furent souvent offerts en Espagne pour la quitter.

Ubilla, ou le marquis de Rivas, secrétaire de la dépêche universelle sous Charles II, qui eut tant de part à son testament, qu'il écrivit sous ce prince, avoit eu le sort commun à tous ceux à qui Philippe V avoit obligation de sa couronne, que la princesse des Ursins fit chasser. Il languissoit depuis obscurément et avec peu de bien, dans le conseil de Castille, où on lui avoit donné une place, comme dans un vieux sérail; et, avec les années et l'infortune, il vivoit fort seul, fort abandonné, se présentant rarement, toujours très-inutilement, au palais, où il étoit fort peu accueilli. Louville m'avoit conseillé à Paris de rendre une visite à cet illustre malheureux, comme chose fort convenable au service qu'il avoit rendu à la France. Je m'en souvins au retour de Lerma, et, quoique je n'eusse pas ouï parler de lui, je l'allai voir avec plus de suite que je n'avois coutume de mener dans mes visites. Jamais homme si surpris ni si aise, et je le fus beaucoup de lui avoir fait tant de plaisir. C'étoit un petit homme mince, et sur l'âge, dont la mine n'imposoit pas, mais plein d'esprit, de sens et de mémoire, et avec qui je me serois extrêmement plu et instruit, s'il avoit parlé moins difficilement françois. Il se montra avec moi fort mesuré sur sa disgrâce, à laquelle pourtant on sentoit qu'il n'étoit pas accoutumé. Ce n'étoit pas comme nos ministres renvoyés, dont les restes enrichiroient plusieurs seigneurs et les logeroient magnifiquement à la ville et à la campagne. Celui-ci, qui avoit exercé plusieurs années une charge qui comprend les quatre charges de nos secrétaires d'État, étoit logé plus que médiocrement, presque sans meubles, et les plus simples, avec fort peu de valets. Il revint me voir, et me fit présent d'un beau livre espagnol qu'il avoit composé des voyages et des campagnes de Philippe V. Cette visite me fit honneur à Madrid, et ne déplut pas aux ministres.

CHAPITRE IV.

Situation de la cour d'Espagne; goût et conduite de la reine; elle hait les Espagnols, qui la haïssent publiquement. — Cabales nationales à la cour d'Espagne. — Fortune de Caylus. — Importance du mécanique[1] journalier. — Plan de la reine arrivant à Madrid; sa conduite; fortune d'Alberoni; son règne, sa chute. — Vie journalière du roi et de la reine d'Espagne; déjeuner; prière; travail avec Grimaldo; lever. — Toilette. — Heures des audiences particulières des seigneurs et des ministres étrangers; de l'audience publique, et sa description; de l'audience du conseil de Castille; des audiences publiques des ambassadeurs et de la couverture des grands. — La messe et confession et communion. — Dîner. — Sortie et rentrée de la chasse. — Collation, et travail de Grimaldo. — Temps de la confession de la reine; sa contrainte. — Souper et coucher. — Voyages. — La reine présente à toutes les audiences particulières des ministres étrangers et des sujets. — Raisons de l'explication du détail des journées. — Jalousie réciproque du roi et de la reine; difficulté extrême de la voir en particulier, et de tout commerce d'affaires avec elle seule. — Caractère de Philippe V. — Éducation et sentiments de la reine d'Espagne pour sa famille et pour son pays. — Fortune de Scotti. — Caractère, vie, vues, art, manéges, conduite, pouvoir, contrainte de la reine d'Espagne. — Extinction par la princesse des Ursins des étiquettes, des conseils où le roi se trouvoit, des fonctions des charges principales, qui a toujours duré depuis. — Oubli réparé d'une fonction du grand et du premier écuyer.

1. Nous avons vu deux fois ce mot employé au féminin, tome I, p. 149; ci-après, p. 195 et 196, nous le trouverons, à trois lignes d'intervalle, une fois au masculin et une fois au féminin.

Outre les inimitiés particulières et les divisions que l'ambition et les différents intérêts forment et entretiennent toujours dans les cours, il y en avoit de nationales dans celle de Madrid. La reine étoit d'un poids très-principal dans les affaires de toute espèce, dans les choix, dans les grâces. Si elle n'étoit pas sûre de l'inclusion, elle l'étoit au moins de l'exclusion. Le comment on l'expliquera bientôt, et son crédit certain et invulnérable étoit universellement reconnu au dedans et au dehors. Elle étoit Italienne, Alberoni l'étoit aussi ; tous deux régnèrent conjointement comme avoit fait la feue reine avec la princesse des Ursins, et avoient tous attiré des Italiens à la cour et dans le service militaire. Les besoins de ménager la nation espagnole, et la reconnoissance due à sa fidélité singulière dans les revers les plus désespérés, et les signalés services qui avoient par deux fois remis la couronne sur la tête de Philippe V, avoient duré presque jusqu'à la mort de cette reine, qui n'avoit cessé de s'attacher les Espagnols par le solide et par le charme de ses manières, qui l'en avoit fait pour ainsi dire adorer. Après sa mort le roi, enfermé dans l'hôtel de Medina Celi avec la princesse des Ursins, n'y voyoit qu'elle dans tous les moments de la journée, et par-ci par-là quelques-uns[1] des sept ou huit personnes qu'elle avoit choisies pour se relayer les uns les autres, à toute autre exception, pour accompagner le roi à la chasse et à la promenade, desquels elle étoit parfaitement assurée. Les dangers étoient passés, elle gouvernoit seule, en plein et publiquement, sans contradiction de personne.

Le traitement d'Altesse qu'on a vu ailleurs qu'elle avoit fait donner au duc de Vendôme et à elle, avoit mis les Espagnols au désespoir contre elle, et leur haine éclatoit de toutes parts, malgré toute sa puissance. La nécessité des ménagements étoit passée avec la guerre ; elle tenoit le roi au point de ne craindre rien, pas même le feu Roi,

---

1. Il y a bien *quelques-uns*, au masculin.

qu'elle offensa, et qui la perdit. Elle rendit donc aux Espagnols haine pour haine; mais toute-puissante de sa part. Le second mariage du roi d'Espagne fut son ouvrage; personne en Espagne ni ailleurs n'en douta, elle en étoit même bien aise. Mais la conséquence fut que ce second mariage ne fut pas du goût des Espagnols, et pour d'autres raisons encore peu agréables à l'état, à la maison, au personnel de la nouvelle reine, au point que la chute si précipitée de la princesse des Ursins par l'arrivée de cette reine, ne put la réconcilier avec les Espagnols, beaucoup moins les Espagnols avec elle, à qui elle ne pardonna jamais leur éloignement de son mariage. On a vu ailleurs comment elle s'empara du roi d'Espagne, tout en arrivant, et par elle et avec elle bientôt après Alberoni. Entre son introduction et le comble de sa puissance, il y eut assez d'intervalle pour laisser aux Espagnols la liberté de se répandre sur un champignon poussé de si bas par une main qui leur étoit déjà odieuse. Ce fut bien pis pour les sentiments quand le poids du joug les empêcha de parler. Ils s'exhalèrent à la vérité à sa chute, mais cette chute même étoit l'ouvrage de la reine, qui n'en demeuroit que plus aboluе et plus régnante. Ainsi ils ne l'en aimèrent pas mieux, ni elle eux, jusque-là qu'elle dédaigna de profiter d'une conjoncture si favorable pour se les rapprocher. Aussi est-il incroyable jusqu'où alla cette réciproque aversion. Quand elle sortoit avec le roi pour aller à l'Atoche ou à la chasse, le peuple crioit sans cesse, ainsi que les bourgeois dans leurs boutiques : *Viva el re y la Savoyana, y la Savoyana !* et répétoient sans cesse *la Savoyana* à gorge déployée, qui est la feue reine, pour qu'on ne s'y méprît pas, sans qu'aucune voix criât jamais ; *Viva la reina !* La reine faisoit semblant de mépriser cela, mais elle rageoit en elle-même, on le voyoit, elle ne pouvoit s'y accoutumer. Aussi disoit-elle fort librement, et me l'a dit à moi plus d'une fois : « Les Espagnols ne m'aiment pas, mais je les hais bien aussi, » avec un air de pique et de colère. Ce n'étoit pas qu'il n'y en eût quelques-uns, mais en plus que très-petit nombre, qu'elle aimoit, comme Santa-Cruz, la comtesse d'Altamire, Montijo, et quelque peu d'autres, et quelques-uns encore qu'elle traitoit bien à cause de leurs places, de leur état, même familièrement et avec un air de bonté, comme le duc del Arco, à cause du goût du roi. Par la même raison du roi, et par la conjoncture d'alors, elle traitoit bien les François, mais au fond elle ne les aimoit pas.

Son goût étoit déclaré pour les Italiens, qui se rassembloient entre eux en cabale contre les Espagnols, sous la protection de la reine. Les Flamands s'accrochoient à eux pour plaire à la reine et par ancienne aversion de leur nation pour l'espagnole, et ce qu'il y avoit d'Irlandois aussi en officiers et en señoras de honor, et en caméristes, quoique le duc d'Ormont et le marquis de Lede, auxquels chacune des deux nations se rallioit, se maintinssent bien avec la reine, et avec les Espagnols. Des Espagnols aussi, mais en petit nombre, se joignoient à la cabale italienne, comme Montijo, tout jeune qu'il étoit encore, comme Miraval, gouverneur du conseil de Castille, ami intime du duc de Popoli, et quelques autres, ou pour des vues de fortune, ou par avoir encore secrètement la maison d'Autriche dans le cœur.

Les Espagnols payoient de haine, de hauteur, de mépris, et ne détestoient rien tant au monde que les Italiens, et après eux les Flamands. Ils souffroient les Irlandois, et la considération du roi, qui aimoit fort les François, les retenoit à leur égard. Ce qui faisoit encore cette différence, c'est qu'ils trouvoient beaucoup de seigneurs en leur chemin des deux premières nations pour les fortunes, les distinctions, les charges, les grandes places, ce qui ne se rencontroit pas dans les deux autres, où il n'y avoit personne à pouvoir s'égaler à eux; et d'ailleurs les François établis à demeure n'étoient rien pour le nombre.

Caylus étoit le seul qui pointât vers la fortune; il étoit militaire plus que courtisan, et point marié. Toutefois il avoit la Toison, et visoit à être capitaine général d'une province et d'armée. Il y arriva en effet, et longtemps depuis mon retour, à la grandesse et à la vice-royauté du Pérou. Mais ce n'étoit qu'un seul homme. A l'égard du duc de Liria, il avoit su se maintenir avec les uns et les autres, et il en étoit regardé comme naturel Espagnol, à cause de sa femme héritière en Espagne; car tous ces seigneurs italiens et flamands n'y avoient que leurs titres, leurs charges et leurs emplois, et pas un pouce de terre, au lieu que le Liria n'avoit ni terres, ni espérance, ni établissement qu'en Espagne.

Ces deux cabales, l'espagnole sur son palier, l'étrangère sous la bannière de la reine, n'éclatoient ni ne se montroient au dehors, mais en dessous se guettoient sans cesse, et par leur haine, leur envie, leur jalousie, faisoient des mouvements intérieurs. La reine, à la vie qu'elle menoit, ne pouvoit pas toujours être avertie, et tout le menu lui échappoit, parce que tous les secrétaires d'État et tous les membres des conseils et des juntes, pour ce qui en subsistoit, étoient tous Espagnols, et par ce encore que les grands seigneurs espagnols ne laissoient pas de trouver des accès auprès du roi, quelque enfermé qu'il fût, et qui au fond les considéroit, et donnoit dans son cœur et dans son goût une grande préférence aux Espagnols sur toute autre nation, excepté la françoise, mais sur laquelle il tenoit son goût de fort court, en considération des Espagnols; laquelle considération étoit bien connue à la reine et la contraignoit beaucoup et souvent. Toutes ces choses, invisibles en détail au gros du monde, même de la cour, étoient un spectacle fort intéressant, ou fort amusant et curieux, pour qui étoit au fait des personnages de l'intérieur du palais et des événements.

Ceci conduit naturellement à donner le mécanique[1]

---

1. Voyez ci-dessus, p. 191 et note 1.

extérieur du journalier du roi et de la reine d'Espagne, parce que rien n'influe tant sur le grand et sur le petit que cette mécanique des souverains. C'est ce qu'une expérience continuelle apprend à ceux qui sont initiés dans l'intérieur par la faveur ou par les affaires, et à ceux des dehors assez en confiance avec ces initiés pour qu'ils leur parlent librement. Je dirai, en passant, par l'expérience que j'ai faite vingt ans durant, et plus en l'une et en l'autre manière, que cette connoissance est une des meilleures clefs de toutes les autres, et qu'elle manque toujours aux Histoires, souvent aux Mémoires, dont les plus intéressants et les plus instructifs le seroient bien davantage s'ils avoient moins négligé cette partie, que qui n'en connoît pas le prix regarde comme une bagatelle indigne d'entrer dans un récit. Toutefois suis-je bien assuré qu'il n'est point de ministre d'État, de favori, de ce peu de gens qui de tous étages se trouvent initiés dans l'intérieur des souverains par le service nécessaire de leurs emplois ou de leurs charges, qui ne soit en tout de mon sentiment là-dessus.

La reine, arrivant en Espagne, ne songea qu'à remplir seule auprès du roi le vide qu'y laissoit l'expulsion qu'elle venoit de faire de la princesse des Ursins; et le roi, impatient par tempérament d'avoir une épouse, retenu qu'il étoit par sa conscience de trouver ailleurs, lui donna là-dessus tout le jeu qu'elle pouvoit desirer; mais accoutumé au tête-à-tête continuel, tout au plus au tiers, la reine n'eut pas à choisir. Son peu de connoissance lui fit bientôt admettre entre eux deux Alberoni, qui étoit le seul homme qu'elle connût, et qui, uni de même intérêt qu'elle par être Parmesan et ambitieux, étoit son conseil unique depuis leur départ de Parme, et le seul qu'elle pût avoir en Espagne, au moins dans les commencements. Il devint donc bientôt avec le roi et cette reine ce que Mᵐᵉ des Ursins avoit été avec l'autre reine, avec la différence du sexe, qui en ôta le ridicule, et qui le rendit capable du nom comme du pouvoir de premier ministre, et enfin de la dignité de cardinal. Pour arriver à ces grandes choses, il suivit le plan dont la princesse des Ursins s'étoit si bien trouvée, et dont les gens avisés qui peuvent tout sur les rois font tous, d'une façon ou d'une autre, un usage si utile pour eux, mais si détestable pour leurs maîtres et si pernicieux pour leurs États, leurs sujets, leur gouvernement. Alberoni n'eut, pour cela, rien à faire qu'à suivre le goût funeste que le roi avoit pris pour la prison où Mme des Ursins avoit su le renfermer peu à peu avec la reine, puis avec elle seule lorsqu'il devint veuf. La nouvelle reine et Alberoni suivirent la même route; ils renfermèrent le roi entre eux deux seuls et le rendirent inaccessible à tout le reste de la nature. Alberoni chassé, la reine lassée d'avoir été si longtemps prisonnière, victime de sa propre ambition et de celle de cet Italien, tenta plusieurs fois d'élargir son esclavage, sans jamais y avoir pu réussir. L'habitude du roi étoit trop enracinée; elle avoit passé en lui en seconde nature, et la reine désespéra bientôt d'adoucir ses fers. Voici donc quelle étoit leur vie en tous lieux, en tout temps, en toute saison.

Le roi et la reine n'eurent jamais qu'un seul et même appartement et qu'un lit, tel que je l'ai décrit, lorsque je fus admis avec Maulevrier à les y voir, lorsque nous leur portâmes la nouvelle du départ de Paris de la future princesse des Asturies. Fièvres, maladie telle qu'elle pût être de part ou d'autre, couches enfin, jamais une seule nuit de séparation; et la feue reine, pourrie d'écrouelles, le roi ne découcha d'avec elle que peu de jours avant sa mort. Sur les neuf heures du matin le rideau étoit tiré par l'azafata, suivie d'un seul valet intérieur françois portant un couvert et une écuelle qui étoit pleine d'un chaudeau. Hyghens, dans la convalescence de ma petite vérole, m'expliqua ce que c'est, et m'en fit faire un lui-même pour m'en faire goûter. C'est une mixtion légère de bouillon, de lait, de vin qui domine, d'un ou deux jaunes d'œufs, de sucre, de cannelle et d'un peu de gérofle¹. Cela est blanc, a le goût très-fort avec un mélange de douceur. Je n'en ferois pas volontiers mon mets, mais il est pourtant vrai que cela n'est pas désagréable. On y met, quand on veut, des croûtes de pain, et quelquefois grillé², et alors c'est une espèce de potage, autrement cela s'avale comme un bouillon ; et pour l'ordinaire, cette dernière façon de le prendre étoit celle du roi d'Espagne. Cela est onctueux, mais fort chaud, et un restaurant singulièrement bon à réparer la nuit passée, et à préparer la prochaine.

Pendant que le roi faisoit ce court déjeuner, l'azafata apportoit à la reine de quoi travailler en tapisserie, passoit des manteaux de lit à Leurs Majestés, et mettoit sur le lit partie des papiers qui se trouvoient sur les siéges prochains, puis se retiroit avec le valet et ce qu'il avoit apporté. Leurs Majestés faisoient alors leurs prières du matin. Grimaldo, sûr de l'heure, mais qui de plus étoit averti dans sa cavachuela³ au palais, montoit chez Leurs Majestés, et entroit. Quelquefois ils lui faisoient signe d'attendre en entrant, puis l'appeloient quand leur prière étoit finie, car il n'y avoit personne autre, et la chambre du lit étoit fort petite. Là Grimaldo étaloit ses papiers, tiroit de sa poche une écritoire et travailloit avec le roi et la reine, que sa tapisserie n'empêchoit pas de dire son avis. Ce travail duroit plus ou moins, selon les affaires, où quelque conversation. Grimaldo, en sortant avec ses papiers, trouvoit la pièce joignante vide, et un valet dans celle d'après, qui, le voyant passer, entroit dans la pièce vide, la traversoit et avertissoit l'azafata, qui sur-le-champ venoit présenter au roi ses mules et sa robe de chambre, qui tout de suite passoit seul la pièce vide, et entroit dans un cabinet où il s'habilloit, servi par trois valets françois intérieurs, toujours les mêmes, et par le duc del Arco⁴ ou le marquis de Santa-

1. L'orthographe de Saint-Simon est bien *gérofle*.
2. Il y a bien *grillé*, au masculin singulier, se rapportant *à pain*.
3. Voyez au chapitre suivant l'explication de ce mot.
4. Saint-Simon écrit ici ce nom *de Larco*.

Cruz, et souvent par tous les deux, sans que jamais qui que ce soit autre entrât à ce lever. Lorsqu'il étoit tout à fait à sa fin, un de ces valets alloit appeler le P. d'Aubanton dans le salon des Miroirs, qui venoit trouver le roi dans ce cabinet, d'où sur-le-champ les valets susdits emportoient à la fois les débris du lever, et ne rentroient plus. Si le roi faisoit un signe de la tête à ces deux seigneurs, après la sortie des valets, ils sortoient aussi; mais cela n'arrivoit que quelquefois, et ils restoient se tenant vers la porte, et le roi parloit dans la fenêtre au P. d'Aubanton.

La reine, dès que le roi étoit passé à son lever, se chaussoit seule avec l'azafata, qui lui donnoit sa robe de chambre. C'étoit le seul moment où elle pouvoit parler seule à la reine et la reine à elle; mais ce moment alloit au plus et non toujours à un demi-quart d'heure. Plus long, le roi l'auroit su, et auroit voulu savoir ce qui l'auroit allongé. La reine passoit cette pièce vide, et entroit dans un beau et grand cabinet où sa toilette l'attendoit. La camarera-mayor, deux dames du palais, deux señoras de honor tour à tour par semaine, et les caméristes étoient autour, quelquefois quelque dame du palais ou quelque señora de honor qui n'étoient pas en semaine, mais rarement. Quand le roi avoit fini avec le P. d'Aubanton, et d'ordinaire cela étoit court, il alloit à la toilette de la reine, suivi des deux seigneurs, qui, pendant sa conversation avec le P. d'Aubanton, l'attendoient à la porte du cabinet, soit en dedans, soit en dehors. Les infants venoient aussi à la toilette où il n'entroit avec eux que leurs gouverneurs, et, depuis le mariage du prince des Asturies, la princesse des Asturies, le duc de Popoli et la duchesse de Monteillano, quelquefois une dame du palais aussi de la princesse. Le cardinal Borgia avoit cette privance, et s'en servoit souvent. Le marquis de Villena l'avoit aussi, mais fâché d'être réduit à celle-là, et d'être privé de toutes celles que de droit lui donnoit sa charge, il n'en usoit presque jamais. La chasse, les voyages, les beaux habits du roi et des infants étoient la matière de la conversation. Par-ci, par-là, quelque petit avis de réprimande de la reine à ses dames sur l'assiduité de leur service, ou sur leurs commerces, ou sur la dévotion, car elle les tenoit fort de court pour ne pas voir grand monde et sur le choix de leur commerce; et pour être bien avec elle, il falloit accoucher souvent, n'être pas trop longtemps en couche ni souvent incommodée, surtout faire ses dévotions tous les huit jours. Souvent aussi le cardinal Borgia défrayoit la toilette par les plaisanteries qu'on lui faisoit, et auxquelles il donnoit lieu. Cette toilette duroit bien trois quarts d'heure, le roi debout, et tout ce qui y étoit.

Tandis qu'on en sortoit, le roi venoit entre-bâiller la porte du salon des Miroirs dans le salon qui est entre celui-là et le salon des Grands, où la cour se rassembloit, et là donnoit l'ordre à ceux qui, en très-petit nombre, avoient à le prendre, puis alloit retrouver la reine dans cette pièce que j'ai tout à l'heure appelée si souvent vide. C'étoit là l'heure des audiences particulières des ministres étrangers et des seigneurs ou autres sujets qui l'obtenoient. Ministres étrangers et sujets s'adressoient à la Roche pour la demander. Il prenoit l'ordre du roi, les faisoit avertir, et les introduisoit l'un après l'autre, sans demeurer avec eux dans le salon des Miroirs, où le roi la donnoit toujours.

Une fois la semaine, le lundi, il y avoit audience publique, qui est une pratique qu'on ne peut trop louer quand on ne la corrompt pas. Le roi, au lieu d'entrebâiller la porte dont je viens de parler, l'ouvroit, donnoit l'ordre sur le pas de la porte, et tout de suite traversoit tous ses appartements au milieu de sa cour, ces jours-là assez nombreuse, jusqu'à la pièce de l'audience publique des ambassadeurs et de la couverture des grands. Tous s'y rangent comme en ces occasions dont j'ai décrit l'assiette et la cérémonie ailleurs. Mais en celle-ci le roi s'assit[1] dans un fauteuil avec une table, une écritoire et du papier à sa droite. Il se couvre et tous les grands. Alors la Roche, qui a une liste à la main, ouvre la porte opposée à celle par où le roi et sa cour est entrée, et appelle à haute voix le premier qui se trouve sur sa liste. Celui-là entre, fait au roi une profonde révérence en entrant, une au milieu, puis se met à genoux devant le roi, excepté les prêtres, qui ôtent leur calotte, et font une génuflexion en abordant le roi et en se retirant, et parlent debout, mais baissés. C'est le roi qui à leur génuflexion les fait relever : tout autre demeure et parle à genoux, jusqu'à ce qu'il se retire. On parle au roi tant qu'on veut, de qui on veut et comme on veut, et on lui donne par écrit ce qu'on veut. Mais les Espagnols ne ressemblent en rien aux François ; ils sont mesurés, discrets, respectueux, courts. Celui-là ayant fini, se relève, baise la main au roi, fait une profonde révérence, et se retire sans en faire d'autre par où il est entré. Alors la Roche appelle le second, et ainsi tant qu'il y en a.

Lorsque quelqu'un veut parler au roi tête à tête, et qu'il est bien connu, cela ne se refuse point, et après avoir été appelé, la Roche se tourne sans bouger vers les grands, et dit du même ton qu'il a appelé : « C'est une audience secrète. » Alors les grands se découvrent, passent promptement devant le roi avec une révérence, et se retirent par la porte par où ils sont entrés, dans la pièce voisine. Le capitaine des gardes tient cette porte, la tête un peu en dehors pour voir toujours le roi et celui qui lui parle, qui est seul dans la pièce, où il ne reste personne que le roi et lui. Dès qu'il se lève, le capitaine des gardes le voit, rentre et tous aussi comme ils étoient sortis, et se remettent où ils étoient. Je n'ai point vu d'audiences publiques[2] sans audiences secrètes, et quelquefois deux et trois. Dans le peu que je fus à Madrid avant le mariage, les grands me prièrent de m'y trouver

1. S'assied. Voyez tome III, p. 130 et note 2.
2. Il y a *audience* au singulier, et *publiques* au pluriel.

comme duc et ayant les mêmes honneurs qu'eux, et j'y fus. Au retour du mariage, j'y eus double droit, comme duc et pair de France et comme grand d'Espagne. Mon second fils s'y trouva aussi avec moi, après sa couverture. Quand tout est fini, on reconduit le roi comme on l'avoit accompagné. Venant et retournant dans le palais, en quelque temps ou occasion que ce fût, le roi ne se couvroit jamais. C'étoit aussi le temps des audiences publiques des ambassadeurs et de la couverture des grands.

Cette même heure est aussi celle où le conseil de Castille vient au palais rendre compte au roi des jugements qu'il a rendus dans la semaine. Je crois avoir expliqué ce qui s'y passe, et comment; ainsi je ne le répéterai pas. Ce temps, avec le court travail qui le suit, dans une des autres pièces, entre le roi et le gouverneur du conseil de Castille dure au plus une heure et demie, mais rarement, et l'audience publique rarement trois quarts d'heures. Ce sont des temps d'autant plus précieux pour la reine qu'elle n'avoit que ceux-là dans la semaine, encore quand le roi étoit au palais ou au Retire[1]; car hors de Madrid, il n'y avoit jamais d'audience du conseil de Castille ni d'audience publique. Ainsi à l'Escurial, à Balsaïm de mon temps, à Sainte-Ildephonse depuis, au Pardo, à Aranjuez, la reine n'avoit exactement et précisément à elle que le temps de sa chaussure en sortant du lit.

J'oubliois d'ajouter que tout ce qui n'est pas ce qu'on appeloit autrefois en France, mais non à présent, gens de qualité ou militaire fort distingué, vont tous à ces audiences publiques. Il s'y amasse des placets et des mémoires que le roi reçoit et jette à mesure sur la table, et que la Roche porte après lui dans l'appartement intérieur; mais il y en a toujours quelques-uns que le roi mettoit dans sa poche ou emportoit dans sa main. C'est ce qu'étoient nos placets dans l'origine, qui sont tombés,

---

1. Au Retiro.

comme on les voit, et comme je ne les ai jamais vus autrement que pendant la régence.

Le roi rentré tout droit auprès de la reine, ou après s'être amusé avec elle seule, s'il n'y a point d'audience, alloit à la messe avec elle, ce même intérieur de la toilette, et le capitaine des gardes en quartier de plus. Le chemin se faisoit tout dans l'intérieur jusque dans la tribune, dans laquelle il y avoit un autel, où on leur disoit la messe, et où ils communioient tous deux ensemble et jamais séparément, ordinairement tous les huit jours, et alors ils y entendoient une seconde messe. Quand le roi se confessoit, c'étoit après son lever, avant d'aller à la toilette de la reine. S'il étoit jour de tenir chapelle, c'étoit à la même heure ; la reine alloit par l'intérieur dans la tribune, et le roi avec sa cour à travers les appartements. Le marquis de Santa-Cruz et le duc del Arco avoient tant d'assiduité qu'ils n'alloient guère ni à la tribune ni aux chapelles, mais quelquefois le marquis de Villena à la tribune, quand il n'y avoit pas chapelle, et qu'il vouloit parler au roi, comme sa charge, toute mutilée qu'elle étoit, l'y obligeoit assez souvent.

Au retour de la messe, ou fort peu après, on servoit le dîner. J'en ai expliqué les différents services des dames de la reine. Nul n'y entroit que ce qui entroit à la toilette. Le dîner étoit toujours de chez la reine, ainsi que le souper, et cela partout, mais le roi et la reine avoient chacun leurs plats ; le roi peu, la reine beaucoup : c'est qu'elle aimoit à manger, et qu'elle mangeoit de tout, et le roi toujours des mêmes choses : un potage uni, des chapons, poulets, pigeons bouillis et rôtis, et toujours une longe de veau rôtie ; ni fruit, ni salade, ni fromage, rarement quelque pâtisserie, jamais maigre, souvent des œufs ou frais ou en diverses façons, et ne buvoit que du vin de Champagne, ainsi que la reine. Le dîner[1] fini, ils

---

1. Saint-Simon a écrit ici *dîné*.

prioient Dieu ensemble. S'il arrivoit quelque chose de pressé, Grimaldo venoit leur en rendre un compte sommaire.

Environ une heure après le dîner, ils sortoient par un endroit public de l'appartement, mais court, et par un petit escalier alloient monter en carrosse, et au retour revenoient par le même chemin. Les seigneurs qui fréquentoient un peu familièrement la cour se trouvoient, tantôt les uns, tantôt les autres, à ce passage, ou les suivoient à leur carrosse. Très-souvent je les voyois à ces passages allant ou revenant. La reine y disoit toujours quelque mot honnête à ce qui s'y trouvoit. Je parlerai ailleurs de la chasse, toujours la même, où ils alloient tous les jours, et du Mail et de l'Atoche, certains dimanches ou fêtes qu'ils y alloient sans cérémonie.

Au retour de la chasse le roi donnoit l'ordre en rentrant. S'ils n'avoient pas fait collation dans leur carrosse, ils la faisoient en arrivant. C'étoit, pour le roi, un morceau de pain, un grand biscuit, de l'eau et du vin; et pour la reine, de la pâtisserie et des fruits, dans la saison; quelquefois du fromage. Le prince et la princesse des Asturies, et les infants, suivis comme à la toilette, les attendoient dans l'appartement intérieur. Cette compagnie se retiroit en moins de demi-quart d'heure. Grimaldo montoit et travailloit, ordinairement longtemps; c'étoit le temps du vrai travail. Quand la reine avoit à se confesser, c'étoit là l'heure. Outre ce qui regardoit la confession, elle et son confesseur n'avoient pas le temps de se parler. Le cabinet où elle étoit avec lui étoit contigu à la pièce où étoit le roi, qui, quand il trouvoit la confession trop longue, venoit ouvrir la porte et l'appeloit. Grimaldo sorti, ils se mettoient ensemble en prières, ou quelquefois en lecture spirituelle jusqu'au souper. Il étoit en tout servi comme le dîner. Il y avoit à l'un et à l'autre beaucoup plus de plats à la françoise qu'à l'espagnole ni même qu'à l'italienne.

Après souper, la conversation ou la prière tête à tête les

conduisoit à l'heure du coucher, où tout se passoit comme au lever, excepté qu'à la toilette de la reine le prince, ni la princesse des Asturies, ni les infants, ni le cardinal Borgia n'y alloient point. Enfin Leurs Majestés Catholiques n'avoient jamais partout que la même garde-robe, et leurs deux chaises percées étoient à côté l'une de l'autre dans toutes leurs maisons.

Ces journées si uniformes étoient les mêmes dans tous les lieux, et même dans les voyages, et le même tête-à-tête partout. Les journées des voyages étoient si petites que le temps qui se donnoit à la chasse de tous les jours suffisoit pour aller d'un lieu dans un autre, et tout le reste se passoit dans les maisons où Leurs Majestés Catholiques logeoient sur la route tout comme si elles étoient dans leur palais. Je parle ici du voyage de Lerma et de ceux qui se sont faits depuis mon retour. A l'égard de ceux de l'Escurial, de Balsaïm, d'Aranjuez, tous à peu près de la même longueur, mais trop courte pour coucher en chemin, tout s'avançoit peu à peu dans la matinée l'un sur l'autre d'une heure. Le départ étoit au sortir de table, et l'arrivée quelque temps avant l'heure de souper. En carrosse, soit pour la chasse, soit en voyage, toujours Leurs Majestés tête à tête dans un grand carrosse de la reine à sept glaces, et la housse de velours rouges clouée comme ici.

Pour ne rien omettre, il faut ajouter que la reine avoit encore à elle seule les premières et dernières audiences de cérémonie des ambassadeurs, et les couvertures des grands. Mais comme ces ambassadeurs et ces grands alloient toujours de chez le roi immédiatement chez elle, elle s'y préparoit, en les attendant, au milieu de ses dames et des autres dames qui n'avoient que ces occasions de venir au palais, et de lui faire leur cour; car pour les bals publics et les comédies, il n'y en avoit point au palais sans des occasions extraordinaires et fort rares.

A l'égard des audiences particulières des ministres

étrangers ou des seigneurs, elles ne se donnoient jamais qu'en présence de la reine, soit qu'elle y demeurât à côté du roi, soit qu'elle se retirât un peu à l'écart dans la même pièce. Aussi n'arrivoit-il guère que ceux qui avoient ces audiences laissassent écarter la reine. On connoissoit quel étoit son pouvoir sur le roi, et son influence dans toutes les affaires et les grâces, et ils étoient bien certains que si la reine s'étoit écartée lorsqu'ils parloient au roi, ils étoient cependant bien examinés par la reine, et qu'ils n'étoient pas plus tôt retirés, qu'elle apprenoit du roi tout ce qu'ils lui avoient dit, et ce qu'il leur avoit répondu, qui n'étoit jamais rien de précis sur quoi que ce fût, parce qu'il vouloit toujours avoir le temps de consulter la reine et Grimaldo.

Si ce détail des journées paroît long et petit, c'est qu'il est incroyable à qui ne l'a vu dans sa précision et son unisson, toujours et partout les mêmes. C'est qu'un tête-à-tête jour et nuit si continuel, et si momentanément et rarement interrompu, semble avec raison insoutenable. C'est l'influence entière que ce tête-à-tête immuable portoit sur toutes les affaires de l'État et sur celles des particuliers, c'est la démonstration nécessaire de ne pouvoir jamais, quel que l'on fût, parler au roi sans la reine, ni pareillement à la reine sans le roi, dont tous deux avoient réciproquement une jalousie extrême l'un à l'égard de l'autre; c'est enfin ce qui rendoit l'azafata si nécessaire pour faire passer à la reine seule ce qu'on vouloit dans le moment de sa chaussure, et dans les temps de l'audience publique et de l'audience du conseil de Castille, qui n'étoit jamais que dans Madrid, et qui étoient les seuls où la reine pouvoit parler à quelqu'un du dehors, qui en prenant bien juste ses mesures, pouvoit être secrètement introduit par l'azafata en lieu où la reine pût venir. C'est à quoi elle-même ne se jouoit guère, dans la frayeur de la découverte et des suites. Mais au moins pouvoit-elle dans ces courts, rares et précieux moments, recevoir et lire des lettres et des mémoires, et en écrire elle-même; mais on peut juger avec quelle précipitation et avec quel soin de ne garder aucun papier.

Philippe V n'étoit pas né avec des lumières supérieures, ni avec rien de ce qu'on appelle de l'imagination. Il étoit froid, silencieux, triste, sobre, touché d'aucun plaisir que de la chasse, craignant le monde, se craignant soi-même, produisant peu, solitaire et enfermé par goût et par habitude, rarement touché d'autrui, du bon sens néanmoins et droit, et comprenant assez bien les choses, opiniâtre quand il s'y mettoit, et souvent alors sans pouvoir être ramené, et néanmoins parfaitement facile à être entraîné et gouverné.

Il sentoit peu. Dans ses campagnes, il se laissoit mettre où on le plaçoit : sous un feu vif, sans en être ébranlé le moins du monde, et s'y amusant à examiner si quelqu'un avoit peur; à couvert et en éloignement du danger, tout de même, sans penser que sa gloire en pouvoit souffrir. En tout il aimoit à faire la guerre, avec la même indifférence d'y aller ou de n'y aller pas, et présent ou absent, laissoit tout faire aux généraux, sans y mettre rien du sien. Il étoit extrêmement glorieux, ne pouvoit souffrir de résistance dans aucune de ses entreprises; et ce qui me fit juger qu'il aimoit les louanges, c'est que la reine le louoit sans cesse et jusqu'à sa figure, et à me demander un jour, à la fin d'une audience qui s'étoit tournée en conversation, si je ne le trouvois pas fort beau et plus beau que tout ce que je connoissois. Sa piété n'étoit que coutume, scrupules, frayeurs, petites observances, sans connoître du tout la religion, le Pape une divinité quand il ne le choquoit pas, enfin la douce écorce des jésuites pour lesquels il étoit passionné. Quoique sa santé fût très-bonne, il se tâtoit toujours, il craignoit toujours pour elle. Un médecin tel que celui que Louis XI enrichit tant à la fin de sa vie, un maître Coctier, auroit fait auprès de lui un riche et puissant personnage : heureusement le sien étoit solidement homme de bien et d'honneur, et celui qui lui succéda depuis tout à la reine et tenu de court par elle.

Philippe V avoit moins de peine à bien parler que de paresse et de défiance de lui-même. C'est ce qui le rendoit si retenu et si rare à entrer le moins du monde dans la conversation, qu'il laissoit tenir à la reine avec ce qui les suivoit au Mail ou dans les audiences particulières, et qu'il la laissoit aussi parler aux uns et aux autres en passant, sans presque jamais leur rien dire : d'ailleurs c'étoit l'homme du monde qui remarquoit mieux les défauts et les ridicules, et qui en faisoit un conte le mieux dit et le plus plaisant. J'en dirai peut-être bientôt quelque chose. On a vu avec quelle dignité et quelle justesse il me répondit à mon audience solennelle, et avec quel discernement de paroles et de ton sur l'un et l'autre mariage, et cela seul montre bien qu'il savoit s'énoncer parfaitement, mais qu'il n'en vouloit presque jamais prendre la peine. A la fin, je l'avois un peu apprivoisé, et, dans mes audiences, qui se tournoient toujours en conversation, je l'ai plusieurs fois ouï parler et raisonner bien ; mais où il y avoit du monde, ordinairement il ne me disoit qu'un mot, qui étoit une question courte ou quelque chose de semblable, et n'entroit jamais dans aucune conversation.

Il étoit bon, facile à servir, familier avec l'intérieur, quelquefois même au dehors avec quelques seigneurs. L'amour de la France lui sortoit de partout. Il conservoit une grande reconnoissance et vénération pour le feu Roi, et de la tendresse pour feu Monseigneur, surtout pour feu Monseigneur le Dauphin, son frère, de la perte duquel il ne pouvoit se consoler. Je ne lui ai rien remarqué sur pas un autre de la famille royale que pour le Roi, et ne s'est jamais informé à moi de qui que ce soit de la cour que de la seule duchesse de Beauvillier, et avec amitié.

On a peine à comprendre ses scrupules sur sa couronne, et de les concilier avec cet esprit de retour, en cas de malheur, à la couronne de ses pères, à laquelle il avoit si solennellement renoncé, et plus d'une fois. C'est qu'il ne pouvoit s'ôter de la tête la force des renonciations de la Reine en épousant le feu Roi, et de toutes les précautions possibles dont on les avoit affermies, et en même temps il ne pouvoit comprendre que Charles II eût été en droit et en pouvoir de disposer par son testament d'une monarchie dont il n'étoit qu'usufruitier, et non pas propriétaire, comme l'est un particulier de ses acquêts dont il est libre de disposer. Voilà sur quoi le P. d'Aubanton avoit eu sans cesse à le combattre; il se croyoit usurpateur. Dans cette pensée, il nourrissoit cet esprit de retour en France, et par en préférer la couronne et le séjour, et peut-être plus encore pour finir ses scrupules en abandonnant l'Espagne. On ne peut pas se cacher que tout cela ne fût mal arrangé dans sa tête, mais le fait est que cela l'étoit ainsi, et que l'impossibilité seule s'est opposée à un abandon auquel il croyoit être obligé, et qui eut une part très-principale en l'abdication qu'il fit et qu'il méditoit dès avant que j'allasse en Espagne, quoiqu'il laissât sa couronne à son fils. C'étoit bien la même usurpation à ses yeux, mais enfin ne pouvant là-dessus ce qu'il eût voulu par scrupule, il se contentoit au moins en faisant de soi ce qu'il pouvoit en l'abdiquant. Ce fut encore ce qui lui fit tant de peine à la reprendre à la mort de son fils, malgré l'ennui qu'il avoit essuyé, et le dépit fréquent de n'être pas assez consulté, et ses avis suivis par son fils et par ses ministres. On peut bien croire que ce prince ne m'a jamais parlé de cette délicate matière, mais je n'en ai pas été moins bien informé d'ailleurs. Pour entre Grimaldo et moi, il ne s'est jamais dit une seule parole qui pût y avoir le moindre rapport.

La reine n'avoit pas moins de desir d'abandonner l'Espagne, qu'elle haïssoit, et de venir régner en France, si malheur y fût arrivé, où elle espéroit mener une vie moins enfermée et bien plus agréable. Cela s'est bien vu d'elle surtout et de son Alberoni, dans les morceaux d'affaires étrangères que j'ai donnés ici de M. de Torcy.

Parmi tout ce que je viens de dire, il ne laisse pas d'être très-vrai que Philippe V étoit peu peiné des guerres qu'il faisoit, qu'il aimoit les entreprises, et que sa passion étoit d'être respecté et redouté, et de figurer grandement en Europe.

La reine avoit été élevée fort durement dans un grenier du palais de Parme, par la duchesse sa mère, qui ne lui avoit pas laissé voir le jour, et qui depuis la conclusion de son prodigieux mariage ne l'avoit laissé voir que le moins qu'elle avoit pu, et jamais que sous ses yeux. Cette extrême sévérité n'avoit pas réussi auprès de la reine, dont le mariage ne réconcilia pas son cœur avec une mère, sœur de l'impératrice, veuve de l'empereur Léopold, et Autrichienne elle-même jusque dans les moelles. Ainsi il ne resta entre la fille et la mère que des dehors de bienséance, souvent assaisonnés d'aigreurs. Il n'en étoit pas de même entre la reine et le duc de Parme, frère et successeur de son père, et second mari de sa mère. Ce prince l'avoit toujours traitée avec amitié et considération, et tâché d'adoucir à son égard l'humeur farouche de sa mère. Aussi la reine aima toujours tendrement le duc de Parme, dont elle porta sans cesse les intérêts et même les desirs avec la plus grande chaleur ; et le crédit de ce prince auprès d'elle étoit le plus sûr et le plus fort qu'on y pût employer.

Elle aimoit, protégeoit et avançoit tant qu'il lui étoit possible les Parmesans ; elle avoit un foible pour eux bien connu d'Alberoni, et qu'il redoutoit sur toutes choses, comme on l'a vu dans ce qui a été donné ici de M. de Torcy. Scotti, d'une des premières maisons de Parme, car il y a d'autres Scotti qui n'en sont pas, et qui sont peu de chose, étoit venu à Madrid chargé des affaires du duc de Parme, lorsque Alberoni s'en défit et devint premier ministre. Scotti étoit toujours demeuré à Madrid sous la protection de la reine, qui se moquoit de lui la première, et qui une fois ou deux me laissa très-bien entendre le peu de cas qu'elle en faisoit, en quoi elle étoit imitée de toute la cour, qui néanmoins lui témoignoit des égards à cause de l'affection sans estime de la reine. En effet, c'étoit un grand et gros homme fort lourd, dont l'épaisseur se montroit en tout ce qu'il disoit et faisoit; bon homme et honnête homme d'ailleurs, mais parfaitement incapable. Personne n'en étoit si persuadée[1] que la reine, mais il étoit Parmesan et d'une des premières maisons sujettes du duc de Parme, et cela lui suffit pour faire à la longue, et faute de concurrents de même pays, la haute fortune où il est à la fin parvenu par la bienveillance de la reine, sans néanmoins qu'elle ait jamais fait de lui le moindre cas. Elle l'a fait gouverneur du dernier des infants, lui a valu la Toison d'or, enfin la grandesse, et pour couronner tout, après l'avoir extrêmement enrichi, de fort pauvre qu'il étoit, l'ordre du Saint-Esprit.

Après l'explication préalable sur la tendresse de la reine pour son oncle et pour sa patrie, et sa façon d'être avec la duchesse sa mère, il faut venir à quelque chose de plus particulier. Cette princesse étoit née avec beaucoup d'esprit et avec toutes les grâces naturelles que l'esprit savoit gouverner. Le sens, la réflexion, la conduite, savoient se servir de son esprit et l'employer à propos, et tirer de ses grâces tout le parti possible. Qui l'a connue est toujours dans le dernier étonnement comment l'esprit et le sens ont pu suppléer autant qu'ils ont fait en elle à la connoissance du monde, des affaires et des personnes, dont le grenier de Parme et le perpétuel tête-à-tête d'Espagne l'ont toujours empêchée de pouvoir s'instruire véritablement. Aussi ne peut-on disconvenir de la perspicacité qui étoit en elle, qui lui faisoit saisir du vrai côté tout ce qu'elle pouvoit apercevoir en gens et en choses, et ce don singulier auroit eu en elle toute sa per-

1. Ce participe est bien au féminin.

fection, si l'humeur ne s'en fût jamais mêlée; mais elle en avoit, et il faut avouer qu'à la vie qu'elle menoit on en auroit eu à moins. Elle sentoit ses talents et ses forces, mais sans cette fatuité d'étalage et d'orgueil qui les affoiblit et les rend ridicules. Son courant étoit simple, uni, même avec une gaieté naturelle qui étinceloit à travers la gêne éternelle de sa vie; et quoique avec l'humeur, et quelquefois l'aigreur que cette contrainte sans relâche lui donnoit, c'étoit une femme qui ne prétendoit à rien plus dans le courant ordinaire, et qui y étoit véritablement charmante.

Arrivée en Espagne, sûre d'en chasser d'abord la princesse des Ursins, et avec le projet de la remplacer dans le gouvernement, elle le saisit d'abord et s'en empara si bien, ainsi que de l'esprit du roi, qu'elle disposa bientôt de l'un et de l'autre. Sur les affaires, rien ne lui pouvoit être caché. Le roi ne travailloit jamais qu'en sa présence. Tout ce qu'il voyoit seul, elle le lisoit et en raisonnoit avec lui. Elle étoit toujours présente à toutes les audiences particulières qu'il donnoit, soit à ses sujets, soit aux ministres étrangers, comme on l'a déjà expliqué ci-dessus, en sorte que rien ne pouvoit lui échapper du côté des affaires ni des grâces. De celui du roi, ce tête-à-tête éternel que jour et nuit elle avoit avec lui lui donnoit tout lieu de le connoître, et, pour ainsi dire, de le savoir par cœur. Elle voyoit donc à revers les temps des insinuations préparatoires, leur succès, les résistances lorsqu'il s'en trouvoit, leurs causes et les façons de les exténuer, les moments de ployer pour revenir après, ceux de tenir ferme et d'emporter de force. Tous ces manéges lui étoient nécessaires, quelque crédit qu'elle eût, et si on l'ose dire, le tempérament du roi étoit pour elle la pièce la plus forte, et elle y avoit quelquefois recours. Alors les refus nocturnes excitoient des tempêtes. Le roi crioit et menaçoit, par-ci, par-là passoit outre; elle tenoit ferme, pleuroit et quelquefois se défendoit. Le matin tout étoit en orage; le très-petit et intime intérieur agissoit envers l'un et envers l'autre sans pénétrer souvent ce qui l'avoit excité. La paix se consommoit la nuit suivante, et il étoit rare que ce ne fût à l'avantage de la reine, qui emportoit sur le roi ce qu'elle avoit voulu.

Il arriva une querelle de cette sorte pendant que j'étois à Madrid, qui fut même poussée fort loin. J'en fus instruit par le chevalier Bourck et par Sartine, qui l'étoient eux-mêmes par l'azafata, et dans un détail que je n'ai pas oublié, mais que je ne rendrai pas. Ils me voulurent persuader de m'en mêler, et que l'azafata les avoit chargés de m'en presser. Je me mis à rire et les assurai que je me garderois bien de suivre ce conseil, et même de laisser apercevoir à personne que j'eusse la moindre connoissance de ce qu'ils venoient de me raconter.

Ainsi la vie de la reine étoit également contrainte et agitée au delà de tout ce qui s'en peut imaginer; et quelque grand que fût son pouvoir, elle le devoit à tant d'art, de souplesses, de manéges, de patience, que ce n'est point trop dire, quelque étendu qu'il fût, qu'elle payoit beaucoup trop chèrement. Mais elle étoit si vive, si active, si décidée, si arrêtée, si véhémente dans ses volontés, et ses intérêts lui étoient si chers et lui paroissoient si grands, que rien ne lui coûtoit pour arriver où elle tendoit. Son premier objet fut de se mettre à couvert par tous les moyens possibles du dénuement et de [la] tristesse de la vie d'une reine d'Espagne veuve, et de ce qui lui pourroit arriver de la part du fils et successeur du roi, qui n'étoit pas le sien.

D'autres objets ne tardèrent pas à se joindre à celui-là, et à le rendre moins difficile. Elle eut plusieurs princes, et dès lors elle tourna toutes ses pensées à en faire un souverain indépendant pendant la vie du roi, chez qui, après sa mort, elle pût se retirer et commander. Pour arriver à ce but que jour et nuit elle méditoit, il falloit tourner les affaires de manière à le faciliter, se faire des créatures, et leur procurer des places dont les fonctions et l'autorité la pussent aider. Ce fut aussi à quoi elle se tourna toute entière, et ce fut par les ouvertures vraies ou fausses que l'adroit Alberoni sut lui présenter qu'il se rendit tout à fait maître de son esprit, ce que ses successeurs Riperda et Patiño imitèrent depuis avec le même succès pour eux-mêmes.

Dans l'entre-deux d'Alberoni et de Riperda, que j'étois à Madrid, et que Grimaldo étoit le seul qui travailloit avec le roi, elle n'avoit point de secours, parce [que] les impressions qu'Alberoni lui avoit données contre Grimaldo subsistoient dans son esprit, de façon qu'elle ne pouvoit lui confier son secret et se servir de lui. Ce secret toutefois étoit pénétré. Alberoni en furie de sa chute ne le lui avoit pas gardé; mais elle se flattoit qu'un premier ministre chassé, et de la réputation que celui-là s'étoit si justement acquise partout, au dedans et dehors, n'en seroit pas cru à ses discours pleins de rage et de fiel. Mais elle étoit étrangement embarrassée, abandonnée ainsi à sa seule conduite. C'étoit aussi ce qui l'attachoit plus fortement à la cabale italienne, et qui, par cela même, donnoit aux Italiens plus de force, de vigueur et de crédit. Elle se piquoit d'avoir beaucoup d'égards pour le prince et la princesse des Asturies, et de marquer des soins et de l'amitié aux enfants de la feue reine, ce qui changea bien quelque temps après mon retour ici. Enfin ces desseins de souveraineté pour ses enfants, qui, du temps même d'Alberoni, étoient publics par tout ce qui s'étoit proposé et même traité là-dessus, malgré tout ce secret que la reine vouloit encore prétendre, ont été le pivot constant sur lequel ont roulé depuis toutes les affaires avec l'Espagne, ou qui y ont eu un rapport.

Mais ce qui les gâta sans cesse, et à tous égards, fut la contrainte continuelle des ministres étrangers et de ceux du roi d'Espagne, dont les premiers ne pouvoient lui parler, ni les autres travailler avec lui qu'en présence de la reine. Quoique en usage de tout voir et de tout entendre, elle ne pouvoit en avoir assez appris par là pour discerner avec justesse ce qui l'éloignoit ou l'approchoit de son but, ou ce qui y étoit étranger et indifférent, de sorte que ses méprises traversoient les propositions, les plans, les avis les plus raisonnables, et en soutenoient de tout contraires avec une âcreté qui imposoit absolument aux ministres espagnols, et qui faisoit perdre terre aux ministres étrangers, parce qu'ils sentoient bien que rien ne pouvoit réussir malgré elle.

Rien aussi n'a été plus funeste à l'Espagne que cette forcenerie d'établissements souverains pour les fils de la reine, et que cette impossibilité de traiter de rien qu'avec le roi et la reine ensemble. Elle avoit une telle peur de tout ce qui pouvoit croiser ses projets, et avoit une teinture d'affaires si superficielle, que tout ce qui se proposoit lui étoit suspect dès qu'il n'entroit pas dans son sens. Dès lors, elle le barroit, et si quelquefois on la faisoit revenir, ce ne pouvoit être qu'avec des circuits, des ménagements, des longueurs qui gâtoient et bien souvent perdoient les affaires, en faisant manquer de précieuses occasions. Que si on eût pu l'entretenir seule avec un peu de loisir, elle avoit de l'esprit et du sens de reste pour bien entendre et discuter avec jugement, et on auroit été en état de la combattre avec succès, ce qui étoit impossible, le roi présent, parce qu'elle avoit tant de peur qu'il ne prît les impressions qu'on lui présentoit, et qui lui entroient à elle dans la tête, comme l'éloignant de son but, qu'elle ne laissoit lieu à aucune explication, et barroit tout, et jusqu'à des choses qui facilitoient ses vues, parce qu'elle n'en comprenoit pas d'abord les suites et les conséquences, tellement que les ministres espagnols demeuroient tout court, dans la crainte de s'attirer sa disgrâce et de perdre leurs places, et les ministres étrangers enrayoient aussi dans la certitude de l'inutilité de pousser plus avant. C'est ce qui a fait un tort extrême et continuel aux affaires d'Espagne.

A l'égard des choses intérieures d'Espagne et des grâces,

elle n'étoit pas toujours maîtresse de les faire tourner comme elle vouloit, surtout les grâces, quoique elle en emportât la plus nombreuse partie. Mais pour l'exclusion, elle ne la manquoit guère, quand elle la vouloit donner, et à force d'exclusions, elle arrivoit quelquefois à faire tomber la grâce sur qui elle ne l'avoit pu d'abord. Rien n'égaloit la finesse et le tour qu'elle savoit donner aux choses, et les adresses avec lesquelles elle savoit prendre le roi, et peu à peu l'affecter de ses goûts à elle et de ses aversions. Rarement alloit-elle de front, mais par des préparations éloignées, des contours et retours qu'elle poussoit ou retenoit à la boussole de l'air, des réponses, de l'humeur du roi, qu'elle avoit eu tout le temps de connoître sans s'y pouvoir tromper. Ses louanges, ses flatteries, ses complaisances étoient continuelles; jamais l'ennui, jamais la pesanteur du fardeau ne se laissoit apercevoir. Dans ce qui étoit étranger à ses projets, le roi avoit toujours raison, quoi qu'il pût dire ou vouloir, et alloit sans cesse au-devant de tout ce qui pouvoit lui plaire, avec un air si naturel qu'il sembloit que ce fût son goût à elle-même.

La chaîne toutefois étoit si fortement tendue qu'elle ne quittoit jamais le côté gauche du roi. Je l'ai vue plusieurs fois au Mail, emportée des instants par un récit ou par la conversation, marcher un peu plus lentement que le roi et se trouver à quatre ou cinq pas en arrière, le roi se retourner, elle à l'instant même regagner son côté en deux sauts, et y continuer la conversation ou le récit commencé avec le peu de seigneurs qui la suivoient, et qui comme elle, et moi avec eux, regagnoient promptement aussi ce si peu de terrain qu'on avoit laissé perdre. Je parlerai du Mail à part tout à l'heure.

On voit aisément, par le détail des journées du roi et de la reine d'Espagne, qu'il ne restoit pas même vestige des anciennes étiquettes de cette cour, qu'elle étoit tombée à rien, que les seigneurs n'avoient plus que des instants de passages à pouvoir se montrer, mais que [il] n'y en avoit plus aucun pour les dames, de conseil et de travail qu'avec un seul ministre, et que presque toutes les charges de la cour étoient anéanties, ainsi que la distinction des pièces par degrés de dignité, où chacun connoissoit et se tenoit dans sa mesure, et attendoit avec ses pareils à voir le roi. La charge de sommelier du corps, l'une des trois charges par excellence, et celles des gentilshommes de la chambre, sans autorité et sans fonction quelconque, n'étoient plus que des noms vains, et leurs clefs une montre entièrement inutile. Aussi plusieurs d'eux ne venoient guère au palais, et quoique le marquis de Montalègre, sommelier du corps, fût aussi capitaine des hallebardiers, rien n'étoit plus rare que de l'y rencontrer. Il ne restoit au majordome-major que l'honorifique de cette grande charge, encore borné à sa place auprès du roi, ou aux chapelles à la tête des grands, et l'autorité sur les provisions de bois, de charbon, des caves et des cuisines, ces dernières encore fort diminuées, parce que le roi mangeoit toujours de chez la reine, et jamais de chez lui; et il lui restoit encore quelques débris à l'égard des ordres pour les fêtes, encore assez bornées, quelques rares cérémonies, et sur les logements dans les voyages, ce qui étoit encore plus rare, enfin sur la réception des ambassadeurs et des autres étrangers distingués à qui le roi en vouloit faire. Les majordomes de semaine étoient sous lui dans les mêmes privations. Le grand écuyer, seul des trois charges, n'avoit presque rien perdu, parce que toutes ses fonctions n'étoient que dans le dehors, et le premier écuyer de même. Le patriarche des Indes non plus, dont les fonctions ne s'étendoient que sur la chapelle, et à dire le *benedicite* ou les *grâces* quand sans contrainte il se trouvoit au dîner du roi. Le capitaine des hallebardiers n'avoit jamais eu de fonction personnelle, comme a ici le capitaine des Cent-Suisses, sinon de prendre l'ordre, quand sans contrainte il se trouve quand le roi le donne Les capitaines des gardes du corps et leurs compagnies, et les deux colonels des régiments des gardes, créés en même temps, eurent toujours le même service qu'ils ont ici.

Ce fut la princesse des Ursins qui peu [à peu] abolit les conseils où le roi assistoit, les étiquettes du palais et les fonctions des charges, pour tenir le roi enfermé avec la feue reine et elle, et ôter tout moyen de lui pouvoir parler et d'en approcher, et pareillement aux dames, à l'égard de la reine. Aussi prit-elle toujours bien garde au choix qu'elle faisoit des dames du palais, des señoras de honor et des caméristes, et ces deux dernières classes elle les avoit remplies tant qu'elle avoit pu d'Irlandoises et d'autres étrangères. Depuis Mme des Ursins, l'enfermerie du roi et [de] la nouvelle reine continua également, et les étiquettes et les charges ne se relevèrent plus. La camarera-mayor qui lui succéda, n'eut plus aucun particulier avec la reine, toujours enfermée avec le roi, et fut réduite comme le majordome-major de la reine à la toilette et aux repas.

Mais puisque je reparle ici des charges, je crois devoir réparer un oubli que je crois m'être échappé sur le grand et le premier écuyer. C'est que dès que le roi est dehors, s'il mange sur l'herbe ou dans un village, non pas en voyage, mais chasse ou promenade, s'il boit même seulement un coup, s'il veut se laver les mains, s'il prend un manteau ou un surtout, ou le quitte, si même il change de chemise, et par conséquent se déshabille et se rhabille, le grand écuyer le sert et le premier écuyer, et celui-là ôte au sommelier du corps toutes ses fonctions, même en sa présence, et celui-ci de même aux gentilshommes de la chambre, non au sommelier, ce qui fait que le sommelier et les gentilshommes de la chambre ne sont pas curieux de suivre le roi dehors.

Parlons maintenant de la chasse, de l'Atoche et du Mail.

CHAPITRE V.

Chasse. — L'Atoche. — Impudence monacale. — Le Mail. — Vie ordinaire de Madrid. — *Recao;* ce que c'est; usages dans les visites. — Vie des gens employés dans les affaires. — Politesse et dignité des Espagnols. — Mesures pour la grandesse et la Toison. — Lettre de M. le duc d'Orléans au roi d'Espagne, et du cardinal du Bois à Grimaldo, pour ma grandesse, d'une telle foiblesse que Grimaldo ne voulut pas remettre au roi celle de M. le duc d'Orléans, ni lui parler de celle du cardinal du Bois.

La chasse étoit le plaisir du roi de tous les jours, et il falloit qu'il fût celui de la reine. Mais cette chasse étoit toujours la même. Leurs Majestés Catholiques me firent l'honneur, fort singulier, de m'ordonner de m'y trouver une fois, et j'y allai dans mon carrosse. Ainsi je l'ai bien vue, et qui en a vu une les a vues toutes. Les bêtes noires et rousses ne se rencontrent point dans les plaines. Il faut donc les chercher vers les montagnes, et ces pays sont trop âpres pour y courre le cerf, le sanglier et d'autres bêtes, comme on fait ici et ailleurs. Les plaines mêmes sont si sèches, si dures, si pleines de crevasses profondes, qu'on n'aperçoit que de dessus le bord, que les meilleurs chiens courants ou lévriers seroient bientôt rendus après les lièvres, et auroient les pieds écorchés, même estropiés pour longtemps. D'ailleurs tout y est si plein d'herbes fortes que les chiens courants ne tireroient pas grand secours de leur nez. Tirer en volant, il y avoit longtemps que le roi avoit quitté cette chasse et qu'il ne montoit plus à cheval; ainsi les chasses se bornoient à des battues.

Le duc del Arco, qui par sa charge de grand écuyer avoit l'intendance de toutes les chasses, choisissoit le lieu où le roi et la reine devoient aller. On y dressoit deux grandes feuillées, adossées l'une à l'autre, presque fermées, avec force espèces de fenêtres larges et ouvertes presque à hauteur d'appui. Le roi, la reine, le capitaine des gardes en quartier, le grand écuyer, et quatre chargeurs de fusils, étoient seuls dans la première avec une vingtaine de fusils et de quoi les charger. Dans l'autre feuillée, le jour que je fus à la chasse, étoient le prince des Asturies venu dans son carrosse à part avec le duc de Popoli et le marquis del Surco, aussi dans cette feuillée le marquis de Santa-Cruz, le duc de Giovenazzo, majordome-major et grand écuyer de la reine, Valouse, deux ou trois officiers des gardes du corps, et moi, force fusils, et quelques hommes pour les charger. Une seule dame du palais de jour suivoit tour à tour la reine, dans un autre carrosse, toute seule, duquel elle ne sortoit point, et y portoit pour sa consolation un livre et quelque ouvrage, car personne de la suite n'en approchoit. Leurs Majestés et cette suite faisoient le chemin à toutes jambes, avec des relais de gardes et de chevaux de carrosses, parce qu'il y avoit au moins trois ou quatre lieues à faire, qui valent au moins le double de celles de Paris à Versailles. On mettoit pied à terre aux feuillées, et aussitôt on emmenoit les carrosses, la pauvre dame du palais et tous les chevaux hors de toute vue, fort loin, de peur que ces équipages n'effarouchassent les animaux.

Deux, trois, quatre cents paysans commandés avoient fait dès la nuit des enceintes, et des huées dès le grand matin, au loin pour effrayer les animaux, les faire lever, les rassembler autant qu'il étoit possible, et les pousser doucement du côté des feuillées. Dans ces feuillées, il ne falloit pas remuer ni parler le moins du monde, ni qu'il y eût aucun habit voyant, et chacun y demeuroit debout, en silence. Cela dura bien une heure et demie d'attente, et ne me parut pas fort amusant. Enfin nous entendîmes de loin de grandes huées, et bientôt après nous vîmes des troupes d'animaux passer à reprises à la portée et à demi-portée de fusil de nous, et tout aussi le roi et la reine faire beau feu. Ce plaisir ou cette espèce de boucherie dura plus de demi-heure à voir passer, tuer, estropier cerfs, biches, chevreuils, sangliers, lièvres, loups, blaireaux, renards, fouines sans nombre. Il falloit laisser tirer le roi et la reine, qui assez souvent permettoient au grand écuyer et au capitaine des gardes de tirer ; et comme nous ne savions de quelle main partoit le feu, il falloit attendre que celui de la feuillée du roi se fût tu, puis laisser tirer le prince, qui souvent n'avoit plus sur quoi, et nous encore moins. Je tuai pourtant un renard, à la vérité un peu plus tôt qu'il n'étoit à propos, dont un peu honteux, je fis des excuses au prince des Asturies, qui s'en mit à rire et la compagnie aussi, moi après à leur exemple, et tout cela fort poliment. A mesure que les paysans s'approchent et se resserrent, la chasse s'avance, et elle finit quand ils viennent tout près des feuillées, huant toujours, parce qu'il n'y a plus rien derrière eux. Alors les équipages reviennent, les deux feuillées sortent et se joignent, on apporte les bêtes tuées devant le roi. On les charge après derrière les carrosses. Pendant tout cela, la conversation se fait, qui roule sur la chasse. On emporta ce jour-là une douzaine de bêtes et plus, et quelques lièvres, renards et fouines. La nuit nous prit peu après être partis des feuillées. Voilà le plaisir de Leurs Majestés Catholiques tous les jours ouvriers. Les paysans employés sont payés, et le roi leur fait donner encore quelque chose assez souvent en montant en carrosse.

Notre-Dame d'Atocha, ou l'Atoche, comme on l'appelle le plus ordinairement pour abréger, est une image miraculeuse de la sainte Vierge, dans la riche chapelle d'une église, d'ailleurs assez ordinaire, d'un vaste et superbe couvent de dominicains hors de Madrid, mais à moins d'une portée de fusil des dernières maisons, et joignant le bout du parc du palais du Buen-Retiro, qui enferme aussi un beau et grand monastère de hiéronymites, dont l'église sert de chapelle à ce palais, d'où on y va, à couvert, de partout, ainsi que dans le monastère. L'atoche est tellement la grande dévotion de Madrid, et de toute

la Castille, que c'est devant cette image que s'offrent les
vœux, les prières, les remerciements publics pour les
nécessités, et des prospérités du royaume, et dans les
cas de maladie périlleuse du roi, et de sa guérison. Le
roi n'entreprend jamais de vrai voyage, et cela depuis
un temps immémorial, qu'il n'aille en cérémonie faire
ses prières devant cette image, ce qui ne s'appelle point
autrement qu'aller prendre congé de Notre-Dame d'Atocha, et y va de même dès qu'il est de retour. Les
richesses de cette image en or, en pierreries, en dentelles, en étoffes somptueuses, sont prodigieuses. C'est
toujours une des plus grandes et des plus riches dames
qui a le titre de sa dame d'atour, et c'est un honneur fort
recherché, quoique très-cher, car il lui en coûte quarante
mille livres et quelquefois cinquante mille livres tous les
ans pour la fournir de dentelles et d'étoffes, qui reviennent bientôt au profit du couvent. Je ne m'arrêterai pas
aux réflexions sur ces dévotions. La duchesse d'Albe,
qu'on a vue à Paris ambassadrice d'Espagne, l'étoit alors.
Je ne sais qui lui succéda dans cet emploi. Elle mourut
peu de jours après mon arrivée à Madrid.

Il y a plusieurs jours, dimanches ou fêtes, quelquefois
même des jours ouvriers de fêtes non fêtées, où il y a sur
le soir un salut à l'Atoche, qui est fort fréquenté, et où le
roi et la reine alloient souvent sans cérémonie par les
dehors de Madrid, et sans entrer dans l'église ni dans le
couvent. Il y a au dehors un médiocre corps de logis
sans cour. On monte en dedans une quinzaine de marches, et on trouve trois pièces dont celle du milieu est la
plus grande. Une longue tribune règne sur l'église dans
laquelle on entre des deux secondes pièces. Celle du roi
est séparée dans la même longueur par une cloison ; la
famille royale et le service le plus indispensable s'y met ;
dans l'autre toute leur suite ; ce qui est en charge médiocre demeure dans la pièce du milieu, et le bas domestique dans celle d'entrée, desquels tout va qui veut dans
l'église ; en sorte que dans la tribune de la suite, il n'y

entre qu'elle et le peu de seigneurs ou principaux courtisans, qui, les uns ou les autres, y viennent faire leur cour, dont la plupart même ne sont pas dans cet usage. J'y allois presque toujours attendre Leurs Majestés un moment avant qu'elles arrivassent. Je n'y ai jamais vu qu'une douzaine, toujours les mêmes, de ceux qui n'y étoient pas obligés par leurs fonctions, et jamais plus de trois ou quatre à la fois. Les dames du palais et les señoras d'honor y suivoient la reine, plusieurs, mais non pas toutes, et si la reine alloit de là au Mail, il n'en restoit qu'une dame du palais; toutes les autres dames et la camarera-mayor s'en retournoient. Trois ou quatre dominicains, des premiers du couvent, y recevoient Leurs Majestés et les voyoient partir, qui leur disoient toujours quelque chose en s'arrêtant à eux, et à ceux qu'elles trouvoient dans ces pièces, avant d'entrer dans la tribune et en en sortant.

Je ne vis jamais moines si gros, si grands, si grossiers, si rogues. L'orgueil leur sortoit par les yeux et de toute leur contenance. La présence de Leurs Majestés ne l'affoiblissoit point, même en leur parlant; je dis pour l'air, les manières, le ton, car ils ne parloient qu'espagnol, que je n'entendois pas. Ce qui me surprit, à n'en pas croire mes yeux la première fois que je le vis, fut l'arrogance et l'effronterie jusqu'à la brutalité avec laquelle ces maîtres moines poussoient leurs coudes dans le nez de ces dames, et dans celui de la camarera-mayor comme des autres, qui toutes à ce signal leur faisoient une profonde révérence, baisoient humblement leur manche, redoubloient après leur révérence, sans que le moine branlât le moins du monde, qui rarement après leur disoit quelque mot d'un air audacieux, et sans marquer la civilité la plus légère, à quoi, lorsque cela arrivoit, ces dames répondoient le plus respectueusement du monde, à leur ton et à toute leur contenance. J'ai vu quelquefois quelque seigneur leur baiser aussi la manche, mais comme à la dérobée, d'un air honteux et pressé, mais jamais les moines la présenter à pas un d'eux. Quoique cette rare cérémonie se renouvelât toutes les fois que le roi alloit à l'Atoche, elle me surprit toujours, et je ne pus m'y accoutumer.

La tribune donnoit également en face de la chapelle de Notre-Dame et du grand autel; le saint-sacrement étoit dans le tabernacle de l'un et de l'autre, et si alors il étoit exposé, ce qui n'arrivoit pas toujours, c'étoit à l'autel de Notre-Dame, très-magnifiquement et avec une infinité de lumières. Il l'étoit fort haut; et pour donner la bénédiction il descendoit et remontoit après par une machine cachée derrière l'autel. Cela me parut un peu machine d'opéra bien déplacée. Quand le saint-sacrement n'étoit pas exposé, il n'y avoit point de bénédiction. Les moines chantoient dans leur chœur, qu'on ne pouvoit voir, les litanies de la Vierge et d'autres prières d'un ton lent, triste et très-lugubre, et cela duroit demi-heure ou trois quarts d'heures. Ce salut étoit très-commode pour voir Leurs Majestés et leur faire sa cour.

De l'Atoche il étoit fort ordinaire que le roi entrât dans le parc du Retire, et il y étoit suivi par les mêmes qui s'étoient trouvés au salut. On mettoit pied à terre au Mail, beau, large, extrêmement long. Le roi y jouoit avec le grand et le premier écuyer, le marquis de Santa-Cruz ou quelque autre seigneur, et y jouoit toujours trois tours complets d'aller et venir, la reine toujours à son côté, et quand il le falloit, changeoit de place, pour être toujours à sa gauche. Ce Mail étoit extrêmement agréable par les charmes qu'elle y répandoit. Il n'y avoit que des seigneurs dans le Mail, et la dame du palais qui la suivoit; tout le reste se tenoit des deux côtés sans y entrer. On suivoit le roi et la reine, qui faisoit la conversation avec les uns et les autres, avec une aimable familiarité, et amusoit de temps [en temps] le roi par les plaisanteries qu'elle faisoit, dont Valouse s'embarrassoit fort ordinairement, et en augmentoit la gâieté. Elle attaquoit fort aussi le duc del Arco, prenoit plaisir à le mettre aux mains avec Santa-

Cruz, et faisoit en sorte qu'ils s'en disoient souvent de bonnes. Le grand écuyer ne laissoit pas de se rebecquer quelquefois contre la reine, librement, et plaisamment quelquefois. Si quelque joueur faisoit une pirouette ou quelque mauvais coup, c'étoit de rire et de lui tomber sur le corps, en sorte que ce temps du Mail paroissoit toujours trop court. Le roi, toujours grave, sourioit; quelquefois un mot tout court et rare. Il jouoit très-bien et de bonne grâce, et la reine l'admiroit fort. A la fin du dernier tour, les carrosses venoient au bout du Mail, et on s'en retournoit. De la mi-février à la mi-avril on laissoit reposer et repeupler les animaux; il n'y avoit point de chasse, et le Mail allongé d'un peu de promenade, dans le même parc quelquefois, en remplissoit un peu le vide, presque tous les jours.

La vie de Madrid étoit de deux sortes pour les personnes sans occupation : celle des Espagnols et celle des étrangers, je dis étrangers établis en Espagne. Les Espagnols ne mangeoient point, paressoient chez eux, et avoient entre eux peu de commerce, encore moins avec les étrangers; quelques conversations, par espèce de sociétés de cinq ou six chez l'un d'eux, mais à porte ouverte, s'il y venoit de hasard quelque autre. J'en ai trouvé quelquefois en faisant des visites. Ils demeuroient là trois heures ensemble à causer, presque jamais à jouer. On leur apportoit du chocolat, des biscuits, de la mousse de sucre, des eaux glacées, le tout à la main. Les dames espagnoles vivoient de même entre elles. Dans les beaux jours le cours étoit assez fréquenté dans la belle rue qui conduit au Retire, ou en bas sous des arbres entre quelques fontaines, le long du Mançanarez. Ils voyoient et rarement les étrangers en visite, et ne se mêloient point avec eux. A l'égard de ceux-ci, hommes et femmes mangeoient et vivoient à la françoise, en liberté, et se rassembloient fort entre eux en diverses maisons. La cour montroit quelquefois que cela n'étoit pas de son goût, et s'en lassa à la fin, parce qu'il n'en étoit autre chose. De paroisses ni d'office canonical, c'est ce qui ne se fréquentoit point; mais des saluts, des processions, et la messe basse dans les couvents. On rencontre par les rues beaucoup moins de prêtres et de moines qu'à Paris, quoique Madrid soit plein de couvents des deux sexes.

L'usage est que les dames envoient de loin à loin savoir des nouvelles des seigneurs fort distingués. Cela s'appelle un *recao;* et le même usage veut que le lendemain, au moins très-peu après, celui qui a reçu ce *recao* aille en remercier la dame. Cela m'est souvent arrivé, et souvent aussi je trouvois la dame seule. Je voyois souvent, indépendamment des *recao,* la comtesse de Lemos et la duchesse douairière d'Ossone : la première, sœur du duc de Medina Sidonia, l'autre, fille du dernier connétable de Castille; toutes deux magnifiquement logées et superbement meublées. Cette dernière aimoit fort M. le duc d'Orléans, qui l'avoit beaucoup vue à Madrid. Il me l'avoit fort recommandée, et m'avoit chargé de lui faire ses compliments. Elle avoit chez elle une salle d'opéra complète, moins large, un peu moins longue, mais bien autrement belle que celle de Paris, et singulièrement commode pour les communications des loges de l'amphithéâtre et du parterre. Ces deux dames n'auroient point paru désagréables ici, parloient bien françois, et avoient, surtout la dernière, une conversation extrêmement agréable, et toutes deux l'air de très-grandes dames, ainsi qu'elles l'étoient en effet. Je voyois aussi plusieurs autres dames.

La première que je visitai en arrivant à Madrid fut la marquise de Grimaldo. On ne m'avoit point averti de la façon de recevoir en usage pour les dames. Je la trouvai au fond d'un cabinet en face de la porte, avec quelque compagnie d'hommes et de femmes, des deux côtés. Elle se leva dès qu'elle me vit entrer, mais sans démarrer d'un pas, et s'inclina, lorsque j'approchai, comme font les religieuses, qui est leur révérence. Quand je me retirai, elle en fit autant, sans avancer d'une ligne, ni aucune excuse de ce qu'elle n'en faisoit pas d'avantage : c'est l'usage du pays. Pour les hommes, ils viennent plus ou moins loin au-devant, et reconduisent de même suivant les conditions des gens, car tout est réglé et certain, et néanmoins n'ôte pas l'importunité des compliments. De part et d'autre on s'en fait bien plus qu'ici pour empêcher ou pour prolonger la conduite. Chacun des deux sait bien jusqu'où elle doit aller, que rien ne l'abrégera ni ne l'étendra, que tout ce qui se dit de part et d'autre est parfaitement inutile, que l'un seroit blâmé, l'autre justement offensé si la conduite ne s'accomplissoit pas en entier telle qu'elle doit être. Tout cela n'empêche point qu'on ne s'arrête à tous moments, et que ces compliments ne durent la moitié du temps de la visite ; cela est insupportable : on parle ici des visites de cérémonie ; mais quand la familiarité est établie, on vit ensemble à peu près comme on fait ici. En aucun cas les femmes ne vont voir les hommes ; mais elles vont chez eux lorsqu'elles en sont priées pour une musique ou un bal ou un feu d'artifice ou quelque chose de semblable. Et si alors, outre les rafraîchissements, il y a un souper, elles se mettent à table et mangent avec la compagnie.

Les gens employés sont tout à fait séquestrés du commerce, et dispensés de faire des visites, hors certains cas particuliers, ou de gens fort distingués. J'en excepte les visites de cérémonie, aux ambassadeurs et autres telles personnes, par exemple cardinaux, voyageurs distingués, que le roi fait recevoir par un de ses majordomes, un vice-roi ou un général d'armée de retour, ou celui qui revient d'une des premières ambassades. Mais ces visites ne se redoublent pas sans nécessité d'affaires, si l'amitié ou une considération supérieure n'y donne occasion. Aussi ne les va-t-on guère voir que pour affaires ou occasions semblables, et leur rendre leurs visites [1], excepté leurs amis particuliers ou leurs familiers. Ces

---

1. Le manuscrit porte *leurs* au pluriel, et *visite* au singulier.

derniers les voient quelquefois chez eux, mais pas toujours, jamais les autres, quand ce sont des secrétaires d'État, parce qu'ils ne sont chez eux que pour le moment du dîner, et le soir pour celui du souper, après lequel ils se retirent avec leur femme et leurs enfants, jusqu'à ce qu'ils se couchent.

Leurs journées se passent chacun dans leur cavachuela, et c'est où on les va trouver. De la cour du palais on voit des portes à rez-de-chaussée. On y descend plusieurs marches, au bas desquelles on entre en des lieux spacieux, bas, voûtés, dont la plupart n'ont point de fenêtres. Ces lieux sont remplis de longues tables et d'autres petites, autour desquelles un grand nombre de commis écrivent et travaillent sans se dire un seul mot. Les petites sont pour les commis principaux qui chacun travaillent seuls sur leurs tables. Ces tables ont des lumières d'espace en espace, assez pour éclairer dessus, mais qui laissent ces lieux fort obscurs. Au bout de ces espèces de caves est une manière de cabinet un peu orné, qui a des fenêtres sur le Mançanarez et sur la campagne, avec un bureau pour travailler, des armoires, quelques tables et quelques siéges. C'est la cavachuela particulière du secrétaire d'État, où il se tient toute la journée, et où on le trouve toujours.

Celle de Grimaldo étoit gaie par la vue de deux fenêtres, assez petite, et voûtée comme les autres, dont il n'étoit séparé que par la porte; en sorte qu'il n'avoit qu'à sonner, un commis entroit et il donnoit ses ordres sans attendre et sans interrompre son travail; et comme il étoit toujours dans sa cavachuela, les commis demeuroient aussi assidûment dans les leurs, sous les yeux des premiers commis, et n'en sortoient, pour dîner et le soir pour se retirer, qu'en même temps que le secrétaire d'État, qui les voyoit en passant, et les y retrouvoit en venant de dîner. Que le roi fût au palais ou hors de Madrid, même des temps considérables, c'étoit toujours la même assiduité dans les cavachuelas. Grimaldo, qui suivoit toujours le roi, demeura à Madrid pendant un voyage de Balsaïm de huit ou dix jours. J'eus affaire à lui pendant cette absence; je dirai ailleurs de quoi il s'agissoit. Je le trouvai dans sa cavachuela, comme si le roi eût été dans le palais. Grimaldo ne laissoit pas de venir assez souvent chez moi, même sans aucune affaire, et d'y venir dîner familièrement aussi, sans prier, amenant ou amené par le duc de Liria ou le prince de Masseran, ou le marquis de Lede, ou quelque autre de ses amis, quelquefois le duc del Arco, quelque dimanche que ce seigneur en avoit le temps. Si on proposoit de mener cette vie à nos secrétaires d'État, même à leurs commis, ils seroient bien étonnés, et je pense aussi bien indignés.

A l'égard de ceux qui étoient des différents conseils qui subsistoient, on les voyoit chez eux lorsqu'on y avoit affaire; ils y travailloient, et les cavachuelas n'étoient que pour les secrétaires d'État et leurs commis. Il faut dire ici que rien n'égale la civilité, la politesse noble et la prévenance attentive des Espagnols, lorsqu'on le mérite par les manières qu'on a avec eux; comme il n'y a personne aussi nulle part qui se sente davantage, et qui le fasse mieux et plus dédaigneusement sentir, quand ils ont lieu de croire qu'on n'en use pas à leur égard comme on doit. Je dis quand ils ont lieu, car ils sont par grandeur éloignés de la pointille et de la vétille, et passent aisément mille choses aux étrangers qui ignorent et qui n'ont point l'air de gloire et de prétendre. C'est ce que Maulevrier et moi avons sans cesse expérimenté d'eux, depuis le plus grand seigneur jusqu'aux moindres personnes, mais en deux manières en tout extrêmement différentes.

Il est temps enfin de reprendre le fil que tant de descriptions et d'explications peu connues jusqu'à présent, mais curieuses, ont interrompu. On a vu en son ordre le motif qui m'avoit fait souhaiter l'ambassade d'Espagne : c'étoit la grandesse pour mon second fils, et brancher[1] ainsi ma maison. Ce qui ne m'eût jamais conduit en Espagne, mais concomitance que je ne voulois pas négliger sans en faire de principal, étoit une Toison d'or pour mon fils aîné, afin qu'il remportât de ce voyage un agrément qui, à son âge, étoit une décoration. J'étois parti de Paris en toute liberté de m'aider de tout ce que je pourrois à ces égards, et avec promesse de la demande expresse de la grandesse au roi d'Espagne par M. le duc d'Orléans, d'y interposer même le nom du Roi, et des lettres les plus fortes du cardinal du Bois au marquis de Grimaldo et au P. d'Aubanton. J'en parlai à l'un et à l'autre une fois à Madrid, au milieu du tourbillon d'affaires, de cérémonial et de réjouissances, et j'en avois été reçu à souhait. Sur tout ce qui n'étoit point constitution les jésuites se louoient de moi, et ils en avoient très-bien informé le P. d'Aubanton. Ils avoient encore à compter avec moi pour longtemps, suivant toutes apparences. Au fond, peu leur importoit d'un grand d'Espagne françois ; mais il ne leur étoit pas indifférent que j'eusse lieu de croire qu'ils eussent contribué à me faire obtenir ce que je desirois.

Grimaldo étoit droit et vrai, il s'affectionna à moi de très-bonne foi ; il m'en donna toutes sortes de preuves dès ce premier séjour à Madrid, comme j'en ai rapporté quelques-unes. Il voyoit aussi une union des deux cours par des mariages qui pouvoient influer sur les ministres. Son seul point d'appui étoit le roi d'Espagne pour se maintenir dans le poste unique qu'il occupoit, si brillant et si envié. Il ne pouvoit pas faire de fondement solide sur la reine, comme on l'a vu ci-devant. Il vouloit donc s'appuyer de la France, tout au moins ne l'avoir pas contraire, et il connoissoit parfaitement la duplicité et les caprices du cardinal du Bois. La cour d'Espagne, de tout temps si attentive sur M. le duc d'Orléans, par tout ce

---

1. Voyez tome II, p. 375 et note 1.

qui s'étoit passé du temps de la princesse des Ursins, et depuis pendant la régence, n'ignoroit pas la confiance intime et non interrompue que de tout temps ce prince avoit en moi, ni ma façon d'être avec lui. Ces sortes d'objets se grossissent de loin plus que d'autres, et le choix qui avoit été fait de moi pour cette singulière ambassade y confirmoit encore. Grimaldo put donc penser à s'assurer de mon amitié et de mes services auprès de M. le duc d'Orléans dans les occasions fortuites ; et je ne crois pas me tromper en lui prêtant cette politique pour me favoriser sur une grâce, au fond assez naturelle, qui, par l'occasion unique de me la faire, ne tiroit à nulle conséquence, et qui, à son égard particulier, n'avoit aucun inconvénient,

Je m'ouvris aussi à Sartine, que mes égards pour lui si opposés aux brutalités qu'il essuyoit souvent de Maulevrier, et les bons offices que je tâchois de lui rendre auprès de M. le duc d'Orléans et du cardinal du Bois, m'avoient entièrement dévoué. On a vu qu'il étoit ami particulier et familier de Grimaldo, et je me servis utilement de ce canal pour faire passer à ce ministre ce qui eût été moins convenable de lui dire moi-même. Je touchai encore un mot de cette grandesse et de la Toison au P. d'Aubanton, la veille qu'il partit pour Lerma, et fis pressentir en même temps Grimaldo sur la Toison par Sartine, et l'un et l'autre avec succès.

Je regardois l'instant de la célébration du mariage comme l'époque d'obtenir ce que je desirois, et je considérois qu'étant passée sans avoir obtenu, tout se refroidiroit et deviendroit incertain et fort désagréable. Je n'avois rien oublié dans ce court et premier séjour à Madrid pour y plaire à tout le monde, et j'ose dire que j'y avois d'autant mieux réussi, que j'avois tâché de donner du poids et du mérite à ma politesse, en gardant tout le milieu possible aux degrés et aux mesures qu'elle devoit avoir à l'égard de chacun, sans prostitution et sans avarice, et c'est ce qui me fit hâter de connoître tout ce que je pus de la naissance, des dignités, des emplois, des alliances, de la réputation, pour y proportionner ma façon de me conduire avec tant de diverses personnes.

Mais il me falloit le véhicule de la demande de M. le duc d'Orléans et des lettres du cardinal du Bois. Je ne doutois pas de la volonté du Régent, mais beaucoup de celle de son ministre, et on a vu avec combien de raison. Ces lettres, qui devoient au plus tard arriver à Madrid en même temps que moi, se faisoient attendre inutilement d'ordinaire en ordinaire. Ce qui redoubloit mon impatience étoit que je les lisois d'avance, et que je voulois avoir le temps de réfléchir et de me tourner pour en tirer, malgré elles, tout le secours que je pourrois. Je comptois parfaitement sur toute l'écorce d'empressement du cardinal du Bois, qui, avec sa fausseté et sa mauvaise volonté, n'enfanteroit que des demi-choses, souvent plus nuisibles que rien du tout, et qui, ne pouvant empêcher M. le duc d'Orléans d'écrire au roi d'Espagne, se chargeroit de faire la lettre, et la feroit au plus foible et au plus mal, sans que M. le duc d'Orléans, livré à lui, sans appui contre lui, moi absent, osât y rien changer. Cette opinion que j'eus toujours de ces lettres fut ce qui me porta le plus à fortifier mes batteries en Espagne, tant auprès du ministre et du confesseur qu'auprès de Leurs Majestés Catholiques et de toute leur cour, pour me rendre assez agréable au roi et à la reine pour leur inspirer le penchant de me faire ces grâces; et à leur cour, sinon le desir, du moins une véritable approbation qui pût revenir à leurs oreilles, et fortifier ce penchant que je tâchois muettement de leur faire naître, d'autant qu'il étoit difficile qu'on ne pensât à la cour, et par conséquent qu'il ne s'y parlât, d'une grandeur pour moi dans une occasion si faite exprès, pour ainsi dire, et à toutes les bontés et toutes les distinctions que l'emploi dont j'étois honoré auprès de Leurs Majestés Catholiques attiroit sur moi de leur part.

Peu de jours avant d'aller à Lerma, je reçus des lettres du cardinal du Bois sur mon affaire. Rien de plus vif ni de plus empressé, jusqu'à me donner des conseils pour parvenir à mon but, et à me presser de l'aviser de tout ce en quoi il y pourroit contribuer et m'assurant que les lettres de M. le duc d'Orléans et les siennes arriveroient à temps. A travers le parfum de tant de fleurs, l'odeur du faux perçoit par sa nature. J'y avois compté, j'avois fait tout ce que la sagesse et la mesure la plus honnête m'avoit permis pour y suppléer. Je pris pour bon toutes les merveilles que le cardinal m'écrivoit, et je partis pour Lerma bien résolu de cultiver de plus en plus mon affaire sans me reposer sur les lettres qu'on me promettoit, mais dans le dessein d'en tirer tout le parti que je pourrois.

En arrivant à mon quartier, près de Lerma, je tombai malade, comme on l'a vu ailleurs, et la petite vérole m'y retint quarante jours en exil. Le roi et la reine, non contents de m'avoir envoyé M. Hyghens, comme je l'ai dit ailleurs, pour ne me point quitter jour et nuit, voulurent être informés deux fois par jour de mes nouvelles, et quand je fus mieux, me firent témoigner sans cesse mille bontés, en quoi toute la cour les imita. Je rends d'autant plus librement hommage à des bontés si continuelles et si marquées, que je n'ai jamais pensé à les devoir qu'au personnage que j'avois l'honneur de représenter, et dans des moments si agréables. Pendant ce long intervalle, l'abbé de Saint-Simon entretint commerce avec le cardinal du Bois, d'autant plus aisément que je n'avois voulu me charger que de très-peu d'affaires, et d'aucunes qui eussent des queues capables de me retenir en Espagne plus que je n'aurois voulu. En même temps il n'oublia pas d'entretenir aussi commerce avec le marquis de Grimaldo et avec Sartine, qui vint à Lerma, et de suivre mon affaire.

Ces lettres tant promises se firent attendre jusque vers la fin de ma quarantaine. A la fin elles arrivèrent, mais telles que je les avois prévues. Le cardinal du Bois ne s'expliquoit à Grimaldo que par contours et circonlocutions; et si une phrase témoignoit de l'empressement et du désir, la suivante la détruisoit par un air de respect et de ménagement, protestant de ne vouloir que ce que le roi d'Espagne voudroit lui-même, avec tous les assaisonnements nécessaires pour anéantir ses offices sous le voile de ne pas se proposer de le presser de rien, ni de l'importuner d'aucune chose. Il en disoit autant à Grimaldo pour lui, de sorte que ce bégaiement par écrit sentoit fort le galimatias d'un homme qui n'avoit nulle envie de me servir, mais qui, n'osant aussi manquer à sa promesse, mettoit tout son esprit à tortiller et à énerver le peu qu'il ne pouvoit s'empêcher de dire. Cette lettre n'étoit que pour Grimaldo, comme celle de M. le duc d'Orléans n'étoit que pour le roi d'Espagne. Celle-ci fut encore plus foible que l'autre. C'étoit comme un dessin en crayon que la pluie auroit presque effacé, et où il ne paroissoit plus d'ensemble. Elle osoit à peine mettre le doigt sur la lettre, et se confondoit aussitôt en respects, en retenue, en mesure, à ne vouloir et à ne se proposer là-dessus que ce qui seroit le plus du goût du roi d'Espagne; en un mot, qui se retiroit beaucoup plus qu'elle ne s'avançoit, et qui ne présentoit qu'une sorte de manière d'acquit, qui ne se pouvoit refuser, mais dont le succès étoit fort indifférent. Il est aisé de comprendre que ces lettres me déplurent beaucoup. Quoique j'y eusse prévu toute la malice du cardinal du Bois, je la trouvai au delà et bien plus à découvert que je ne l'avois imaginé.

Telles qu'elles fussent, si[1] fallut-il s'en servir. L'abbé de Saint-Simon écrivit à Grimaldo et à Sartine, et les envoya à ce dernier pour remettre sa lettre et celles de la cour à Grimaldo, car je n'osois encore écrire moi-même dans le ménagement qu'il falloit garder pour le mauvais

1. Voyez tome X, p. 252 et note 1.

air. Sartine, à qui je n'avois pas fait confidence, encore moins à Grimaldo, de la foiblesse à laquelle je m'attendois de ces recommandations, tombèrent dans la dernière surprise à leur lecture. Ils raisonnèrent ensemble, ils s'indignèrent, ils cherchèrent des biais pour fortifier ce qui en avoit tant de besoin; mais ces biais ne se trouvant point, ils se consultèrent, et Grimaldo prit un parti hardi qui m'étonna au dernier point, et qui aussi me mit fort en peine. Il conclut que ces lettres me nuiroient sûrement plus qu'elles ne me serviroient; qu'il falloit les supprimer, n'en jamais parler au roi d'Espagne, le confirmer dans la pensée qu'il feroit, en m'accordant ces grâces, un plaisir à M. le duc d'Orléans d'autant plus grand qu'il voyoit jusqu'où alloit sa retenue de ne lui en point parler, et la mienne de ne point les lui faire demander par Son Altesse Royale, quoiqu'il y eût tout lieu de s'y attendre; tirer de là toute la force qu'auroient eue les lettres, si leur style en avoit eu; et qu'avec ce qu'il sauroit y mettre du sien, il me répondoit de la grandesse et de la Toison, sans faire mention aucune des lettres de M. le duc d'Orléans au roi d'Espagne, et du cardinal du Bois à lui. Sartine, par son ordre, le fit savoir à l'abbé de Saint-Simon, qui me le rendit; et après en avoir raisonné ensemble avec Hyghens, qui connoissoit le terrain aussi bien qu'eux, et qui s'étoit vraiment livré à moi, je m'abandonnai aveuglément à la conduite et à l'amitié de Grimaldo, dont on verra bientôt le plein succès.

En racontant ici la façon très-singulière par laquelle mon affaire réussit, je suis bien éloigné d'en soustraire à M. le duc d'Orléans toute la reconnoissance. S'il ne m'avoit pas confié le double mariage, à l'insu de du Bois et malgré le secret qu'il lui avoit demandé précisément pour moi, et cela dès qu'ils furent conclus, je n'aurois pas été à portée de lui demander l'ambassade. Je la lui demandai sur-le-champ, en lui en déclarant le seul but, qui étoit la grandesse pour mon second fils, et sur-le-champ il me l'accorda, et me l'accorda pour ce but, et pour m'aider de sa recommandation à y parvenir, et sous le dernier secret, par rapport au dépit qu'en auroit du Bois, et se donner du temps pour se tourner avec lui et lui faire avaler la pilule. Si je n'avois pas eu l'ambassade de la sorte, elle m'auroit sûrement échappé, et alors tomboit de soi-même toute idée de grandesse, dont il n'y auroit plus eu, ni occasion, ni raison, ni moyen. L'amitié et la confiance de ce prince prévalut donc à l'ensorcellement que son misérable précepteur avoit jeté sur lui; et s'il céda depuis aux fourbes, aux manéges, aux folies que du Bois employa dans la suite de cette ambassade pour me perdre et me ruiner, et pour me faire manquer le seul objet qui m'avoit fait la desirer, il ne s'en faut prendre qu'à sa scélératesse, et à la déplorable foiblesse de M. le duc d'Orléans, qui m'ont causé bien de fâcheux embarras, et m'ont fait bien du mal, mais qui ont fait bien pis à l'État et au prince lui-même. C'est par cette triste, mais trop vraie réflexion que je finirai cette année 1721.

CHAPITRE VI.

1722. — Échange des princesses, 9 janvier; usurpation des Rohans. — Ruses, artifices, manéges du prince de Rohan, tous inutiles, auprès du marquis de Santa-Cruz, qui le force à céder sur ses chimères dans l'acte espagnol, dont j'ai la copie authentique et légalisée. — Présents du Roi aux Espagnols pitoyables. — Grands d'Espagne espagnols n'en prennent point la qualité dans leurs titres, et pourquoi. — Avances singulières que le cardinal de Rohan me fait faire de Rome; leur motif. — Sottise énorme du cardinal de Rohan partant de Rome. — Échange des princesses dans l'île des Faisans; présents et prostitution de rang de la reine douairière d'Espagne, à qui je procure un payement sur ce qui lui étoit dû. — Je vais faire la révérence à Leurs Majestés Catholiques; matière de cette audience; conte singulièrement plaisant par où elle finit. — Le roi, la reine et le prince des Asturies vont, comme à la suite du duc del Arco, voir la princesse à Cogollos. — Je vais saluer la princesse à Cogollos, puis à Lerma, à son arrivée. — Chapelle; j'y précède tranquillement le nonce, sans faire semblant de rien. — Rare et plaisante ignorance du cardinal Borgia, qui célèbre le mariage, dont la cérémonie extérieure est différente en Espagne. — Célébration du mariage, l'après-dîner du 20 janvier. — Je suis fait grand d'Espagne de la première classe, conjointement avec un de mes fils à mon choix, pour en jouir actuellement l'un et l'autre; et la Toison donnée à l'aîné, sans choix; je donne à l'instant la grandesse au cadet; remerciement; compliments de toute la cour. — Je me propose, sans en avoir aucun ordre et contre tout exemple en Espagne, de rendre public le coucher des noces du prince et de la princesse des Asturies; et je l'exécute, et je l'obtiens. — Bonté et distinction sans exemple du roi d'Espagne pour moi et pour mon fils aîné au bal, dont je m'excuse par ménagement pour les seigneurs espagnols. — Mesures que je prends pour éviter que le coucher public ne choque les Espagnols. — Vin et huile détestablement faits en Espagne, mais admirablement chez les seigneurs; jambons de cochons nourris de vipères, singulièrement excellents. — Évêques debout au bal, en rochet et camail; cardinal Borgia n'y paroît point. — Vélation; ce que c'est; j'y précède encore le nonce, sans faire semblant de rien; Maulevrier n'y paroît point, parti furtivement dès le matin de son quartier pour Madrid, qui en est fort blâmé; conduite réciproque entre lui et moi pendant les jours du mariage. — Étrange conduite et prétentions de la Fare; ma conduite à cet égard.

L'année 1722 commença par l'échange des princesses, futures épouses du Roi et du prince des Asturies, dans l'île des Faisans, de la petite rivière de Bidassoa qui sépare les deux royaumes, où on avoit construit une maison de bois à cet effet, mais toute simple en comparaison de celle qui, au même endroit, avoit servi en 1659 aux célèbres conférences du cardinal Mazarin avec don Louis d'Haro, premiers ministres de France et d'Espagne, à la signature de la paix dite des Pyrénées, et depuis à l'entrevue du Roi et de la Reine sa mère avec le roi d'Espagne Philippe IV, frère de la Reine-mère.

J'avois prévu toute la coupable complaisance du cardinal du Bois pour les folles chimères des Rohans, et que le prince de Rohan n'avoit voulu être chargé de l'échange de la part du Roi que pour les fortifier de ce qu'il se proposoit d'y usurper. Le rang de la maison de Rohan, acquis ou arraché pièce à pièce, ne remontoit pas plus haut que le dernier règne; il étoit sans titre et sans prétexte que la volonté du feu Roi. Il n'y avoit eu jamais de reconnoissance de la qualité du prince; car on a vu en son lieu que le feu Roi avoit mis ordre à ce que sa signature d'honneur, apposée aux contrats de mariage, n'autorisoit[1] en rien les titres que chacun y prenoit. Le temps n'étoit pas venu pour le cardinal du Bois de se moquer des promesses qu'il avoit faites au cardinal de Rohan en l'envoyant à Rome presser son chapeau, et bien auparavant pour se servir de lui à cet usage par son crédit et ses amis. Un homme de la condition et du caractère de du Bois fait aisément litière de ce qui ne lui coûte rien et de ce qui lui est, même momentanément, utile. Il dominoit en plein le Régent, et ce prince aimoit à tout brouiller, et à favoriser les divisions et le désordre. Le cardinal du Bois, à mesure qu'il étoit monté, s'étoit défait des emplois subalternes qui lui avoient servi de degrés. Ainsi, dès qu'il fut secrétaire d'État, il produisit le médecin, son frère, et lui céda sa charge de secrétaire du cabinet du Roi ayant la plume. Ce fut lui qui, en cette qualité, fut chargé de faire pour la France les actes nécessaires à l'échange, comme la Roche, secrétaire du cabinet du roi d'Espagne, ayant l'estampille, le fut pour l'Espagne. Je n'eus donc pas peine à comprendre que du Bois auroit ordre du cardinal son frère de faire en cette occasion tout ce qui plairoit au prince de Rohan, et ne pouvant parer l'usurpation que je prévoyois, je voulus du moins empêcher qu'elle ne fût complète.

Je prévins donc à Madrid le duc de Liria sur l'Altesse que le prince de Rohan ne manqueroit pas de se faire donner par du Bois dans l'acte de l'échange, et sûrement de s'en faire un titre pour le prétendre dans l'acte espagnol. Liria sentit comme moi toutes les raisons de l'empêcher, et de les bien expliquer et inculquer au marquis de Santa-Cruz, grand d'Espagne, et parfaitement espagnol, son ami particulier. A la première mention, Santa-Cruz monta aux nues. Je lui en parlai après, et il me pro-

1. *N'autorisoient*, au manuscrit.

mit bien de tenir le prince de Rohan si roide et si ferme qu'il ne lui laisseroit rien passer. Le duc de Liria fut chargé de porter les présents du roi d'Espagne à sa future belle-fille au lieu de l'échange. Je le sus avant le départ de Madrid, et je lui rafraîchis tout ce que je lui avois dit sur les prétentions que le prince de Rohan alloit produire; et, outre que le marquis de Santa-Cruz étoit bien résolu de ne les pas souffrir, le duc de Liria me promit de le tenir de près, et d'avoir, à cet égard, toute la vigilance possible.

Dès qu'on fut arrivé des deux côtés au lieu de l'échange, c'est-à-dire à la dernière couchée des deux royaumes pour n'avoir plus qu'à passer dans l'île pour la cérémonie, quand tout seroit convenu, il fut d'abord question de tout régler. L'acte en soi de l'échange, ni les qualités du prince de Rohan et du marquis de Santa-Cruz ne firent point de difficulté, qualités dont je dirai un mot ensuite. Il n'y en eut point même de la part du marquis de Santa-Cruz sur ces mots de l'acte françois, signés par un secrétaire du cabinet du Roi : *conduite par le très-Excellent seigneur Son Altesse le prince de Rohan;* ce n'étoit pas à Santa-Cruz à régler l'acte françois. Mais quand de cet acte le prince de Rohan voulut se faire un titre pour avoir l'Altesse dans l'acte espagnol, le marquis de Santa-Cruz le rejeta avec tant de hauteur et une fermeté si décidée, que le prince de Rohan eut recours à des *mezzo termine*, devenus malheureusement chez nous si à la mode. Il proposa de ne point prendre d'Altesse dans l'acte françois si Santa-Cruz se contentoit de ne point prendre d'Excellence dans l'acte espagnol, en sorte que tous deux éviteroient entièrement toute qualification. Cela fut rejeté avec la même hauteur. Déchu de cet expédient, Rohan fit dire à Santa-Cruz qu'en lui passant l'Altesse, il la lui passeroit aussi s'il la vouloit prendre, et que de cette façon tout seroit accommodé avec un grand avantage pour Santa-Cruz. Santa-Cruz, avec son rire moqueur, répondit que Rohan et lui n'étoient pas princes, et qu'il seroit plaisant qu'ils imaginassent se faire princes l'un l'autre, de leur seule autorité, en se passant mutuellement l'Altesse, qui n'appartenoit ni à l'un ni à l'autre, et se moqua de la proposition avec beaucoup de mépris. Le prince de Rohan, qui avoit compté l'attraper en l'éblouissant de l'Altesse, se trouva extrêmement embarrassé et mortifié. Enfin, en sautant le bâton, il crut en retenir un bout par une proposition spécieuse qui revint à la première : c'étoit de se contenter respectivement de leurs noms et de celui de leurs emplois, sans nulle Altesse, ni Excellence, ni Excellentissime seigneur; mais cela fut encore refusé, et traité de réchauffé.

Enfin, à bout de voie, Rohan se réduisit à une dernière ressource, dont il espéra que le fond secret échapperoit à Santa-Cruz. Ce fut que le prince de Rohan ne prendroit ni Altesse, ni Excellence, ni Excellentissime seigneur, et qu'il consentiroit que Santa-Cruz prît l'Excellence et l'Excellentissime seigneur. Mais ce prince par les appas de sa mère avoit affaire à un homme trop avisé pour donner dans ce panneau. Santa-Cruz lui manda qu'il étoit las de tant de fantaisies, qui retardoient l'échange depuis deux jours et le voyage des princesses, et dont la plus longue durée, par des prétentions si déplacées, devenoit indécente par le retardement; qu'en deux paroles, ils étoient tous deux grands de leur pays, et dans la même commission, chacun de la part de son maître, par conséquent égaux de tous points; par conséquent, qu'il ne souffriroit pas la plus légère ombre de différence entre eux deux dans l'acte espagnol; qu'il lui déclaroit donc qu'il y prendroit l'Excellence et l'Excellentissime seigneur, qui est le traitement de tout temps établi pour les grands d'Espagne; que les ducs de France ayant, depuis Philippe V, l'égalité avec eux, et les grands d'Espagne l'égalité avec les ducs de France, il prétendoit qu'il prît également comme lui l'Excellence et l'Excellentissime seigneur dans l'acte espagnol; que c'étoit son dernier mot; qu'il n'écouteroit plus aucune sorte de proposition à cet égard; qu'il le prioit de lui envoyer sur-le-champ sa dernière résolution, sur laquelle il prépareroit tout pour achever la cérémonie de l'échange, ou il feroit partir, dès le lendemain matin, l'infante pour aller attendre, en lieu plus commode que celui où elle étoit, les ordres de Madrid, où il alloit dépêcher un courrier.

Cette réponse si précise accabla le prince de Rohan. Il n'osa se commettre à l'éclat qui le menaçoit; il craignit la colère du roi et de la reine d'Espagne, et qu'il ne lui en coûtât l'Altesse dans l'acte françois. Il céda donc tout court, et se consola par ce titre escroqué pour la première fois dans un acte signé par un homme du Roi. C'est de la sorte que se bâtissent les titres de prince de nos gentilshommes françois, pièce à pièce, suivant le temps et les occasions, qu'ils épient et qu'ils saisissent aux cheveux.

L'échange se fit enfin, le 9 janvier de cette année 1722; et après les compliments réciproques et les présents du Roi aux Espagnols, chaque princesse et sa suite continua son voyage. Je passai une heure à Lerma chez Santa-Cruz, et le Liria en troisième, où ils me contèrent tout ce que je viens d'écrire, mais bien plus en détail, avec force gausseries du Santa-Cruz sur la princerie. Il se retint sur les présents. Mais il ne put s'empêcher de me montrer le sien en souriant, ni moi d'en hausser les épaules, sans nous parler d'un autre langage. En effet, ces pierreries en petit nombre étoient pitoyables. Sur celui du personnage principal de l'échange on peut juger de ce que furent les autres. Les Espagnols s'en moquoient tout haut, et j'en mourois de honte. Ce n'étoit pas l'occasion d'épargner cinquante mille écus, qui, répandus sur tous les présents, les auroient rendus dignes du monarque qui les faisoit. Mais la canaille en retient toujours quelque coin, dans quelque élévation que l'aveugle fortune la pousse.

Dès que nous fûmes de retour à Madrid, je priai la Roche de vouloir bien, pour ma curiosité, m'expédier une copie des deux actes, l'un françois, l'autre espagnol, de l'échange, et de les signer pour les certifier véritables. Il les expédia et signa, et me les envoya, et ils sont actuellement sous mes yeux, dans le second portefeuille de mon ambassade, à l'heure que j'écris. Je connois les mensonges et les assertions hardies des gens à prétentions, et j'ai voulu avoir et conserver un titre paré de l'Excellence, et non Altesse, du prince de Rohan, dans l'acte espagnol, et de son égalité en tout et partout avec le marquis de Santa-Cruz, malgré ses prétentions, ses diverses propositions, ses artifices et ses ruses.

J'ai réservé un mot à dire sur les autres titres, ou pour mieux dire qualités, qu'ils prirent et qui n'avoient point de difficulté. Les grands espagnols ne prennent jamais dans leurs titres la qualité de grands d'Espagne. S'il s'en trouve quelques-uns, ce n'est que bien peu, et depuis Philippe V, à l'exemple des François. La raison de [ne] la point prendre n'est qu'une rodomontade espagnole. Ils prétendent que leurs noms doivent être si connus que leur grandesse ne peut manquer de l'être en même temps qu'on entend leurs noms. Mais le fond est le même qui leur fait cacher leur ancienneté avec tant de soin. En prenant la qualité de grands d'Espagne, les actes d'eux ou de leurs pères feroient foi du temps qu'ils auroient commencé à la prendre, et mettroit en évidence ce qu'ils veulent soustraire à la connoissance, et c'est la vraie raison, cachée sous la rodomontade, qui leur fait omettre la qualité qui fait leur essence et leur rang, tandis qu'ils n'omettent aucune de leurs charges, de leurs emplois, même de leurs commanderies dans les ordres de Saint-Jacques, de Calatrava, etc., qui sont communes à la plus petite noblesse, et à leurs propres domestiques actuels avec eux. Le prince de Rohan, si desireux d'être duc et pair malgré sa princerie, et dont l'habile mère disoit qu'il n'y avoit de solide que cette dignité, qui ne se pouvoit ôter comme les honneurs de prince, qui dépendoient toujours d'un trait de plume, et qu'elle ne seroit point contente qu'elle n'en vît son fils revêtu, le prince de Rohan, dis-je, ravi d'y être enfin parvenu, mais après la mort de sa mère, par la voie qu'on a vue ici alors, voulut, sûr du vrai et du solide, y faire surnager sa princerie, comme je l'ai expliqué alors; voyant donc Santa-Cruz ne prendre point la qualité de grand d'Espagne, et prendre les autres qu'il avoit, n'eut pas de peine à s'y conformer, et à saisir ainsi un air de négligence pour une chose qu'il avoit si fortement passionnée, et qu'il étoit si aise d'avoir mise dans sa maison et dans sa branche.

Puisque les Rohans se trouvent sous ma plume, encore un petit mot sur le cardinal frère du prince de Rohan. Lui et son frère étoient les gens du monde avec qui, de tout temps, j'avois eu le moins de commerce. Sans division marquée, tout m'en avoit toujours éloigné. Nos sociétés avoient toujours été très-différentes du temps du feu Roi, et toujours depuis, jusque-là même que le hasard ne nous faisoit point nous rencontrer. J'étois de la sorte avec eux lorsque le cardinal s'en alla à Rome. Il n'y fut pas plus tôt arrivé que les lettres que je recevois toutes les semaines, comme je l'ai dit ailleurs, du cardinal Gualterio, ne furent remplies que des éloges que le cardinal de Rohan lui faisoit de moi, et du desir extrême qu'il avoit de pouvoir mériter quelque part en mon amitié.

On ne peut être plus étonné que je le fus d'avances si fortes, si continuelles, et auxquelles rien n'avoit donné lieu. Je connoissois assez le cardinal de Rohan pour être bien sûr que de pareilles démarches ne pouvoient être fondées sur des vues qu'il pouvoit craindre que je ne traversasse; et par cette raison, mes réponses polies et froides ne furent pas faites de manière à entretenir ces compliments; mais ils persévérèrent toutes les semaines, s'échauffèrent de plus en plus, jusque-là que Gualterio s'entremit pour m'engager d'amitié avec le cardinal de Rohan. Gualterio étoit trop sage et trop mesuré pour se porter à cela de lui-même, et par les compliments directs qu'il ajoutoit du cardinal de Rohan pour moi, qui l'en chargeoit en même temps, je ne pus pas douter que ce ne fût lui qui faisoit agir notre ami commun. Plus les efforts redoubloient à découvert, plus ils m'étoient suspects. Mais, venus jusqu'à ce point, ils m'embarrassoient, parce que je ne voulois point de liaison, encore moins d'engagement d'amitié avec un homme dont les intérêts, les engagements, la conduite, se trouvoient en opposition si entière avec les miens, et qu'il n'étoit pas possible de ne pas répondre à tant d'empressement d'une façon convenable à la naissance, à la dignité, et au personnage que faisoit le cardinal de Rohan. Je fis donc ce que je pus pour accorder toutes ces choses; mais comme je n'ai jamais pu trahir mes sentiments, je crois que j'en vins mal à bout, car après que cela eut duré pendant tout son séjour à Rome, tout tomba dès qu'il en fut parti, sans que jamais il en ait été mention depuis, et comme de chose non avenue. Le fait étoit que le cardinal du Bois lui avoit donné sa parole que, devenu cardinal par son secours, il le feroit entrer dans le conseil en arrivant de Rome, et incontinent après déclarer premier ministre. Le cardinal de Rohan, également dupe du fripon et de sa propre ambition, donna en plein dans ce panneau, dont un enfant se seroit gardé, parce qu'il étoit plus qu'évident que si le cardinal du Bois se trouvoit en pouvoir de faire un premier ministre, il ne préféreroit personne à lui-même, et se le feroit aux dépens de quelque parole qu'il eût pu donner, dont, même sur les moindres choses, il n'étoit rien moins qu'esclave.

Cette réflexion si naturelle n'atteignit point le cardinal de Rohan. Persuadé par son ambition de la bonne foi d'un homme qui n'en eut jamais aucune, il ne pensa qu'à ranger les obstacles qu'il pourroit rencontrer. Il crut aisément qu'un premier ministre ne seroit pas de mon goût, bien moins encore un premier ministre cardinal, et qui se prétendoit prince. C'est ce qui l'engagea à

[1722] QUE LE CARDINAL DE ROHAN ME FAIT FAIRE. 245

toutes les avances, les flatteries, les fadeurs dont il me fit accabler pendant tout son séjour à Rome par le cardinal Gualterio, qu'il abandonna tout court quand il en fut parti, parce qu'il en sentit apparemment l'inutilité. C'est aussi ce qui précipita son retour le plus promptement qu'il lui fut possible, après l'élection du Pape, pour me gagner de la main, tandis que j'étois encore en Espagne, et avant mon retour se faire bombarder[1] premier ministre. Il fut même assez imprudent et assez entraîné par la certitude qu'il se figura là-dessus pour en faire part au Pape en prenant congé de lui, et le dire franchement à plusieurs cardinaux et à d'autres, en sorte qu'il en laissa le bruit répandu et tout commun à Rome. Porté sur les ailes d'une si ferme et si douce espérance, il arriva à Paris le 28 décembre 1721.

Tout enfin étant réglé et prêt pour l'échange, l'infante partit le 9 janvier d'Oyarson, et Mlle de Montpensier de Saint-Jean de Luz, avec chacune tout leur accompagnement et se trouvèrent en même temps vis-à-vis l'île des Faisans, où elles entrèrent en même temps. Elles n'y demeurèrent que ce qu'il falloit pour les compliments réciproques et les choses nécessaires pour l'échange, et en sortirent en même temps : l'infante menée par le prince de Rohan, et Mlle de Montpensier par le marquis de Santa-Cruz. Elles couchèrent l'une à Saint-Jean de Luz, l'autre à Oyarson, et poursuivirent le lendemain leur voyage. La pauvre reine douairière d'Espagne s'épuisa pour elles en présents magnifiques de pierreries et de bijoux, à leur passage à Bayonne; et par une prostitution de flatterie qu'elle apprenoit de ses extrêmes besoins, elle voulut traiter Mlle de Montpensier en princesse des Asturies, et comme si elle eût déjà été mariée : elle lui donna un fauteuil et la visita chez elle; pendant la séance du fauteuil, les duchesses passèrent dans un autre endroit avec la camarera-mayor de la reine. Je me

1. Voyez tome I, p. 19, tome X, p. 5, etc.

servis de tout ce que cette pauvre reine avoit fait pour toucher le roi et la reine d'Espagne pour lui procurer quelque secours sur ce qui lui étoit dû, qui étoit fort considérable et fort en arrière, et j'en obtins enfin un payement assez gros, mais ce fut tout, et je ne pus en obtenir depuis. Bayonne passé, le prince de Rohan, dont la magnificence avoit été sans table et momentanée, prit la poste et gagna Paris, où il rendit compte de ce qui s'étoit passé, et de ce qu'il avoit vu ou voulu voir de l'infante. Le marquis de Santa-Cruz dépêcha quelqu'un à Lerma, et ne vint qu'avec Mlle de Montpensier, qui se trouva seule entre les mains des Espagnols, sans aucune dame, ni femme ni domestique françois, dont aucun, sans exception, ne passa la Bidassoa, comme on en étoit sagement convenu. Pour l'infante, elle fut uniquement suivie de donna Maria de Nieves, sa gouvernante, qui, à cause de son petit âge, devoit passer quelques années en France auprès d'elle, et qui avoit toute la confiance de la reine sa mère. Ces gouvernantes d'infants et d'infantes, pour le dire en passant, n'approchent point de la volée des gouvernantes des enfants de France, et sont prises d'entre les señoras de honor, ou parmi des femmes de cet étage. Pour les infants cadets, leurs gouverneurs ne sont pas plus relevés, hors des circonstances de nécessité ou de faveur, comme il est arrivé dans les suites aux fils de la reine. Mais, à l'égard du prince aîné et successeur, leurs gouverneurs sont toujours des seigneurs fort distingués.

Tandis que Mlle de Montpensier continuoit son voyage, la quarantaine de mon exil s'avançoit aussi, et finit justement deux jours avant son arrivée à Lerma. Les bontés de Leurs Majestés Catholiques redoubloient pour moi, et les soins et les attentions obligeantes de toute leur cour, qui peu à peu s'étoit rendue fort nombreuse, et tellement que le roi, ne pouvant vivre à Lerma, aussi retiré qu'il avoit accoutumé d'être à Madrid et dans ses maisons de plaisance, où personne ne le suivoit au delà du pur nécessaire, voulut aller à Ventosilla, petit château et bourg à quelques lieues de Lerma, avec la reine et le plus court indispensable, d'où il ne revint à Lerma que le 15 janvier pour l'arrivée de la princesse. Ils avoient eu la bonté de me faire dire plusieurs fois qu'ils vouloient me voir dès le lendemain de ma quarantaine finie; et moi, qui savois la crainte que le roi avoit de la petite vérole, je résistai jusqu'à un commandement absolu, auquel il fallut obéir, quoique fort rouge, à quoi le grand froid contribuoit beaucoup, quelques drogues qu'on m'eût fait employer pour me dérougir. J'allai donc pour la première fois à Lerma faire la révérence et tous mes remerciements à Leurs Majestés Catholiques, le matin du 19 janvier.

Après les compliments et les propos qui suivirent sur ma petite vérole, les soins et la capacité de M. Hyghens, etc., je parlai de la promotion que l'Empereur s'avisoit de faire de chevaliers de la Toison d'or en nombre, de laquelle étoit le fils aîné du duc de Lorraine, qui préparoit une grande pompe pour en donner le collier à ce prince au nom de l'Empereur. J'avois reçu un ordre exprès de traiter expressément cette matière dans ma première audience, que la petite vérole avoit retardée jusqu'alors; de tâcher d'empêcher le roi d'Espagne de montrer trop de ressentiment de cette entreprise, pour ne pas troubler la négociation qui s'ouvroit au congrès de Cambray, et où cette prétention sur la Toison devoit être discutée et réglée en faveur de l'Espagne, par les mesures que la France avoit prises là-dessus; en même temps de faire sentir la partialité si publique du duc de Lorraine pour l'Empereur, si promptement après avoir obtenu des réponses de la générosité de Sa Majesté Catholique pleines d'espérances sur la grâce qu'il lui avoit demandée de vouloir bien consentir à ce qu'il fût compris dans la paix générale, et que son accession y fût reçue; et j'étois chargé de porter le roi d'Espagne à lui faire acheter désormais ce consentement par beaucoup de délais, et de fatiguer longuement l'inquiétude et la patience de ce prince là-dessus. Je m'acquittai donc de cette commission dans les termes qui m'étoient prescrits, et je n'eus pas grand'peine à réussir dans les deux points qu'elle renfermoit.

Le roi et la reine me parurent piqués de l'entreprise de l'Empereur, qu'il ne pouvoit fonder que sur sa souveraineté des Pays-Bas, où les premières promotions de la Toison s'étoient faites. Mais Philippe le Bon avoit institué cet ordre comme duc de Bourgogne, et non comme seigneur des Pays-Bas. Il est vrai qu'à ce titre cet ordre auroit dû suivre le duché de Bourgogne, et le Roi par conséquent en être devenu grand maître. Mais nos rois, ne s'en étant jamais souciés, ayant leurs propres ordres institués par eux, et n'ayant pas voulu embarrasser la cession du duché de Bourgogne, que Louis XI saisit et occupa à la mort de Charles, dernier duc de Bourgogne, sur son héritière, comme fief masculin et première pairie de France, réversible de droit par sa nature à la couronne, faute d'hoirs mâles, n'avoient jamais montré de prétention sur la grande maîtrise de l'ordre de la Toison qu'ils n'avoient point contestée. Les rois d'Espagne s'en étoient mis en possession comme issus de l'héritière du dernier duc de Bourgogne, auxquels Philippe V ayant succédé, il devoit, par conséquent, succéder aussi à la grande maîtrise de cet ordre, à laquelle même personne ne lui avoit formé aucune difficulté là-dessus à la paix d'Utrecht, qui étoit prise pour base du traité à achever entre l'Empereur et le roi d'Espagne, duquel, en attendant, il étoit tacitement reconnu pour tel. Néanmoins, Leurs Majestés Catholiques n'eurent pas de peine à vouloir bien mépriser extérieurement cette entreprise, pourvu que justice leur en fût faite à Cambray, et que la France s'engageât de plus en plus à leur y faire céder l'ordre de la Toison.

A l'égard du duc de Lorraine, ils me témoignèrent qu'ils n'avoient pas besoin de cette épreuve pour savoir à quoi s'en tenir sur l'attachement sans bornes du duc de Lorraine, à l'exemple de ses pères, pour la maison d'Autriche, et de sa préférence pour les intérêts et les volontés de l'Empereur sur toute autre considération ; en même temps que, sans montrer en faire plus de cas qu'il ne convenoit d'un si petit prince, il étoit bon de le faire languir incertainement et longuement sur l'agrément qu'il recherchoit d'être compris dans la paix générale et de lui faire doucement sentir, aux occasions qui s'en pourroient présenter, le peu de considération qu'il méritoit des deux couronnes. L'audience se tourna ensuite en conversation.

Ils me firent l'honneur de me parler du cardinal Borgia, arrivé de Rome à Lerma depuis peu de jours, et de ce qu'il leur avoit conté de ce pays-là. Dans le cours de cette conversation sur Rome, le roi se mit à rire, regarda la reine, et me dit qu'il leur avoit conté la plus plaisante chose du monde. Je souris, comme pour lui demander quoi, sans oser rien dire. Il regarda encore la reine, et lui dit : *Cela n'est pas trop bien à dire;* puis : *Lui dirons-nous? — Pourquoi non,* répondit la reine. *— Mais,* me dit le roi, *c'est donc à condition que vous n'en parlerez à qui que ce soit, sans exception.* Je le promis, et j'ai tenu exactement parole. J'en parle ici pour la première fois, après la mort du roi d'Espagne et de ceux que cela regardoit, et je le laisserai apprendre à qui lira ces *Mémoires,* si jamais après moi quelqu'un leur fait voir le jour. Alors il n'y auroit plus personne que cette histoire puisse intéresser par rapport à celui qu'elle regarde.

Le roi me fit donc l'honneur de me conter que le cardinal Borgia lui avoit dit que le cardinal de Rohan, avec toute sa magnificence et les agréments de ses manières flatteuses, remportoit peu de crédit et de réputation de Rome, où ses fatuités et le soin de sa beauté, quoique à son âge, avoit été jusqu'à se baigner souvent dans du lait pour se rendre la peau plus douce et plus belle; que, quelque secret qu'il y eût apporté, la chose avoit été sue avec certitude, et avoit indigné les dévots, et attiré le mépris et les railleries des autres ; et là-dessus le roi et la reine à commenter, et eux et moi à rire de tout notre cœur, car le roi fit ce conte le mieux et le plus plaisamment du monde, et les commentaires aussi. Je les assurai que je n'en étois point scandalisé, parce que je connoissois depuis longtemps quel étoit ce Père de l'Église. Je n'en dis pas davantage, le terrain n'étoit pas propre à faire mention de la constitution que le P. d'Aubanton avoit fabriquée tête à tête avec le cardinal Fabroni, créature fidèle des jésuites et maître audacieux de Clément XI, et par eux affichée et publiée à son insu, et sans la lui avoir montrée, comme je l'ai raconté ici en son temps, et dont le cardinal de Rohan a su tirer tant de grands partis pour soi et pour les siens.

Cette audience se termina par toutes les bontés possibles de Leurs Majestés Catholiques. J'eus aussi tout lieu de me louer extrêmement de l'empressement de toute la cour, et de tout genre, à me témoigner la joie de me revoir en bonne santé après une si dangereuse maladie. J'allai après faire ma cour un moment au prince des Asturies, qui me reçut avec les mêmes bontés qu'avoient fait le roi et la reine, qui tous trois me parurent fort aises de l'arrivée de la princesse, et fort impatients de la voir. En effet, étant retourné dîner en mon quartier, j'appris que Leurs Majestés Catholiques, avec le prince des Asturies, étoient montés avec des habits communs, et sans aucune sorte d'accompagnement, dans un carrosse de suite du duc del Arco, qui alloit de leur part complimenter la princesse à Cogollos, lieu assez mauvais à quatre lieues de Lerma, qui en font huit comme celles de Paris à Versailles, où elle devoit arriver de bonne heure, ce même jour 29 janvier. Le duc del Arco la trouva arrivée. Il dit le mot à l'oreille au marquis de Santa-Cruz, pour qu'il avertît la duchesse de Monteillane et les dames de se contenir ; puis, introduit chez la princesse, il lui fit son compliment, qu'il allongea exprès pour donner à sa royale suite le temps de la bien considérer. Ensuite il lui demanda la permission de lui présenter une dame et deux cavaliers de sa suite qui avoient un grand empressement de lui rendre leurs respects. Une dame, venue avec deux hommes à la suite d'un troisième, gâta tout le mystère. La princesse se douta de la qualité de ces suivants, se jeta à leurs mains pour les baiser, et en fut aussitôt embrassée. La visite se passa en beaucoup d'amitiés d'une part, de respects et de reconnoissance de l'autre ; et au bout d'un quart d'heure, Leurs Majestés remontèrent en carrosse, et arrivèrent fort tard à Lerma.

J'étois convenu avec Maulevrier, qui ce même jour, étoit revenu avec moi de Lerma dîner chez moi, qu'il s'y rendroit le lendemain matin de son quartier, à une lieue du mien, entre six et sept du matin, pour partir ensemble avec tous mes carrosses et nos suites pour aller saluer la princesse à Cogollos. C'étoit huit lieues à faire, c'est-à-dire seize de ce pays-ci, aller et venir. Il falloit avoir le temps de manger un morceau chez moi au retour, et nous trouver à Lerma pour l'arrivée de la princesse. Nous partîmes donc ensemble à sept heures précises, et les mules nous menèrent grand train. Nous fûmes introduits chez la princesse, qui achevoit de s'habiller ; nous lui fûmes présentés, puis je lui présentai le comte de Céreste, mes enfants, le comte de Lorges et MM. de Saint-Simon. La duchesse de Monteillane, les autres dames, Santa-Cruz aussi, firent tout ce qu'ils purent pour que la princesse nous dît quelque mot, sans avoir pu y parvenir. Ils y suppléèrent par toutes les civilités possibles. Nous n'avions pas de temps à perdre ; moins d'un quart d'heure acheva ce devoir, et nous revînmes chez moi manger un morceau à la hâte, qui fut servi à l'instant, et nous nous en allâmes aussitôt après à Lerma, dont bien nous prit, car nous n'y attendîmes pas une demi-heure.

Dès que j'y fus arrivé, je montai chez le marquis de

Grimaldo, quoique je l'eusse vu chez lui la veille. Sa chambre étoit au bout d'une très-grande salle où on avoit fait un retranchement pour servir de chapelle. J'avois affaire encore une fois au nonce. Je craignois qu'il se souvînt de ce qui s'étoit passé à la signature, et je ne voulois pas donner prise au cardinal du Bois. Je ne vis donc qu'imparfaitement la réception de la princesse, au-devant de laquelle le roi, la reine, qui logeoient en bas, et le prince se précipitèrent, pour ainsi dire, presque jusqu'à la descente du carrosse, et je remontai vite à la chapelle, que j'avois déjà reconnue allant chez Grimaldo.

Le prie-Dieu[1] du roi étoit placé vis-à-vis de l'autel, à peu de distance des marches, précisément comme le prie-Dieu du Roi à Versailles, mais plus près de l'autel, avec deux carreaux à côté l'un de l'autre. La chapelle étoit vide de courtisans. Je me mis à côté du carreau du roi, à droite tout au bord en dehors du tapis, et je m'amusai là mieux que je ne m'y étois attendu. Le cardinal Borgia, pontificalement revêtu, étoit au coin de l'épître, le visage tourné à moi, apprenant sa leçon entre deux aumôniers en surplis, qui lui tenoient un grand livre ouvert devant lui. Le bon prélat n'y savoit lire; il s'efforçoit, lisoit tout haut et de travers. Les aumôniers le reprenoient, il se fâchoit et les grondoit, recommençoit, étoit repris de nouveau, et se courrouçoit de plus en plus jusqu'à se tourner à eux et à leur secouer le surplis. Je riois tant que je pouvois, car il ne s'apercevoit de rien, tant il étoit occupé et empêtré de sa leçon. Les mariages en Espagne se font l'après-dînée, et commencent à la porte de l'église, comme les baptêmes. Le roi, la reine, le prince et la princesse y arrivèrent avec toute la cour, et fut annoncé tout haut. *Qu'ils attendent*, s'écria le cardinal en colère, *je ne suis pas prêt*. Ils s'arrêtèrent, en effet, et le cardinal continua sa leçon, plus rouge que sa calotte et toujours furibond. Enfin il s'en alla à la

---

1. Voyez tome II, p. 398, note 1.

porte, où cela dura assez longtemps. La curiosité m'auroit fait suivre, sans la raison de conserver mon poste. J'y perdis du divertissement, car je vis arriver le roi et la reine à leur prie-Dieu, riants et se parlant, et toute la cour riant aussi. Le nonce arrivant à moi me marqua sa surprise par gestes, et répétant : *Signore, signore;* et moi, qui avois résolu de n'y rien comprendre, je lui montrai le cardinal en riant, et lui reprochai de ne l'avoir pas mieux instruit pour l'honneur du sacré collége. Le nonce entendoit bien le françois, et l'écorchoit fort mal. Cette plaisanterie et l'air ingénu dont je la faisois, sans faire semblant des démonstrations du nonce, fit si heureusement diversion qu'il ne fut plus question d'autre chose, d'autant plus que le cardinal y donna lieu de plus en plus en continuant la cérémonie, pendant laquelle il ne savoit ni où il en étoit, ni ce qu'il faisoit, repris et montré à tout moment par ses aumôniers, et lui bouffant contre eux, en sorte que le roi ni la reine ne purent se contenir, ni personne de ce qui en fut témoin. Je ne voyois que le dos du prince et de la princesse à genoux, sur chacun un carreau, entre le prie-Dieu et l'autel, et le cardinal en face, qui faisoit des grimaces du dernier embarras. Heureusement je n'eus là affaire qu'au nonce, le majordome-major du roi s'étant placé à côté de son fils, capitaine des gardes en quartier, au bord de la queue du tapis du prie-Dieu. Les grands étoient en foule autour, et tout ce qu'il y avoit de gens considérables, et le reste remplissoit toute la chapelle à ne se pouvoir remuer.

Parmi ce divertissement que ce pauvre cardinal donnoit à tout ce qui le voyoit, je remarquois un contentement extrême dans le roi et la reine de voir accomplir ce mariage. La cérémonie finie, qui ne fut pas bien longue, pendant laquelle personne ne se mit à genoux que le roi et la reine, et où il le fallut, les deux mariés, Leurs Majestés Catholiques se levèrent et se retirèrent vers le coin gauche du bas de leur drap de pied, et se parlèrent bas peut-être l'espace d'un bon *credo*, après quoi la reine demeura où elle étoit, et le roi vint à moi, qui étois à la place où j'avois toujours été pendant la cérémonie. Le roi arrivé à moi me fit l'honneur de me dire : « Monsieur je suis si content de vous en toutes manières, et de celle en particulier dont vous vous êtes acquitté de votre ambassade auprès de moi, que je veux vous donner des marques de ma satisfaction, de mon estime et de mon amitié. Je vous fais grand d'Espagne de la première classe, vous et en même temps celui de vos deux fils que vous voudrez choisir pour être grand d'Espagne et en jouir en même temps que vous; et je fais votre fils aîné chevalier de la Toison d'or. » Aussitôt je lui embrassai les genoux, et je tâchai de lui témoigner ma reconnoissance et mon desir extrême de me rendre digne des grâces qu'il daignoit répandre sur moi, par mon attachement, mes très-humbles services et mon plus profond respect. Puis je lui baisai la main, et me tournai pour faire appeler mes enfants, qui furent quelques moments à être avertis et à venir jusqu'à moi, que j'employai en remerciements redoublés. Dès qu'ils approchèrent, j'appelai le cadet, et lui dis d'embrasser les genoux du roi, qui nous combloit de grâces, et qui le faisoit grand d'Espagne avec moi. Il baisa la main du roi en se relevant, qui lui dit qu'il étoit fort aise de ce qu'il venoit de faire. Je lui présentai après l'aîné pour le remercier de la Toison, et qui se baissa fort bas seulement et lui baisa la main. Dès que cela fut fait, le roi alla vers la reine, où je le suivis avec mes enfants. Je me baissai fort bas devant la reine ; je lui fis mon remerciement particulier, puis lui présentai mes enfants, le cadet le premier, l'aîné après. La reine nous reçut avec beaucoup de bonté et nous dit mille choses obligeantes, puis se mit en marche avec le roi, suivis du prince, qui donnoit la main à la princesse, que nous saluâmes en passant, et retournèrent dans leur appartement. Je voulus les suivre, mais je fus comme enlevé par la foule qui s'empressa autour de moi à me faire des compliments. J'eus grande attention à répondre à chacun le plus convenablement, et à tous le plus poliment qu'il me fut possible; et quoique je ne m'attendisse à rien moins qu'à recevoir ces grâces dans ce moment, et que je n'eusse qu'une certitude vague par Grimaldo, et de lui-même et indéfinie pour le temps, il me parut depuis que toute cette nombreuse cour fut contente de moi.

J'affectai fort de témoigner aux grands d'Espagne que j'avois toute ma vie eu une si haute idée de leur dignité, qu'encore que j'eusse l'honneur d'être revêtu de la première du royaume de France, je me trouvois fort honoré de l'être de la leur. Je n'en dissimulai pas ma joie, ni combien j'étois sensible au bonheur de mon second fils, pour lequel je leur demandai leurs bontés. Je n'oubliai pas aussi de témoigner aux chevaliers de la Toison combien j'étois touché de l'honneur que mon fils aîné recevoit, et moi avec lui de sa promotion à ce noble et grand ordre, et je tâchai de[1] n'oublier rien de tout ce qui pouvoit le plus leur marquer l'estime que je faisois des Espagnols, et des dignités et des honneurs de l'Espagne, et répondre le mieux à l'empressement, pour ne pas dire à l'accablement de leurs compliments à tous, ainsi que ma reconnoissance pour les bontés et les grâces que je recevois de Leurs Majestés Catholiques. Mes enfants, que la foule qui fondoit sans cesse sur nous sépara bientôt de moi, firent de leur mieux de leur côté; et cela dura plus d'une heure dans sa force, et longtemps après de ceux de moindre qualité, qui n'avoient pu nous approcher plus tôt, et que je tâchai, suivant leurs degrés, de ne pas moins bien recevoir et répondre que j'avois fait aux autres. Je ne me contentai pas d'avoir vu Grimaldo dans cette foule : dès que je fus un peu débarrassé, je remontai chez lui et lui fis les remerciements que je lui devois avec grande effusion de cœur. J'étois, en effet, au comble de ma joie de [me] voir arriver au seul but qui m'avoit

1. On lit ici le mot *né* au manuscrit.

fait desirer l'ambassade en Espagne, et je le lui devois presque entièrement.

Revenons maintenant un moment sur nos pas pour reprendre de suite ce que j'ai omis, pour ne le pas interrompre. La modestie et la gravité des Espagnols ne leur permet pas de voir coucher des mariés : le souper des noces fini, il se fait un peu de conversation, assez courte, et chacun se retire chez soi, même les plus proches parents, hommes et femmes de tout âge, après quoi les mariés se déshabillent chacun en son particulier, et se couchent sans témoins que le peu de gens nécessaires à les servir, tout comme s'ils étoient mariés depuis longtemps. Je n'ignorois pas cette coutume, et je n'avois reçu aucun ordre là-dessus. Néanmoins, prévenu des nôtres, je ne pouvois regarder comme bien solide un mariage qui ne seroit point suivi de consommation au moins présumée.

On étoit convenu, à cause de l'âge et de la délicatesse du prince des Asturies, qu'il n'habiteroit avec la princesse que lorsque Leurs Majestés Catholiques le jugeroient à propos, et on comptoit que ce ne seroit d'un an, tout au moins. Je témoignai ma peine là-dessus au marquis de Grimaldo, à Lerma ; je n'y gagnai rien ; il étoit Espagnol, et il ne fit que tâcher de me rassurer sur une chose où il ne voyoit pas qu'il se pût rien changer. Outre que je n'eus que quelques moments avec lui, je crus ne devoir pas insister, et au contraire lui laisser croire que je me tenois pour battu, de peur que s'il apercevoit plus d'opiniâtreté, et que j'en voulusse parler au roi et à la reine, il ne me gagnât de la main à l'instant, et les prévînt à maintenir la coutume établie, et qui, jusqu'alors, n'avoit jamais été enfreinte ; mais résolu à part moi de n'en pas demeurer là, puisque, au pis aller, je ne réussirois pas, et ma tentative demeureroit ignorée. Ainsi dans l'audience que j'eus à Lerma, et que j'ai racontée après avoir fini ce qui regardoit la Toison de l'Empereur et le duc de Lorraine, je me mis à parler du mariage, et de l'un à l'autre, de la consommation, en approuvant fort le délai que demandoit l'âge et la délicatesse du prince. De là je vins à la joie que recevroit M. le duc d'Orléans d'en apprendre la célébration ; et je me mis à les flatter sur l'extrême honneur qu'il recevoit de ce grand mariage, de sa sensibilité là-dessus, et plus, s'il se pouvoit encore, d'un gage si précieux et si certain du véritable retour de l'honneur des bonnes grâces de Leurs Majestés Catholiques, que j'étois témoin qu'il avoit toujours si passionnément desiré. Je fis là une pause pour voir l'effet de ce discours ; et comme il me parut répondre au dessein qui me l'avoit fait tenir, je m'enhardis à ajouter que plus cet honneur étoit grand et si justement cher à M. le duc d'Orléans, plus il étoit envié de toute l'Europe et des François mal intentionnés pour le Régent, et plus la solidité du mariage lui étoit importante ; que je n'ignorois pas les usages sages et modestes de l'Espagne, mais que je n'en étois pas moins persuadé qu'ils se pouvoient enfreindre en faveur d'un objet aussi grand que l'étoit le dernier degré de solidité dans un cas aussi singulier, et que je regarderois comme le comble des grâces de Leurs Majestés pour M. le duc d'Orléans, et de la certitude de ce retour si précieux, si cher et si passionné du retour pour lui, de l'honneur de leur amitié, en même temps la marque la plus éclatante de l'intime et indissoluble union des deux branches royales, et les deux couronnes à la face de toute l'Europe, si Leurs Majestés vouloient permettre qu'il en fût usé dans ce mariage, comme Sa Majesté avoit été elle-même témoin qu'il en avoit été usé au mariage de Mgr le duc de Bourgogne, qui ne fut que si longtemps après avec Mme la duchesse de Bourgogne.

Le roi et la reine me laissèrent tout dire sans m'interrompre. Je le pris à bon augure. Ils se regardèrent, puis le roi lui dit : *Qu'en dites-vous ? — Mais vous-même, Monsieur*, répondit-elle. Là-dessus, je repris la parole, et leur dis que je ne voulois point les tromper ; que je leur avouois que je n'avois aucun ordre là-dessus ; que cette matière n'avoit été traitée avec moi, ni de bouche avant mon départ, ni par écrit dans mes instructions, ni depuis mon départ de Paris dans aucune dépêche ; que ce que je prenois la liberté de leur représenter là-dessus, venoit uniquement de moi et de mes réflexions, et qu'en cela je croyois ne parler pas moins avec l'attachement d'un vrai serviteur des deux couronnes, en vrai François, en bon Espagnol, qu'en serviteur de M. le duc d'Orléans, par l'effet qui en résulteroit dans les deux monarchies et dans toute l'Europe ; qu'on y désespéreroit alors de pouvoir opérer des conjonctures qui pussent faire regarder de bon œil ce mariage comme possible à séparer, et par conséquent à travailler profondément et à tout ce qui pouvoit y conduire, enfin que toute l'Europe conjurée pour rompre l'union des deux couronnes, dont la durée intime opéreroit nécessairement toute la grandeur et la puissance, telle que la même union des deux branches de la maison d'Autriche l'a opérée en sa faveur, abandonneroit enfin le dessein d'y attenter de nouveau, le regardant comme impossible, après avoir vu l'Espagne si attachée à ses usages, y contrevenir pour la première fois, uniquement pour donner à ce mariage le dernier degré d'indissolibilité[1], selon l'opinion de toutes les nations, encore que, selon la sienne, il ne lui en manquât aucune sans cette formalité.

Ces raisons emportèrent Leurs Majestés Catholiques ; elles se regardèrent encore, se dirent quelques mots bas, puis le roi me dit : *Mais si nous consentions à ce que vous proposez, comment entendriez-vous faire ?* Je répondis que rien n'étoit plus aisé et plus simple ; que Sa Majesté en avoit vu le modèle au mariage de Mgr le duc de Bourgogne ; mais qu'il étoit inutile de laisser entrevoir la résolution qui en seroit prise avant le temps de l'exécution pour éviter les discours de gens ennemis de toute

---

1. Telle est bien l'orthographe de Saint-Simon.

nouveauté, et qui n'en verroient pas d'abord les raisons si solides et si importantes ; que supposé que Leurs Majestés voulussent bien embrasser un parti qui paroissoit si nécessaire, il suffiroit d'en faire doucement répandre la résolution dans le grand bal qui devoit précéder le coucher, où le spectacle d'un lieu si public arrêteroit les raisonnements, et où la chose seroit sue à temps de retenir les spectateurs après le bal, par le desir de faire leur cour, et par la curiosité d'être témoins de chose pour eux si nouvelle ; que pour l'exécution, Leurs Majestés seules, avec le pur nécessaire, assisteroient au déshabiller, les verroient mettre au lit, feroient placer aux deux côtés du chevet le duc de Popoli près du prince, la duchesse de Monteillano près de la princesse, et tous les rideaux entièrement ouverts des trois côtés du lit ; feroient ouvrir les deux battants de la porte, et entrer toute la cour, et la foule s'approcher du lit, laisser bien remplir la chambre de tout ce qu'elle pourroit contenir ; avoir la patience d'un quart d'heure pour satisfaire pleinement la vue de chacun ; puis faire fermer les rideaux en présence de la foule, et la congédier, pendant quoi le duc de Popoli et la duchesse de Monteillane auroient soin de se glisser sous les rideaux, et de ne pas perdre un instant le prince et la princesse de vue, et la foule sortie des antichambres jusqu'au dernier, faire lever le prince et conduire dans son appartement.

Le roi et la reine approuvèrent tout ce plan, et après quelque peu de conversation et de raisonnement là-dessus, me promirent de le faire exécuter de la sorte, et je leur en fis tous mes très-humbles remerciements. J'eus tout lieu de juger que mes raisons les avoient frappés, par la facilité avec laquelle ils s'y rendirent, et que la chose même, toute nouvelle et singulière qu'elle fût en Espagne, ne leur déplaisoit pas, parce que ce fut après tous ces propos, et m'avoir promis l'exécution, que Leurs Majestés se mirent sur le cardinal Borgia, sur Rome, et qu'elles finirent par me raconter cette ridicule histoire du cardinal de Rohan, qui les divertit[1] tant et moi aussi, que j'ai déjà rapportée. Je sortis donc de l'audience fort content, et m'en retournai dîner à mon quartier sans retourner chez Grimaldo, que j'avois vu auparavant, et qui m'auroit pu faire des difficultés que je voulois d'autant plus éviter que je savois qu'il ne verroit le roi ni la reine de toute cette journée, parce qu'ils alloient à la messe quand je sortis d'auprès de Leurs Majestés, dîner tout de suite et monter en carrosse pour suivre, comme je l'ai dit, le duc del Arco à Cogollos, d'où ils ne pouvoient revenir que fort tard, comme ils firent.

Le lendemain après le mariage, et que je fus un peu libre de foule et de compliments, je montai avec mes enfants chez Grimaldo. A moitié du degré, je fus atteint par un des trois domestiques intérieurs françois, qui me cherchoit, et qui me dit que le roi lui avoit ordonné de me dire qu'il y auroit au bal une embrasure de fenêtre où je trouverois un tabouret pour le nonce, un pour moi, un autre pour Maulevrier, et un quatrième que Sa Majesté avoit expressément commandé pour mon fils aîné, qui relevoit d'une seconde maladie qu'il avoit eue dans mon quartier pendant ma petite vérole. Je fus fort touché d'une attention du roi si pleine de bonté ; mais j'en sentis en même temps toute la distinction de mon fils, ni duc ni grand, assis où nul duc ni grand ne s'assit[2] point, que les trois par charges, que j'ai expliqués ailleurs, et traité comme les ambassadeurs. Je compris à l'instant combien cet honneur singulier pourroit faire de peine aux grands et blesser même les Espagnols. Je répondis donc avec tous les respects et les remerciements possibles, que je suppliois le roi de me permettre de renvoyer mon fils aîné avant le bal, parce que sa santé étoit encore si foible qu'il avoit besoin de ce repos après la fatigue de toute cette jour-

1. *Divertirent*, au manuscrit.
2. Voyez tome III, p. 130 et note 2, et ci-dessus, p. 201.

née, et j'évitai de la sorte un honneur qui auroit pu donner lieu à du mécontentement. J'achevai ensuite de monter l'escalier et d'aller chez le marquis de Grimaldo.

Mes remerciements faits, je renvoyai mes enfants, puis je dis à Grimaldo que n'ayant pas eu le temps de le voir depuis mon audience de la veille, je venois l'informer de ce qui s'y étoit passé, quoiqu'il le sût sans doute, si l'embarras de ces journées si remplies lui avoit laissé le loisir de voir Leurs Majestés. Je lui déduisis ce qui avoit regardé l'Empereur, la Toison et le duc de Lorraine ; puis j'ajoutai que mes réflexions sur l'importance du coucher public m'affectant toujours, nonobstant ce qu'il m'avoit répondu là-dessus, je n'avois pu me tenir d'en parler au roi et à la reine, et je lui dis toutes les mêmes choses que je leur avois représentées. Soit que ce ministre fît semblant d'ignorer ce qu'il savoit, soit qu'en effet l'embarras de ces journées si pleines eût empêché son travail avec Leurs Majestés, je vis se peindre une curiosité extrême dans ses yeux et dans sa physionomie, et m'interrompre plusieurs fois pour m'en demander le succès. Avant que de le satisfaire, je voulus lui déduire toutes mes raisons pour tâcher de le persuader au moins sur une chose accordée, et je finis par lui dire qu'elle l'étoit, et lui témoigner combien M. le duc d'Orléans y seroit sensible, et à quel point j'étois moi-même touché de la complaisance de Leurs Majestés. Grimaldo, en habile homme, peut-être y entra-t-il aussi de l'amitié pour moi, prit la chose de fort bonne grâce. Il me dit que ce qui abondoit ne nuisoit point ; mais que la cour seroit bien surprise. Je l'avertis que cela ne se sauroit qu'au bal, et après un peu d'entretien, je le quittai. Je voulois éviter l'improbation des Espagnols, et je crus ne pouvoir mieux m'y prendre qu'en mettant de mon côté le marquis de Villena, Espagnol au dernier point, et qui, par son âge, sa charge de majordome-major, et plus encore par sa considération personnelle et le respect universel qu'on lui portoit, arrêteroit tout par son approbation, si je pouvois la tirer de lui.

Je l'avois toujours singulièrement cultivé dans le peu de temps que j'avois eu à le pouvoir faire, et il y avoit continuellement répondu avec toute sorte d'attention, même d'amitié, jusqu'à m'être venu voir à Villahalmanzo avant que j'eusse pu aller à Lerma. J'allai donc chez lui au sortir de chez Grimaldo, et lui dis que je venois lui faire une confidence, bien fâché que les occupations de ces deux journées ne m'eussent pas permis de le consulter auparavant, comme je le voulois. De là je lui expliquai toutes mes raisons pour le coucher public, et ma peine de ce qui y pouvoit blesser les Espagnols. Je m'étendis flatteusement sur ce dernier point, et j'ajoutai qu'après le combat qui s'étoit passé en moi-même entre cette considération, et l'importance de donner le dernier degré de solidité au mariage, j'avois estimé que mon devoir et l'intérêt des deux couronnes devoit prévaloir. Il me laissa tout exposer, puis me répondit que ces raisons étoient en effet très-fortes; que les usages des différents pays n'étoient pas des lois qui ne dussent pas céder à des considérations aussi importantes; que pour lui, il n'y voyoit aucun inconvénient, et qu'il ne croyoit pas non plus que personne y en pût trouver, quand les raisons d'innover, pour cette fois, seroient connues et pesées. Cette réponse, faite de bonne grâce par un seigneur d'un si grand poids, me mit fort à mon aise. Je le lui témoignai, et après lui avoir fait entendre la manière de l'exécution convenue par Leurs Majestés, je le suppliai de vouloir bien s'expliquer au sortir du bal, un peu publiquement, de la même manière qu'il venoit de le faire avec moi, pour disposer le gros du monde à penser de même et l'entraîner par l'autorité de son suffrage. Je le flattai là-dessus, comme il le méritoit. Il me promit très-honnêtement de s'expliquer comme je le desirois. Il me tint exactement parole, et le succès en fut tel que personne n'osa se montrer scandalisé d'une nouveauté si grande et si peu attendue, qui alors, ni depuis, ne reçut aucun blâme de personne.

Content au dernier point de ces précautions, j'allai souper avec tous les François de marque chez le duc del Arco, qui nous avoit invités, où plusieurs des plus distingués de la cour se trouvèrent. Le souper fut à l'espagnole, mais une oille excellente suppléa à d'autres mets auxquels nous étions peu accoutumés, avec d'excellent vin de la Manche. Le vin et l'huile que les seigneurs font faire chez eux, pour eux, sont admirables, et condamnent bien la paresse publique, qui des mêmes crus en font[1] dont on ne peut pas seulement souffrir l'odeur. On y servit aussi de petits jambons vermeils, fort rares en Espagne même, qui ne se font que chez le duc del Arco[2] et deux autres seigneurs, de cochons renfermés dans des espèces de petits parcs, remplis de halliers où tout fourmille de vipères, dont ces cochons se nourrissent uniquement. Ces jambons ont un parfum admirable, et un goût si relevé et si vivifiant qu'on en est surpris, et qu'il est impossible de manger rien de si exquis. Le souper fut long, abondant, plein de joie et de politesse, bien et magnifiquement servi. En sortant de table nous passâmes tous dans les appartements du roi, où tout étoit déjà prêt pour le bal.

Toute la cour étoit en partie arrivée, le reste suivit incontinent. L'attente après fut courte. Leurs Majestés et Leurs Altesses parurent bientôt, et la reine ouvrit le bal avec le prince des Asturies. Ce bal fut disposé comme celui de Madrid, que j'ai décrit; ainsi je me dispenserai de la répétition. Le nonce, Maulevrier et moi le vîmes de l'embrasure d'une fenêtre, de dessus nos tabourets. Mais je n'eus pas grand repos sur le mien, tant on me fit danser de menuets et de contredanses. J'avois un habit d'une extrême pesanteur, les mouvements continuels de cette journée et de la veille m'avoient extrêmement fatigué,

---

1. Ce verbe est bien au pluriel.
2. Saint-Simon a écrit ici *d'Arcos*, pour *del Arco*.

mais c'étoit la fête du mariage, je venois d'obtenir au delà de ce que j'avois pu y desirer ; par là, c'étoit aussi ma fête particulière, j'aurois eu mauvaise grâce de rien refuser. Ce bal fut fort gai sans déroger en rien à la majesté et à la dignité. Il dura jusque vers deux heures après minuit. Le nonce seul assis, avec Maulevrier et moi, car nul autre ambassadeur ne parut à Lerma ; le duc d'Abrantès, évêque de Cuença debout, ainsi qu'un autre évêque voisin ; deux évêques *in partibus* suffragants de Tolède ; et le grand inquisiteur, qui avoient assisté sans fonctions au mariage, furent au bal tout du long en rochet et camail, leur bonnet à la main. L'évêque diocésain de Burgos, exilé pour son attachement fort marqué à l'archiduc et à la maison d'Autriche, ne put s'y montrer, et le cardinal Borgia n'y put être par ses prétentions. On sut au bal qu'il y auroit coucher public. Il ne m'en parut que de la surprise, mais nul mécontentement. Personne ne s'en alla après le bal : on attendit pour voir ce coucher.

Au sortir du bal, tout le monde suivit le roi et la reine dans l'appartement de la princesse, et attendit dans les antichambres. Il n'entra dans la chambre que le service nécessaire. J'y fus appelé. La toilette fut courte ; Leurs Majestés et le prince extrêmement gais. Tout se passa comme j'ai expliqué qu'il avoit été résolu, et je regagnai Villahalmanzo et mon lit, dont j'avois un extrême besoin.

Ce ne fut pas pour y demeurer longtemps. Le lendemain, 21 janvier, il fallut me trouver de bonne heure à Lerma pour la cérémonie de la Vélation. C'est qu'en Espagne où on marie l'après-dînée ou le soir, la noce entend le lendemain la messe du mariage qui n'a pu se dire la veille, pendant laquelle se font les cérémonies extérieures, et où les mariés sont mis sous le poêle. J'allai, en arrivant, chez le marquis de Grimaldo, puis tout de suite prendre mon poste de la veille, où bientôt après toute la cour arriva.

Le prie-Dieu du roi et les carreaux en avant pour le prince et la princesse étoient disposés comme la veille, et le cardinal Borgia tout revêtu, étudiant encore sa leçon avec ses aumôniers, n'avoit plus que sa chasuble à prendre, ce qu'il fit, dès que le roi et la reine entrèrent, suivis du prince, qui donnoit la main à la princesse. Le nonce, qui vint en même temps, me fit civilité, se mit auprès de moi, du côté de l'autel, comme la veille, et m'y parut tout accoutumé. Maulevrier, qui au mariage étoit un peu derrière moi, du côté d'en bas, ne parut point, et nous sûmes après, car il ne m'en avoit pas ouvert la bouche, qu'il étoit parti ce même matin de son quartier pour retourner à Madrid. Le cardinal dit la messe basse, où il ne me parut guère plus habile qu'aux cérémonies, et se barbouilla fort encore en celles qui restoient à faire. La messe finie, j'accompagnai Leurs Majestés chez elles, qui s'amusèrent avec moi des embarras du cardinal. Et comme elles rentroient, je leur demandai la permission de prendre congé d'elles au sortir de dîner, parce qu'elles partoient le lendemain pour Madrid. J'oublie de marquer que le poêle fut tenu par deux aumôniers du roi, qu'on appelle en Espagne sommeliers de courtine. Je crois que ce nom leur vient de ce que, jusqu'à Philippe V, tout l'enfoncement où on place le prie-Dieu du roi, lorsqu'il tient chapelle, et dont j'ai décrit la séance ailleurs, étoit toute enfermée de rideaux, qu'on appelle en espagnol *cortinas*, et que la fonction des aumôniers du roi étoit de relever un peu le rideau, lorsque cela étoit nécessaire, pour recevoir l'encens, baiser l'Évangile, etc.

J'allai avec nos François d'élite dîner chez le duc del Arco, en grande et illustre compagnie, où nous étions invités, et où le repas fut magnifique comme la veille. Je ne m'y oubliai pas encore à l'oille ni aux jambons de vipères. Les Espagnols étoient toujours ravis de voir un François s'accommoder du safran, surtout d'en trouver toujours chez moi en plusieurs mets, et de m'en voir manger avec plaisir. Pour dans le pain et dans la salière, où ils en mettent volontiers, je ne pus pousser jusque-là mon goût ni ma complaisance. Le dîner fut long et gai.

La surprise de l'absence de Maulevrier fit à demi bas le tour de la table, et fut d'autant plus blâmée qu'il n'étoit pas aimé. Je fus sobre sur cet article, mais on n'en dit pas moins. Je ne lui avois point parlé de mes réflexions sur le coucher public. Je gardois avec lui l'extérieur le plus exact, mais j'avois lieu de me dispenser des consultations et des confidences. Je ne lui dis que vers le milieu du bal que toute la cour seroit admise à voir les deux époux au lit, mais crûment, comme une nouvelle, sans le plus léger détail. Il m'en parut étonné à l'excès, puis tout refrogné me demanda comment une chose si étrange et si nouvelle en Espagne avoit pu être résolue. Je lui répondis simplement que Leurs Majestés l'avoient jugé à propos ainsi, et tout de suite je me mis à parler sur le bal et sur la danse. Du reste du bal et du soir, il ne me parla presque plus, et toujours d'un air chagrin. Ce n'en fut qu'une dose ajoutée de plus. Ma grandesse et l'éclat des compliments et de l'applaudissement public le hérissa tellement qu'il ne put se contenir, jusque-là que les courtisans se divertirent à lui en parler, quelques-uns même à lui en faire compliment comme d'une chose agréable à la France, pour l'embarrasser et s'en attirer des réponses sèches et brusques. Ils l'appeloient le chat fâché et se moquoient de lui ; à moi-même il ne put s'empêcher de m'en faire un compliment sur ce même ton, et fort court, que je pris pour bon, avec tous les remerciements possibles. Il n'eut pas même la patience de les écouter jusqu'au bout, et s'en alla d'un autre côté. A mes enfants à peine leur en dit-il un mot brusque en passant. Le coucher public, qu'il n'apprit que comme je viens de le rapporter, le courrouça apparemment encore. Il s'en dépita par s'en aller le lendemain sans m'en dire un mot ni à personne, et manquer ainsi de propos délibéré une fonction où le caractère dont il étoit honoré l'obligeoit d'être présent.

Une autre homme parut aussi fort mécontent, et me surprit au dernier point. Ce fut la Fare, à qui le roi d'Espagne donna la Toison en même temps qu'à mon fils aîné. Qui eût dit à son père que ce fils auroit la Toison, jamais il n'auroit pu le croire. Toutefois me voyant fait grand d'Espagne, et conjointement avec mon second fils, cet homme si fort du monde, doux, poli, gai, en reçut les compliments avec un sec, un court, un air, un ton qu'il ne pouvoit avoir emprunté que de Maulevrier. Il se méconnut assez pour m'en faire ses plaintes. Quel qu'en fût mon étonnement, je ne crus pas devoir le lui témoigner, mais le traiter en malade, avec complaisance; ainsi [je] tâchai là, comme depuis à Madrid, de le porter à des manières qui ne dégoûtassent ni le roi ni sa cour, et qui ne lui fermassent pas les voies de ce qu'il desiroit, mais que je savois bien qu'il étoit hors de portée d'obtenir. Il se servit tant qu'il put, et très-mal à propos, du nom du Régent et du cardinal du Bois auprès de Grimaldo, et même avec d'autres seigneurs familiers chez moi, qui après rioient et haussoient les épaules, et m'exhortoient de tâcher à le faire rentrer en lui-même.

Cette ambition lui tourna tellement la tête, qu'il se mit à hasarder des propos comme s'il étoit ambassadeur de M. le duc d'Orléans, et à le prétendre. En me pressant sur sa grandesse, il me lâcha quelques traits de cette prétention que je ne pus lui passer comme le reste. La grandesse étoit une chimère personnelle, mais l'appuyer de cette prétention d'ambassade portoit sur M. le duc d'Orléans. Je lui remontrai donc que, quelque grand prince que fût M. le duc d'Orléans, par sa naissance et par sa régence, il ne laissoit pas d'être sujet du Roi, dont la qualité ne comportoit pas d'envoyer en son nom des ambassadeurs, pas même des envoyés ayant le caractère et les honneurs qu'ont les envoyés des souverains; qu'il n'avoit qu'à voir son instruction et son titre, où je m'assurois qu'il ne trouveroit rien qui pût favoriser cette idée; que de plus connoissant M. le duc d'Orléans autant qu'il le connoissoit, et le cardinal du Bois aussi, il devoit craindre que cette prétention leur revînt, qu'ils trouveroient sûrement extrêmement mauvaise, et qui donneroit lieu à ses ennemis d'en profiter dès à présent dans le public, et dans la suite auprès du Roi, en accusant M. le duc d'Orléans de vouloir déjà trancher du souverain, dans l'impatience de le devenir en effet, par des malheurs qu'on ne pouvoit assez craindre, et qui donneroit[1] un nouveau cours aux horreurs tant débitées et si souvent renouvelées. Mais les vérités les plus palpables ne trouvent point d'entrée dans un esprit prévenu et que l'ambition aveugle.

La Fare se mit à pester contre la foiblesse de M. le duc d'Orléans, qui ne se soucioit point de sa grandeur, et me voulut persuader que mon attachement pour lui y devoit suppléer en cette occasion. Je me tus, car que répondre à une pareille folie ? et ce silence lui persuada que je ne voulois pas qu'il fût ambassadeur ni grand d'Espagne comme je l'étois. Pour grand, j'en aurois été bien étonné. C'eût été donner à un gentilhomme chargé des remerciements de M. le duc d'Orléans ce qui se pouvoit donner de plus grand, et la même chose, pour ne parler ici que des caractères, qui étoit donnée à l'ambassadeur extraordinaire du Roi venu pour faire la demande de l'infante et en signer le contrat de mariage. Mais quelque étrange que cela eût été, je me serois bien gardé de mettre le moindre obstacle à la fortune d'un gentilhomme, comme, par cette même raison, il n'avoit tenu qu'à moi d'empêcher Maulevrier d'être ambassadeur, et je n'avois pas voulu le faire, quoique je ne l'eusse jamais vu, et que je connusse la naissance des Andrault pour bien plus légère encore que celle de la Fare. Par cette même raison, j'au-

---

1. Il y a bien *donneroit*, au singulier.

rois trouvé aussi fort bon que ce dernier fût ambassadeur
de M. le duc d'Orléans, ou même en eût usurpé le traitement, si ce n'avoit pas été une folie, une chose impossible,
et d'ailleurs une chimère que M. le duc d'Orléans auroit
fort désapprouvée, et qui lui auroit été en effet très-
préjudiciable.

Je n'oubliai pas à représenter à la Fare que feu Monsieur, fils, frère, gendre, beau-père et beau-frère de rois,
n'avoit jamais eu d'envoyés nulle part, tels qu'ont les
souverains, mais dépêché seulement en Espagne, en
Angleterre, etc., des personnes distinguées de sa cour
pour faire ses compliments aux rois et aux princes, aux
occasions qui s'en sont présentées, comme lui-même
l'étoit actuellement par M. le duc d'Orléans, son fils. Mais
nulle raison ne put prendre sur la Fare : il se persuada
que mon intérêt m'empêchoit de le servir et de le faire
réussir, de manière qu'il me bouda longtemps, et me vit
assez peu. Cette folie d'ambassade, jusqu'à des plaintes
de n'avoir pas été reçu et de n'être pas traité avec les
honneurs qui lui étoient dus, commençoient à être fort
sues[1], dont Grimaldo ne me cacha pas qu'il étoit fort
scandalisé; j'en craignis donc le contre-coup en France,
et de recevoir des reproches de mon silence et de ma
tolérance là-dessus. Pour la tolérance, je n'avois rien à
y faire, mais pour le silence, je le rompis. J'en écrivis
donc un petit mot au cardinal du Bois, mais court et fort
en douceur. Il ne m'y répondit pas de même sur la Fare,
et lui écrivit de façon qu'il n'osa plus parler de caractère.
Je crois que cette lettre ne m'accommoda pas avec
lui.

Cette conduite avec moi, à qui il avoit toute l'obligation
de cet agréable voyage, et de la Toison qu'il lui valoit,
m'engagea à en écrire [à] Belle-Isle, à la prière duquel
j'avois demandé la Fare à M. le duc d'Orléans pour aller
de sa part en Espagne. Je lui parlai au long de sa chimère

1. Saint-Simon fait accorder le verbe et le participe avec le mot *plaintes*.

d'ambassade, et ce que j'avois tu au cardinal du Bois, de la grandesse qu'il vouloit, enfin de sa conduite avec moi. Belle-Isle avoit trop d'esprit et de sens pour ne pas voir et sentir tout ce que c'étoit que ce procédé et ces chimères, et me le manda franchement, et qu'il en écrivoit de même à la Fare, surtout sur ce qui me regardoit. Ce ne fut pourtant que tout à la fin de mon séjour en Espagne que la Fare reprit peu à peu ses véritables errements avec moi, et depuis notre retour en France nous avons été amis. Il a bien su depuis pousser sa fortune, et par de bien des sortes de chemins, toutefois pourtant sans intéresser son honneur. Il est étonnant combien l'ambition ouvre l'esprit le plus médiocre, et combien il est des gens à qui tout réussit, dont on ne se douteroit jamais. J'ai voulu raconter toute cette aventure de suite. Retournons chez le duc del Arco, d'où nous sommes partis.

CHAPITRE VII.

Ma conduite en France sur les grâces reçues en Espagne; parrains de mes deux fils. — Princesse des Asturies fort incommodée; inquiétude du roi et de la reine, qui me commandent de la voir tous les jours, contre tout usage en Espagne; ils me confient les causes secrètes de leurs alarmes, sur lesquelles je les rassure. — Couverture de mon second fils. — Le cordon bleu donné au duc d'Ossone. — Je prouve à M. le duc d'Orléans qu'il pouvoit et qu'il devoit faire lui-même le duc d'Ossone chevalier de l'ordre, et lui propose sept ou huit colliers pour l'Espagne, lors de la grande promotion, dont un pour Grimaldo. — L'ordre offert et refusé par le cardinal Albane; office au cardinal Gualterio, à qui le feu Roi l'avoit promis. — Chavigny en Espagne, mal reçu; son caractère. — Chavigny à Madrid; sa mission, et de qui; vision du duc de Parme la plus inepte sur Castro et Ronciglione; fausseté puante de Chavigny sur le duc de Parme. — Chavigny chargé par le duc de Parme de proposer le passage actuel de l'infant don Carlos à Parme avec six mille hommes, dont le duc de Parme auroit le commandement, les subsides, et l'administration du jeune prince. — Chavigny sans ordre ni aucune réponse du cardinal du Bois sur le passage de don Carlos en Italie, sans lettres de créance ni instruction du cardinal du Bois pour la cour d'Espagne; ordre de lui seulement d'y servir le duc de Parme, mais sans y entrer en trop de détail sur Castro et Ronciglione. — Tableau de la cour intérieure d'Espagne. — Chavigny se montre à Pecquet vouloir un établissement actuel à don Carlos en Italie. — Multiplicité à la fois des ministres de France à Madrid publiquement odieuse et suspecte[1] à la cour d'Espagne. — Dangers et absurdité du passage actuel de don Carlos en Italie, sans aucun fruit à en pouvoir espérer. — Chimère ridicule de l'indult. — Mon embarras du silence opiniâtre du cardinal du Bois sur le projet du passage de don Carlos en Italie. — Mesures que je prends en France et en Espagne pour faire échouer la proposition du passage de don Carlos en Italie, qui réussissent. — Je mène Chavigny au marquis de Grimaldo, et le présente au roi et à la reine d'Espagne, desquels il est extrêmement mal reçu ; il échoue sur les deux affaires qu'il me dit l'avoir amené à Madrid.

Après dîner et un peu de conversation, j'allai chez le roi et la reine, qui m'avoient permis d'aller prendre congé d'eux. Je renouvelai mes remerciements sur le coucher public, que je leur dis, comme il étoit vrai, n'avoir été désapprouvé de personne, et les miens ensuite sur les grâces que je venois de recevoir, qui furent tous reçus avec beaucoup de bonté. Je pris congé jusqu'à Madrid. J'allai de là prendre congé du prince des Asturies et dire adieu au marquis de Villena, de chez qui je retournai en mon quartier faire mes dépêches et écrire quantité de lettres à famille et à amis, pour leur donner part des grâces que je venois de recevoir. J'en eus tant à faire que j'y donnai tout le lendemain 22 que la cour partoit de Lerma, et je ne partis avec tout ce qui étoit avec moi que le lendemain 23 janvier. L'embarras n'étoit pas médiocre de mander à M. le duc d'Orléans et au cardinal du Bois que je m'étois passé de leurs lettres, et que sans ce secours j'avois si promptement et si agréablement reçu toutes les grâces de Leurs Majestés Catholiques dont j'avois à rendre compte au Régent et à son ministre. J'étois peu en peine de M. le duc d'Orléans, dont la légèreté et l'incurie sur les petites choses, et trop souvent sur les grandes, me rassuroit sur le peu d'impression qu'il en recevroit. Mais il n'en étoit pas de même du cardinal

---

1. Le manuscrit porte *odieux et suspect*, au masculin.

du Bois, qui n'avoit fait les deux lettres de cette étrange foiblesse que dans l'espérance de me faire manquer le but qui m'avoit fait demander et obtenir à son insu l'ambassade d'Espagne, qui seroit d'autant plus piqué que j'y fusse arrivé malgré lui, et qui n'oublieroit rien pour aigrir s'il pouvoit M. le duc d'Orléans là-dessus. Je pris donc le parti d'écrire à ce prince une lettre désinvolte[1] et courte là-dessus, suivant son goût, mais pleine de toute la reconnoissance que je devois à sa volonté, au cardinal du Bois un verbiage où je me répandis avec profusion en reconnoissance, et où je lui fis accroire que ce n'étoit qu'à ces deux lettres non présentées, mais toutefois lues par Grimaldo à Leurs Majestés Catholiques, que je devois les grâces que j'en avois reçues, dès le jour même qu'elles avoient été informées par cette lecture du desir de Son Altesse Royale et des siens. L'affaire étoit faite : comme que ce fût, je lui en donnois l'honneur. Faute de pouvoir pis, il prit le tout en bonne part, me félicita, et se donna pour fort aise d'avoir si heureusement travaillé en ma faveur.

Pour l'y confirmer en même temps, je lui avois demandé des lettres de remerciement de ces grâces de M. le duc d'Orléans au roi d'Espagne, et de lui au marquis de Grimaldo et au P. d'Aubanton. Comme il ne s'agissoit plus de me les procurer, mais d'en remercier comme de l'accomplissement d'un ouvrage qu'il lui plaisoit de s'approprier, j'eus ces lettres en réponse des miennes, dont le style animé étoit bien différent de la langueur de celui des deux lettres de prétendue demande, qu'il m'avoit fait attendre si longtemps, et qui, de l'avis de Grimaldo, restèrent dans mes portefeuilles. Sa réponse à moi, glissant sur la retenue des deux lettres, fut le compliment de conjouissance le plus vif du succès de ce qu'il m'insinuoit doucement être son ouvrage; et la lettre qu'il fit de M. le duc d'Orléans se ressentit du même style. Je tenois mon affaire, et j'en fus content.

1. Voyez tome III, p. 272 et note 1, tome X, p. 178, etc.

Je rendis compte au cardinal, en lui mandant les grâces que je venois de recevoir, qu'il falloit un parrain pour la couverture de mon second fils, et pour la Toison de l'aîné, et des raisons qui me les avoient fait choisir. Au sortir de table à Lerma, de chez le duc del Arco, je le priai de vouloir faire cet honneur à mon second fils, et il l'accepta de façon à me persuader qu'il s'en trouvoit flatté, et en même temps je priai le duc de Liria de vouloir bien l'être de l'aîné pour la Toison : je ne pouvois moins pour lui. Il se réputoit François; il étoit fils aîné du duc de Berwick, que M. le duc d'Orléans aimoit et estimoit. Il étoit ami particulier de Grimaldo; il m'avoit donné tous les siens, facilité une infinité de choses; il n'y avoit sorte d'avances, de prévenances, d'amitiés, de services que je n'en eusse reçus. Pour le duc del Arco, M. le duc d'Orléans m'en avoit toujours paru content. Il étoit favori du roi, étoit grand d'Espagne de sa main, possédoit une des trois grandes charges, étoit aimé et estimé et dans la première considération. J'en avois d'ailleurs reçu toutes sortes de politesses, et il étoit de ceux qui venoient manger familièrement chez moi, sans prier, surtout les soirs, quand il en avoit le temps. Je crus même que ce choix plairoit au roi d'Espagne, et ne pourroit que me faire honneur. Ces deux parrains furent fort approuvés en Espagne, et pareillement de M. le duc d'Orléans et du cardinal du Bois.

Enfin j'écrivis au Roi une lettre à part, outre celle d'affaires, pour le remercier des grâces que sa protection venoit de me procurer, parce que, tout enfant qu'il fût encore, tout lui devoit être rapporté. Je dépêchai un officier de bon lieu du régiment de Saint-Simon infanterie pour porter avec ces lettres le compte que je rendois du détail du mariage, en considération duquel je demandois pour lui une croix de Saint-Louis, la commission de capitaine et une gratification. On verra plus bas que ce n'est pas sans raison que je rapporte ici ces bagatelles. Mon courrier partit quelques heures avant moi de mon quartier de Villahalmanzo et fit diligence. Je suivis la route que la cour avoit prise par des montagnes où jamais voiture n'avoit passé. Les Espagnols sont les premiers ouvriers du monde pour accommoder de pareils chemins; mais c'est sans solidité, et bientôt après il n'y paroît plus. La cour fut cinq jours en chemin jusqu'à Madrid. J'y arrivai un jour avant elle.

La princesse des Asturies se trouva incommodée sur la fin du voyage. Il lui parut des rougeurs sur le visage, qui se tournèrent en érésipèle, et il s'y joignit un peu de fièvre. J'allai au palais dès que la cour fut arrivée, où je trouvai Leurs Majestés alarmées. Je tâchai de les rassurer sur ce que la princesse avoit eu la rougeole et la petite-vérole, et qu'il n'étoit pas surprenant qu'elle se ressentit de la fatigue d'un si long voyage et d'un changement de vie tel qu'il lui arrivoit. Mes raisons ne persuadèrent point, et le lendemain, je trouvai leur inquiétude augmentée. Ce contre-temps les contraria fort. Les fêtes préparées furent suspendues, et le grand bal déjà tout rangé dans le salon des Grands demeura longtemps en cet état. La reine me demanda si j'avois vu la princesse; je répondis que j'avois été savoir de ses nouvelles à la porte de son appartement; mais elle m'ordonna de la voir, et le roi aussi.

Rien n'est plus opposé aux usages d'Espagne, où un homme, même très-proche parent, ne voit jamais une femme au lit. Des raisons essentielles m'avoient fait obtenir qu'on n'y eût point d'égard au coucher des noces, mais je n'en trouvois point ici pour les violer de nouveau, et d'une façon encore qui m'étoit personnelle, et dont la distinction choqueroit les Espagnols contre la vanité à laquelle ils l'attribueroient. Je m'en excusai donc le plus qu'il me fut possible, sans pouvoir faire changer Leurs Majestés là-dessus. Les trois jours suivants ils me demandèrent si j'avois vu la princesse. J'eus beau tergiverser, ils savoient que je ne l'avois pas vue, et que la duchesse de Monteillane, venue me parler à la porte de la chambre, n'avoit pu me persuader d'y entrer. Ils m'en grondèrent l'un et l'autre, et me dirent qu'ils vouloient que je visse en quel état elle étoit, les remèdes et les soins qu'on lui donnoit. Le roi y alloit une ou deux fois par jour, et la reine bien plus souvent, et ne dédaignoit pas de lui présenter elle-même ses bouillons et ce qu'elle avoit à prendre. Je les assurai l'un et l'autre que si ce n'étoit que pour que je pusse rendre compte à M. le duc d'Orléans de leurs bontés et de leurs soins pour la princesse, j'en étois si bien informé et dans un si grand repos que je n'avois aucun besoin de la voir pour témoigner à M. le duc d'Orléans, et le persuader qu'elle étoit mieux entre leurs mains qu'entre les siennes. Enfin le troisième jour ils se fâchèrent tout de bon, me dirent que j'étois bien opiniâtre, qu'en un mot, ils vouloient être obéis, et qu'ils m'ordonnoient expressément et bien sérieusement de la voir tous les jours. Il ne me resta donc plus qu'à obéir.

J'entrai dès le lendemain chez la princesse, auprès du lit de laquelle je fus conduit par la duchesse de Monteillano. L'érésipèle me parut fort étendu et fort enflammé. Ces dames me dirent qu'il avoit gagné la gorge et le cou, et que la fièvre, quoique médiocre, subsistoit toujours. On me la fit regarder avec une bougie, quoi que je pusse dire pour l'empêcher, et on me dit le régime et les remèdes qu'on employoit. J'allai de là chez le roi et la reine, qui me faisoient entrer tous les jours en tiers avec eux, depuis le retour de Lerma, pour me parler de la princesse, de chez laquelle je leur dis d'abord que j'en sortois. Cela leur fit prendre un air serein. Ils se hâtèrent de me demander comment je la trouvois. Après un peu de conversation sur le mal et les remèdes : *Vous ne savez pas tout*, me dit le roi, *il faut vous l'apprendre. Il y a deux glandes fort gonflées à la gorge, et voilà ce qui nous inquiète tant, car nous ne savons qu'en penser.* Dans l'instant je sentis ce que cela signifioit. Je lui répondis que je comprenois ce qu'il me faisoit l'honneur de me faire entendre, et assez pour pouvoir lui répondre que son inquiétude étoit sans fondement; que je ne pouvois lui dissimuler que la vie de M. le duc d'Orléans n'eût été licencieuse, mais que je pouvois l'assurer très-fermement qu'elle avoit toujours été sans mauvaises suites; que sa santé avoit toujours été constante et sans soupçon; qu'il n'avoit jamais cessé un seul jour de paroître dans son état ordinaire; que j'avois vécu sans cesse dans une si grande privance avec lui qu'il eût été tout à fait impossible que la plus légère mauvaise suite de ses plaisirs m'eût échappé, et que néanmoins je pouvois jurer à Leurs Majestés que jamais je ne m'étois aperçu d'aucune; qu'enfin Mme la duchesse d'Orléans avoit toujours joui de la santé la plus égale et la plus parfaite, rempli chaque jour chez le Roi, chez elle et partout, les devoirs de son rang en public, et qu'aucun de tous ses enfants n'avoit donné lieu par leur santé au plus léger soupçon de cette nature.

Pendant ce discours, je remarquai dans le roi et la reine une attention extraordinaire à me regarder, à m'écouter, à me pénétrer, et sur la fin un air de contentement fort marqué. Tous deux me dirent que je les soulageois beaucoup de leur donner de si fortes assurances, bien persuadés que je ne les voudrois pas tromper. Après un peu de conversation là-dessus, le roi me dit qu'à cette inquiétude, que je calmois, en succédoit une autre, qui faisoit d'autant plus d'impression sur lui que le mal dont la feue reine son épouse étoit morte avoit commencé par ces sortes de glandes, et s'étoit, longtemps après, déclaré en écrouelles, dont aucun remède n'avoit pu venir à bout. Je lui fis observer que, suivant ce qui nous en avoit été rapporté en France, ces glandes de la feue reine n'avoient paru qu'à la suite d'un goître qu'elle avoit apporté de son pays, où le voisinage des Alpes les rend si ordinaires, et dont Mme la duchesse de Bourgogne, sa sœur, n'étoit pas exempte; qu'en la princesse il n'y avoit rien de pareil, ni dans pas un de ceux dont elle tiroit sa naissance; qu'il y avoit donc tout lieu de croire que ces glandes ne s'étoient engorgées[1] que de l'humeur de l'érésipèle si voisine, et de ne pas douter qu'elle ne se guérît avec la cause qui l'avoit fait enfler. La conversation, qui fut extrêmement longue, finit par m'ordonner de nouveau et bien précisément de voir tous les jours la princesse, eux ensuite, et me prier de rendre un compte exact à M. le duc d'Orléans de leur inquiétude et de leurs soins, sans toutefois lui laisser rien sentir des ouvertures que leur confiance en moi les avoit engagés[2] à me faire sur les deux origines qu'ils avoient appréhendées du gonflement de ces glandes, qui devoient demeurer à moi tout seul.

Deux jours après néanmoins, ayant l'honneur d'être en tiers avec eux au sortir de chez la princesse, je m'aperçus que leur inquiétude subsistoit plus qu'ils ne vouloient me la montrer. Raisonnant avec moi sur cette maladie et sur ces glandes qui ne diminuoient point encore, et sur les remèdes qu'on y faisoit, ils me dirent qu'ils avoient commandé à Hyghens d'en écrire un détail fort circonstancié à Chirac, premier médecin de M. le duc d'Orléans, et de le consulter, comme ayant plus de connoissance du tempérament de la princesse, sur quoi ils souhaitoient beaucoup que Chirac, mettant à part les compliments et les lieux communs trop ordinaires entre médecins, mandât son avis de bonne foi et sans détour à Hyghens. Cela m'engagea à en écrire en conformité au cardinal du Bois, en rendant compte à M. le duc d'Orléans et à lui de l'inquiétude, des soins et des attentions infinies de Leurs Majestés Catholiques pour la princesse, sans toutefois leur en toucher le véritable motif, sinon à M. le duc d'Orléans, de ma main, et à lui seul. C'étoit l'affaire de Hyghens avec Chirac, s'il trouvoit à propos de toucher cette corde.

Tant que la princesse fut malade, je ne pus omettre d'y

1. Saint-Simon avait d'abord écrit : *que cette glande ne s'étoit engorgée.*
2. *Avoient engagées*, au manuscrit.

aller tous les jours, et chez Leurs Majestés ensuite, sans que jamais elle me dît un seul mot, quoique ses dames et le prince des Asturies, que j'y trouvois souvent, fissent tout ce qu'ils pouvoient pour m'en attirer quelque parole. Quand les glandes commencèrent à se dissiper et l'érésipèle à diminuer, je me contentai d'attendre Leurs Majestés au retour de leur chasse, et de leur dire un mot en passant.

La couverture de mon second fils se fit le 1er février, jour pour jour, précisément quatre-vingt-sept ans depuis la réception de mon père au Parlement, comme duc et pair de France. Elle excita une légère altercation entre le duc del Arco qui, comme parrain, en prit le jour du roi et en fit avertir les grands, et le marquis de Villena, qui, comme majordome-major, prétendoit que c'étoit à lui à le faire. J'ai donné ailleurs la description de cette belle cérémonie pour chacune des trois classes. Je me contenterai donc de dire ici que le duc del Arco, qui n'alloit que dans les carrosses du roi comme grand écuyer, dans lesquels il ne pouvoit donner la main à personne, sans exception, eut la politesse de venir prendre le marquis de Ruffec et moi dans son propre carrosse, avec ses livrées, suivi de celui du duc d'Albe, oncle paternel de celui qui est mort ambassadeur d'Espagne à Paris, et son héritier, qu'il avoit prié de lui aider dans cette cérémonie, comme le parrain en prie toujours un grand. Quoi que mon fils et moi pussions faire ou dire, il n'y eut jamais moyen de les faire monter en carrosse avant lui, ni de les empêcher de se mettre tous deux sur le devant du carrosse. On ne sauroit ajouter à la politesse et à l'attention avec laquelle ils s'acquittèrent de la fonction qu'ils avoient bien voulu accepter, soit pour convier à dîner chez moi, en attendant que le roi arrivât dans la pièce de l'audience où la cérémonie s'alloit faire, soit chez moi à y faire les honneurs, plus et mieux que moi. Je fus extrêmement flatté de voir un si grand nombre de grands d'Espagne et d'autres seigneurs à cette couverture, où on m'assura n'en avoir jamais tant vu en aucune, et au retour chez moi, nous nous trouvâmes quarante-cinq à table, ou grands, ou de ce qu'il y avoit d'ailleurs de plus distingué, avec d'autres tables qui se trouvèrent aussi, mais plus médiocrement remplies. J'allai et revins du palais avec le même cortége de suite de livrées et de carrosses qu'à ma première audience de cérémonie pour la demande de l'infante, et je sus que cette parité de pompe fut sensible aux Espagnols.

Après la cérémonie il y eut chapelle, où j'eus le plaisir de voir mon second fils sur le banc des grands, de celui des ambassadeurs où j'étois. Comme la grandesse étoit la même et commune entre mon second fils et moi, je crus devoir me contenter de sa couverture, et ne point faire la mienne. De quelque sotte brutalité qu'en eût usé Maulevrier en cette occasion de grandesse, je considérai assez le caractère dont il étoit revêtu pour l'emporter sur le mépris de sa personne. Je le priai au festin de la grandesse, car les ambassadeurs n'assistent point aux couvertures. Il s'en excusa fort grossièrement. Cela ne me rebuta point, et quoique accablé de visites à recevoir et à rendre, car il faut aller deux fois chez chaque grand, une pour les prier de se trouver à la couverture, une autre pour les inviter et leurs fils aînés au repas, j'allai avec mon second fils chez Maulevrier qui se résolut enfin d'y venir, et qui y fit d'autant plus triste et méchante figure, que tout ce qui s'y trouva voulut par un air de gaieté et de liberté peu ordinaire à la nation, me témoigner prendre part à ma satisfaction, et aussi à la chère, car il y fut bu et mangé plus qu'on ne fait ici en de pareils repas. Il me fallut après retourner chez tous les grands avec mon fils, et chez les autres personnes distinguées qui avoient dîné chez moi ce jour-là.

J'appris par une lettre du 27 janvier, du cardinal du Bois, le cordon bleu donné au duc d'Ossone, et la manière dont cela s'étoit fait, à laquelle je reviendrai tout à l'heure.

J'allai aussitôt attendre le retour de la chasse, et je suivis Leurs Majestés dans leur appartement de retraite. Je leur rendis compte de ce qui venoit d'être fait pour M. le duc d'Ossone. Je leur en relevai la singularité, et je leur fis remarquer qu'on ne savoit ni qu'on ne pouvoit savoir alors à Paris les grâces dont il avoit plu à Leurs Majestés de me combler. Elles me parurent extrêmement sensibles à cette marque de considération qu'elles recevoient en la personne de leur ambassadeur, et me chargèrent de le témoigner à M. le duc d'Orléans. Le duc d'Ossone avoit pris auparavant son audience de congé; mais il demeuroit à Paris, où il donnoit de belles fêtes en attendant l'arrivée de l'infante.

On s'étoit franchement moqué de M. le duc d'Orléans et de son cardinal ministre sur le cordon bleu du duc d'Ossone. Le maître méprisoit ces choses-là, qu'il traitoit de bagatelles, et le valet n'étoit pas né, et n'avoit pas même vécu à en savoir là-dessus davantage. La vieille cour, abattue par les découvertes sur elle, sur le duc et la duchesse du Maine, sur Cellamare, et par le lit de justice des Tuileries, reprenoit peu à peu vigueur à mesure que le Parlement relevoit la crête et que la majorité approchoit. D'espagnole passionnée qu'elle s'étoit montrée, elle étoit devenue ennemie de l'Espagne depuis la réconciliation de M. le duc d'Orléans, et n'avoit vu qu'avec désespoir le double mariage qui l'avoit immédiatement suivie. Étourdie du coup, elle ne pouvoit supporter le resserrement de ces liens par les bienfaits réciproquement répandus sur les ambassadeurs, sans de noûveaux dépits. Elle chercha donc à affoiblir ce que M. le duc d'Orléans se proposa pour le duc d'Ossone, et du même coup à l'arrêter tout court sur la promotion qui suit toujours le sacre, et lui persuadèrent[1] aisément que n'y ayant point de grand maître de l'ordre du Saint-Esprit, parce que le Roi, qui n'avoit pas pu faire encore

---

1. Ce verbe est bien au pluriel.

sa première communion, n'en avoit pas reçu le collier, et portoit l'ordre par le droit de sa naissance, sans en être chevalier, on ne pouvoit faire aucun chevalier de l'ordre. Cette raison, si elle avoit mérité ce nom, militoit pour l'exclusion de la promotion du lendemain du sacre, parce que le temps n'y auroit pas permis du jour au lendemain de nommer les chevaliers en chapitre, à eux de faire leurs preuves, à un second chapitre, de les recevoir, et d'être arrivés à Reims avec leurs habits tous faits, le tout en moins de douze heures, à compter de la fin du festin royal; et si le sacre se faisoit avant la majorité, nécessité de l'attendre, pour que le grand maître de l'ordre pût faire la promotion par lui-même.

Ces bluettes aveuglèrent le cardinal du Bois, et M. le duc d'Orléans eut plus tôt fait de s'en laisser éblouir que d'y faire la plus légère réflexion, de sorte que lui et le cardinal du Bois eurent recours à leurs *mezzo termine* si favoris, et crurent faire merveilles et un grand coup d'autorité d'envoyer le cordon bleu au duc d'Ossone, avec permission de porter dès lors les marques de l'ordre, qu'il prit sur-le-champ, en attendant que le Roi fût en état de l'en faire chevalier. Mais la réponse à ces deux prétendus obstacles étoit bien aisée. Henri IV au siége de Rouen, huguenot encore, par conséquent, tout roi qu'il étoit, incapable d'être chevalier du Saint-Esprit, et même de le porter, et d'en être fonctionnellement grand maître, expédia une commission au premier maréchal de Biron pour tenir le chapitre de l'ordre, et le donner au baron de Biron son fils, devenu depuis duc et pair et maréchal de France, et qui eut enfin la tête coupée, et d'y donner en même temps le cordon bleu à Renaud de Beaulne, archevêque de Bourges, depuis de Sens, comme grand aumônier de France, dont Henri IV venoit de lui donner la charge, qu'il venoit d'ôter à Jacques Amyot, évêque d'Auxerre, passionné ligueur. Voilà qui est sans réplique pour faire des chevaliers de l'ordre sans qu'il y ait de grand maître, et la cérémonie s'en fit dans l'église paroissiale du faubourg de Darnetal de Rouen, dont le Roi étoit maître. A l'égard d'un roi, non-seulement point grand maître de l'ordre, mais de plus mineur, Louis XIII, né à Fontainebleau dans le cabinet de l'Ovale, le jeudi 17 septembre 1601, sur les onze heures du soir, sacré à Reims le dimanche 17 octobre 1610, n'étoit ni grand maître de l'ordre ni majeur, et toutefois il fit le prince de Condé chevalier de l'ordre le lendemain de son sacre; tellement que de quatre rois immédiats prédécesseurs du Roi, deux seulement, dont l'instituteur de l'ordre est le premier, et l'autre est le feu Roi, étoient majeurs et sacrés quand ils ont fait des chevaliers de l'ordre; et deux autres, l'un huguenot, par conséquent ni sacré, ni grand maître, ni même portant l'ordre, l'autre sacré mineur, ont fait des chevaliers de l'ordre, l'un par commission, étant hors d'état de les faire lui-même, l'autre le lendemain de son sacre et sous la régence de la Reine sa mère. Qu'auroient pu répondre à cela ces Messieurs de la vieille cour? Mais quoique trivial et moderne, le cardinal n'en savoit pas tant, et le Régent ne prenoit pas la peine d'y penser un moment, et de se rappeler ces exemples décisifs.

Quoique chose faite, je ne laissai pas de leur mander ce que j'en pensois, et qu'ils s'étoient laissé prendre grossièrement pour dupes. Mais je me gardai bien de dire à personne en Espagne que cela se pouvoit et devoit faire autrement, et que la Régente sous Louis XIII nomma et fit faire Monsieur le Prince chevalier de l'ordre. Cela est clair par conséquent que M. le duc d'Orléans régent avoit le même pouvoir. Je leur rendis compte du très-bon effet et de la joie que cette distinction accordée au duc d'Ossone avoit fait[1] dans toute la cour d'Espagne, et j'en pris occasion de leur représenter combien il étoit du service de M. le duc d'Orléans de réserver sept ou huit colliers, qui étoient presque tous vacants, quand il feroit

---

1. Il y a bien *fait*, au masculin singulier.

la promotion entière, et de les envoyer sans destination au roi d'Espagne pour les donner à qui il lui plairoit, excepté le marquis de Grimaldo, dont les services et le constant attachement à l'union des deux couronnes méritoit la distinction d'être nommé par le Roi uniquement, sur quoi je leur remis devant les yeux la conduite des rois d'Espagne de la maison d'Autriche, qui envoyoient aux empereurs toutes les Toisons qu'ils vouloient pour leur cour, encore que cet ordre ne soit que de la moitié en nombre de celui du Saint-Esprit, et leur rappelai aussi le grand nombre de Toisons données à la France, auquel le petit nombre de colliers du Saint-Esprit accordés à l'Espagne ne pouvoit se comparer, infiniment moins aux grandesses françoises, qui ne peuvent recevoir d'équivalent. Cette épargne de colliers à l'Espagne pour les prostituer ici à des gens qui, sous le feu Roi, auroient couru avec incertitude après un cordon rouge, et s'en seroient crus comblés, n'est pas une des moindres fautes, à tous égards, en laquelle on s'est si opiniâtrément affermi depuis. Je fis en même temps un reproche à M. le duc d'Orléans d'un dégoût où[1] la sottise du cardinal du Bois, que je ne nommois point, venoit de lui faire essuyer.

A propos de la résolution prise de donner le cordon bleu au duc d'Ossone, ce prince, qui croyoit si peu avoir le pouvoir de faire des chevaliers de l'ordre, l'envoya au cardinal Albane. C'étoit une reconnoissance du cardinal du Bois pour son chapeau, auquel le cardinal Albane, entraîné par les lettres pressantes du cardinal de Rohan, s'étoit montré favorable, et une galanterie qu'il vouloit faire à tout le parti de la constitution. Il en fut comme des exemples d'Henri IV et de Louis XIII cités ci-dessus. Du Bois, petit compagnon alors, ignoroit, et son maître avoit oublié, que le feu Roi ayant voulu donner l'ordre au cardinal Ottobon, protecteur des affaires de France,

---

1. Les éditions précédentes ont corrigé *où* en *que*.

et brouillé et comme proscrit par la république de Venise pour avoir accepté cette protection, comme on l'a vu ici en son lieu, le refusa tout net, et répondit qu'encore qu'il eût pris un attachement déclaré pour la France par cette protection, elle n'étoit pas incompatible avec rien de ce qu'il étoit, mais que le cordon bleu, qui n'étoit presque jamais que pour les cardinaux françois, ne lui paroissoit pouvoir convenir avec sa charge de vice-chancelier de l'Église, ni avec ce qu'il étoit[1] d'ailleurs dans le sacré collége : il vouloit dire son ancienneté qui touchoit au décanat, sa qualité de neveu d'Alexandre VIII, qui le mettoit à la tête des créatures de son oncle, enfin sa nation; et le feu Roi eut le dégoût d'en être refusé. Albane, Italien, camerlingue, et chef des nombreuses créatures de Clément XI son oncle, eut les mêmes raisons. Il n'avoit pas été pressenti auparavant; du Bois, qui ne doutoit de rien, ne s'en étoit pas donné la peine, tellement que le refus tout plat fut public et l'ordre renvoyé.

Je ne faisois pas cette leçon, mais mon reproche fut que Son Altesse Royale ne pouvoit ignorer la promesse publique et réitérée du feu Roi au cardinal Gualterio de la première place de cardinal qui vaqueroit dans l'ordre ; que ses services et son attachement si marqué, et qui lui avoient coûté tant de dégoût depuis son retour à Rome, méritoient à tant de titres, et non pas le dégoût nouveau, qu'il n'avoit jamais mérité de M. le duc d'Orléans le moins du monde, de se voir oublié et envoyer l'ordre à un autre cardinal si inférieur à lui, pour ne pas dire plus, en mérites à l'égard de la France. Mais du Bois gouvernoit seul et en plein. Les grandes et les petites choses dépendoient entièrement de lui, et M. le duc d'Orléans tranquillement le laissoit faire. J'en écrivis en même sens au cardinal du Bois, et je lui représentai que l'estime et l'amitié si marquée du cardinal de Rohan

---

1. On lit ici le mot *pas*, ajouté après coup.

pour le cardinal Gualterio ne pourroit pas être insensible à une si grande mortification.

En arrivant de Lerma à Madrid, j'avois reçu une lettre du cardinal du Bois, qui, après des raisonnements sur l'état incertain de la santé du grand-duc, et de ce qui pouvoit se passer en Italie en conséquence, me mandoit que Chavigny, envoyé du roi à Gênes, étoit si fort au fait de toutes ces affaires-là qu'il pourroit bien lui envoyer faire un tour en Espagne, et me le recommandoit très-fortement.

Ce Chavigny étoit le même Chavignard, fils d'un procureur de Beaune, en Bourgogne, qui trompa feu de Soubise, et se fit présenter par lui au feu Roi avec son frère, comme ses parents, et de la maison de Chauvigny-le-Roi, ancienne, illustre, éteinte depuis longtemps, obtint un guidon de gendarmerie aussitôt, et son frère une abbaye. Ils obtinrent aussi des gratifications et des distinctions par les jésuites, qui étoient leurs dupes, ou qui feignoient de l'être, et par M. de Soubise, à l'ombre duquel ils se fourrèrent partout où ils purent. Enfin reconnus pour ce qu'ils étoient, et pour avoir changé leur nom de Chavignard en celui de Chauvigny, le Roi les dépouilla de ses grâces et les chassa du royaume. Ils errèrent longtemps où ils purent, sous le nom de Chavigny, pour ne s'écarter que le moins qu'ils purent du beau nom qu'ils avoient usurpé; et quoique si châtiés et si déshonorés, l'ambition et l'impudence leur étoient si naturelles que ni l'une ni l'autre ne put en être affoiblie, et qu'ils ne cessèrent, en cédant à la fortune, de chercher sans cesse à se raccrocher. J'en ai parlé ici, dans le temps de leur aventure; mais j'ai cru en devoir rafraîchir la mémoire en cet endroit.

En courant le pays, ils se firent nouvellistes, espèces de gens dont les personnes en place ne manquent pas, tous aventuriers, gens de rien et la plupart fripons, dont il m'en est passé plusieurs par les mains. Chavigny avoit beaucoup d'esprit, d'art, de ruse, de manége, un esprit tout tourné à l'intrigue, à l'application, à l'instruction, avec tout ce qu'il falloit pour en tirer parti : une douceur, une flatterie fine, mais basse, un entregent merveilleux, et le tact très-fin pour reconnoître son monde, s'insinuer doucement à pas comptés, et juger très-sainement de lâcher ou de retenir la bride, éloquent, bien disant, avec une surface de réserve et de modestie, maître absolu de ses paroles et de leur choix, et toujours examinant son homme jusqu'au fond de l'âme, tandis qu'il tenoit la sienne sous les enveloppes les plus épaisses, toutefois puant le faux de fort loin. Personne plus respectueux en apparence, plus doux, plus simple, en effet plus double, plus intéressé, plus effronté, plus insolent et hardi au dernier point, quand il croyoit pouvoir l'être. Ces talents rassemblés, qui font une espèce de scélérat très-méprisable, mais fort dangereux, font aussi un homme dont quelquefois on peut se servir utilement. Torcy en jugea ainsi. De bas nouvelliste, il s'en fit une manière de correspondant, et prétendit s'en être bien trouvé en Hollande et à Utrecht, où néanmoins il n'osoit trop fréquenter nos ambassadeurs, mais se fourroit chez les ministres des autres puissances, en subalterne tout à fait, mais dont il savoit tirer des lumières par leurs bureaux, où il se familiarisoit en leur en laissant tirer de lui qu'il leur présentoit comme des hameçons.

Son frère n'en savoit pas moins que lui ; mais son humeur naturellement haute et rustre le rendoit moins souple, moins ployant, moins propre à s'insinuer et à abuser longtemps de suite. Toutefois ils s'entendoient et s'aidoient merveilleusement. Ces manéges obscurs, hors de France et tout à fait à l'insu du feu Roi, durèrent jusqu'à sa mort. Elle leur donna bientôt la hardiesse de revenir en France, où trouvant Torcy hors de place, et seulement conservant les postes et une place dans le conseil de régence, ils continuèrent à lui faire leur cour pour s'en faire un patron dans le cabinet du Régent, avec qui le secret des postes le tenoit dans un commerce important et intime, mais un patron qui ne pouvoit que les aider. Ils n'osoient pourtant se produire au grand jour, mais ils frappoient doucement à plusieurs portes pour essayer où ils pourroient entrer.

Comme ils avoient le nez bon, ils avisèrent bientôt que l'abbé du Bois seroit leur vrai fait, s'ils se pouvoient insinuer auprès de lui, et que, fait comme il étoit et comme étoit aussi M. le duc d'Orléans, il y auroit bien du malheur si l'espèce de disgrâce où il étoit lors ne se changeoit bientôt en une confiance qui le mèneroit loin, et dont eux-mêmes pourroient profiter ; ils cherchèrent donc par où l'approcher. La fréquentation qu'ils avoient eue en Hollande avec les Anglois les introduisit auprès de Stairs ; ils y firent leur cour à Rémond, qui n'en bougeoit. Il faut se souvenir de ce qui a été expliqué ici des premiers temps de la régence, des liaisons, des vues et des manéges de l'abbé du Bois pour se raccrocher auprès de son maître et s'ouvrir un chemin à ce qu'il devint depuis. Rémond, peu accoutumé aux applaudissements et aux respects, fut enchanté de ceux qu'il trouva dans les deux frères. A son tour, il fut charmé de leur esprit et de leurs lumières. Il les présenta à Canillac, à qui ils prostituèrent tout leur encens. Lui et Rémond en parlèrent à l'abbé du Bois. Rémond fit que Stairs les lui vanta aussi ; il les voulut voir. Jamais deux hommes si faits exprès l'un pour l'autre que du Bois et Chavigny, si ce n'est que celui-ci en savoit bien plus que l'autre, avoit la tête froide et capable de plusieurs affaires à la fois. Du Bois le reconnut bientôt pour un homme qui lui seroit utile, et dont la délicatesse ne s'effaroucheroit de rien. Il l'employa donc en de petites choses quand lui-même commença à poindre ; en de plus grandes, à mesure qu'il avança ; et en fit enfin son confident dans le soulagement dont il eut besoin dans ses négociations avec l'Angleterre. Parvenu au chapeau et à la toute-puissance, et n'ayant plus besoin de ce second à Londres ni à Hanovre, il l'envoya à Gênes rôder et découvrir en

Italie, et enfin exécuter une commission secrète en Espagne.

Au premier mot que je dis de sa prochaine arrivée au marquis de Grimaldo, il fit un cri qui m'étonna, il rougit, se mit en colère : « Comment? Monsieur, me dit-il, dans le moment de la réconciliation personnelle de M. le duc d'Orléans, dans le moment des deux mariages qui en sont le sceau, et de l'union la plus intime des deux couronnes et des deux branches royales, nous envoyer Chavigny, si publiquement déshonoré qu'il n'est personne en Europe qui ignore une telle aventure! Que veut dire votre cardinal du Bois par un tel négociateur ? N'est[-ce] pas afficher qu'il nous veut tromper que de l'envoyer ici chargé de quelque chose ? » Il en dit tant et plus sur le cardinal, et se déboutonna pleinement sur l'opinion qu'il avoit de lui. Je le laissai tout dire, et je ne pus disconvenir avec lui que Chavigny ne portoit pas une réputation qui pût concilier la confiance. Mais enfin je lui dis que le cardinal en avoit fait son confident personnel, qu'il l'envoyoit sans m'en avoir rien mandé auparavant; que tout ce qu'il m'en marquoit étoit qu'il l'avoit choisi comme étant parfaitement instruit de ce qui se passoit en Italie, en particulier à l'occasion de l'état incertain de la santé du grand-duc, et que je n'en savois pas davantage.

Grimaldo tout bouffant me répondit qu'ils en savoient autant que lui, et que si le cardinal l'en croyoit si instruit, il n'avoit qu'à lui en faire faire un mémoire et le leur envoyer, et non pas un fripon aussi connu que cet homme-là, auquel il n'y avoit pas même moyen de parler. Je le laissai encore s'exhaler tant qu'il voulut, puis, le ramenant doucement peu à peu, je lui dis que si[1] falloit-il bien pourtant qu'il le vît, quand ce ne seroit que pour voir ce qu'il voudroit dire. Grimaldo me répliqua que quand il pourroit se résoudre à le voir, il m'assuroit

---

1. Voyez tome X, p. 252 et note 1.

bien que le roi ne permettroit pas qu'il se présentât devant lui. Je lui représentai qu'en convenant avec lui du mauvais air du choix, le Régent auroit droit de se plaindre qu'on ne voulût pas entendre en Espagne celui qu'il y envoyoit; et que le roi d'Espagne, dans la position si heureuse où la France et le Régent se trouvoient avec Sa Majesté Catholique, elle en usât à l'égard de Chavigny, comme on fait tout au plus au moment d'une rupture résolue. Grimaldo me répliqua avec dépit : « Et pourquoi aussi nous envoyer un coquin décrié partout? n'est-ce pas tout ce qu'ils pourroient faire dans une rupture ? que veulent-ils que nous pensions de ce beau choix, et si unique à faire? quelle confiance prétendent-ils que nous lui donnions ? Il faut qu'ils nous croient stupides, et qu'ils aient pour nous le dernier mépris. Mais nous le leur rendrons bien aussi, et nous leur renverrons leur fripon tout comme il sera venu. Cela leur apprendra du moins à ne nous plus envoyer des fripons reconnus déshonorés par tout le monde, et s'ils nous veulent tromper, du moins de ne l'afficher pas d'avance, et de nous envoyer des fripons qui aient du moins la figure de gens ordinaires. » Comme je vis que je ne ferois que l'opiniâtrer davantage, je me retirai, en le priant du moins d'y penser.

Je retournai le voir le lendemain, et je lui demandai en riant de quelle humeur il étoit ce jour-là. Il me fit mille politesses et mille amitiés, sur lesquelles je pris thème de lui dire qu'il ne me pouvoit arriver rien de plus fâcheux que l'exécution de ce qu'il m'avoit dit la veille; qu'il connoissoit les fougues du cardinal du Bois; qu'il avoit vu, par le délai si affecté de m'envoyer la lettre du Roi pour l'infante, qu'il avoit eu dessein de me jeter dans l'embarras dont j'avois été forcé de lui faire la confidence, et dont il avoit eu la bonté de me tirer; qu'il avoit vu encore par la foiblesse de sa lettre à lui, et de celle qu'il avoit faite de M. le duc d'Orléans pour le roi d'Espagne, le peu d'envie qu'il avoit que j'obtinsse les grâces de

Leurs Majestés Catholiques auxquelles lui avoit eu toute la part, et avoit voulu supprimer ces lettres, qui l'étoient demeurées en effet, comme plus nuisibles qu'utiles; que j'en aurois bien d'autres à lui apprendre pour lui faire voir quel étoit le cardinal du Bois à mon égard; que si Chavigny n'étoit point écouté, si le roi d'Espagne lui faisoit l'affront de ne vouloir pas permettre que j'eusse l'honneur de le lui présenter, le cardinal, qui pouvoit tout sur M. le duc d'Orléans, feroit qu'il s'en prendroit à moi, l'imputeroit à la jalousie du secret de ce dont Chavigny étoit porteur, publieroit et persuaderoit que je sacrifiois l'honneur du Régent et de la France, l'union et la réconciliation si récente des deux cours à ma vanité personnelle, et que traité comme je l'étois en Espagne, on ne pouvoit douter que Chavigny n'y eût été très-bien reçu et très-bien traité si je l'avois voulu; que je ne serois pas dans le cabinet de M. le duc d'Orléans pour imposer au cardinal, comme il m'arrivoit souvent, ni pour me défendre; qu'enfin j'espérois de son amitié, à lui, jointe aux autres considérations que je lui avois représentées la veille, qu'il ne voudroit pas me faire échouer au port.

Je lui parlai si bien, ou il avoit si bien réfléchi sur ce refus, qu'enfin il me promit de voir Chavigny et de faire ce qu'il pourroit pour que je le pusse présenter au roi d'Espagne, sans toutefois me répondre de venir à bout de ce dernier point. Ce fut tout en arrivant de Lerma que j'eus ces deux conversations avec lui. Il étoit arrivé incommodé et enrhumé, la fièvre s'y joignit après, et il fut sept ou huit jours sans voir personne, ni sortir de son logis.

Le 16 février Chavigny arriva, et me vint voir le lendemain matin. Après des propos généraux où il déploya toute sa souplesse, ses respects et son bien-dire, il m'apprit qu'il venoit avec une lettre de créance du duc de Parme, qui comprenant bien l'impossibilité de retirer des mains du Pape le duché de Castro et la principauté de Ronciglione, et toute la difficulté d'en retirer l'équivalent en terres, il se restreignoit à lui en demander un qui seroit aisé, si l'Espagne y vouloit bien[1] contribuer[2] en se joignant à lui pour demander au Pape un indult sur le clergé des Indes, dont le duc de Parme toucheroit l'argent à la décharge du saint-siége, jusqu'à parfait dédommagement. Avec sa manière hésitante et volontairement enveloppée, il ne laissa pas de me dire, quoique non clairement, que le cardinal du Bois approuvoit fort cet expédient; et je sentis qu'il y entroit fort pour sortir par là de l'engagement où il s'étoit mis avec ce prince pour lui procurer cette restitution.

Ce qui me surprit fut l'aveu de Chavigny, vrai ou supposé, de n'avoir point de lettres de créance du cardinal du Bois, avec l'air d'un assez grand embarras, sur quoi je me divertis à lui dire que la confiance de ce ministre en lui étoit si généralement connue qu'il n'avoit qu'à se présenter pour obtenir la même des ministres avec qui il pourroit avoir à traiter. Il se mit après sur les louanges du duc de Parme : sagesse, capacité, considération dans toute l'Italie; sur tout, et plus que tout, il me vanta son attachement de tous les temps pour la France, qui l'avoit exposé à tous les mauvais traitements de l'Empereur. Je lui demandai en bon ignorant comment il s'étoit comporté dans l'affaire du double mariage. Chavigny me répondit sans hésiter que tout avoit passé par lui, qu'il y avoit fait merveilles, qu'il y avoit eu la principale part. Je pris cela pour fort bon, et tout comme il me le donna, mais il ne se doutoit pas que j'en savois là-dessus autant ou plus que lui.

Lorsque M. le duc d'Orléans me confia pour la première fois les mariages, avant même que l'affaire fût entièrement achevée, il me dit en même temps que tout se faisoit à l'insu du duc de Parme; qu'un secret profond lui cacheroit cette affaire par les deux cours, jusqu'à ce

---

1. On lit ici une seconde fois le mot *y*.
2. *Contribuyer*, au manuscrit.

qu'elle fût entièrement parachevée; que Monsieur de Parme étoit le promoteur et le principal instrument des mariages des infants d'Espagne avec les archiduchesses, dont il avoit toute la négociation; et lorsque les mariages furent faits, M. le duc d'Orléans me dit qu'ils étoient tombés sur la tête du duc de Parme comme une bombe: qu'il en étoit au désespoir; et quand après le cardinal du Bois et moi fûmes, comme je l'ai raconté en son lieu, replâtrés, et que nous fûmes à portée de parler d'affaires et de mon ambassade prochaine, je lui parlai du duc de Parme sans lui laisser rien sentir de ce que M. le duc d'Orléans m'en avoit dit, et il m'en rapporta les mêmes choses précisément que j'en avois apprises du Régent. Ce souvenir, que je ne pouvois avoir que très-présent en Espagne, me confirma de plus en plus dans l'opinion que j'avois de Chavigny, et de me bien garder de lui en laisser fleurer[1] l'odeur la plus légère. De là, il me battit la campagne avec force bourre, à travers laquelle il s'étendit, mais fort en général, sur la nécessité de l'établissement de l'infant don Carlos en Italie, sur les bonnes choses qu'il y auroit à faire en cette partie de l'Europe, sur le respect où le double mariage y alloit retenir l'Empereur à l'égard des deux couronnes, sur sa foiblesse par faute d'argent. Il finit par me dire qu'il avoit un plein pouvoir de Monsieur de Parme si étendu qu'il lui soumettoit son ministre à Madrid, et lui permettoit même d'agir contre l'instruction qu'il lui avoit donnée, s'il le jugeoit à propos; enfin que ce prince comptoit tellement sur l'amitié et la protection du cardinal du Bois, qu'il l'avoit chargé de suivre en tout les ordres de ce ministre sur ce qui le regardoit.

Le soir du même jour, tout tard, Pecquet me vint apprendre que Chavigny l'avoit vu et lui avoit dit qu'il arrivoit à Madrid pour une commission qui seroit fort agréable, qu'il s'agissoit de faire passer don Carlos ac-

1. Voyez MOLIÈRE, *l'École des maris*, acte I, scène II, vers 114, texte des éditions anciennes.

tuellement en Italie, de le confier au duc de Parme, de l'accompagner de six mille hommes dont Monsieur de Parme auroit le commandement, ainsi que l'administration du jeune prince.

Chavigny me revint voir le lendemain matin, et après la répétition de plusieurs choses de sa première conversation, et force bourre, pendant quoi j'étois fort attentif à ne lui pas laisser apercevoir que je susse la moindre chose sur don Carlos, il m'en parla lui-même avec ses enveloppes accoutumées. Il me dit que Monsieur de Parme desiroit fort d'avoir dès à présent ce petit prince auprès de lui ; qu'en ce cas il lui faudroit donner six mille hommes pour sa garde, que l'un et l'autre rendroient[1] le duc de Parme fort considérable en Italie, et lui donneroient un maniement de subsides qui l'accommoderoit fort, et l'administration du jeune prince. Je lui fis quelques légères objections pour l'exciter à parler. Il me dit qu'il étoit vrai que ce passage n'étoit peut-être pas bien nécessaire à l'âge de l'infant, que néanmoins sa présence en Italie pourroit contenir les partis qui se formoient parmi les Florentins pour se remettre en république après la mort du grand prince de Toscane, et encourageroit ceux qui vouloient un souverain ; mais qu'au fond ce passage actuel étoit sans aucun inconvénient. Il me dit cela d'un air simple, comme si en effet il s'agissoit d'une chose indifférente. Je lui répondis, avec la même apparente indifférence, que je n'en savois pas assez pour voir les avantages et les inconvénients de ce projet, qu'il m'assura en passant être fort du goût de la cour d'Espagne. J'ajoutai que je croyois que par caractère, et par capacité également démontrée par le double mariage et par les affaires du Nord, le cardinal du Bois devoit être la boussole sur laquelle uniquement on se devoit régler ; qu'il avoit si profondément le système de l'Europe dans la tête, et l'art de combiner et d'en tirer les plus grands

1. Il y a ici *rendroient* au pluriel, et à la ligne suivante, *donneroit* au singulier.

avantages, que c'étoit de lui et de ses lumières qu'on devoit attendre les ordres pour s'y conformer entièrement.

Là-dessus Chavigny me dit, avec un air d'ingénuité plaintive, que c'étoit là tout ce qui faisoit son embarras; qu'il y avoit dix mois que cette affaire de don Carlos se traitoit; qu'il en avoit souvent écrit au cardinal du Bois, sans en avoir jamais reçu là-dessus aucune réponse; qu'il s'étoit contenté de lui écrire sur l'affaire de Castro et de Ronciglione, de lui prescrire de se rendre à Madrid pour y donner un compte général des affaires d'Italie, sans entrer même en beaucoup de détail là-dessus avec la cour d'Espagne, et d'agir pour Monsieur de Parme suivant qu'il lui ordonneroit touchant Castro et Ronciglione. Je me mis à sourire, et je lui dis que si Monsieur le cardinal ne s'expliquoit pas sur l'affaire du passage, j'en suspendrois[1] aussi mon jugement, ce qui me seroit d'autant plus aisé que je n'avois plus que peu de jours à demeurer à Madrid. Il me répondit, en reprenant son air de plainte, qu'il n'avoit pas seulement d'instruction ni de lettres de créance du cardinal du Bois pour la cour d'Espagne; puis, reprenant un air plus satisfait, il ajouta tout de suite que cette façon étoit aussi plus simple entre deux cours aussi étroitement unies que l'étoient celles de France et d'Espagne. Il falloit que Chavigny me crût bien neuf pour tâter de cette sottise. Je ne pus m'empêcher de lui répondre, mais en riant en moi-même, que ce qui constituoit le ministre étoit moins sa lettre de créance que celle qu'on lui vouloit bien donner, et les affaires qu'on traitoit avec lui. Et comme le cardinal du Bois me l'avoit extrêmement recommandé, et que j'avois vaincu la répugnance du marquis de Grimaldo, je crus lui devoir offrir de le mener chez ce ministre dès qu'il seroit visible, et au roi d'Espagne, comme un homme de la confiance du cardinal du Bois avec lequel on pouvoit

---

1. L'orthographe de Saint-Simon est *suspenderois*.

traiter, ce qu'il accepta avec beaucoup de satisfaction et
de remerciements.

De ces deux conversations, avec ce que dans l'entre-
deux j'avois appris de Pecquet, je compris aisément que
la mission apparente de Chavigny, quoique effective,
étoit l'affaire de Castro et de Ronciglione; mais que ce
qui l'amenoit véritablement à Madrid étoit le passage
actuel de don Carlos en Italie. Ce qui me confirma encore
dans cette persuasion fut que j'appris deux jours après
qu'on armoit six vaisseaux de guerre et quatre frégates à
Barcelone, pour être prêts à la fin de mai, même avec
beaucoup d'indiscrétion, c'est-à-dire à grands frais et
avec beaucoup de bruit.

Avant que d'expliquer mon sentiment sur la mission
de Chavigny, et ce que je crus devoir faire en conséquence, il faut expliquer l'état d'alors de la cour d'Espagne, des cabales de laquelle je n'ai donné qu'un simple
crayon jusqu'à présent.

Le P. d'Aubanton avoit très-certainement été le seul
confident avec le cardinal Alberoni de l'entreprise méditée
sur Naples, et faite ensuite en Sicile. Ils se craignoient,
et se ménageoient réciproquement; et le jésuite, qui ne
vouloit pas hasarder de perdre sa place une seconde fois,
qui seule le pouvoit conduire au chapeau où il tendoit
sourdement de toutes ses forces, trembloit intérieurement devant Alberoni, qui le sentoit et en profitoit pour
s'en servir comme il lui convenoit, sans s'aimer le moins
du monde : c'est ce qu'on a vu répandu en mille endroits
de ce que j'ai donné de M. de Torcy sur les affaires
étrangères. Tous deux haïssoient Grimaldo, pour lequel
ils craignoient l'affection et le goût du roi. Quoique ils
l'eussent chassé des affaires et du palais, et quoi qu'on
eût fait, depuis les changements de ministère, pour
réunir le P. d'Aubanton et Grimaldo, jamais le confesseur ne put lui pardonner le mal qu'il lui avoit fait, en
sorte qu'il n'y eut jamais entre eux que des apparences
très-superficielles. Castellar, secrétaire d'État de la guerre,

et très-capable de cet emploi, étoit au désespoir que les troupes ne fussent point payées, de les voir journellement se détruire, et les officiers qui étoient dans l'étendue de la couronne d'Aragon réduits à se faire nourrir par charité dans les monastères; que tous les projets qu'il avoit présentés pour y remédier fussent toujours remis à un examen qui ne se faisoit point; et tout cela je le savois de lui-même. Il accusoit Grimaldo de soutenir le marquis de Campoflorido, ministre en chef des finances, malade depuis deux ans, hors d'état de donner ordre à rien et qui mourut avant mon départ de Madrid, à qui pourtant toutes les choses qui regardoient les finances étoient renvoyées, qui demeuroient toutes et tomboient dans la dernière confusion, sans que le roi d'Espagne y fît autre chose qu'attendre sa guérison, ni voulût, même par *interim*, prendre aucun parti là-dessus.

Castellar, qui m'avoit fait ces mêmes plaintes, mais sans me parler de Grimaldo, avoit désiré d'être remis en union avec lui, qui s'étoit altérée entre eux. On y avoit travaillé utilement, et on fut surpris que, dans le temps que Grimaldo s'y prêtoit le plus, Castellar, de propos délibéré, se retira tout d'un coup, et mit les choses en beaucoup plus mauvais état qu'elles n'avoient été auparavant. L'époque de cette conduite bizarre de Castellar fut du voyage de Lerma; et la maladie qui, au retour, retint Grimaldo près de quinze jours au lit, ou sans sortir ni voir personne, fut attribuée par gens bien instruits à deux chagrins violents que ce ministre essuya en arrivant de ce voyage. Dans ce même temps, Castellar étoit souvent enfermé avec le P. d'Aubanton, entroit chez lui par une porte de derrière, en sortoit bien avant dans la nuit. Le confesseur étoit étroitement uni avec Miraval, gouverneur du conseil de Castille.

Le lien de cette union étoit qu'Aubanton faisoit, depuis quelque temps, renvoyer toutes les affaires par le roi d'Espagne aux consultes, c'est-à-dire aux conseils et aux tribunaux, en quoi le confesseur trouvoit parfaitement son compte, parce que tout étoit à la cour d'Espagne affaire de conscience, et que, sur le renvoi ou la réponse des différentes consultes que le roi lui renvoyoit toujours, la vraie décision en demeuroit au jésuite tout seul, qu'il montroit comme sienne à qui elle étoit favorable, et comme venant des conseils et des tribunaux à qui elle étoit contraire. D'un autre côté Miraval étoit dans la liaison la plus intime avec le duc de Popoli jusque-là que, contre la dignité de sa place de gouverneur du conseil de Castille, inviolablement conservée jusqu'alors, et dont Miraval étoit lui-même fort jaloux, il alloit souvent chez le duc de Popoli au palais, et demeuroit fort longtemps tête à tête avec lui dans sa chambre.

De tous les Italiens Popoli étoit le plus dangereux par son esprit et par sa haine pour la France. Il étoit l'âme de la cabale italienne, qui se réunissoit toute à lui, laquelle détestoit la France et l'union. Cellamare, qui portoit le nom de duc de Giovenazzo depuis la mort de son père, étoit revenu deux jours avant mon arrivée de Galice, où il commandoit, sans apparence d'y retourner, ni qu'on y renvoyât personne en sa place, et faisoit sa charge de grand écuyer de la reine, avec qui il étoit fort bien. Le prince Pio étoit aussi de retour de Catalogne, où il commandoit, et préféroit à ce bel emploi la charge, sans fonctions, de grand écuyer de la princesse des Asturies, qui n'avoit point d'écurie, servie par celles de Leurs Majestés. Tout cela montroit qu'on rassembloit à Madrid les principaux seigneurs italiens pour les consulter sur les affaires d'Italie, comme le duc de Popoli le fut sur l'entreprise de Naples, dont il fournit tous les mémoires. Castellar ne pouvoit avoir si brusquement changé sur sa réconciliation avec Grimaldo sans avoir subitement pris d'autres vues et s'être assuré d'autres ressources, qui ne pouvoient être autres que le confesseur et les Italiens, et se mettre bien avec la reine en flattant son ignorance des affaires et son ambition sur le passage de don Carlos, qui d'ailleurs convenoit si bien à Castellar, parce que cela forçoit le roi d'Espagne à mettre enfin ordre à ses troupes et à ses finances, à quoi il butoit[1] pour sa caisse militaire. Et comme il étoit très-vrai que le désordre des finances ne venoit que par faute d'administration, parce que le fonds en étoit très-bon, et pour ainsi dire sans dettes, Castellar auroit vu avec plaisir quelque rupture en Italie, qui n'auroit pu qu'augmenter le crédit et l'autorité de sa charge. C'étoit là le desir suprême de la cabale italienne, tant pour se mêler d'affaires et acquérir de la considération et du crédit, que dans le desir et l'espérance toujours subsistante, pour raccrocher une partie de leurs biens d'Italie, d'essayer, contre toute raison, quelque restitution au roi d'Espagne de ce que l'Empereur lui détenoit, dont, au pis aller, le mauvais succès ne pouvoit rendre à cet égard leur condition pire.

Cette vision, quelque insensée qu'elle fût, méritoit d'autant plus d'être considérée qu'il étoit arrivé à Chavigny de lâcher un grand mot à Pecquet, dans une seconde conversation qu'il eut avec lui, et dont Pecquet me rendit compte incontinent après. Raisonnant ensemble de ce passage actuel de don Carlos en Italie, Pecquet lui dit que c'étoit l'envoyer bien matin pour une succession si éloignée, à quoi Chavigny répondit avec sa tranquille et balbutiante douceur : *Il faudroit quelque chose de présent, quelque chose de présent*. Or ce quelque chose de présent ne pouvoit s'arracher que par la force, et je découvris en même temps que le duc de Popoli avoit été consulté, comme il l'avoit été sur l'entreprise de Naples. Outre cet objet de la cabale italienne qui vient d'être expliqué, elle avoit encore celui de brouiller les deux couronnes, ce qu'elle prévoyoit facile si elle pouvoit parvenir à faire attacher quelque chose en Italie, par la difficulté des secours militaires, et bien autant par l'impossibilité de satisfaire toutes les volontés de la reine,

---

1. Voyez tome IV, p. 346 et note 1.

dont les Italiens se sauroient bien prévaloir pour faire naître des brouilleries continuelles avec notre cour, qui n'en feroit jamais assez à son gré, ni au leur, devenus maîtres de son esprit en flattant et entretenant son ambition. Le duc de Bournonville, déjà uni avec la cabale italienne dès avant sa nomination à l'ambassade de France, de laquelle je parlerai ensuite, ne bougeoit plus d'avec les Italiens, particulièrement d'avec Popoli et Giovenazzo, au premier desquels il faisoit bassement sa cour. Ils furent tous deux embarrassés, jusqu'à en être déconcertés, d'avoir été rencontrés par l'abbé de Saint-Simon à la promenade tête à tête.

Le roi et la reine d'Espagne, leurs deux confesseurs, les deux sécrétaires d'État principaux ne se cachoient point du dégoût et des soupçons qu'ils concevoient du nombre de ministres dont la France se servoit en leur cour, disoient hautement et nettement qu'ils ne savoient en qui se fier, que quand on vouloit agir de bonne foi, il ne falloit qu'un canal. Le P. d'Aubanton s'expliqua même que cette conduite de la France lui faisoit prendre le parti de se mettre à quartier[1] de tout, et de ne se mêler de quoi que ce fût ; et je m'aperçus très-bien qu'il s'étoit tenu parole avec moi-même. Je sus qu'il avoit conseillé la même conduite à d'autres, et à Castellar à diverses reprises. Quoique cette multiplicité si peu décente fût très-propre à produire cet effet, il put très-bien être aussi une suite de la liaison du confesseur avec Castellar et Miraval et avec les Italiens. Castellar, qui m'avoit infiniment recherché, et fort entretenu avant et depuis Lerma, s'en étoit retiré tout à coup, et ne me témoignoit plus que de la politesse quand nous nous rencontrions ; je ne laissai pas de le prier deux fois à dîner chez moi dans ce temps-là, où il venoit auparavant fort librement de lui-même.

Enfin un dernier objet, mais vif, de cette cabale ita-

---

1. Voyez tome III, p. 437 et note 1, et tome VII, p. 5 et note 2.

lienne, étoit de perdre radicalement Grimaldo et par haine personnelle et comme obstacle à leurs projets, desquels il étoit très-éloigné par principes d'État et encore par aversion d'eux comme de ses ennemis ; par mêmes principes d'État très-favorable à la France, entièrement dévoué à l'union, seul vraiment au fait des affaires étrangères, fort Espagnol et tout à eux, et comme eux tous dans l'aversion active et passive des Italiens.

Après l'exposition fidèle de ce tableau de la cour d'Espagne alors, je viens à celle de ce que je conçus des deux points dont Chavigny m'avoit entretenu, comme du sujet de son arrivée à Madrid.

Je ne vis aucune sorte de bien à espérer du passage actuel de don Carlos en Italie. Ce n'étoit qu'un enfant dépaysé, dont la présence ne pouvoit hâter en rien la succession qu'on espéroit pour lui, qui dépendoit de la vie des possesseurs doubles dans chacun des États de Parme et de Toscane, et il me parut qu'un tel déplacement, sans aucun fruit qui en dût naturellement résulter, devoit pour le moins être mis au rang des choses inutiles, et par cela seul destitué de convenance et de sagesse, sans compter la dignité.

A l'égard des inconvénients, ils me parurent infinis. Hasarder pour rien la santé d'un enfant de cinq ou six ans ; l'accompagner nécessairement de personnes qui voudroient considération et profit, qui par conséquent donneroient jalousie aux principaux du pays ; et si on le livroit entre les mains des Parmesans, comme une fille qu'on marie en pays étranger, ces Parmesans mêmes voudroient tirer considération et profit de leurs places auprès du petit prince, et donneroient aux autres Parmesans la même jalousie. L'enfant venant à croître, en seroit gouverné, excité par eux à vouloir se mêler des affaires pour y avoir part eux-mêmes. Le prince, croissant toujours, s'ennuieroit de son état de pupille, et n'ayant pas un pouce de terre à lui, ne pourroit être autre chose, d'où résulteroient des cabales et des brouilleries qui feroient également repentir les possesseurs et leur futur héritier de se trouver ensemble, dont les suites ne pourroient être que très-fâcheuses, et peut-être devenir ruineuses à tous. Cette situation pourroit durer nombre d'années de la maturité du prince, parce que le frère et successeur direct du duc de Parme n'avoit lors que quarante-deux ans, et le grand prince de Toscane, successeur direct du grand-duc son père, n'en avoit que cinquante-trois; que si, par l'événement, le grand prince de Toscane ou le duc de Parme, beaucoup plus jeune que la duchesse de Parme, venoient à perdre leurs épouses, que l'amour si naturel de leur maison et d'avoir postérité les engageât à se remarier, ou seulement que le prince de Parme, qui n'étoit point marié, s'avisât de prendre une femme, quelle pourroit devenir alors la situation de don Carlos?

Je considérai que ce prince étoit de droit petit-fils de France, et par accident fils de France, en rang et en traitement, fils du roi d'Espagne, cousin germain du Roi et son futur beau-frère. Nos simples princes du sang jouissent depuis longtemps par toute l'Europe d'un rang plus distingué que nulle autre maison régnante. MM. les princes de Conti trouvèrent des électeurs à Vienne et en Hongrie sur lesquels ils conservèrent toujours la supériorité, dans une sorte d'égalité qui ne les empêchoit pas de les précéder sans embarras ni difficulté. Néanmoins l'électeur de Bavière, qui en étoit un, sut, depuis son union avec la France, usurper d'abord, puis se faire donner des distinctions jusqu'alors inouïes et jamais prétendues sur les premiers sujets du Roi et les généraux en chef de ses armées, d'où il résulta que ce même électeur qui s'étoit toujours contenté d'un tabouret devant le prince d'Orange devenu roi d'Angleterre assis dans un fauteuil, venu à Paris, obtint l'incognito de la complaisance du feu Roi, d'en être reçu debout, sans aucun siége pour l'un ni pour l'autre, toutes les fois qu'il le vit, et que le Roi souffrit l'énormité de sa prétention de la main chez Monseigneur, puisqu'il consentit qu'il ne le verroit que dans les jardins de Meudon, sans entrer dans le château, et qu'ils montassent tous deux dans la même calèche en même instant, chacun par sa portière, ce qui n'avoit jamais été prétendu par aucun souverain, même sans être incognito, quoique dans le même temps l'électeur de Cologne, son frère, mais plus raisonnable, incognito aussi, mais vêtu en évêque, ne prétendit[1] rien de semblable, et vit debout le Roi dans un fauteuil, après souper, avec sa famille, plus d'une fois, ou véritablement Monseigneur et Messeigneurs ses fils étoient debout aussi, et les princesses sur des tabourets.

A l'égard de Monseigneur, il le vit à Meudon, y dîna avec lui, vis-à-vis de lui au bas bout, avec les dames et les courtisans, tous sur des siéges à dos, faits pour la table, comme à l'ordinaire, et suivit toujours Monseigneur, se reculant même aux portes, qui lui montra toute la maison, puis les jardins, où l'électeur ne fit aucune difficulté de monter dans la calèche de Monseigneur toujours après lui. De ces variations on pouvoit conclure quels seroient les embarras du cérémonial entre don Carlos, le duc de Parme lui-même, les autres princes d'Italie, les cardinaux et les autres principaux grands, desquels tous il faudroit continuellement encourir la haine pour des points de cérémonial, ou laisser flétrir en sa personne la dignité de sa naissance et celle des deux couronnes.

Rien ne m'avoit été plus recommandé en partant que d'écarter toutes les idées de la cour d'Espagne sur l'Italie, particulièrement sur tout ce qui pouvoit de près ou de loin tendre à quelque entreprise et à quelque rupture de ce côté-là. Rien n'y pouvoit pourtant conduire d'une façon plus directe que ce passage actuel de don Carlos avec des troupes. C'étoit réveiller toute l'Europe sur un

---

1. Il y a bien ici *prétendit*, et à la ligne suivante *vit*, à l'indicatif.

projet dont elle s'embarrassoit peu tandis qu'il paroissoit éloigné au point où il l'étoit par sa nature, mais qui auroit tout à coup changé de face dès qu'on auroit vu paroître don Carlos armé en Italie. Il auroit fallu payer et entretenir ses troupes, et ce n'eût pas été aux dépens du duc de Parme. Quand bien même ce prince eût pu consentir de soudoyer ces troupes de l'argent qui lui seroit accordé par le Pape, et par le roi d'Espagne, de l'indult sur le clergé des Indes pour le payement de Castro et de Ronciglione, indult néanmoins qui étoit une chimère, on auroit dû s'attendre que l'Espagne, sur les sujets de laquelle ces sommes seroient tirées, nous auroit[1] demandé de contribuer de notre part. L'Empereur, qui ne verroit point cet événement sans une jalousie extrême, pourroit prétendre de s'y opposer par la voie des armes, comme à une chose qui, n'ayant point d'apparence par l'éloignement naturel de ces successions, le menaceroit d'une manière effective. Mais par impossible, prenant la chose avec plus de modération, il pourroit prendre une autre voie, qui à la fin ne conduiroit pas moins à la rupture : il diroit que les États de Parme et de Toscane sont menacés d'invasion, tout au moins d'oppression; qu'encore que le duc de Parme y consentît pour le sien, lui Empereur n'étoit pas moins obligé de protéger ses feudataires. Il prétendroit garder les places de ces États; il y trouveroit toute sorte de facilité pour celui de Toscane; et pour six mille hommes que nous aurions en Italie, il y en auroit le nombre que bon lui sembleroit, avec toute la facilité que lui donnent les États qu'il possède en Italie, et que lui présente le passage par le Tyrol de ce qu'il y voudroit envoyer d'Allemagne. Le roi de Sardaigne, qui gardoit si étroitement ses frontières dans la crainte de la peste, auroit ce prétexte pour nous refuser tout passage, et les Suisses pareillement, qui n'auroient osé choquer l'Empereur. Nous serions

1. Il y a *auroient*, au pluriel.

donc par là, et l'Espagne par sa situation naturelle, à ne pouvoir secourir don Carlos tant de recrues que de troupes d'augmentation, sinon par mer, dont les transports sont infiniment ruineux, et dont l'Espagne a peu de moyens, et de vaisseaux encore moins. Alors l'Angleterre avec ses flottes deviendroit maîtresse des secours. Quelque bien que nous fussions avec elle, il ne faudroit pas se flatter qu'un prince d'Allemagne, tel que de son estoc étoit le roi d'Angleterre, résistât aux mouvements de l'Empereur dans le point le plus sensible, tel que lui étoit l'Italie. Il faudroit de plus compter que la jalousie de se conserver le port Mahon et Gibraltar, que les Anglois ont usurpé dans le sein de l'Espagne, lui feroit embrasser ardemment cette cause de l'Empereur, dans la crainte que l'établissement d'une branche d'Espagne en Italie ne le forçât enfin à la restitution. Une entreprise si prématurée pour du présent en Italie à don Carlos, n'auroit pas manqué d'échauffer les esprits de toutes parts, jusqu'à produire une guerre où bientôt après la France n'auroit pu éviter d'entrer; et comme il s'y agiroit de fiefs de l'Empire; que le roi de Pologne avoit marié le prince électoral de Saxe, son fils, à une archiduchesse, que l'électeur de Bavière recherchoit passionnément l'autre archiduchesse pour le sien, ces deux princes, les plus considérables de l'Empire, regarderoient d'un œil de propriété les États héréditaires de l'Empereur, tellement qu'avec le concours certain du roi d'Angleterre, électeur d'Hanovre, cette guerre deviendroit aisément une guerre de l'Empire. Or, en quelque disette d'argent que pût être l'Empereur, il n'est jamais si puissant ni si riche que lorsqu'il a une guerre de l'Empire. Ses prétentions sur nos bords du Rhin, même sur les trois évêchés, qu'il n'abandonnera jamais, les difficultés subsistantes avec lui pour les limites entre ses Pays-Bas et les nôtres, lui fourniroient bientôt des prétextes de porter la guerre sur ces deux frontières, et je ne voyois point que nous fussions en état de la bien soutenir par nous-mêmes ni par nos alliances. Je sentois le triste état de nos finances, et je voyois le désordre de celles d'Espagne. Notre épuisement d'hommes se présentoit à moi, et je le trouvois encore plus grand en Espagne. Notre peste, par surcroît de malheur, détruisoit encore les hommes, et les finances aussi par l'interception du commerce. Nous touchions au congrès de Cambray, que cette guerre auroit dissipé ou tourné contre nous; et, pour ne rien oublier, le roi, majeur dans un an, à qui on ne manqueroit pas de peindre cette entreprise. avec les couleurs les plus noires.

Toutes ces raisons mises d'un côté, l'inutilité indécente du passage de don Carlos actuellement, même de bien longtemps, de l'autre, et avant l'ouverture de la première des deux successions, me fit conclure que si j'étois du conseil de l'Empereur, je ne desirerois rien davantage qu'une telle entreprise si fort à contre-temps, qui ne pouvoit mériter que le nom d'une folle équipée, qui n'auroit pu que lui procurer une augmentation de grandeur en Italie et en Europe, une grande jalousie et l'épuisement aux deux couronnes, et tout au moins faire échouer l'établissement de don Carlos en Italie. Que si, au contraire, je m'étois trouvé à la tête du conseil du Roi ou de l'Espagne, je n'aurois songé qu'à éteindre l'inquiétude causée par la nouvelle réunion des deux branches royales et des deux couronnes par la plus profonde apparence d'inaction, de prétentions, de desirs; qu'à éviter tout ce qui pourroit entraîner le plus petit engagement; qu'à terminer utilement le congrès de Cambray pour nous procurer une situation stable, paisible, assurée avec tous nos voisins; entretenir une longue et profonde paix; éteindre toute crainte et tout soupçon, quelque légers qu'ils puissent être; étreindre soigneusement l'union des deux couronnes; profiter continuellement mais doucement et sans éclat des avantages de son commerce; acquérir au Roi la confiance, et, s'il étoit possible, la dictature de l'Europe, et se faire de plus en plus aimer et considérer par assoupir les différends, étrangers à nous, des grandes et des petites puissances ; n'oublier rien pendant ce grand repos pour réparer les finances ; faire respirer les peuples, les laisser multiplier, croître, devenir robustes et féconds par leur laisser les moyens de se nourrir, et de fournir utilement à l'agriculture et aux autres travaux ; réparer soigneusement et augmenter doucement notre marine, ou, pour mieux dire, la créer peu à peu de nouveau ; ne point perdre de vue le grand événement, quoique très-apparemment très-éloigné, de la mort de l'Empereur sans enfants mâles, ni la faute énorme de la guerre qui fut terminée par la paix de Ryswick, qui ligua toute l'Europe contre la France, et que cette paix faite depuis deux ans n'[avoit[1]] pas encore assez séparée pour ne s'être pas incontinent rassemblée dès qu'elle vit la France résolue à profiter du testament de Charles II et du vœu unanime de tous les Espagnols, quoique si affoiblie d'hommes et d'argent, et n'avoir pas eu le temps de respirer depuis la fin de cette dernière guerre, qui avoit duré dix ans contre toute l'Europe ; enfin se mettre en état, à force de sagesse au dehors et de soins continuels au dedans, de pouvoir bien profiter de l'ouverture des successions auxquelles don Carlos étoit appelé du consentement de toute l'Europe, en faire un grand prince en Italie, capable d'y tenir de court la puissance de la maison d'Autriche, et si elle venoit à s'éteindre tôt ou tard, se trouver en force et en moyens de profiter grandement de sa chute.

Pour l'affaire de Castro et de Ronciglione, elle étoit si chimérique qu'il suffira de raconter ici qu'ayant rencontré le P. d'Aubanton au palais, qui, d'un air instruit de tout, me demanda si Chavigny m'avoit dit le sujet de son voyage, je ne jugeai pas à propos de lui parler d'autre chose que de l'indult, sur quoi le bon Père, se prenant à rire, me répondit qu'il étoit assez plaisant de

---

1. Saint-Simon a biffé ici le verbe *étoit*, et a négligé de le remplacer.

payer et de retirer ses dettes sur le fonds d'autrui, et riant encore plus fort, ajouta qu'il ne savoit pas si cette voie accommoderoit fort le roi et ses sujets. Je me mis à rire aussi, et je l'assurai que je laisserois cette fusée à démêler à qui en étoit chargé. Il me demanda ensuite avec quelque empressement si je ne savois rien de plus. Quoique il pût être que Chavigny lui eût confié qu'il m'en avoit parlé, j'aimai mieux me tenir fermé qu'entrer en affaire avec un homme dont les liaisons, ci-dessus expliquées, le jetoient très-vraisemblablement dans une opinion toute différente de celle que j'avois prise, et dont je ne le ferois pas revenir, parce que les meilleures raisons échouent toujours contre celles des intérêts personnels et des cabales, et que, de plus, j'ignorois les sentiments du cardinal du Bois là-dessus. J'en sortis donc par lui dire que les fêtes du carnaval et les fonctions des premiers jours de carême ne m'avoient pas permis d'entretenir Chavigny qu'à la hâte.

Cette ignorance où j'étois de ce que le cardinal du Bois pensoit sur ce passage actuel de don Carlos en Italie, et sur cet étrange présent qu'il faudroit à ce prince que Chavigny avoit lâché à Pecquet, m'embarrassa beaucoup. Du Bois et Chavigny étoient si faux, si doubles, si consommés fripons et si parfaitement connus pour l'être, qu'il n'y avoit personne qui ajoutât la moindre foi en leurs discours ; par-dessus cela, si sordiment[1] intéressés, si ambitieux, si étrangement personnels, si profonds en leurs vues et leurs allures, si fort méprisant tout autre intérêt que le leur particulier, si excellemment impudents, et si étroitement liés de confiance par leur commune scélératesse, à laquelle tous moyens étoient bons, quels qu'ils pussent être, et si accoutumés aux voies les plus tortueuses que les serpents ne pouvoient être d'un plus dangereux ni d'un plus difficile commerce. Je ne pouvois donc allier ces deux choses si opposées :

1. *Sordiment*, au manuscrit.

l'une que Chavigny fût venu en Espagne sans lettres de créance du cardinal du Bois ; l'autre que, chargé de deux affaires par le duc de Parme, il n'eût d'ordre du cardinal que sur la première, et encore foible, et que sur l'autre, qui étoit si'importante, non-seulement il n'en eût point, mais que depuis dix mois quelle se tramoit, et que Chavigny lui en écrivoit, il n'en eût pas reçu là-dessus un seul mot de réponse.

Cette affection me sembloit étrange, encore plus l'aveu très-volontaire que Chavigny m'en faisoit ; et que, malgré un silence si opiniâtre, il osât mettre sur le tapis une affaire de cette conséquence, lui si mesuré, si froid, si circonspect, et si fort au fait de l'incomparable jalousie d'autorité du cardinal du Bois, qui ne souffroit pas qu'une affaire de la plus petite bagatelle se traitât sans sa participation. Je soupçonnai donc là-dessus un jeu joué entre le maître et le valet : que celui-ci savoit bien ce qu'il faisoit, et que l'autre avoit ses raisons de le faire agir ainsi sans y vouloir paroître. Mais de pénétrer les raisons d'un homme qui n'agisssoit que par intérêt personnel, auquel il rapportoit et soumettoit sans bornes les plus grands intérêts de l'État, très-souvent encore par fougue ou par caprice, c'étoit ce qu'il n'étoit pas possible de découvrir. Je n'osai donc hasarder de lui écrire de cette affaire. Il ne m'en avoit écrit en aucune sorte, et son confident Chavigny se plaignoit gratuitement à moi de n'en avoir pu tirer un seul mot de réponse là-dessus. Je n'avois donc aucun compte à rendre de ce dont je n'étois point chargé, et que je pouvois ignorer ; mais la chose me parut tellement importante que je ne pus pour cela m'en tenir quitte.

J'avois laissé Belle-Isle, ami intime de le Blanc, duquel le cardinal du Bois se servoit en toutes choses, en usage d'aller tous les soirs avec le Blanc passer une heure chez le cardinal, seuls avec lui, à parler de toutes sortes d'affaires. Mon fils aîné devoit s'en retourner incessamment à Paris. Par lui, je fis à Belle-Isle une ample dépêche de tout ce que je viens d'expliquer et de raconter. Je le priai de la communiquer à le Blanc, et de voir ensemble ce qu'ils pourroient faire pour empêcher l'exécution d'un projet, dont l'absurdité étoit la moins mauvaise partie. En même temps je fis prier Grimaldo par Sartine que je le pusse voir dès qu'il seroit en état d'entendre un peu parler d'affaire qui pressoit, et que ce fût même avant de recommencer d'aller travailler au palais. Il le fit en effet de très-bonne grâce, et c'est la seule fois que je l'aie vu dans sa maison à Madrid. Je lui appris tout ce que j'avois su de Chavigny, et il me parut que je lui faisois grand plaisir. Il admira autant que moi ce manége apparent de silence obstiné du cardinal avec Chavigny sur le passage de don Carlos, et l'apparente témérité de cet intime confident de la traiter à Madrid sans ordre, instruction, ni lettre de créance.

Grimaldo n'avoit pas besoin de cette touche pour former son opinion sur tous les deux. Nous continuâmes à nous déboutonner ensemble sur l'un et sur l'autre. De là je lui représentai au long tout ce que je viens d'expliquer de l'absurdité et des dangers de ce prématuré passage; surtout je ne lui laissai pas ignorer le mot de Chavigny, échappé à Pecquet, d'établissement présent pour don Carlos, et lui en exposai toutes les conséquences. Grimaldo ne feignit[1] point de s'ouvrir entièrement avec moi là-dessus et fût totalement de mon sentiment. Il me donna ensuite une plus grande marque de confiance, quoique en me parlant plus obscurément de sa crainte d'un si funeste projet, mais qui pouvoit flatter et éblouir; et comme j'étois au fait des intérêts, des liaisons, des cabales que j'ai ici rapportées, son discours, tout mesuré, tout enveloppé là-dessus, me fit sentir que j'étois parfaitement informé. Il me remercia de cette visite comme d'un service essentiel que je lui avois rendu pour le mettre au fait de ce que Chavigny lui propo-

---

1. Voyez tome V, p. 111 et note 1.

seroit, et le mettre en état de prévenir, et s'il pouvoit,[1] de prémunir Leurs Majestés Catholiques là-dessus, et de les garantir du précipice. Il me rassura sur l'armement de Barcelone, qu'il me répondit être fait pour l'Amérique. Il fut encore quelques jours sans pouvoir aller au palais.

Pour achever cette matière de suite, Grimaldo me dit qu'il avoit heureusement prévenu le roi et la reine, leur avoit expliqué les embarras, puis les dangers où les jetteroit ce passage, qui, au mieux aller, ne pouvoit apporter aucun fruit; et si bien combattu les raisons dont il pouvoit bien être que quelques gens se fussent déjà servis auprès d'eux, qu'il espéroit tout à fait les maintenir dans la négative; d'autant plus qu'il les avoit trouvés si choqués de l'arrivée de Chavigny, dont ils savoient les aventures et connoissoient la réputation, qu'il avoit eu toutes les peines du monde à gagner sur le roi et la reine de ne pas trouver mauvais que je le leur présentasse, parce que je ne pouvois m'en dispenser sans me faire une affaire fâcheuse avec le cardinal du Bois, qui me l'avoit très-particulièrement recommandé.

Le lendemain de cette conversation, je menai Chavigny au marquis de Grimaldo, qui le reçut fort civilement, mais fort froidement; et le soir, comme Leurs Majestés Catholiques revenoient de la chasse, je le leur présentai à la porte de leur appartement intérieur. En effet le roi passa sans s'arrêter et sans tourner la tête vers lui, ni par conséquent vers moi qui le présentois, et sans dire un seul mot. La reine me dit quelque chose, pour me parler seulement et sans aucun rapport à Chavigny, qu'elle ne regarda pas non plus. Quoique j'eusse lieu de m'attendre à une assez mauvaise réception, celle-ci la fut tellement et si marquée que j'en demeurai confondu. Chavigny, avec toute sa douce et timide effronterie, ne laissa pas d'en être embarrassé. Comme cela se

---

1. On lit ici une seconde fois le mot *et*, écrit en interligne.

passa en public, la cour et la ville en discoururent. Chavigny se garda bien de m'en parler, et moi à lui ; mais il m'en parut mortifié pendant plusieurs jours. Cette présentation faite, il marcha par lui-même et je ne m'en mêlai plus. Il mangeoit très-souvent chez moi ; j'en fus quitte pour des civilités et pour prendre pour bon le peu qu'il s'avisoit quelquefois de me dire, et qui n'alloit à rien, et sans m'entremettre de la moindre chose. Il ne trouva pas mieux son compte avec Grimaldo sur l'indult que sur le passage. Ce ministre se moqua bien avec moi de cette vision du duc de Parme, et n'en rit pas moins qu'avoit fait le P. d'Aubanton. Chavigny échoua donc sur l'affaire de l'indult et sur celle du passage de don Carlos en Italie. Il demeura néanmoins deux mois après moi à Madrid, soit que la cabale italienne l'y retint dans l'espérance de faire enfin goûter ce projet à la reine, ou que le cardinal du Bois l'eût chargé de choses qui passoient Maulevrier, et qui ne sont point venues à ma connoissance, mais dont il n'a résulté aucun effet qui ait été aperçu.

CHAPITRE VIII.

Le duc de Bournonville, nommé à l'ambassade de France, en est exclu. — Je tente en vain d'obtenir la restitution de l'honneur des bonnes grâces de Leurs Majestés Catholiques au duc de Berwick. — Je tente en vain d'obtenir la grandesse pour le duc de Saint-Aignan. — Conduite étrange de la princesse des Asturies à l'égard de Leurs Majestés Catholiques. — Bal de l'intérieur du palais. — La Pérégrine, perle incomparable. — Illuminations; feux d'artifice admirables. — Leurs Majestés Catholiques en cérémonie à l'Atoche; raison qui me fait abstenir d'y aller. — Fête de la course des flambeaux. — Fête d'un combat naval.

Une autre affaire m'occupoit en même temps. On avoit su avant mon départ de Paris que le duc de Bournonville briguoit fort à Madrid l'ambassade de France, dont Laullez avoit fini son temps ; et le cardinal du Bois, qui ne vouloit point absolument du duc de Bournonville, m'avoit fort recommandé de n'oublier rien pour l'y traverser. J'eus si peu de temps entre mon arrivée à Madrid et le départ pour Lerma, et ce temps si occupé d'affaires, de fêtes, de cérémonial, de fonctions et de visites infinies que je n'eus pas celui d'entamer rien sur cette ambassade, dont je comptai avoir tout loisir à Lerma. Mais en arrivant au quartier que je devois occuper, je tombai malade le jour même, et la petite vérole, qui se déclara, me mit pour quarante jours hors de moyen de sortir de mon village. Pendant ce temps-là le duc de Bournonville, bien averti de Paris, et qui me craignoit fort pour son ambassade, intrigua [si] bien qu'il se la fit donner et déclarer. Je reçus à Villahalmanzo une lettre du cardinal du Bois, dès qu'il eut appris cette nouvelle, pleine de regrets sur la lacune de ma petite vérole et de ma séparation de la cour, qui eût, à ce qu'il me disoit, paré ce choix. De là, s'étendant sur le caractère du duc de Bournonville, sur ses liaisons intimes avec le duc de Noailles, et c'étoit là le principal point du cardinal, car la maréchale de Noailles et lui étoient enfants des deux frères, le cardinal se lamentoit des inconvénients qui résulteroient sûrement de cette ambassade, et pour les cabales de la cour, et contre l'union si nécessaire des deux couronnes, que le duc de Bournonville et le duc de Noailles sacrifieroient à leurs vues et à leurs intérêts particuliers. Enfin il m'avançoit que l'usage constant entre les grandes couronnes étoit de faire pressentir celle où il falloit un ambassadeur sur la personne qu'on pensoit à y envoyer, afin de ne lui pas donner un ministre désagréable; à plus forte raison l'Espagne devoit ce ménagement à la France, dans la position actuelle où les deux couronnes se trouvoient si heureusement ensemble. Il m'exhortoit à faire valoir cette raison, et de tâcher à faire révoquer une disposition si peu propre à entretenir l'amitié et l'union si desirable entre les deux branches royales et entre les deux cours. Il étoit vrai que la maréchale de Noailles, qui aimoit fort sa maison, et en général à obliger, avoit pris soin, tant qu'elle avoit pu, de ce cousin germain, qui étoit un arrière-cadet sans bien, et que le duc de Noailles l'ayant trouvé fort homogène à lui, ils s'étoient intimement liés depuis fort longtemps. Depuis que le duc de Noailles avoit perdu l'administration des finances, quoique comblé en même temps des plus grandes grâces pour lui en adoucir l'amertume, il n'avoit pu digérer la perte de ce grand emploi. Il s'étoit éloigné de ceux à qui il s'en prenoit et de ceux qui lui avoient succédé. Du Bois et d'Argenson étoient dans la plus grande liaison et ne s'éloignèrent pas moins du duc de Noailles. Ils ne songèrent qu'à le rendre suspect et à l'écarter de M. le duc d'Orléans, dont la confiance pour lui, tant qu'il avoit eu les finances, leur étoit fâcheuse, dans la crainte des retours, tellement que cette liaison si étroite, formée à l'entrée de la régence, entre l'abbé du Bois, le duc de Noailles, Canillac et Stairs, formée avec tant d'art et de soin par du Bois pour s'ouvrir un chemin à la fortune, de délaissé qu'il étoit alors de M. le duc d'Orléans, et la liaison particulière du duc de Noailles avec lui pour s'en servir contre moi, et pour lui-même, lorsque du Bois, à leur aide, seroit revenu sur l'eau; cette union se refroidit à mesure que du Bois sentit fortifier ses ailes, et se changea en éloignement, quoique caché, depuis la perte de l'administration des finances. Outre ces raisons, et celles du caractère du duc de Bournonville, que je crois avoir suffisamment expliqué ici en plus d'un endroit, le cardinal en avoit une autre plus secrète et plus personnelle, qu'il n'est pas temps de développer, et qui m'étoit encore inconnue. Ce n'étoit pas une petite affaire que d'empêcher que l'ambassade de Bournonville eût lieu. Sa déclaration étoit pour le roi d'Espagne un engagement public : la rétracter étoit un affront à un homme qui, à la vérité, ne fut jamais à ces choses-là près, mais qui par sa dignité, sa naissance, sa charge, et la Toison qu'il portoit, méritoit plus d'égards. Je ne laissai pas de l'entreprendre, tant pour ne pas déplaire au cardinal du Bois en choses qui m'étoient aussi indifférentes, que parce qu'en effet je ne pouvois que tout craindre pour l'union des deux cours d'un homme du caractère de Bournonville, asservi à Popoli, à Miraval, à toute la cabale italienne si ennemie de la France et de l'union, conduit par le duc de Noailles de même caractère que lui, et à qui tout seroit bon pour rentrer en danse ; enfin d'un homme haï et craint par le cardinal du Bois, qui ne pourroit traiter qu'avec lui. Je représentai donc ce dernier inconvénient à Grimaldo. Je lui demandai quel choix on pouvoit faire entre se servir d'un canal qui devoit être plus que suspect en Espagne à tout ce qui en aimoit les vrais intérêts, la grandeur et l'union avec la France, odieux à celui avec qui il auroit uniquement à traiter, et qui étoit le maître de toutes les affaires, ou faire une peine à un seigneur à qui on pouvoit trouver d'autres emplois capables de le dédommager de celui où il étoit personnellement impossible qu'il pût réussir. Je lui parlois plus librement par l'amitié et la confiance qui s'étoit établie entre lui et moi, et plus hardiment par la connoissance que j'avois des cabales de cette cour, et que Grimaldo n'ignoroit pas combien Bournonville étoit engagé avec ses ennemis. Je lui expliquai la situation où le cardinal du Bois étoit avec le duc de Noailles, et les intimes et anciennes liaisons de parenté, d'amitié, d'homogénéité qui étoient entre les ducs de Noailles et de Bournonville, et ce que la maréchale de Noailles étoit et dans sa famille et dans le monde ; en un mot, que s'il vouloit humeurs, caprices, brouilleries, dégoûts réciproques entre les deux cours, leur désunion certaine, il seroit servi par un tel ambassadeur, avec lequel tout cela seroit infaillible, tandis que les deux cours ne recevroient que satisfaction, réciproque intelligence, union de plus en plus resserrée dans le desir qu'elles en avoient l'une et l'autre en envoyant ambassadeur quel que ce fût, pourvu que ce fût un homme d'honneur, droit, de nulle cabale, uniquement attaché aux intérêts de l'Espagne, et à bien servir dans son emploi. Grimaldo goûta mes raisons, mais l'embarras fut d'en persuader assez Leurs Majestés Catholiques pour entraîner la reine, qui méprisoit Bournonville comme faisoient tous ceux qui le connoissoient, mais qui avoit les plus fortes protections auprès d'elle, à l'abandonner à cet affront. Je répondis que si Bournonville avoit un grain de sens, il seroit le premier à demander d'être déchargé d'une ambassade où il ne pourroit jamais réussir, à voir que le cardinal du Bois mettroit toute son industrie à faire retomber sur lui par l'Espagne même tous les fâcheux succès de ses négociations, à sentir que ce qui réussiroit en toutes autres mains romproit entre les siennes, et qu'en prétextant santé, dépense, affaires, il pouvoit remettre l'ambassade sans affront. Je donnai courage à Grimaldo ; je lui dis qu'il n'y avoit qu'à continuer Laullez, qui servoit l'Espagne à son gré, et qui étoit extrêmement agréable à notre cour, prétexter qu'il avoit entamé des affaires qu'il n'étoit pas à propos de changer de main, et se donner ainsi tout le temps nécessaire de lui choisir un successeur qui lui ressemblât, et qui marchât sur ses mêmes erremens. Enfin Grimaldo, convaincu de mes raisons, peut-être des siennes personnelles qui se trouvoient couvertes par les miennes, me promit merveilles et me les tint. Bournonville, qui m'accabloit de souplesses et de bassesses, ne fut pas assez sage pour refuser. Il insista toujours, comptant sur la publicité de sa déclaration et sur le crédit de sa cabale. Il en fut la dupe, et ses Italiens avec lui, qui en furent outrés de dépit. Pour lui, il sentit le coup, et parut comme un condamné, mais il ne m'en fit que mieux, et me conjura sans cesse de détruire à mon retour les préventions qu'on avoit prises contre lui, et d'obtenir la permission du Régent et du cardinal du Bois d'aller en France se justifier auprès d'eux. Il me faisoit parler par tous ses amis, me raccrochoit partout, et me désoloit en plaidoyers qui ne finissoient point. Cela dura jusqu'à la veille de mon départ, que je le trouvai tout tard qui m'attendoit à mon carrosse, dans la cour du Retiro, où il me demanda une dernière audience, et quoi que je pusse faire, m'y promena près de deux heures.

Si j'eus le bonheur de réussir en ces deux affaires, j'eus le malheur d'échouer en deux autres, dont la seconde surtout ne me tenoit pas moins au cœur qu'avoit fait la grandeur de mon second fils, seule cause de mon voyage en Espagne, et d'en avoir desiré et obtenu l'ambassade.

Sur la première, il faut se souvenir, que lors[que] le cardinal du Bois embarqua M. le duc d'Orléans à faire si follement la guerre à l'Espagne pour faire sa cour aux Anglois, et obtenir son chapeau, le duc de Berwick accepta sans balancer le commandement de l'armée de Guipuscoa, prit des places et brûla la marine d'Espagne au Ferrol, qui étoit le grand objet des Anglois, ce que le roi d'Espagne, qui l'avoit comblé lui et son fils aîné de bienfaits, ne put jamais lui pardonner. C'étoit ce pardon que le cardinal du Bois avoit extraordinairement à cœur pour la même raison, qui m'étoit lors cachée, dont j'ai parlé de même sur autre chose, il n'y a pas longtemps. Par conséquent M. le duc d'Orléans, qui n'y entendoit pas finesse, desiroit aussi ce pardon, et l'un et l'autre me l'avoient très-particulièrement recommandé, et m'en avoient écrit en Espagne depuis le plus fortement du monde. Le duc de Liria, qui le souhaitoit ardemment avec grande raison, me pressoit aussi là-dessus, tellement que j'en parlai à Grimaldo. Ce ministre me dit que je ne pouvois parler de cette affaire à personne qui l'eût plus à cœur que lui, par son ancien et véritable attachement pour le duc de Berwick, et pour la fidèle amitié qui étoit entre le duc de Liria et lui, mais que je ne devois point me tromper sur cet article; que le roi et la reine n'avoient encore rien rabattu de leur première indignation; qu'il leur en échappoit de temps en temps des marques fort vives et telles que lui, qui les connoissoit, se garderoit bien de toucher cette corde auprès d'eux; qu'à mon égard, après cet avis, il n'avoit rien à me dire, mais que je pouvois me régler là-dessus. Ce début me parut fâcheux. J'avois espéré de l'amitié de Grimaldo pour le père et le fils qu'il me frayeroit un chemin que je n'aurois qu'à suivre. Son refus me le fit voir bien plus difficile que je ne m'y étois attendu. Je me tournai vers le P. d'Aubanton sans lui parler de ma tentative. Mais j'eus beau lui parler conscience et son caractère de confesseur, il me fit toutes les protestations possibles pour le duc de Berwick et même pour le duc de Liria, me dit que c'étoit une affaire en quelque sorte d'État dans laquelle il ne devoit point entrer de lui-même; m'en laissa entendre toute la difficulté, et me renvoya à Grimaldo, à qui aussi je me gardai bien de dire que j'en eusse parlé au confesseur, et que j'en avois été éconduit. Je lui dis seulement que réflexion faite je ne pouvois manquer à des ordres si précis; que je ne pouvois m'imaginer que Leurs Majestés Catholiques me pussent savoir mauvais gré de les exécuter; que je m'en acquitterois avec tout le respect, les mesures et l'attention à ne les point blesser que j'y pourrois mettre, qu'au pis aller, si je ne réussissois pas, j'aurois fait ce que je devois, et évité de me faire une affaire de l'inexécution d'ordres si précis et réitérés. Dans cet esprit, je demandai une audience. Je dis à Leurs Majestés Catholiques que j'avois à m'acquitter auprès d'elles d'un ordre de bouche avant mon départ, et réitéré très-fortement depuis; que ce dont il s'agissoit étoit une grâce que le Roi et M. le duc d'Orléans avoient extrêmement à cœur d'obtenir de Leurs Majestés; qu'ils la leur demandoient avec toute la confiance qu'ils devoient prendre[1] non-seulement en leur générosité, mais encore en leur piété;

---

1. Il y a au manuscrit : « qu'elles la lui demandoient avec toute la confiance qu'elles devoient prendre. »

que néanmoins Sa Majesté et Son Altesse Royale en prenoient encore une nouvelle de ce moment de réunion aussi parfaite et aussi intime de Leurs Majestés avec elles; et que Leurs Majestés se pouvoient assurer d'une reconnoissance parfaite si elles en obtenoient ce dont Sa Majesté et Son Altesse Royale étoient si véritablement touchées et qu'elles desiroient avec tant de passion. Ils me laissèrent tout dire, puis le roi me demanda ce que c'étoit donc que le Roi et M. le duc d'Orléans lui demandoient. Je répondis : le retour de l'honneur de leurs bonnes grâces pour le duc de Berwick, qui ne se consoloit point d'avoir eu le malheur de les perdre. A ce nom le roi rougit, m'interrompit, et me dit d'un air allumé et d'un ton ferme : « Monsieur, Dieu veut qu'on pardonne, mais il ne faut pas m'en demander davantage. » Je baissai la tête, puis regardant la reine comme pour lui demander assistance, je dis en rebaissant la tête : « Votre Majesté me ferme la bouche, et le respect m'empêchera de la rouvrir là-dessus, sans néanmoins éteindre les espérances que je mettrai toujours en la générosité et la piété de Votre Majesté. » Je me tus ensuite, comprenant bien à leur contenance qu'insister davantage seroit sans autre fruit que les opiniâtrer et les aigrir. Après quelque silence, la reine parla d'autre chose, mais de simple conversation, qui dura quelque peu, et l'audience finit de la sorte. Grimaldo, à qui je rendis ce qui s'étoit passé, n'en fut pas surpris : il me l'avoit bien prédit. Le duc de Liria en fut très-affligé, quoique toujours personnellement bien traité. L'un et l'autre, qui furent les deux seuls qui surent cet office, ne jugèrent pas à propos que j'en reparlasse davantage. J'en pensois comme eux, et les choses en demeurèrent là.

La seconde affaire, la cour n'y avoit nulle part et n'en avoit pas même de connoissance. La duchesse de Beauvillier, qui par le mariage de sa fille au duc de Mortemart, dont elle étoit dans le repentir depuis longtemps, avoit fait passer presque toute la fortune du duc de Beauvillier sur ce gendre, étoit touchée après coup de voir sa grandesse sortie de sa maison. Elle m'en témoigna sa peine avant mon départ, et me pria de voir si je ne pourrois point obtenir une grandesse pour le duc de Saint-Aignan, qui avoit peu de bien et beaucoup d'enfants. J'aimois et je respectois extrêmement la duchesse de Beauvillier, et M. de Beauvillier étoit vivant et agissant dans mon cœur dans la dernière vivacité du sentiment le plus tendre et le plus rempli de vénération. Quoique le duc de Saint-Aignan ne m'eût jamais cultivé que suivant la mesure de son besoin, et que sa futilité me fût désagréable, il m'étoit cher, parce qu'il étoit frère du duc de Beauvillier, et par cette raison, lui et tout ce qui porta son nom, me l'a été toute ma vie, sans nul égard à rien de tout ce qui auroit dû émousser les pointes de ce vif attachement. Je partis donc bien résolu de ne rien oublier pour le succès d'une chose que je desirois assez passionnément pour ne savoir de bonne foi ce que j'aurois choisi, si on m'eût donné en Espagne l'option de cette grandesse ou de la mienne. Les services et la reconnoissance pour de tels morts, et desquels ni des leurs on ne peut rien attendre, sont d'une suavité si douce, et jettent dans l'âme quelque chose de si vif, de si délicieux, de si exquis que nulle sorte de plaisir n'y est comparable et dure toujours, et je l'éprouve encore sur la charge de premier gentilhomme de la chambre que le duc de Mortemart avoit eue du duc de Beauvillier, sur laquelle j'ai raconté ici en son temps ce qui se passa. Plein de ce desir, j'en fis la confidence à Grimaldo, à qui, en peu de mots, j'en expliquai la cause pour qu'il ne crût pas cet office que je voulois rendre du nombre de ceux dont on se soucie peu, pourvu qu'on s'en soit acquitté, et qu'il sentît au contraire à quel point le succès m'en tenoit au cœur. Sa réponse m'affligea. Après la préface de politesse et d'amitié, il m'avertit que je trouverois dans Leurs Majestés Catholiques un grand éloignement, parce que, outre que le duc de Saint-Aignan y avoit donné lieu lui-même par force futilités, et petites choses pendant son ambassade à Madrid, où le soin tardif de sa parure avoit souvent impatienté Leurs Majestés Catholiques, en attendant souvent fort longtemps qu'il fût arrivé pour ses audiences, le cardinal Alberoni, qui ne l'aimoit pas, avoit jeté dans leur esprit des impressions fâcheuses qui y étoient toujours restées, qui paroissoient toutes les fois que le hasard leur rappeloit le nom du duc de Saint-Aignan, et qui formeroient un obstacle que j'aurois bien de la peine à surmonter, ce qu'il ne pouvoit me cacher qu'il n'espéroit pas. Je le pressai vainement d'en jeter quelques propos à Leurs Majestés Catholiques. Il m'assura que, bien loin de me préparer la voie, cela nuiroit et les arrêteroit au refus; au lieu que, s'il y avoit un moyen de réussir, c'étoit la surprise et l'embarras de me refuser en face; que s'ils ne me refusoient ni n'accordoient, alors il m'offroit de venir de son côté à l'appui, et de m'y rendre tout le service qu'il lui seroit possible. C'étoit parler raison : il fallut bien s'en contenter. Je cherchai à prendre un temps de satisfaction et de bonne humeur de Leurs Majestés Catholiques ; un temps où la conduite de la princesse des Asturies, dont je parlerai bientôt, m'attiroit leur confidence et de fréquents particuliers ; un temps enfin où j'avois lieu de me flatter que je leur étois personnellement fort agréable. L'extrême desir me faisoit espérer sur ce que la duchesse de Beauvillier avoit été l'unique personne, en femmes et en hommes, dont le roi d'Espagne, la maison royale à part, m'eût demandé des nouvelles. Je pris donc des moments de pure conversation en tiers avec eux pour la jeter sur la jeunesse du roi d'Espagne, et par là sur le duc et la duchesse de Beauvillier. J'excitai, tant que je pus, les souvenirs d'estime et d'amitié ; puis me mettant sur la morale du renversement des fortunes les plus sagement et les mieux établies, je parlai de la perte des deux fils du duc de Beauvillier, qui avoit jeté toute sa fortune sur son gendre, dont les enfants privoient le duc de Saint-Aignan de la décoration que Sa Majesté avoit donnée à

sa maison. Je me tus quelques moments pour voir si le
roi prendroit à ce discours, mais son silence continuant,
j'ajoutai que ce seroit une grâce de sa générosité, et digne
de son ancienne amitié pour le duc et la duchesse de
Beauvillier, de remettre la grandeur à sa destination
première, et de l'accorder au duc de Saint-Aignan, et je
dirois, si je l'osois, qu'un tel souvenir si dignement placé
feroit un honneur infini à la gloire de Sa Majesté, que
comblé comme je l'étois de ses bienfaits, j'oserois encore
moins hasarder ma très-humble et très-instante intercession, mais que l'extrême désir que j'en avois me forçoit
d'avouer que ce seroit pour moi la plus grande satisfaction de ma vie, égale, pour le moins, à celle que je ressentois des grâces qu'elles avoient[1] daigné de répandre
sur moi. Pendant cette reprise j'aperçus le roi piétiner,
comme il faisoit toujours quand il vouloit finir l'audience ;
et quand j'eus achevé, au lieu de me répondre, il se mit
à tirer la robe de la reine, qui étoit le signal de me congédier, ce qu'elle fit fort poliment quelques moments
après. Je sortis pénétré de douleur d'un silence et d'une
fin d'audience de si mauvais augure. Je descendis tout
de suite dans la cavachuela du marquis de Grimaldo, à
qui je fis le récit de ce qui venoit de se passer. Il n'en fut
point surpris, et me répéta les mêmes choses qu'il
m'avoit dites du peu de disposition qu'il avoit prévu que
je trouverois. Au lieu de me plaindre du peu de digne
souvenir que j'avois trouvé dans le roi d'Espagne de son
gouverneur et de sa famille, au lieu de prier Grimaldo
de faire quelque effort, je crus plus efficace et moins
embarrassant pour lui de me contenter de lui exposer
amèrement les motifs de mon désir, et de l'affliction où
me jetoit le mauvais succès qu'il avoit eu, parce que je
ne pouvois interpréter un silence si opiniâtre, suivi
incontinent de l'impatience de finir l'audience, que comme
un refus tacite. Je me répandis là-dessus si pathétique-

1. Il y a bien *qu'elles avoient*, au pluriel.

ment avec Grimaldo, sans lui faire même aucune sorte d'insinuation, qu'il me dit enfin de la meilleure grâce du monde qu'il ne manqueroit pas de prendre son temps de parler à Leurs Majestés de la douleur où il m'avoit vu au sortir de cette audience, et de faire tout ce qui lui seroit possible pour le duc de Saint-Aignan. Je lui répondis que je n'aurois osé lui demander rien là-dessus; mais que cette offre si obligeante me combloit, et je l'embrassai de tout mon cœur. Mais ce ministre ne réussit pas plus que moi. Il en parla deux fois, il fut refusé, et à la dernière, le roi d'Espagne lui dit qu'après tout ce qu'il avoit fait pour moi je devois être content; de sorte que Grimaldo me conseilla, et me pria même, par l'amitié qu'il avoit pour moi, de ne pas tenter l'impossible, et de ne me pas rendre désagréable à Leurs Majestés Catholiques en les pressant de nouveau de ce que très-certainement elles ne feroient pas. Je le sentis bien moi-même, et je n'osai plus rien dire ni rien faire sur une chose que j'avois si ardemment desirée. Revenons maintenant à la princesse des Asturies.

Sa convalescence avançoit, et son humeur se manifestoit en même temps. Je sus par l'intérieur qu'elle résistoit avec opiniâtreté à aller chez la reine, après tous les soins, les marques extraordinaires de bonté, les visites continuelles qu'elle en avoit reçues pendant sa maladie et qu'elle en recevoit encore tous les jours. Elle ne vouloit point sortir de sa chambre; elle s'amusoit à sa fenêtre, où elle se montroit en bonne santé.

Son appartement, de plein pied à celui de la reine, n'en étoit séparé que par cette petite galerie intérieure dont j'ai souvent parlé, car elle étoit dans l'appartement qu'avoit l'infante. Elle ne vouloit plus écouter sur rien les médecins sur sa santé, ni ses dames sur sa conduite, et répondoit même à la reine fort sèchement lorsqu'elle essayoit à la ramener par les insinuations les plus douces.

La reine même m'en parla et m'ordonna de la voir et de
lui aider à la rendre plus traitable. Je répondis que je
n'étois que trop informé de ce que j'étois très-peiné qui
fût; que je ne devois pas me flatter de pouvoir plus que
Sa Majesté sur l'esprit de la princesse; et après un peu
de conversation sur ce qu'elle croyoit m'en apprendre, et
que j'y eus ajouté ce que je savois de plus, qu'elle ne me
nia pas, je pris la liberté de lui dire qu'il y avoit aussi
trop de bonté et de ménagement; que Sa Majesté gàtoit
la princesse; qu'il falloit la ployer sans retardement à ses
devoirs, et que si dans l'excès de la patience de la reine,
la considération de M. le duc d'Orléans y entroit pour
quelque chose, non-seulement je me chargeois de tout
auprès de lui, mais que je répondois à Sa Majesté que
non-seulement il trouveroit bon tout ce qu'il plairoit à
Sa Majesté de dire à la princesse, et de faire, mais que
lui en seroit aussi extrêmement obligé, parce que personne ne connoissoit mieux que moi ses sentiments pour
Leurs Majestés, combien il se sentoit aise du retour de
leurs bonnes grâces et desireux de les conserver, combien
aussi il se sentoit honoré du mariage de sa fille, combien,
par conséquent, il desiroit qu'elle sentît son bonheur et
sa grandeur, et qu'elle s'en rendît digne par sa reconnoissance, son obéissance, ses respects pour Leurs
Majestés et par une application continuelle non-seulement à leur plaire et à répondre à leurs bontés, mais à
deviner même tout ce qui pourroit la leur rendre plus
agréable et à s'y porter continuellement; qu'outre que
M. le duc d'Orléans regardoit cette conduite comme le
devoir de Madame sa fille le plus juste et le plus pressant,
il le considéroit aussi comme le seul fondement solide du
bonheur de la princesse et comme ce qui pouvoit le plus
contribuer au sien, par savoir que sa fille ne fît rien
qu'à leur gré, et par se pouvoir flatter de leur avoir
fait un présent dont l'agrément pouvoit contribuer
à la continuation de leurs bontés pour lui-même
et au resserrement de plus en plus de cette heu-

reuse union qu'il avoit toujours si passionnément desirée.

Ce discours fut fort bien reçu. La conversation s'étendit sur de pareils détails à ceux qui l'avoient commencée, et finit par des ordres fort exprès du roi et de la reine de voir souvent la princesse et de lui parler. La duchesse de Monteillane et ses autres dames m'en pressoient continuellement. J'avois déjà vu la princesse bien des fois, même au lit; il n'y avoit donc rien de nouveau à m'y voir retourner. D'ailleurs cette opiniâtreté à demeurer dans sa chambre perçoit au dehors, parce qu'elle suspendoit les fêtes qui étoient préparées, et que chacun attendoit avec impatience. J'allai donc chez la princesse deux ou trois fois sans en avoir eu aucune parole que *oui* et *non* sur ce que je lui demandois de sa santé, et encore pas toujours. Je pris le tour de dire à ses dames devant elle ce que je lui aurois dit à elle-même; ses dames y applaudissoient, y ajoutoient leur mot. La conversation se faisoit ainsi devant la princesse, en sorte qu'elle lui étoit une véritable leçon, mais elle n'y entroit en aucune façon. Néanmoins elle alla pourtant une fois ou deux chez la reine, mais en déshabillé et d'assez mauvaise grâce.

Le grand bal demeuroit toujours préparé et tout rangé dans le salon des Grands, et n'attendoit que la princesse, qui n'y vouloit point aller. Le roi et la reine aimoient le bal, comme je l'ai dit ailleurs. Ils se faisoient un plaisir de celui-là, le prince des Asturies aussi, et la cour l'attendoit avec impatience. La conduite de la princesse transpiroit au dehors, et faisoit le plus fâcheux effet du monde. Je fus averti du dedans que le roi et la reine en étoient très-impatientés, et pressé par les dames de la princesse de lui en parler; j'allai chez elle et fis avec ses dames la conversation sur la santé de la princesse, qui apparemment ne retarderoit plus les plaisirs qui l'attendoient. Je mis le bal sur le tapis; j'en vantai l'ordre, le spectacle, la magnificence, je dis que ce plaisir étoit particulièrement celui de l'âge de la princesse; que le roi et la reine l'aimoient fort, et qu'ils attendoient avec impatience qu'elle pût y aller. Tout à coup elle prit la parole, que je ne lui adressois point, et s'écria comme ces enfants qui se chêment[1] : *Moi y aller? je n'irai point.* « Bon! Madame, répondis-je, vous n'irez point, vous en seriez bien fâchée, vous vous priveriez d'un plaisir où toute la cour s'attend à vous voir, et vous avez trop de raisons et de désir de plaire au roi et à la reine pour en manquer aucune occasion. »

Elle étoit assise et ne me regardoit pas. Mais aussitôt après ces paroles, elle tourna la tête sur moi, et d'un ton le plus décidé que je n'en ouïs jamais : « Non, Monsieur, me dit-elle, je le répète, je n'irai point au bal, le roi et la reine y iront s'ils veulent, ils aiment le bal, je ne l'aime point; ils aiment à se lever et à se coucher tard, moi à me coucher de bonne heure. Ils feront ce qui est de leur goût, et je suivrai le mien. » Je me mis à rire, et lui dis qu'elle vouloit se divertir à m'inquiéter, mais que je n'étois pas si facile à prendre sérieusement ce badinage : qu'à son âge on ne se privoit pas si volontiers d'un bal, et qu'elle avoit trop d'esprit pour priver toute la cour et le public de cette attente, encore moins à montrer un goût si peu conforme à celui du roi et de la reine, et qui paroîtroit si étrange à son âge et à son arrivée; mais qu'après cette plaisanterie, le mieux étoit de ne prolonger pas plus longtemps une attente, dont le délai d'un bal, tout rangé et tout prêt depuis si longtemps, devenoit indécent. Les dames m'appuyèrent, et la conversation entre elles et moi continua de la sorte sans que la princesse fît seulement contenance de nous entendre.

En sortant, la duchesse de Monteillane me suivit avec la duchesse de Liria et Mme de Riscaldalegre. Elles m'entourèrent hors de la porte de la chambre, et me témoignèrent leur effroi d'une volonté si arrêtée dans une

1. *Se chêmer*, maigrir, tomber en chartre.

personne de cet âge contre devoir et plaisir, et dans un pays où elle ne faisoit qu'arriver, et toute seule parmi tous gens inconnus. J'en étois plus épouvanté qu'elles; j'en voyois des conséquences capables d'apporter de grandes suites. Mais j'essayai de les rassurer sur un reste de maladie et d'humeurs en mouvement qui pouvoient causer ce méchant effet, mais qui cesseroit avec le retour de la pleine santé. Toutefois j'étois bien éloigné de m'en flatter. Je me gardai bien néanmoins de faire ce récit au roi et à la reine; mais comme ils me parlèrent du bal, et le roi surtout avec amertume sur la fantaisie de la princesse, je pris la liberté de lui dire que je n'imaginois pas qu'il se voulût gêner pour le caprice d'un enfant qui venoit sûrement de sa maladie, ni priver sa cour et tout le public d'une fête aussi agréable et aussi superbe qu'étoit le premier bal que j'avois vu au palais, et que j'avouois qu'en mon particulier j'en serois affligé, parce que je m'en étois fait un fort grand plaisir. *Oh! cela ne se peut pas*, reprit le roi, *sans la princesse.* « Et pourquoi donc, Sire ? lui répliquai-je. C'est une fête que Votre Majesté donne à sa joie et à la joie publique. Ce n'est pas à la princesse, quoique à son occasion, à régler les plaisirs de Votre Majesté, et ceux qu'elle veut bien donner à sa cour, qui s'y attend et les desire. Si la princesse croit que sa santé lui permette, elle y viendra, sinon la fête se passera sans elle. »

Tandis que je parlois, la reine me faisoit signe des yeux et de la tête de presser le roi, tellement que j'ajoutai que tout ce qui se faisoit et se passoit n'étoit et ne pouvoit être que pour Leurs Majestés; qu'elles en étoient le seul objet et la décoration unique; que quelque grands princes que fussent les infants, ils n'y étoient que comme leurs premiers courtisans et pour illustrer l'assemblée, mais jamais l'objet; que la confiance dont Sa Majesté daignoit m'honorer sur ce qui regardoit la princesse m'engageoit par devoir à supplier Leurs Majestés de considérer qu'il ne falloit pas accoutumer la princesse à croire que tout se fît pour elle, et que rien ne se pouvoit faire sans elle; que plus la fête étoit digne de la présence de Leurs Majestés, plus cette leçon de la faire sans elle lui feroit d'impression; que je ne pouvois m'empêcher de regarder cela comme appartenant très-essentiellement à une éducation si importante, et dont le bonheur de la princesse dépendoit, en lui faisant sentir dès la première qu'elle n'étoit rien, et qu'on se passoit très-aisément d'elle. La reine appuya fort ce discours, mais le roi ne répondant rien, elle tourna doucement la conversation ailleurs. En finissant l'audience, elle prit l'instant que le roi se retournoit après ma révérence pour me faire signe de la tête et des yeux que j'avois bien parlé, et me montrant le roi du doigt et comme le poussant sur lui, elle me fit entendre de ne me pas rebuter. Cela fit que je me hâtai de dîner pour me trouver à leur sortie pour la chasse, et je demandai tout haut à la reine pour quel jour enfin seroit le bal, dont j'avouois que je mourois d'envie. Elle me répondit avec action qu'il falloit le demander au roi, et lui demanda s'il m'avoit entendu. Il lui répondit : *Mais nous verrons.* Ce court dialogue les conduisit au haut du petit degré qui étoit tout proche par où ils descendoient et remontoient toujours, et je demeurai au haut, parce qu'à peine y pouvoit-on passer deux de front.

Le lendemain, je trouvai moyen de leur parler en particulier sur quelque bagatelle, puis je remis le bal sur le tapis. La reine me dit en riant qu'il étoit vrai que j'en avois bien envie, et elle aussi, et se mit doucement à presser le roi. Comme il souriait sans répondre, je pris la liberté de leur dire que je les suppliois de se souvenir que j'avois pris celle de leur représenter que Leurs Majestés gâtoient la princesse; qu'aujourd'hui j'osois ajouter qu'elles s'en repentiroient; qu'elles y voudroient remédier quand il n'en seroit plus temps; que M. le duc d'Orléans en seroit au désespoir, et que s'il pouvoit avoir le même honneur que j'avois d'être en leur présence, il leur parleroit là-dessus en même sens que moi, mais bien plus fortement, comme il lui convenoit. Ce propos tourna par eux-mêmes la conversation sur de nouvelles bagatelles fort maussades d'opiniâtreté, de fantaisie, d'inconsidération pour ses dames, qui échappoient à la princesse, de la brèveté [1] de ses visites chez Leurs Majestés, de la sécheresse de ses manières avec elles, sur quoi je les suppliai de me pardonner si je leur disois que c'étoit la faute de Leurs Majestés plus que d'un [2] enfant, qui ne savoit ce qu'elle faisoit, et qu'au lieu de l'accoutumer par leur trop de bonté à ne se refuser aucun caprice, rien n'étoit plus pressé ni plus important que de les réprimer, de lui imposer, de lui faire sentir tout ce qu'elle montroit ignorer à leur égard, et même à l'égard de ses dames; enfin l'accoutumer au respect et à la crainte qu'elle leur devoit, à lire dans leurs yeux et jusque dans leur maintien leurs volontés, pour s'y conformer à l'instant, et avec un air comme si c'étoit la sienne par l'empressement à leur obéir et à leur plaire. Tout cela fut encore poussé de ma part et raisonné de la leur assez longtemps, après quoi je me retirai. Je n'allois plus chez la princesse, et je le dis à Leurs Majestés, parce que j'en voyois l'inutilité. Je ne reparlai plus de bal à leur retour de la chasse, au passage de leur appartement, dans la crainte de rebuter le roi. Le surlendemain je me trouvai à leur passage pour la chasse. Au sortir de l'appartement, la reine me dit qu'il n'y auroit point de bal; que l'ordre étoit donné d'ôter le préparatif qui étoit rangé depuis si longtemps, en me faisant des signes d'en parler encore au roi. Je lui dis donc que j'en serois désolé par le plaisir que je m'en étois fait, et que si j'osois je lui demanderois ce bal comme une grâce.

Ce dialogue conduisit à ce petit degré qui étoit tout contre. A l'entrée, la reine me fit signe de suivre. Je me fourrai donc à côté de celui qui lui portoit la queue, lui

1. Voyez tome IX, p. 212, et note 1.
2. Saint-Simon a bien écrit *un*, et non *une*.

parlant haut de ce bal pour que le roi, qui marchoit devant elle, pût entendre. Un moment après elle se tourna à moi avec un air que je dirois penaud si on pouvoit hasarder ce terme, et me fit signe de ne plus rien dire. Apparemment que le roi lui en avoit fait quelqu'un là-dessus, car cette rampe étoit obscure, et je ne pus l'apercevoir. Au repos du degré, qui étoit assez long, la reine s'approcha du roi. Je demeurai où j'étois sans m'avancer. Ils se parlèrent bas, puis la reine m'appela, et quand je fus près d'elle : « Voilà qui est fait, me dit-elle, il n'y aura point de bal; mais pour s'en dépiquer, ce fut son terme, le roi en aura un petit ce soir, après souper, dans notre particulier, où il n'y aura que du palais, et le roi veut que vous y veniez. » Je leur fis une profonde révérence et mon remerciement, tout cela, arrêtés sur ce repos du degré. La reine me répéta : *Mais vous y viendrez donc.* Je répondis à cet honneur comme je devois. Le roi me dit : *Au moins, il n'y aura que nous.* Et la reine continua : *Et nous danserons tout à notre aise et en liberté;* et tout de suite achevèrent de descendre, et je les vis monter en carrosse.

Le bal fut dans la petite galerie intérieure. Il n'y eut que les seigneurs en charge, le premier écuyer, les majordomes de semaine, la camarera-mayor, les dames du palais, les jeunes señoras de honor et camaristes. Le roi, la reine, le prince des Asturies s'y divertirent fort; tout le monde y dansa force menuets, encore plus de contredanses, jusque sur les trois heures après minuit, que Leurs Majestés Catholiques se retirèrent et le prince des Asturies. Ce fut là où je vis et touchai à mon aise la fameuse Pérégrine[1], que le roi avoit ce soir-là au retroussis de son chapeau, pendante d'une belle agrafe de diamants. Cette perle, de la plus belle eau qu'on ait jamais vue, est précisément faite et évasée comme ces petites poires qui sont musquées, qu'on appelle de sept-

---

1. Le sommaire porte *Pérégrine* (voyez ci-dessus, p. 311), et le texte *Pelegrine*.

en-gueules, et qui paroissent dans leur maturité vers la fin des fraises. Leur nom marque leur grosseur, quoique il n'y ait point de bouche qui en pût contenir quatre à la fois sans péril de s'étouffer. La perle est grosse et longue comme les moins grosses de cette espèce, et sans comparaison plus qu'aucune autre perle que ce soit. Aussi est-elle unique. On la dit la pareille et l'autre pendant d'oreilles de celle qu'on prétend que la folie de magnificence et d'amour fit dissoudre par Marc-Antoine dans du vinaigre, qu'il fit avaler à Cléopatre. Quoique l'appartement de la princesse des Asturies fût à l'un des bouts de cette galerie intérieure, elle ne parut pas un instant. Je ne prédis que trop vrai à Leurs Majestés Catholiques. La princesse en fit de toutes les façons les plus étranges, excepté la galanterie : et à son retour ici on eut le temps de voir quelle elle étoit, dans le peu d'années qu'elle a vécu veuve et sans enfants. J'ai rapporté ce bal tout de suite de ce qui regarde la princesse ; il faut parler maintenant des autres fêtes qui furent données à l'occasion des doubles mariages.

Elles commencèrent le 15 février par une illumination et un feu d'artifice dans la place qui est devant le palais. J'ai déjà parlé ici de la surprenante beauté des illuminations d'Espagne. Les feux d'artifice ne leur y cèdent point. Ils durent plus d'une heure, et ordinairement davantage, dans toute la plénitude, et dans une variation perpétuelle de paysages, de chasses, de morceaux d'architecture admirables, de places et de châteaux. Les fusées merveilleuses, innombrables à la fois, continuelles, les fleuves et les cascades de feu, en un mot, tout ce qui peut remplir et orner le spectacle et le rendre toujours surprenant ne cesse, ne diminue, ne s'affoiblit pas un moment, en sorte qu'on n'a pas assez d'yeux pour voir le tout ensemble. Nos plus beaux feux d'artifice ne sont rien en comparaison.

Le lendemain, Leurs Majestés Catholiques allèrent en cérémonie à Notre-Dame d'Atocha, telle qu'[elle] a été ici décrite ailleurs. Mais en celles-ci elles étoient dans un carrosse tout de bronze doré et de glaces, avec le prince et la princesse des Asturies sur le devant, et suivies de trente carrosses remplis des grands et de toute la cour. Je n'y fus point ni Maulevrier, comme nous n'y avions point été la première fois, sur l'avis du marquis de Montalègre, sommelier du corps, à qui je le demandai, mais qui ne m'en dit point la raison. J'appris, à l'occasion de celle-ci, que c'étoit parce que les grands étoient avertis de se trouver à ces cérémonies, et y avoient leurs places et non les ambassadeurs. J'aurois pu m'y trouver comme grand, ainsi que je faisois en d'autres fonctions où les ambassadeurs ne se trouvent pas; mais celle-ci étoit si solennelle et si marquée sur le double mariage que, n'y pouvant assister comme ambassadeur, je crus m'en devoir abstenir quoique grand. Au retour de l'Atoche, le roi passa par la place Major, toute illuminée, et s'y arrêta quelque temps. J'y étois à une fenêtre. Il trouva, en arrivant au palais, la place qui est devant, illuminée. J'avois eu l'honneur d'être admis sur le balcon de Leurs Majestés Catholiques et près d'elles au feu d'artifice dont j'ai parlé ; mais je me retirai peu après à une autre fenêtre gardée pour mes enfants et ma compagnie, et je ne retournai au balcon du roi que pour en voir sortir Leurs Majestés et les accompagner à leur appartement.

On eut un autre jour, dans la place Major illuminée, un divertissement fort galant. La maison où j'étois étoit vis-à-vis de celle du roi, et de l'une à l'autre une lice entre deux barrières. Rien ne pouvoit être plus brillant, plus rempli ni avec un plus grand ordre. Le duc de Medina Celi, le duc del Arco et le corrégidor de Madrid avoient chacun leur quadrille de deux cent cinquante bourgeois ou artisans de Madrid, toutes trois diversement masquées, c'est-à-dire magnifiquement parées en mascarades diverses[1], mais à visage découvert, tous

---

1. Il y a *mascarades* au pluriel, et *diverse* au singulier.

montés sur les plus beaux chevaux d'Espagne avec de superbes harnois. Les deux ducs, couverts des plus belles pierreries, ainsi que les harnois de leurs admirables chevaux, étoient, ainsi que le corrégidor, en habits ordinaires, mais extrêmement magnifiques. Les trois quadrilles, leur chef à la tête, suivi[1] de force gentilshommes, pages et laquais, entrèrent l'une après l'autre dans la place, dont elles firent le tour, et toutes leurs comparses, dans un très-bel ordre et sans la moindre confusion au bruit de leurs fanfares, celle de Medina Celi la première, celle del Arco après, puis celle de la ville. Les chefs, l'un après l'autre, se rendirent après les comparses sous le balcon de Leurs Majestés Catholiques, où étoient le prince et la princesse, les infants et leurs plus grands officiers, tandis que la brigade arrivoit vis-à-vis, sous le balcon où j'étois. De cet endroit ils partirent deux à la fois, prenant chacun à l'entrée de la lice un grand et long flambeau de cire blanche, bien allumé, qui leur étoit présenté de chaque côté en même temps, d'où prenant d'abord le petit galop quelques pas, ils poussoient leurs chevaux à toute bride tout du long de la lice, et les arrêtoient tout à coup sur cul sous le balcon du roi. L'adresse de cet exercice, où pas un ne manqua, est de courir de front sans se dépasser d'une ligne ni rester d'une autre plus en arrière, tête contre tête et croupe contre croupe, tenant d'une main le flambeau droit et ferme, sans pencher d'aucun côté et parfaitement vis-à-vis l'un de l'autre, et le corps ferme et droit. La quadrille del Arco suivit dans le même ordre; puis celle de la ville. Chaque couple de cavaliers n'entroit en lice qu'après que l'autre étoit arrivée mais partoit au même instant, et à mesure qu'ils arrivoient ils prenoient leur rang en commençant sous le balcon du roi, et quand chacune avoit achevé de courir, force fanfares en attendant que l'autre commençât. Les courses de toutes trois finies, leurs chefs en reprirent

---

1. *Suivis*, au manuscrit.

chacun la tête de la sienne, et dans le même ordre, mais alors se suivant toutes trois, firent leurs comparses et le tour de la place au bruit de leurs fanfares, sortirent après de la place et se retirèrent comme elles étoient venues. L'exécution en fut également magnifique, galante et parfaite, et dans un ordre et un silence qui en releva beaucoup la grâce, l'adresse et l'éclat.

On eut une autre fête dans la même place, avec la même illumination, que la cour vit de la même maison dans la place, et moi vis-à-vis dans celle d'où j'avois vu la course des flambeaux avec le nonce, Maulevrier et tout ce qui étoit de chez moi. J'ai expliqué ailleurs les places des grands, et comment les balcons des cinq étages de la place tout autour sont remplis et les toits chargés de peuple, ainsi que le fond de la place en foule mais sans faire au spectacle le plus petit embarras. Ce fut un combat sur mer d'un vaisseau turc contre une galère de Malte, qui eut la victoire après deux heures de combat, le désempara et le brûla. L'eau étoit si parfaitement représentée, et les mouvements des deux bâtiments si aisés, leur manœuvre si vive et si multipliée, les événements des approches et du combat si vifs, si justes, si variés, si souvent douteux pour la victoire, qu'on ne se doutoit plus que ce fût un jeu qui se passoit à terre. Le spectacle dura plus de deux heures et fut toujours également intéressant. Les agrès, les habillements, les armes, rien d'oublié, et tout représentoit si naïvement un vaisseau turc et une galère maltoise, les services et les mouvements des combattants et des manœuvres des gens de mer, qu'on ne pouvoit se rappeler que tout cela fût factice. Jusqu'au vent favorisa la fête en dissipant la fumée de la mousqueterie et des bordées de canon. La mêlée de l'abordage fut surtout merveilleusement exécutée, repoussée et reprise à diverses fois. Enfin ce combat parut tellement effectif et sérieux que l'événement seul déclara la victoire.

Enfin il y eut encore un autre feu d'artifice, dans la place du palais, tout différent, mais tout aussi beau que le premier, où Leurs Majestés Catholiques me firent l'honneur de me retenir fort longtemps près d'elles sur leur balcon.

CHAPITRE IX.

Anniversaire de la reine première femme de Philippe V. — Leurs Majestés Catholiques au Buen-Retiro. — Buen-Retiro. — Morale et pratique commode des jésuites sur le jeûne en Espagne. — Je veux voir la prison de François Ier; délicate politesse de don Gaspard Giron. — Expédient de Philippe III contre l'orgueil des cardinaux. — Prison de François Ier. — Je vais voir Tolède; causes particulières de ma curiosité. — Contes et sorte de forfait des cordeliers de Tolède. — Différence de notre prononciation latine d'avec celle de toutes les autres nations. — Le carême fort fâcheux dans les Castilles. — Vesugo, excellent poisson de mer. — Église métropolitaine de Tolède. — Humble sépulture du cardinal Portocarrero. — Beauté admirable des stalles du chœur. — Chapelle et messe mosarabique. — Évêques mêlés avec les chanoines sans aucune distinction ; drapeau blanc au clocher de l'église de Tolède pour chaque archevêque ou chanoine devenu cardinal, qui n'en est ôté qu'à sa mort. — Députation du chapitre de Tolède pour me complimenter. — Ville et palais de Tolède. — Aranjuez. — Amusement de sangliers. — Haras de buffles et de chameaux ; lait de buffle exquis.

Le carême mit fin aux fêtes, et Leurs Majestés Catholiques quittèrent le palais, et allèrent habiter celui du Buen-Retiro. Ce fut aussi le temps de l'aniversaire de la feue reine dite la Savoyana, dans l'église de l'Incarnation, qui est grande et belle, quoique ce soit un couvent de religieuses. Les grands y furent invités à l'ordinaire, par conséquent mon second fils et moi, et non les ambassadeurs. Le banc des grands et le siége ployant du majordome-major du roi y étoient disposés comme en chapelle, mais sans prie-Dieu[1] du roi, sans siége de cardinaux et sans banc d'ambassadeurs. Mais les majordomes du roi s'y trouvèrent debout à leurs places comme

1. Voyez tome II, p. 398 et note 1.

en chapelle, et le clergé comme en chapelle, assis vis-à-vis des grands, et tous autres debout. Le duc d'Abrantès, évêque de Cuença, y fit pontificalement l'office dans une chaire à l'antique, dont j'ai fait la description, et donné la figure ici avec le plan de la séance du roi tenant chapelle. Il y eut la veille des premières vêpres; j'y allai avec le duc de Liria. Il n'y avoit encore personne en place. Nous entrâmes dans la sacristie, où nous trouvâmes deux ou trois grands. Il s'y en amassa bientôt davantage, et quand nous fûmes une quinzaine, quelqu'un proposa d'aller prendre place et d'envoyer prier le prélat de commencer. Quand ce fut pour sortir de la sacristie, aucun ne voulut passer devant moi, et par conséquent me vouloient céder la première place sur le banc. Après quelques compliments, je leur dis que je leur parlerois comme me faisant un grand honneur d'être leur confrère; que j'avois en même temps ceux d'être ambassadeur de France et grand d'Espagne; que si j'acceptois ce qu'ils avoient la bonté de m'offrir, cela feroit un exemple et fort aisément une règle pour d'autres cérémonies et pour d'autres ambassadeurs; que quelque estime que je fisse d'un si grand caractère, il n'étoit que passager; que je faisois bien plus de cas de la dignité solide, permanente, héréditaire de grand d'Espagne; et que par ces raisons je leur conseillois et les suppliois de passer cinq ou six devant moi pour entrer dans l'église et se placer sur le banc; que[1] de cette façon il n'y auroit rien à dire, et qu'ils éviteroient un exemple qui pourroit leur devenir désagréable. Ils me remercièrent avec beaucoup de reconnoissance, et me crurent. Le duc de Medina Celi passa le premier, quatre ou cinq autres le suivirent, moi ensuite, puis les autres, et nous nous rangeâmes de même sur le banc. Aussitôt la musique du roi commença les vêpres, le prélat étant arrivé tout revêtu à son siège comme nous nous placions. Une

---

1. On lit ici le mot *ce* au manuscrit.

vingtaine de grands arrivèrent ensuite les uns après les autres.

Le lendemain nous nous trouvâmes en bien plus grand nombre à la messe chantée par la musique du roi et célébrée par le même prélat. Ma politesse fit un grand effet à la cour; tous les grands m'en surent un gré, et infini, et beaucoup d'entre eux me le témoignèrent. Je n'étois point là comme ambassadeur, et je me crus en liberté et en raison d'en user de la sorte.

Le Retire, dont je ne ferai point la description, parce que celles d'Espagne en sont remplies, est, à mon gré, un palais aussi magnifique que le palais de Madrid, plus grand et beaucoup plus agréable. Il a des cours, dont une est réservée, comme ici, pour ce qui s'y appelle les honneurs du Louvre[1], où entrent les carrosses des cardinaux, des ambassadeurs et des grands seulement, et un parc admirable si les arbres y venoient mieux, et que l'eau des fontaines et des magnifiques pièces d'eau fût plus abondante[2]. Rien ne ressemble tant, de tout point à son parterre en face du palais, que celui de Luxembourg[3], à Paris : même forme, mêmes terrasses, même contour et même tour de fontaines et de jets d'eau. Le mail y est admirable et d'une prodigieuse grandeur. J'ai observé qu'en cette saison, qui est toujours belle en Espagne, le mail succède tous les jours à la chasse, où le roi n'alloit plus qu'un peu après Pâques; et j'ai aussi expliqué comme se passoit ce jeu de mail et cette promenade, où j'allois presque tous les jours faire ma cour. Un jour que je vis la reine y prendre plusieurs fois du tabac, je dis que c'étoit une chose assez extraordinaire de voir un roi d'Espagne qui ne prenoit ni tabac ni chocolat. Le roi me répondit qu'il étoit vrai qu'il ne prenoit point de tabac; sur quoi la reine fit comme des excuses d'en prendre, et dit qu'elle avoit fait tout ce qu'elle avoit pu,

1. Voyez tome III, p. 117 et note 1 et p. 444, et tome XIII, p. 182 et 183.
2. Le manuscrit donne *abondantes*, au pluriel.
3. Voyez tome I, p. 40, tome IV, p. 96 et note 1, etc.

à cause du roi, pour s'en défaire, mais qu'elle n'en avoit pu venir à bout, dont elle étoit bien fâchée. Le roi ajouta que pour du chocolat, qu'il en prenoit avec la reine les matins, mais que ce n'étoit que les jours de jeûne. « Comment? Sire, repris-je de vivacité, du chocolat les jours de jeûne? — Mais fort bien, ajouta le roi gravement, le chocolat ne le rompt pas. — Mais, Sire, lui dis-je, c'est prendre quelque chose, et quelque chose qui est fort bon, qui soutient, et même qui nourrit. — Et moi je vous assure, répliqua le roi avec émotion et rougissant un peu, qu'il ne rompt pas le jeûne, car les jésuites, qui me l'ont dit, en prennent tous les jours de jeûne, à la vérité sans pain ces jours-là, qu'ils y trempent les autres jours. » Je me tus tout court, car je n'étois pas là pour instruire sur le jeûne; mais j'admirai en moi-même la morale des bons Pères et les bonnes instructions qu'ils donnent, l'aveuglement avec lequel ils sont écoutés, et crus privativement à qui que ce soit, du petit des observances au grand des maximes de l'Évangile et des connoissances de la religion, dans quelles ténèbres épaisses et tranquilles vivent les rois qu'ils conduisent!

Pendant le séjour de la cour au Retire, le palais de Madrid étoit vide, et je le voulus voir en détail. Je m'adressai pour cela à don Gaspard Giron, qui voulut bien se donner la peine de me promener partout. C'est encore une description que je laisse aux voyageurs et à ceux qui ont traité localement de l'Espagne; mais j'en donnerai un morceau que je n'ai rencontré nulle part.

En nous promenant, je dis à Don Gaspard que je craignois sa politesse, et qu'elle ne me privât de ce que je desirois voir principalement. Le bon homme m'entendit bien, car il étoit spirituel et fin ; mais la galanterie espagnole lui fit faire le sourd. Il m'assura toujours qu'il ne me cacheroit rien. « Je parie que si, seigneur don Gaspard, lui dis-je : la prison de François Ier? — Hé! fi et fi! *señor duque*, de quoi parlez-vous là? » et changea tout de suite de propos en me montrant des choses. Je l'y ramenai, et à force de compliments et de propos, je le forçai de m'accorder ma demande; mais ce fut avec des façons si polies, si honteuses, si ménagées qu'il ne se pouvoit marquer plus d'esprit et de délicatesse. Il voulut que je me défisse de ce qui étoit avec moi, excepté M. de Céreste et ma famille; puis me mena dans une salle très-vaste par où nous avions passé, qui est entre la salle des gardes et l'entrée du grand appartement du roi. En attendant que les clefs fussent venues, qu'il avoit envoyé chercher, il me montra deux enfoncements faits après coup, vis-à-vis l'un de l'autre, dans l'épaisseur de la muraille, qui avoient chacun un siége de pierre, tous deux égaux, dans l'enfoncement d'une fenêtre. Cette pièce avoit quatre fenêtres de chaque côté sur la cour et sur le Mançanarez, et la muraille du côté du Mançanarez est si épaisse qu'elle fait de chaque fenêtre de ce côté-là comme un vrai cabinet enfoncé, tout ouvert. Après m'avoir fait remarquer et bien considéré ces deux siéges de pierre, il me demanda ce qu'il m'en sembloit. Je lui dis que cette curiosité me paroissoit fort médiocre et ne pas mériter la peine de la remarquer. « Vous allez voir que si, me répliqua-t-il, et vous en conviendrez tout à l'heure. » Il me conta alors que Philippe III, fatigué de l'orgueil de cardinaux, qui prenoient un fauteuil devant lui dans leurs audiences, se mit à ne leur en plus donner que debout dans cette salle, en s'y promenant, et que, lassé ensuite d'être debout ou de se promener quand les audiences s'allongeoient, il fit creuser ces deux enfoncements avec ces siéges de pierre pour s'y asseoir d'un côté, le cardinal de l'autre, et de cette façon éviter le fauteuil. Et voilà où conduisent l'usurpation d'une part, et la foiblesse de l'autre. Il me dit ensuite, toujours en attendant les clefs, que François Ier avoit d'abord été logé dans la maison, alors bien plus petite, où le duc del Arco demeuroit actuellement, qu'on avoit accommodée en

prison, et qui est au centre de Madrid ; mais qu'au bout
de quelques mois, on ne l'y avoit pas cru assez en sûreté ; et que, le trouvant trop ferme sur les propositions
qu'on lui faisoit, on avoit voulu le resserrer pour tâcher
de l'ébranler, et qu'on l'avoit mis dans le lieu qu'il m'alloit montrer, puisque je m'obstinois si opiniâtrément
à le voir,

Les clefs à la fin arrivées, et tout étant prêt à entrer,
don Gaspard nous mena tout au bas bout de cette salle,
dans l'enfoncement de la dernière fenêtre sur le Mançanarez. Arrivé là, je regardai de côté et d'autre, et n'y
aperçus point d'issue. Don Gaspard rioit cependant et
me laissoit chercher ce que je ne trouvois point ; puis
il poussa une porte dans l'épaisseur du mur, du côté
d'en bas de l'espèce de cabinet, dans l'épaisseur de la
longue muraille, où étoit cette fenêtre, si artistement
prise, et sa serrure tellement cachée qu'il n'étoit pas possible de s'en apercevoir. La porte étoit basse et étroite, et
me présenta un escalier entre deux murs, qui ne l'étoit
pas moins. C'étoit une espèce d'échelle de pierre, d'une
soixantaine de marches fort hautes, ayant pourtant
assez de giron, au haut desquelles, sans tournant ni
repos, on trouvoit un petit palier[1] qui, du côté du
Mançanarez, avoit une fort petite fenêtre bien grillée
et vitrée, de l'autre côté une petite porte à hauteur
d'homme, et une pièce assez petite avec une cheminée,
qui pouvoit contenir quelque peu de coffres et de
chaises, une table et un lit, qui ne tiroit de jour que,
la porte ouverte, par la petite fenêtre vis-à-vis du palier.
Continuant tout droit, on trouvoit au bout de ce palier,
c'est-à-dire quatre ou cinq pieds après la dernière marche, quatre ou cinq autres marches aussi de pierre, et une
double porte très-forte avec un passage étroit entre deux,
long de l'épaisseur du mur d'une fort grosse tour. La seconde porte donnoit dans la chambre de François Ier, qui

1. L'orthographe de Saint-Simon est ici *paillier*, et six et sept lignes
plus loin, *pallier*.

n'avoit point d'autre entrée ni sortie. Cette chambre n'étoit pas grande, mais accrue[1] par un enfoncement sur la droite en entrant, vis-à-vis de la fenêtre, assez grande pour donner du jour suffisamment, vitrée, qui pouvoit s'ouvrir pour avoir de l'air, mais à double grille de fer, bien forte et bien ferme, scellée dans la muraille des quatre côtés. Elle étoit fort haute du côté de la chambre, donnoit sur le Mançanarez et sur la campagne au delà. Il y avoit de quoi mettre des siéges, des coffres, quelque table et un lit. A côté de la cheminée, qui étoit en face de la porte, il y avoit un recoin profond, médiocrement large, sans jour que de la chambre, qui pouvoit servir de garde-robe. De la fenêtre de cette chambre au pied de la tour, au bord du Mançanarez, il y a plus cent pieds, et tant que François Ier y fut, deux bataillons furent jour et nuit en garde sous les armes, au pied de cette tour, au bord du Mançanarez, qui coule tout le long et fort proche. Telle est la demeure où François Ier fut si longtemps enfermé, où il tomba si malade, où la reine sa sœur l'alla consoler, et contribua tant et si généreusement à sa guérison et à disposer sa sortie, et où Charles V, craignant enfin de le perdre et avec lui tous les avantages qu'il se promettoit de tenir un tel prisonnier, l'alla enfin visiter, et commença à le traiter d'une manière plus humaine.

Je considérai cette horrible cage de tous mes yeux et de toute ma plus vive attention, malgré les soins de don Gaspard Giron à m'en distraire et à me presser d'en sortir. Souvent je ne l'entendois pas, tant j'étois appliqué à ce que j'examinois; souvent aussi en l'entendant je ne répondois point. Ils n'avouèrent ni ne désavouèrent que l'escalier ne fût gardé en dedans, et que cette chambre obscure sur le palier fût un corps de garde d'officiers. Enfin il ne manquoit rien aux précautions les plus recherchées pour que François Ier ne pût se sauver.

1. Le manuscrit porte *acrué*.

Je pris ensuite cinq ou six jours pour un voyage que, dès en allant en Espagne, j'avois bien résolu de faire. Je voulus voir Tolède où plusieurs raisons de curiosité m'attiroient. Je voulois voir cette superbe église si renommée par son étendue et sa magnificence, tout ce qu'elle renferme de richesses, et ce clocher superbe, dont le revenu est de cinq millions. Je voulois voir le lieu où s'étoient tenus ces célèbres conciles de Tolède, dont toute l'Église a adopté plusieurs canons, et si augustes par la science et la sainteté de presque tous les Pères qui les composèrent. Enfin je voulois voir et entendre le rit et la messe connus sous le nom de mosarabiques, qui ne sont plus conservés qu'à Tolède, où le grand cardinal Ximénès les a fondés pour toujours dans une chapelle de la cathédrale et dans les sept paroisses de la ville, où on n'en célèbre point d'autre.

Cette liturgie, qui est latine, et qui, pour l'offertoire et le canon de la messe, est, pour tout l'essentiel, tout[1] semblable à la messe d'aujourd'hui, c'est-à-dire à l'oblation, aux espèces, au *memento* des vivants et des morts, aux paroles et à la forme de la consécration, à l'ostension et à l'adoration de l'eucharistie et du calice consacré, à la communion, et aux mêmes sens des différentes prières qui précèdent et qui suivent, même à la lecture de l'épître et de l'évangile, est un grand et précieux monument. C'est la messe qui se disoit avant le sixième[2] siècle, puisqu'elle est antérieure à la conquête d'une partie de l'Espagne par les Arabes, ou, comme on dit communément, par les Maures, dans les premières années du sixième siècle, excités et introduits par le comte Julien, outré de ce que Roderic, ou, comme on le nomme plus communément, Rodrigue, roi d'Espagne, avoit violé

---

1. *Toute* serait plus régulier.
2. Il y a bien dans le manuscrit *sixième siècle* et non *huitième siècle* comme on l'a imprimé dans les premières éditions pour rectifier une erreur de date. La conquête de l'Espagne par les Arabes n'eut lieu, en effet, qu'après la bataille de Xérès, livrée en 711.

sa fille. Je pris donc mes mesures avec l'archevêque de Tolède, avec qui on a vu ici que j'étois en commerce fort particulier, et je fis ce petit voyage.

Quoique il y ait près de vingt lieues des environs de Paris, de Madrid à Tolède, des relais bien disposés m'y firent arriver en un jour, et de fort bonne heure. Le chemin est beau, ouvert, uni ; mais Tolède. est au pied et dans la montagne. En arrivant dans le faubourg qui est en bas, au pied d'un haut rocher sur lequel est le reste de l'ancien château, on me fit tourner le dos à l'entrée de la ville, et aller aux Cordeliers, dont le couvent fut le lieu de l'assemblée de ces fameux conciles de Tolède. A peine eus-je mis pied à terre que les notables du couvent s'empressèrent autour de moi, et me firent d'abord remarquer une vieille fenêtre grillée du château, d'où ils me dirent que le roi Rodrigue avoit vu la fille du comte Julien, qui demeuroit dans l'emplacement d'un côté de leur maison, et que c'étoit là que ce prince s'étoit embrasé d'un amour qui avoit été si funeste à lui et à toutes les Espagnes. Cette tradition sur cette fenêtre ne me fit pas grande impression, d'autant que la fenêtre et ses appartenances me parurent fort éloignées de plus de mille ans d'antiquité.

Ces moines me conduisirent dans leur église, qui, non plus que son portail, assez neuf, ne me semblèrent que fort communs. A peine y fus-je entré qu'ils m'arrêtèrent et me demandèrent si je n'apercevois pas quelque chose de fort extraordinaire. Je vis un crucifix de grandeur naturelle, de relief, au lieu de tableau du grand autel, en caleçons[1] et en perruque, comme ils sont presque tous en Espagne, qui ne me surprit point, parce que j'en avois vu beaucoup d'autres pareils. Comme je ne répondois point, cherchant des yeux ce qu'ils vouloient me faire remarquer : *Eh ! les bras !* me dirent-ils. En effet, j'en vis un attaché à l'ordinaire, et l'autre pendant le long du

---

1. Ce mot est bien au pluriel.

corps. A mon tour, je leur demandai ce que cela signifioit : un grand miracle toujours existant, à ce qu'ils m'assurèrent d'un ton grave et dévot; et aussitôt me contèrent, en supprimant toute date et ce qu'étoit alors cette église, qu'un riche bourgeois ayant fait un enfant à une fille, sous promesse verbale de l'épouser, il l'avoit niée et s'étoit moqué d'elle, mais qu'elle et ses parents, qui n'avoient point de preuve, l'engagèrent à s'en rapporter à ce crucifix, tellement qu'étant tous venus à l'église, suivis d'une foule de peuple, la fille et le garçon ne s'étoient pas plus tôt présentés devant le crucifix que son bras gauche s'étoit détaché de la croix de soi-même, et doucement baissé et placé tel qu'il étoit demeuré depuis, et que nous le voyions, sur quoi on s'étoit écrié au miracle, et le garçon avoit épousé la fille.

Quoique à l'abri de l'Inquisition par mon caractère d'ambassadeur, il falloit éviter de donner du scandale dans un pays aussi dominé par la superstition : j'avalai donc le plus doucement que je pus ce pieux conte que ces moines exaltoient et me pressoient d'admirer. Ils me menèrent faire un moment d'adoration au pied du grand autel, puis me firent faire le tour des chapelles de l'église, dont chacune avoit ses miracles particuliers qu'il me fallut essuyer. D'une chapelle à l'autre je les priois de me mener à la salle des conciles, ou à ce qui en restoit, qui étoit uniquement ce qui m'amenoit chez eux. Ils me répondoient : *Tout à l'heure, mais encore cette chapelle-ci, car elle est bien remarquable;* et il falloit y aller, et entendre les miracles, auxquels je me refroidissois beaucoup. Enfin, quand tout fut épuisé et qu'il fut question d'aller à la salle des conciles, ils me dirent qu'il n'en restoit rien, et que depuis cinq ou six mois, ils en avoient abattu les restes pour y bâtir leur cuisine. Je fus saisi d'un si violent dépit que j'eus besoin de me faire la dernière violence pour ne les pas frapper de toute ma force. Je leur tournai le dos en leur reprochant cette espèce de sacrilége en termes fort amers. Je gagnai mon carrosse sans vouloir mettre le pied dans leur maison, et y montai sans leur faire la moindre civilité. Voilà ce que deviennent les monuments les plus précieux de l'antiquité, par l'ignorance, l'avarice ou la convenance, sans que la police ni que personne se mette en peine de les revendiquer et de les faire conserver. J'eus à celui-ci un regret extrême.

L'archevêque de Tolède m'avoit engagé à loger chez lui, où j'allai descendre. Céreste, le comte de Lorges, mes enfants, l'abbé de Saint-Simon et son frère, l'abbé de Mathan, et deux officiers principaux de nos régiments étoient avec moi, et furent logés dans l'archevêché ou dans les maisons joignantes. J'y fus reçu par les deux neveux de l'archevêque, et servi par ses officiers, qu'il y avoit envoyés exprès. Les neveux étoient chanoines, et le cadet montroit de l'esprit et de la politesse; nous nous parlions latin. L'aîné, quoique inquisiteur, croyant que je lui parlois une autre langue qu'il n'entendoit pas, me pria de me servir avec lui de la latine. C'est que nous autres, François, prononçons le latin tout autrement que les Espagnols, les Italiens et les Allemands. A la fin pourtant il m'entendit. Ils ne manquèrent à rien de la plus grande civilité, sans se rendre le moins du monde incommodes. Le palais archiépiscopal n'est pas grand; toutes petites pièces assez obscures et vilaines, fort simplement meublées. Il est sur une petite place latéralement au portail de de la métropole. On nous servit un grand nombre de plats et trois services, rien du tout de gras; et nous fûmes servis de la sorte toujours soir et matin, mais le soir de toutes choses de collation.

Le carême est fort fâcheux dans les Castilles. La paresse et l'éloignement de la mer font que la marée est inconnue. Les plus grosses rivières n'ont point de poisson, les petites encore moins, parce qu'elles ne sont que des torrents. Peu ou point de légumes, si ce n'est de l'ail, des oignons, des cardons, quelques herbes; ni lait ni beurre; du poisson mariné, qui seroit bon si l'huile en étoit bonne; mais elle est si généralement mauvaise qu'on en est infecté jusque dans les rues de Madrid, en carême, car presque tout le monde le fait, jeunes et vieux, hommes et femmes, seigneurs, bourgeois et peuple. Ainsi on est réduit aux œufs de toutes les façons et au chocolat, qui est leur grande ressource. Le vesugo est l'unique poisson de mer qui se mange à Madrid. Il vient de Bilbao vers Noël, et tout le monde se félicite lorsqu'il commence à paroître. De figure et de goût il tient du maquereau et de l'alose, et a la délicatesse et la fermeté des deux : il est excellent. On en mange les jours gras comme les maigres sans s'en lasser; mais il commence à piquer dès le commencement du carême, et bientôt après on n'en peut plus manger. La chère que nous fîmes à Tolède n'étoit donc pas friande, à l'espagnole et fort grande, mais il étoit impossible de mieux.

Dès le matin, j'allai voir l'église ou plutôt les églises, car il s'en détache deux chapelles à angle égal, grandes comme des églises, qui s'appellent, l'une des anciens rois, l'autre des nouveaux rois, qui ont de magnifiques tombeaux, et chacune un grand et beau chœur de plein pied devant le grand autel, et chacune un riche et nombreux chapitre, où l'office se fait comme dans la grande église, sans s'interrompre ni s'entendre réciproquement toutes trois. La sacristie, pleine de richesses immenses, est vaste et pourroit passer pour une quatrième église. J'y vis la chape impériale de Charles V, de toile d'or fort ample et à queue d'un pied, semée près à près d'aigles noirs éployés, à double tête, le chaperon et les orfrois d'une étoffe qui paroît avoir été magnifique et surbrodée, avec une large attache de même étoffe et des agrafes d'or. On m'y ouvrit une armoire, entre bien d'autres, remplie des raretés les plus précieuses, au fond matelassé de laquelle étoit attachée la belle croix du Saint-Esprit de diamants, que le feu Roi avoit envoyée au cardinal Portocarrero, environnée d'un grand tour d'admirables diamants, d'où pendoit la Toison d'or que portoit Charles II d'ordinaire et qu'il donna peu avant sa mort à cette église : deux présents fort inutiles, comme ils sont.

Je ne m'arrêterai point ici à une description de structure ni de richesses, qui est un des plus curieux et des plus satisfaisants morceaux des relations et des voyages d'Espagne, et qui, seule et exacte, feroit plus d'un volume ; je me bornerai à de simples remarques et en fort petit nombre. La tombe plate du cardinal Portocarrero est sans nul ornement dans le passage entre le chœur métropolitain et la chapelle des nouveaux rois, en sorte qu'elle est foulée aux pieds de tout le monde, avec cette seule inscription et sans armes : *Hic jacet cinis, pulvis, et nihil,* suivant qu'il l'ordonna expressément ; mais on a mis vis-à-vis sur la muraille une magnifique épitaphe en son honneur. L'église métropolitaine n'a point le défaut de presque toutes les églises d'Espagne. Le chœur y est de plein pied, c'est-à-dire relevé de trois ou quatre marches plus que la nef, entre la nef et le grand autel, et fermé à peu près comme est celui de Notre-Dame, à Paris, mais le chœur et la nef presque le double plus longue et plus large, et haute à proportion. Le chœur a tout autour trois rangs de stalles, tous trois plus élevés l'un que l'autre, ce qui en fait un nombre prodigieux. Elles sont commodes, et tant les stalles que la boiserie entière, qui est fort élevée et richement travaillée, sont de bois précieux. Pas une stalle des trois rangs ne ressemble à une autre pour le travail. Le dossier, les côtés, les dessus des séparations, le devant de chaque stalle relevée, est d'une ciselure en bois plus finement travaillée et plus exactement recherchée que les plus belles tabatières d'or. Les sujets en sont pris de la vie de Ferdinand le Catholique et d'Isabelle, sa première femme, qui, par leur mariage, réunirent les couronnes d'Aragon et de Castille et leurs dépendances, et dont les conquêtes éteignirent la domination des Maures en Espagne ; et comme rien n'y est oublié en aucun genre, jusqu'aux plus petites choses, les événements depuis leur naissance jusqu'à leur mort ont pu fournir à toutes ces stalles sans aucun vide. Il n'y en a aucune qui ne méritât plusieurs heures d'application à les considérer, et dont la rare beauté ne fît trouver ces heures courtes.

L'archevêque avoit ordonné qu'encore qu'on fût en carême, la messe mosarabique fût chantée et célébrée devant moi aussi solennellement que le jour de Pâques. Cette chapelle de la cathédrale, où cet office est fondé, a son chœur particulier et est vers le bas de la nef. On mit un prie-Dieu avec un tapis et quatre carreaux, deux en bas pour les genoux, deux en haut pour les coudes, pour mon second fils et pour moi, qui est le traitement des cardinaux, des ambassadeurs et des grands, dans toutes les églises d'Espagne. Cela étoit préparé du côté de l'évangile, tout près de l'autel, en sorte qu'étant à genoux je voyois pleinement dessus. Mon second fils et moi fûmes conduits sur ce prie-Dieu, et on donna seulement un carreau au comte de Lorges, à Céreste, à mon fils aîné, à l'abbé de Saint-Simon et à son frère.

Je vis et j'entendis cette messe avec une grande curiosité et un extrême plaisir. Je ne la décrirai point ici, parce que je la vis telle que je l'ai lue décrite et expliquée dans le cardinal Bona[1] et dans d'autres livres liturgiques. Elle se dit en latin, avec les ornements ordinaires, tant des célébrants que de l'autel. Il y a seulement toujours deux livres aux deux côtés sur l'autel : l'un est pour tout ce qui est de la messe, l'autre pour les collectes pour le peuple, qui sont fort multipliées, ainsi que les *amen* du chœur. Cela et la séparation de l'Eucharistie en quinze parties en croix sur la patène, en prononçant un nom de mystère sur chaque particule en la séparant et la posant, et dans la suite en prenant pour se communier chaque particule l'une après l'autre, en prononçant le même nom de mystère, rend la messe un peu plus longue que

---

1. *De Rebus liturgicis.*

les nôtres ; mais cela est peu perceptible à une grand'-messe par le chant du chœur, qui allonge toujours.

De là je fus conduit au chœur, dont je voulus voir l'office, où je fus placé au bout le plus près de l'autel, et sur le devant de ma stalle et de celle de mon second fils, il y avoit un tapis et des carreaux comme dans la chapelle mozarabe ; les autres eurent chacun leur stalle et un carreau. Je remarquai avec surprise deux évêques en rochet et camail violet, avec leur croix au cou, dans les stalles parmi les chanoines, sans aucune distinction ni distance, et des chanoines également au-dessous et au-dessus d'eux. Il y avoit des bancs disposés en travers dans le milieu, dans le large espace entre les stalles de chaque côté, où les chanoines se vinrent asseoir pour entendre le sermon d'un jacobin après l'évangile. Ces deux évêques s'y placèrent parmi les chanoines en leur rang d'ancienneté, comme ils étoient dans les stalles, sans distance, sans distinction, joignant les chanoines au-dessous et au-dessus[1] d'eux. C'étoient deux évêques *in partibus* suffragants pour soulager l'archevêque dans ses fonctions épiscopales, comme confirmations, ordinations, consécrations des saintes huiles, etc. Ce qui me parut singulier fut une espèce de drapeau blanc arboré et flottant au plus haut du superbe clocher de cette église, qui est prodigieusement élevé, et d'une riche et admirable structure. Je crus qu'on étoit dans l'octave de la dédicace de l'église, mais on me détrompa bientôt en m'apprenant que ce drapeau étoit là pour le cardinal Borgia. C'est qu'aussitôt qu'un chanoine de Tolède, ou l'archevêque, devient cardinal, on met ce drapeau au clocher ; et s'il arrive qu'il se trouve plusieurs chanoines cardinaux, on met un drapeau pour chacun d'eux, et le drapeau de chacun n'est ôté qu'à sa mort.

Au retour de l'église, et avant le dîner, on m'annonça deux chanoines qui venoient me complimenter au nom

---

1. Saint-Simon a écrit *au-dessus et au-dessus*.

du chapître. En même temps, je fus averti que l'un étoit un Pimentel, archidiacre de l'église de Tolède, par conséquent d'une des plus grandes maisons d'Espagne, et de la même que le comte de Benavente ; que ce chanoine avoit quatre-vingt mille livres de rente de sa prébende, et qu'il avoit refusé les archevêchés de Séville et de Saragosse ; qu'il étoit aussi chef de l'inquisition du diocèse, et qu'il étoit accompagné d'un autre chanoine de qualité dont la prébende lui valoit soixante mille livres de rente. C'étoient là des chanoines tant soit peu renforcés en comparaison des nôtres. Tout ce qui étoit avec moi, et beaucoup d'autres gens de la ville, dont le corps m'étoit venu saluer, les neveux et les principaux officiers de l'archevêque remplissoient la pièce où j'étois, où nous étions tous debout. Je fis quelques pas au-devant des deux chanoines ; je leur fis donner deux siéges à côté l'un de l'autre, et j'en pris un vis-à-vis d'eux. Je les priai par signes de se couvrir, et nous nous couvrîmes tous trois, tout le reste debout, faute de siéges et de place. Les chanoines étoient en habit long avec un chapeau. Dès que je fus couvert, je me découvris et ouvris la bouche pour les remercier ; à l'instant, le Pimentel, le chapeau à la main, se leva, s'inclina, me dit *Domine* sans m'avoir donné l'instant d'articuler un seul mot, se rassit, se couvrit, et me fit une très-belle harangue en fort beau latin, qui dura plus d'un gros quart d'heure. Je ne puis exprimer ma surprise ni quel fut mon embarras : de répondre en françois à un homme qui ne l'entendoit pas, quel moyen ? en latin, comment faire ? Toutefois, je pris mon parti j'écoutai de toutes mes oreilles, et tandis qu'il parla, je bâtis ma réponse pour dire quelque chose sur chaque point, et finir par ce que j'imaginai de plus convenable pour le chapitre et pour les députés, en particulier pour celui qui parloit. Il finit par la même révérence qui avoit commencé son discours, et je voyois en même temps toute cette jeunesse qui me regardoit et riochoit de l'embarras où elle n'avoit pas tort de me croire.

Le Pimentel rassis, j'ôtai mon chapeau, je me levai, je dis *Domine*; en me rasseyant et me couvrant, je jetai un coup d'œil à cette jeunesse, qui me parut stupéfaite de mon effronterie, à laquelle elle ne s'attendoit pas. Je dérouillai mon latin comme je pus, où il y eut sans doute bien de la cuisine et maints solécismes, mais j'allai toujours, répondant point par point, puis appuyant sur mes remerciements, avec merveilles pour le chapitre, pour les députés et pour le Pimentel, à qui j'en glissai sur sa naissance, son humilité, son mépris des grandeurs et son refus de deux si grands et si riches archevêchés. Cette fin leur fit passer mon mauvais latin, et les contenta extrêmement, à ce que j'appris. Je ne parlai pas moins longtemps que le Pimentel avoit fait. En finissant par la même révérence, je jetai un autre coup d'œil sur la jeunesse, qui me parut tout[1] éplapourdie[2] de ce que je m'en étois tiré si bien. Il est vrai qu'elle n'admira pas mon latin; mais ma hardiesse et ma suite, parce que j'avois répondu à tout, et que je les avois après largement complimentés. Après quelques moments de silence, ils se levèrent pour s'en aller, et je les conduisis jusque vers le bout de la pièce suivante. Les neveux et l'assistance me félicitèrent sur mon bien-dire en latin. Ce n'étoit pas, je pense, qu'ils le crussent, ni moi non plus, mais enfin j'en étois sorti, et quitte.

Nous dînâmes bientôt après. Le maître d'hôtel, les porteurs de plats, ceux qui nous donnoient à boire et des assiettes, ceux qui étoient au buffet, tous me sembloient des jésuites, à qui je n'osois demander mes besoins. J'ai déjà remarqué que tous les domestiques de l'archevêque de Tolède, même tous ses laquais, cochers, postillons, étoient tous vêtus en ecclésiastiques, sans aucune différence des prêtres, et que l'habit ecclésiastique est demeuré en Espagne précisément le même que celui que portent les jésuites, qui étoit l'habit de tous les ecclé-

1. Il y a bien ici *tout*, et non *toute*.
2. Stupéfaite. Nous n'avons trouvé ce mot dans aucun lexique.

siastiques du temps de saint Ignace, leur instituteur. L'après-dînée, j'allai visiter les deux chanoines qui m'étoient venus complimenter, qui, par politesse, firent dire qu'ils étoient sortis. De là je fus voir le palais de Tolède, que Charles V avoit comme bâti de nouveau. Les troupes de l'archiduc y mirent le feu la dernière fois qu'elles abandonnèrent cette ville et les Castilles, et par le peu qui en est resté, on voit que ç'a été le plus grand dommage du monde, et la plus insigne brutalité. Je retournai ensuite à l'église, que j'eus loisir de voir bien plus à mon aise que je n'avois pu faire le matin. On m'y arracha de chaque endroit pour m'en faire admirer d'autres. On y passeroit bien du temps à satisfaire sa curiosité. On ne m'indiqua rien d'ailleurs à voir à Tolède : la ville est collée à une haute chaîne de montagnes ; elle est toute bâtie sur un penchant fort roide, les rues étroites et obscures, en sorte que les voitures n'y peuvent presque aller. Elle est assez grande, impose par un air d'antiquité, et quoi[que] vilaine et sans aucune maison d'une certaine apparence, paroît beaucoup par la roideur de l'amphithéâtre qu'elle occupe, et qui la montre toute entière. Je n'y séjournai qu'un jour entier.

De Tolède, j'allai à Aranjuez, environ comme de Paris à Meaux. On me fit descendre et loger chez le gouverneur, qui étoit absent, dans un grand et beau corps de logis, tout près du château, à droite en arrivant. C'est le seul endroit des Castilles où il y ait de beaux arbres, et ils y sont en quantité. De quelque côté qu'on y arrive, c'est par une avenue d'une lieue ou de trois quarts de lieue, dont plusieurs ont double rang d'arbres, c'est-à-dire une contre-allée de chaque côté de l'avenue. Il y en a douze ou treize qui arrivent de toutes parts à Aranjuez, où leur jonction forme une place immense, et la plupart percent au delà à perte de vue. Ces avenues sont souvent coupées par d'autres transversales, avec des places dans leurs coupures, et par leur grand nombre forment de vastes cloîtres de verdure ou de champs semés, et se vont perdre à une lieue de tous côtés dans les campagnes.

Le château est grand ; les appartements en sont vastes et beaux, au-dessus desquels les principaux de la cour sont logés. Le Tage environne le jardin, qui a une petite terrasse tout autour, sur la rivière, qui est là étroite et ne porte point bateau. Le jardin est grand, avec un beau parterre et quelques belles allées. Le reste est coupé de bosquets, de berceaux bas et étroits et pleins de fontaines de belle eau, d'oiseaux et d'animaux, de quelques statues qui inondent les curieux qui s'amusent à les considérer. Il en sourd[1] dessous leurs pieds ; il leur en tombe de ces oiseaux factices, perchés sur les arbres, une pluie abondante, et une autre qui se croise en sortant de la gueule des animaux et des statues, en sorte qu'on est noyé en un instant, sans savoir où se sauver. Tout ce jardin est dans l'ancien goût flamand, fait par des Flamands que Charles V fit venir exprès. Il ordonna que ce jardin seroit toujours entretenu par des jardiniers flamands sous un directeur de la même nation, qui auroit seul le droit d'en ordonner, et cela s'est toujours observé fidèlement depuis. Accoutumés depuis au bon goût de nos jardins amené par le Nôtre, qui en a eu tout l'honneur, par les jardins qu'il a faits et qui sont devenus des modèles, on ne peut s'empêcher de trouver bien du petit et du colifichet à Aranjuez. Mais le tout fait quelque chose de charmant et de surprenant en Castille par l'épaisseur de l'ombre et la fraîcheur des eaux. J'y fus fort choqué d'un moulin sur le Tage, à moins de cent pas du château, qui coupe la rivière, et dont le bruit retentit partout. Derrière le logement du gouverneur sont de vastes basses-cours, et joignant un village fort bien bâti. Derrière tout cela est un parc fort rempli de cerfs, de daims, et de sangliers, où on est conduit par ces belles avenues ; et ce parc est un massif de bois, étendu, pressé, touffu,

1. Il sourd de l'eau.

pour ces animaux. Une avenue fort courte nous conduisit à pied sous une manière de porte fermée d'un fort grillage de bois qui donnoit sur une petite place de pelouse environnée du bois. Un valet monta assez haut à côté de cette porte, et se mit à siffler avec je ne sais quel instrument. Aussitôt cette petite place se remplit de sangliers et de marcassins de toutes grandeurs, dont il y en avoit plusieurs de grandeur et de grosseur extraordinaire. Ce valet leur jeta beaucoup de grain à diverses reprises, que ces animaux mangèrent avec grande voracité, venant jusque tout près de la grille, et souvent se grondant, et les plus forts se faisant céder la place par les autres, et les marcassins et les plus jeunes sangliers, retirés sur les bords, n'osant s'approcher ni manger que les plus gros ne fussent rassasiés. Ce petit spectacle nous amusa fort, près d'une heure.

On nous mena de là en calèche découverte, par les mêmes belles avenues, à ce qu'ils appellent la Montagne et la Mer. C'est une très-petite hauteur isolée, peu étendue, qui découvre toute la campagne et cette immense quantité d'avenues et de cloîtres formés par leurs croisières, ce qui fait une vue très-agréable. Presque tout le planitre[1] de cette hauteur est occupé par une grande et magnifique pièce d'eau, qui est là une merveille et qui n'auroit rien d'extraordinaire dans tout autre pays. Elle est revêtue de pierre, et porte quelques petits bâtiments en forme de galères et de gondoles sur lesquelles Leurs Majestés Catholiques se promènent quelquefois, et prennent aussi le plaisir de la pêche, cette pièce étant assez fournie pour cela du poisson qu'on a soin d'y entretenir. D'un autre côté, il y a une vaste ménagerie, mais rustique, où on entretient un haras de chameaux et un autre de buffles.

Des officiers du roi d'Espagne m'amenèrent le matin, comme je sortois, un grand et beau chameau, bien ajusté

1. Le plateau.

et bien chargé, qui se mit à genoux devant moi, pour y être déchargé d'une grande quantité de légumes, d'herbages, d'œufs, et de plusieurs barbeaux, dont quelques-uns avoient trois pieds de long, et tous les autres fort grands et gros, mais que je n'en trouvai pas meilleurs que ceux d'ici, c'est-à-dire mous, fades et pleins d'une infinité de petites arêtes. Je fus traité aux dépens du roi, et je séjournai un jour entier. Ce lieu me parut charmant pour le printemps et délicieux pour l'été; mais l'été personne n'y demeure, pas même le peuple du village, qui se retire ailleurs et ferme ses maisons sitôt que les chaleurs se font sentir dans cette vallée, qui causent des fièvres très-dangereuses et qui tiennent ceux qui en réchappent sept ou huit mois dans une langueur qui est une vraie maladie. Ainsi la cour n'y passe guère que six semaines ou deux mois du printemps, et rarement y retourne en automne. D'Aranjuez à Madrid le chemin est assez beau, à peu près de la distance de Madrid à l'Escurial. Mais pour aller de l'une de ces maisons à l'autre, il faut passer par Madrid.

A mon retour, le roi et la reine me demandèrent comment j'avois trouvé Aranjuez. Je le louai fort, autant qu'il le méritoit, et dans le récit de tout ce que j'y avois vu, je parlai du moulin, et que je m'étonnois comment il étoit souffert si proche du château, où sa vue, qui interrompoit celle du Tage, et plus encore son bruit, étoient si désagréables, qu'un particulier ne le souffriroit pas chez lui. Cette franchise déplut au roi, qui répondit qu'il avoit toujours été là, et qu'il n'y faisoit point de mal. Je me jetai promptement sur d'autres choses agréables d'Aranjuez, et cette conversation dura assez longtemps. J'y mangeai du lait de buffle, qui est le plus excellent de tous, et de bien loin. Il est doux, sucré, et avec cela relevé, plus épais que la meilleure crème, et sans aucun goût de bête, de fromage ni de beurre. Je me suis étonné souvent qu'ils n'en aient quelques-uns à la *Casa del Campo*, pour faire usage à Madrid d'un si délicieux laitage.

CHAPITRE X.

Réception de mon fils aîné dans l'ordre de la Toison d'or. — Indécence du défaut des habits de la Toison, et de la manière confuse des chevaliers d'accompagner le roi les jours de collier, qui sont fréquents. — Manière dont le roi prend toujours son collier ; Sa Majesté et tous ceux qui ont la Toison et le Saint-Esprit ne portent jamais un collier sans l'autre. — Nulle marque de l'ordre dans ses grands officiers, quoique d'ailleurs pareils en tout à ceux du Saint-Esprit. — Rang dans l'ordre [1], d'où se prend. — Le prince des Asturies est le premier infant qui ait obtenu la préséance. — Les chevaliers, grands ou non, couverts au chapitre ; les grands officiers découverts ; différence très-marquée de leur séance d'avec celle des chevaliers. — Préliminaires immédiats à la réception. — Réception. — Épée du grand capitaine devenue celle de l'État ; son usage aux réceptions des chevaliers de la Toison ; singuliers respects rendus à cette épée. — Courte disgression sur le grand capitaine. — Accolade ; imposition du collier ; révérences et embrassades. — Visites et repas. — Cause du si petit nombre de chevaliers de la Toison espagnols. — Expédient qui rend enfin les ordres anciens et lucratifs d'Espagne compatibles avec ceux de la Toison, du Saint-Esprit, etc. — Fâcheux dégoût donné sur la Toison à Maulevrier, qui rejaillit sans dessein sur la Fare. — Mon fils aîné s'en retourne à Paris ; voit l'Escurial ; sottise des moines.

La santé de mon fils aîné, qui ne se rétablissoit point, et son impatience de quitter un pays où il avoit toujours été malade, me pressoit de le renvoyer. Sa santé et celle de la princesse des Asturies, qui voulut voir la cérémonie de la réception d'un chevalier de l'ordre de la Toison d'or, avoit retardé la sienne. Rien ne s'y opposant plus, je pris ce temps de la faire faire, et voici quelle elle fut.

1. Saint-Simon a écrit : « dans l'ordre de l'ordre, » sans doute par erreur.

SÉANCE DU CHAPITRE DE L'ORDRE DE LA TOISON D'OR
POUR LE CONFÉRER A UN NOUVEAU CHEVALIER.

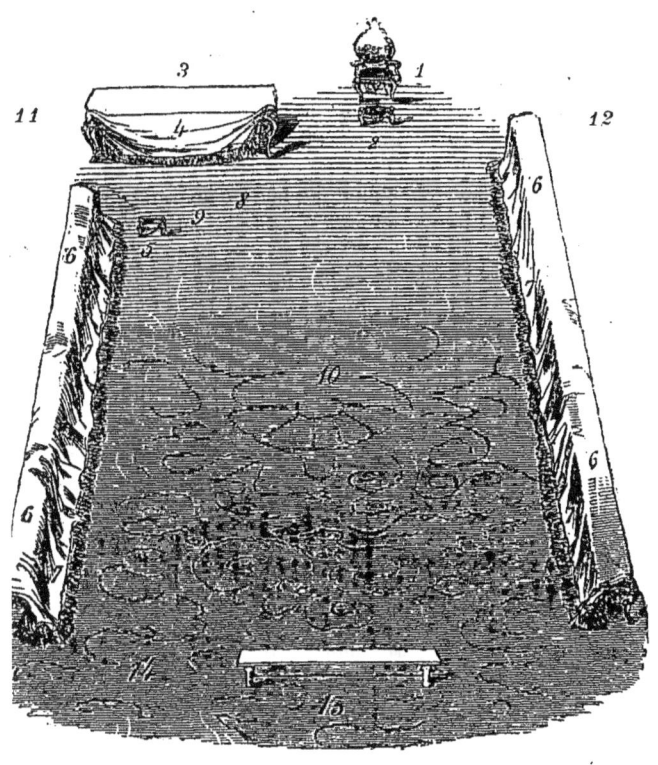

1. Fauteuil du roi.
2. Carreau à ses pieds.
3. Table ornée.
4. Son tapis.
5. Carreau aux pieds du prince des Asturies.

Il faut remarquer que le fauteuil du roi n'est pas au milieu, mais un peu retiré sur la gauche à cause de [la] table, par le respect de ce qui est dessus.

6. Bancs des chevaliers.

7. Tapis dont ces bancs sont couverts.

8. 9. Lieu où le grand écuyer et le premier écuyer viennent se mettre à genoux.

10. Tapis dont le parterre est couvert.

11. Lieu d'où la reine, la princesse des Asturies, etc., virent la cérémonie debout.

12. Lieu d'où je la vis avec beaucoup de seigneurs.

13. Banc nu et sans tapis pour le chancelier et les autres grands officiers de l'ordre.

14. Par où le parrain sort, rentre et amène le chevalier à recevoir.

Les habits de l'ordre de la Toison d'or appartiennent à l'ordre, qui les fournit en entier aux nouveaux chevaliers, à la mort desquels ils sont rendus à l'ordre, au lieu qu'en l'ordre du Saint-Esprit, tout l'habit est fait aux dépens de chaque chevalier, et demeure à ses héritiers; le collier seul appartient à l'ordre, qui le lui prête sa vie durant, et est après sa mort rendu à l'ordre, ou mille écus d'or s'il se trouvoit perdu. Quoique depuis le retour de Philippe II en Espagne, après la mort de Charles V, ni lui ni aucun roi d'Espagne ne soit jamais retourné aux Pays-Bas, les habits de la Toison y étoient toujours demeurés, et furent perdus pour l'Espagne avec les Pays-Bas lorsque ces provinces tombèrent entre les mains des Impériaux après la bataille de Ramillies. On s'en soucia peu, mal à propos, en Espagne, parce qu'on y étoit accoutumé, dès Philippe II, à y faire des promotions de la Toison sans habits. D'ailleurs, la prétention de l'Empereur, quelque mal fondée qu'elle fût, ayant toujours persisté sur la grande maîtrise de cet ordre, la restitution des habits auroit été nécessairement une matière inséparable de celle du droit à la grande maîtrise.

Ce défaut d'habits, qui eût pû être réparé si aisément en Espagne, en en faisant faire comme on y a fait des colliers, ne l'a point été, et on ne peut nier qu'il ne gâte extrêmement les cérémonies. Au moins ici, où, depuis 1662, qui est la dernière promotion faite aux Grands-Augustins suivant les statuts, au moins pour les habits, les chevaliers du Saint-Esprit ne paroissent en aucune cérémonie qu'en rabat et en manteau court, avec le collier par-dessus, ce qui fait au moins une cérémonie uniforme et dans un habit qui ne se porte qu'en ces occasions, si on s'est affranchi du grand habit de cérémonie, qui, excepté des occasions fort rares depuis cette époque, n'est plus porté que par les chevaliers novices le jour de leur réception.

En Espagne, rien de plus indécent, où les chevaliers de la Toison d'or portent le collier de l'ordre toutes les fêtes d'apôtres, quelques autres grandes fêtes encore, aux chapitres de l'ordre, aux grandes occasions de cérémonies de la cour, par exemple à mon audience de la demande de l'infante. Chaque chevalier a son habit ordinaire, qui est l'habit entièrement françois. L'un a un justaucorps brun, un autre noir, un autre rouge, un autre bleu ; celui-ci a de l'or, celui-là de l'argent; on est en velours ou en drap, en un mot à son gré et à sa manière, avec une perruque nouée et une cravate, et le collier autour des épaules par-dessus le justaucorps. Ils se rendent ainsi chez le roi les uns après les autres, et l'attendent. Quand le roi sort de l'appartement intérieur, il s'arrête sur le pas de la porte. Les deux plus anciens chevaliers de la Toison se mettent à ses côtés, y reçoivent d'un valet intérieur, qui est derrière le roi, ses colliers de la Toison et du Saint-Esprit, qui se tiennent par de courtes chaînettes d'espace en espace, les lui mettent autour des épaules et les lui attachent. Et soit que le roi aille à la messe, à une audience de cérémonie d'ambassadeur, ou au chapitre, ils marchent en confusion comme tout autre jour qu'ils ne sont point en collier, et le remènent de même après en son appartement. S'il y a chapelle, les chevaliers qui ne sont point grands vont jusqu'à la porte et n'y entrent guère, parce qu'ils n'y sont point assis, et qu'ils n'y ont point de place. Ceux qui sont grands se mettent sur le banc des grands parmi les autres grands, tout à l'ordinaire, comme ils se trouvent, et comme s'ils n'avoient point de collier. Tous les jours de collier, les chevaliers de la Toison, qui le sont aussi du Saint-Esprit, portent les deux colliers.

Le chancelier de l'ordre de la Toison, qui étoit lors le marquis de Grimaldo, et qui dans la suite fut chevalier de la Toison, et les autres grands officiers de l'ordre, dont pourtant je n'ai vu aucun, et qui sont aussi considérables et aussi respectés par leurs places de secrétaires d'État et de ministres que le sont les nôtres, ne portent aucune marque de l'ordre, ni sur eux, pas même aux chapitres, ni aux réceptions de chevaliers, ni à leurs armes. Nulle naissance, nulle dignité ne donne de préséance dans l'ordre de la Toison. Elle n'est affectée qu'à l'ancienneté dans l'ordre, et entre nouveaux chevaliers reçus en même promotion, par leur âge. Le prince des Asturies est le premier de sa naissance qui ait précédé les chevaliers plus anciens que lui. Le roi son père demanda même au chapitre de la lui accorder[1] comme une grâce, et le chapitre opina et l'accorda; mais il ne fut que le premier à droite, sur le même banc des chevaliers, coude à coude avec le chevalier son voisin, sans tapis autre que le tapis du banc sur lequel tous les chevaliers sont assis comme lui. La seule distinction que je lui vis est un carreau à ses pieds, plus petit et avec moins de dorure que celui qui étoit aux pieds du roi, mais vis-à-vis précisément du premier chevalier assis sur le banc de la gauche, car ils se rangent à droite et à gauche par ancienneté, en sorte que les plus anciens sont le plus

---

1. De lui accorder la préséance.

près du roi, et ainsi de suite jusqu'aux deux derniers qui ferment le banc, où dès qu'ils sont tous assis, le roi se couvre et tous les chevaliers en même temps, grands ou non, et demeurent couverts pendant toute la cérémonie. Le chancelier et les autres grands officiers de l'ordre s'asseyent aussi en même temps sur un banc de bois nu et sans tapis, placé vis-à-vis du roi, au bas bout à la fin des bancs des chevaliers, et ne se couvrent point pendant toute la cérémonie. C'est ainsi que j'y vis toujours le marquis de Grimaldo. La reine, la princesse des Asturies, leurs dames et leurs grands officiers, excepté le prince Pio, chevalier de la Toison, virent la cérémonie debout, en voyeuses[1], et arrivèrent en même temps que le roi. Je la vis de même avec beaucoup de seigneurs vis-à-vis d'elle, fort proches, et la vîmes très-bien. Elle est assez longue, je vais tâcher de l'expliquer. L'heure fut donnée pour le [2].

Le duc de Liria, accompagné du prince de Masseran, aussi chevalier de la Toison, vint me prendre avec mon fils aîné dans son carrosse, attelé de quatre parfaitement beaux chevaux de Naples, et se mirent tous deux sur le devant, quoi que mon fils et moi pûmes faire. Mais ces beaux Napolitains, qui sont extrêmement fantasques, ne voulurent point démarrer. Coups de fouet redoublés, cabrioles, ruades, fureurs, prêts à tous moments à se renverser. Cependant l'heure se passoit, et je priai le duc de Liria que nous nous missions dans mon carrosse, pour ne pas faire attendre le roi et tout le monde. J'eus beau lui dire que cela ne pouvoit nuire à sa fonction de parrain, puisque nous étions dans son carrosse, et que ce n'étoit que par la force de la nécessité que nous en prendrions un des miens, il ne voulut jamais y entendre. Ce manége dura une demi-heure entière, au bout de laquelle les chevaux consentirent enfin à partir.

Tout mon cortège nous accompagnoit et suivoit, comme

1. Voyez tome II, p. 212 et note 1, et tome IX, p. 466 et note 2.
2. Ce blanc est au manuscrit.

à ma première audience et comme à la couverture de mon second fils. Je voulois toujours faire voir aux Espagnols le cas que je faisois des grâces du roi d'Espagne et des honneurs de leur cour. Au milieu du chemin la fantaisie reprit aux chevaux de s'arrêter et de recommencer leur manége ; moi à insister de nouveau à changer de carrosse, et le duc de Liria à n'en point vouloir ouïr parler. Cette pause néanmoins fut bien moins longue ; mais comme nous partions vint un message du roi dire qu'il nous attendoit. Enfin nous arrivâmes, et dès que le roi en fut averti, il sortit, prit ses colliers de la manière que j'ai expliquée, traversa une pièce, entra dans une autre fort grande, où le chapitre étoit disposé. Il alla droit se mettre dans son fauteuil, et en même temps les chevaliers sur leurs bancs, en leur rang, comme je l'ai expliqué, et Grimaldo sur le sien, seul des grands officiers et pas un des petits ; ainsi je n'ai point vu où ni comment ils se placent.

Pendant qu'ils se plaçoient, la reine, la princesse des Asturies, les infants et leur suite s'allèrent mettre debout où le chiffre le marque, et moi avec tout ce qui m'avoit suivi, où le chiffre le marque, avec une vingtaine de seigneurs, et quelque peu de voyeurs[1] se tinrent éloignés dans le bas de la salle par où nous étions entrés.

Tout ce que je viens de dire arrivé et rangé, la porte vis-à-vis du roi, par laquelle nous étions tous entrés, fut fermée, et mon fils aîné demeuré dehors avec beaucoup de gens de la cour. Alors le roi se couvrit, et tous les chevaliers en même temps, sans qu'il le leur dît ni leur en fît signe, et en cet état le silence dura un peu plus d'un *Pater*. Ensuite le roi proposa le vidame de Chartres pour être reçu dans l'ordre, mais en deux mots. Tous les chevaliers se découvrirent, s'inclinèrent sans se lever, et se couvrirent. Tout ce qui étoit spectateur, et la reine même,

1. Voyez page précédente.

qui n'avoit point de siége près d'elle, n'étoient là que comme n'y étant pas, parce que le chapitre doit être secret, et n'y avoir personne que les chevaliers. Ainsi je ne fis aucune révérence qu'à la reine, qui eut la bonté de me faire des signes de compliment et de satisfaction. Après ce silence, le roi appela le duc de Liria, qui se découvrit et s'approcha du roi avec une révérence, qui lui dit sans se découvrir : *Allez voir si le vidame de Chartres ne seroit point ici quelque part.* Le duc de Liria fit une révérence au roi sans en faire aux chevaliers, quoique découverts en même temps que lui, sortit, et la porte fut refermée, et les chevaliers couverts. Il sera souvent parlé de révérences; mais il faut entendre toutes celles-ci, ainsi que les deux que le duc de Liria venoit de faire, des mêmes révérences qui se font ici aux réceptions des chevaliers du Saint-Esprit et en toutes les grandes cérémonies.

Le duc de Liria demeura près d'un demi-quart d'heure dehors, parce qu'il est censé que le nouveau chevalier ignore la proposition qui se fait de lui, et que ce n'est que par un pur hasard qu'on le trouve quelque part dans le palais, ce qui ne se peut faire si promptement. Si on avoit des habits de la Toison en Espagne, ce chapitre ne seroit que préliminaire, et il y en auroit un second au bout de quelque temps, à la porte duquel le chevalier admis se trouveroit, et seroit introduit par son parrain aussitôt que le chapitre seroit assis en place. Le duc de Liria rentra, et aussitôt la porte fut refermée, et de la même façon qu'il s'étoit approché du roi, il lui dit que le vidame de Chartres étoit dans l'autre pièce.

Le roi lui ordonna d'aller demander au vidame s'il vouloit accepter l'ordre de la Toison d'or et y être reçu, et pour cela s'engager à en observer les statuts, les devoirs, les cérémonies, en prêter les serments, et se soumettre à tous les engagements que promettent tous ceux qui y sont reçus, et les promettre; enfin de se comporter en tout comme un bon, loyal, brave et vertueux chevalier. Le duc de Liria se retira et sortit comme il avoit fait la première fois. La porte se ferma. Il fut un peu moins dehors, puis rentra. La porte se referma, et il se rapprocha du roi comme les autres fois, et lui apporta le consentement et le remerciement du vidame. *Hé bien!* répondit le roi, *allez le chercher et l'amenez.* Le duc de Liria se retira comme les autres fois, sortit, et aussitôt rentra, ayant mon fils à sa gauche. La porte ouverte, le demeura et entra qui voulut, et se jeta où il put pour voir la cérémonie.

Le duc de Liria entra au chapitre, suivi de mon fils, par l'endroit du chiffre marqué, et le conduisit aux pieds du roi, puis alla s'asseoir à sa place. Mon fils s'étoit doucement incliné à droite et à gauche, entrant dans le parterre, aux chevaliers; et après avoir fait au milieu du parterre une inclination profonde, s'alla mettre à genoux devant le roi, sans quitter son épée, ayant son chapeau sous le bras, et sans gants. Les chevaliers, qui s'étoient tous découverts à l'entrée du duc de Liria, se couvrirent lorsqu'il s'assit, et le prince des Asturies aussi, qui se découvrit et se couvrit toujours comme eux. Le roi répéta à mon fils les mêmes choses un peu plus étendues qu'il lui avoit fait dire par le duc de Liria, et reçut sa promesse sur chacune, l'une après l'autre. Ensuite un sommelier de courtine, qui étoit debout en rochet derrière la table, présenta au roi, par derrière, entre la table et sa chaise, un grand livre ouvert, où étoit un long serment que mon fils prêta au roi, qui avoit le livre ouvert sur ses genoux, et le serment sur d'autre papier en françois, sur le livre. Cela fut assez long. Ensuite mon fils baisa la main du roi, qui le fit lever et passer devant la table directement sans révérence, au milieu de laquelle il se mit à genoux, le dos au prince des Asturies, vis-à-vis le sommelier de courtine, qui lui montra la table entre deux, ce qui et comment il falloit faire. Il se mit à genoux. Il y avoit sur cette table un grand crucifix de vermeil sur un pied, un missel ouvert à l'endroit du canon, un évangile de saint Jean, et des papiers de promesses et d'autres de serments à faire et à lire en françois, mettant la main tantôt sur le canon, tantôt sur l'évangile. Cela fut encore long; puis, sans détour ni révérence, il revint se mettre à genoux devant le roi.

Alors le duc del Arco, grand écuyer, et Valouse, premier écuyer, qui n'eurent la Toison que depuis, et qui étoient auprès de moi, partirent, le duc le premier, Valouse derrière lui, portant sur ses deux mains, avec un grand air d'attention et de respect, l'épée du grand capitaine, qui est don Gonzalve de Cordoue, qu'on n'appelle point autrement. Ils firent à pas comptés le tour par derrière le banc des chevaliers de la droite, tournèrent par derrière celui du marquis de Grimaldo, entrèrent dans le chapitre par où le duc de Liria étoit entré avec mon fils, coulèrent en dedans le long du banc des chevaliers à gauche, sans révérence, mais le duc s'inclinant, et Valouse sans aucune inclination, à cause du respect de l'épée; mais les grands ne s'inclinèrent point. Le duc, en arrivant entre le prince des Asturies et le roi, se mit à genoux, et Valouse derrière lui. Quelques moments après, le roi leur fit signe, Valouse tira l'épée du fourreau, le mit sous son bras, prit l'épée nue par la lame vers le milieu, en baisa la garde et la présenta au duc del Arco, toujours tous deux à genoux. Le duc la prit un peu au-dessus de ses mains, baisa la garde, la présenta au roi, qui, sans se découvrir, en baisa le pommeau, prit la garde des deux mains, la tint quelques moments droite; puis d'une main, mais presque aussitôt des deux, en frappa trois fois alternativement chaque épaule de mon fils, en lui disant : *Par saint Georges et saint André, je vous fais chevalier.* Et les coups tomboient assez pesamment par le grand poids de l'épée. Pendant que le roi en-frappoit, le grand et le premier écuyer étoient toujours à genoux en la même place. Elle fut rendue comme elle avoit été présentée et baisée de même. Valouse la remit dans le fourreau, après quoi le grand écuyer et lui se levèrent, et s'en allèrent comme ils étoient venus.

Cette épée, avec sa poignée, avoit plus de quatre pieds, la lame large en haut de quatre gros doigts, épaisse à proportion, diminuant de largeur et d'épaisseur insensiblement jusqu'à la pointe, qui étoit fort fine. La poignée me parut d'un vieux vermeil travaillé, longue et fort grosse, ainsi que le pommeau ; la croisière longue et les deux bouts larges, plats, travaillés, point de branche. Je l'examinai fort, et je ne la pus lever en l'air d'une main, encore moins la manier avec les deux que fort difficilement. On prétend que c'est l'épée dont se servoit le grand capitaine, avec laquelle il avoit tant remporté de victoires.

J'admirai la force des hommes de ces temps, à quoi l'habitude de jeunesse faisoit, je crois, beaucoup. Je fus touché d'un si grand honneur fait à sa mémoire, que son épée fût devenue l'épée de l'État, et que, jusque par le roi même, il lui fût porté un si grand respect. Je répétai plus d'une fois que si j'étois le duc de Sesse, qui en descend directement par femme, car il n'y en a plus de mâles, il n'y a rien que je ne fisse pour obtenir la Toison, afin d'avoir l'honneur et le plaisir sensible d'être frappé de cette épée, et avec un si grand respect pour mon ancêtre. Tout grand capitaine qu'il fût, il ne chassa les François du royaume de Naples que par la perfidie la plus insigne et la plus sacrilége ; et quand son maître, plus perfide que lui encore, n'en eut plus de besoin, il le retira en Espagne, où, en arrivant, jaloux et soupçonneux de l'honneur si singulier, on peut dire si étrange, après ce qu'il avoit fait aux François, que Louis XII lui fit de le faire manger à sa table au dîner qu'il donna à Ferdinand le Catholique et à Germaine de Foix, que Ferdinand venoit d'épouser en secondes noces, à l'entrevue de Savone, ce prince ingrat, en arrivant en Espagne, l'accabla de tant de dégoûts qu'il le força de se retirer loin de sa cour, où il mourut bientôt après de chagrin. Mais revenons à la cérémonie après cette petite disgression qui m'a si naturellement échappé.

L'accolade donnée par le roi après les coups d'épée, nouveaux serments prêtés à ses pieds, puis devant la table, comme la première fois, et ce dernier encore plus long, après quoi mon fils revint se mettre à genoux devant le roi, mais sans plus rien dire. Alors Grimaldo se leva, et sans révérence sortit du chapitre par sa gauche, coula par derrière le banc droit des chevaliers, prit le collier de la Toison, qui étoit étendu au bout de la table. En ce moment le roi dit à mon fils de se lever et de demeurer debout en la même place. En même temps le prince des Asturies et le marquis de Villena se levèrent aussi et s'approchèrent de mon fils, tous deux couverts, et tous les autres chevaliers demeurant assis et couverts. Alors Grimaldo, passant entre la table et le siége vide du prince des Asturies, présenta debout le collier au roi, qui le prit à deux mains, et cependant Grimaldo, passant par derrière le prince des Asturies, s'alla mettre derrière mon fils. Dès qu'il y fut, le roi dit à mon fils de s'incliner fort bas sans se mettre à genoux, et dans ce moment le roi, s'allongeant sans se lever, lui passa le collier et le fit se redresser aussitôt, et prit le collier par devant, tenant seulement le mouton. En même temps le collier lui fut attaché sur l'épaule gauche par le prince des Asturies, sur l'épaule droite par le marquis de Villena, par derrière par Grimaldo, le roi tenant toujours le mouton.

Quand le collier fut attaché, le prince des Asturies, le marquis de Villena et Grimaldo, sans faire de révérence, ni qu'aucun chevalier se découvrît, allèrent se rasseoir en leurs places, et dans le même moment mon fils se mit à genoux devant le roi et lui baisa la main. Alors le duc de Liria, sans révérence, découvert sans qu'aucun chevalier se découvrît[1], vint se mettre devant le roi, à la

---

1. Il y a *découvrit*, à l'indicatif.

gauche, à côté de mon fils, et tous deux firent la révérence au roi, se tournèrent devant le prince des Asturies, lui firent la révérence, qui se leva en pied, et fit l'honneur à mon fils de l'embrasser, et dès qu'il fut rassis lui firent la révérence; puis se tournèrent devant le roi, lui firent la révérence, après devant le marquis de Villena, lui firent la révérence, qui se leva et embrassa mon fils, et se rassit, et ils lui firent la révérence; de là se tournèrent devant le roi, à qui ils firent la révérence, puis devant le chevalier à côté du prince des Asturies, lui firent la révérence, qui se leva et embrassa mon fils et se rassit, lui firent la révérence, puis se tournèrent devant le roi, lui firent la révérence; allèrent devant le chevalier à côté du marquis de Villena, lui firent la révérence, qui se leva et embrassa mon fils et se rassit, lui firent la révérence, et ainsi à droite et à gauche, alternativement, les mêmes cérémonies jusqu'au dernier chevalier; après quoi mon fils s'assit à côté, joignant et après le dernier chevalier, et se couvrit, et le duc de Liria retourna à sa place.

Pendant cette cérémonie des révérences si étourdissante pour ceux qui la font, le chevalier qui la reçoit et qui embrasse se découvre dès qu'ils sont devant lui, ne se lève que leur révérence faite, n'en fait point et reçoit assis la seconde révérence, après quoi il se couvre; tous les autres chevaliers ne se découvrent point. Le prince des Asturies observe ce qui vient d'être remarqué, tout comme les autres chevaliers. Mon fils, assis, couvert et en place dans le chapitre, le roi demeura plus d'un bon *Credo* dans son fauteuil, puis se leva, se découvrit, et se retira dans son appartement comme il étoit venu. J'avois averti mon fils de se presser d'arriver devant le roi à la porte de son appartement intérieur. Il s'y trouva à temps, et moi aussi, pour lui baiser la main et lui faire nos remerciements, qui furent fort bien reçus. La reine y arriva, qui nous combla de bontés. Il faut remarquer que la cérémonie de l'épée et de l'accolade ne se fait point à ceux qui, ayant déjà un autre ordre, l'ont ou sont censés' l'avoir reçue, comme sont les chevaliers du Saint-Esprit et de Saint-Michel, et les chevaliers de Saint-Louis.

Leurs Majestés Catholiques retirées, nous nous retirâmes aussi chez moi, où il y eut un fort grand dîner. L'usage est, avant la réception, de visiter tous les chevaliers de la Toison, et lorsque le jour en est pris, de retourner chez tous les convier à dîner pour le jour de la cérémonie, où le parrain se trouve avec l'autre chevalier dont il s'est accompagné, les invite encore au palais avant d'entrer au chapitre, et aide au nouveau reçu à faire les honneurs du repas. J'avois mené mon fils faire toutes ces visites. Presque tous les chevaliers vinrent dîner chez moi, et beaucoup d'autres seigneurs. Le duc d'Albuquerque, que je voyois assez souvent, et qui s'étoit excusé du repas de la couverture de mon fils, sur ce qu'il s'étoit ruiné l'estomac aux Indes, me dit qu'il ne pouvoit me refuser deux fois, à condition que je lui permettrois de ne manger que du potage, parce que les viandes étoient trop solides pour lui. Il vint donc et en mangea de six et assez raisonnablement de presque tous. Il se fit après des apprêtes[1] de son pain, qu'il trempoit légèrement dans tout ce qu'on servit de ragoûts à sa portée, desquelles il ne mangeoit que l'extrémité, et trouvoit tout cela fort bon. Il ne buvoit que peu de vin avec de l'eau. Le dîner fut gai malgré le grand nombre. J'ai déjà remarqué que les Espagnols, si sobres, mangeoient autant et plus que nous chez moi, et avec goût, choix et plaisir; mais sur la boisson, fort modestes. Voici les noms de ceux qui, en tous pays, étoient alors chevaliers de la Toison d'or d'Espagne.

1. Des mouillettes.

CHEVALIERS DE L'ORDRE DE LA TOISON D'OR D'ESPAGNE EXISTANTS EN 1722.

DE CHARLES II.

Le prince Jacq. Sobieski.
^ [1] Le duc de Bejar.
Le duc de Lorraine.
^ Le marquis de Villena.
L'électeur de Bavière.
^ Le comte de Lemos.
Le prince de Chimay. ^
Le marquis de Conflans.

8

Ce dernier étoit du comté de Bourgogne; son nom est Vatteville.

DE PHILIPPE V [2].

Le prince des Asturies.
M. le duc d'Orléans.
Le duc de Noailles. ^
Le comte de Toulouse.
Le maréchal-duc de Berwick. ^
Le comte Töring.
^ Le duc d'Albuquerque.
^ Le duc de Popoli.
Le marquis de Lede. ^
Le prince Ragotzi.
Le marquis, depuis maréchal de Brancas. ^
Le prince de Masseran. ^
Le marquis de Béthune, depuis duc de Sully.
Le duc de Bournonville. ^
^ Le duc d'Atri.
M. d'Hasfeld, depuis maréchal de France.
^ Le prince Pio.
Le prince de Robecque.
Le marquis de Beauffremont.
Le marquis d'Arpajon.
Le prince Fr. de Nassau.
Le maréchal-duc de Villars. ^
^ Le comte de Montijo.
M. de Caylus.
^ Le duc de Liria.
D. Lelio Caraffa.
Le marquis Mari.
Le duc de Ruffec, lors vidame de Chartres.

28

---

1. ^ mis avant le nom marque ceux qui étoient grands d'Espagne avant d'avoir la Toison; après le nom, les chevaliers de la Toison qui depuis ont été faits grands d'Espagne. (*Note de Saint-Simon.*)

2. Je crois m'être trompé à l'ancienneté de quelques-uns de ceux de Philippe V : le marquis de Lede plus nouveau, et le maréchal d'Hasfeld aussi. (*Note de Saint-Simon.*)

Nommés et non reçus.

MM. de Maulevrier et de la Fare, tous deux depuis maréchaux de France.

Trente-six[1] chevaliers, et les deux nommés trente-[huit], et douze[2] colliers vacants ;

Sur lesquels quatre espagnols, outre le prince des Asturies ;

Quatre Flamands et un Franc-Comtois, et six Italiens des pays autrefois possédés par l'Espagne ;

Treize François ou comptés pour tels, dont deux au service d'Espagne ; et six Allemands ou réputés tels, dont deux souverains.

Il y a lieu de s'étonner que, l'ordre de la Toison étant de cinquante chevaliers, le grand maître non compris, ni les grands officiers de l'ordre, et n'y pouvant y avoir aucun prélat, il y ait tant de colliers vacants. Mais ce qui l'est bien plus, est le si petit nombre d'Espagnols naturels, et le si grand nombre d'étrangers, surtout de François.

Revenons à la raison de ces choses. Les ordres anciens d'Espagne, Saint-Jacques, etc., sont fort riches. Les plus grands seigneurs d'Espagne les ont toujours pris pour en obtenir les meilleures commanderies. La moindre noblesse et les domestiques principaux des grands seigneurs y sont admis comme eux, la plupart pour s'honorer, et dans l'espérance aussi des petites commanderies. Ces ordres étoient incompatibles avec la Toison et avec tous les autres ordres. Les grands seigneurs espagnols préféroient presque tous l'utilité des commanderies à l'honneur de porter la Toison, et les rois d'Espagne en étoient bien aises et les entretenoient dans cet esprit pour avoir presque toutes les Toisons à répandre dans leurs États d'Italie

---

1. Saint-Simon a corrigé ici 35 en 36, et a négligé, six mots plus loin, de corriger 37 en 38.
2. Ce chiffre, par suite de corrections successives, est devenu illisible : on peut lire 13, 14 ou 15, aussi bien que 12.

et des Pays-Bas, et en donner aux empereurs de leur maison, tant qu'ils en vouloient, pour leur cour et pour les princes d'Allemagne. Ces deux raisons cessèrent avec la vie de Charles II, et par la guerre qui la suivit, qui fit perdre à Philippe [V[1]] l'Italie et les Pays-Bas, qui étoient demeurés à l'Espagne.

Le premier engouement de l'avénement de Philippe V à la couronne d'Espagne donna aux plus grands seigneurs de l'émulation pour l'ordre du Saint-Esprit, pour signaler leur attachement à la maison nouvellement régnante, et porter une distinction qui montroit la considération et la faveur qu'ils en avoient acquise. Bientôt la difficulté de parvenir à l'ordre du Saint-Esprit, par la rareté des colliers accordés à l'Espagne, donna du goût aux grands seigneurs, qui, de toute nation, étoient attachés à la cour ou au service de Philippe V, pour la Toison, dont ce prince disposoit par lui-même, et dont le retranchement des États de Flandres et d'Italie le rendoit moins avare pour sa cour. Mais l'intérêt des commanderies des ordres anciens d'Espagne les gênoit par la nécessité d'opter entre le profit et l'honneur. Ce fâcheux détroit les engagea à chercher des moyens de réunir l'un à l'autre; et comme les papes se sont peu à peu emparés en Espagne de ce qui est le moins de leur dépendance, entre autres de l'ordre de la Toison, par la confirmation qu'ils se sont arrogé d'en faire, et que les rois d'Espagne ont bien voulu souffrir, cette union de l'honneur et du profit d'ordres incompatibles parut enfin possible à ceux qui la desiroient, en s'adressant à une cour qui avoit su jeter le grappin sur les uns et sur les autres, et où rien n'étoit impossible pour de l'argent. La négociation en fut donc entreprise à Rome, qui, par ses politiques lenteurs, en fit acheter le succès au prix qu'il lui plut d'y mettre. Il y fut donc réglé qu'elle ne refuseroit aucune dispense à ceux qui avoient les anciens ordres d'Espagne et qui en pos-

---

1. Il y a dans le manuscrit « Philippe II »; mais c'est une erreur évidente.

sédoient des commanderies, d'accepter tous les autres grands ordres auxquels ils pourroient être nommés, en payant une annate à Rome lorsqu'ils recevroient ces autres ordres et tous les cinq ans une autre annate; moyennant quoi les anciens ordres d'Espagne ni leurs commanderies n'étant plus un obstacle pour la Toison et pour le Saint-Esprit, ces deux ordres devinrent l'objet du desir et de l'espérance de tout ce qui, à la cour ou dans le service d'Espagne, se flatta d'y pouvoir parvenir. Et comme cette grande affaire ne venoit que d'être consommée à Rome lorsque j'arrivai en Espagne, je ne trouvai aussi que ce peu de chevaliers espagnols et ce grand nombre de colliers vacants, qui peu à peu furent presque tous bientôt remplis.

Cette autorité qu'on avoit laissé prendre aux papes sur l'ordre de la Toison fournit aux Espagnols une occasion de mortifier Maulevrier, qu'ils haïssoient avec raison, et qu'ils ne ménageoient pas plus qu'ils en étoient ménagés, d'autant plus désagréable que ce fut contre tout exemple. Il fut nommé chevalier de la Toison dès que les mariages furent déclarés et avant que je partisse de Paris. Il étoit commandeur de l'ordre de Saint-Louis. Ce fut là-dessus que les Espagnols l'arrêtèrent tout court. Ils prétendirent cet ordre incompatible avec celui de la Toison, et qu'il ne la pouvoit recevoir que par une dispense du Pape. Maulevrier, avare, qui vit que cette dispense lui coûteroit de l'argent et du temps, se récria contre cette chicane. Il allégua le grand nombre de chevaliers du Saint-Esprit, et qui étoient aussi chevaliers de Saint-Louis, à qui on n'avoit point objecté cette difficulté pour recevoir la Toison. Il leur présenta même, dans la propre espèce dans laquelle il se trouvoit, l'exemple de MM. de Brancas et d'Hasfeld, commandeurs de l'ordre de Saint-Louis, comme il l'étoit, à qui on n'avoit point proposé cette chicane. L'exemple étoit existant et péremptoire. Les Espagnols dirent que, si on s'étoit trompé à leur égard, ce n'étoit pas une raison de continuer cette erreur, et ne se cachèrent pas en même temps que ce n'étoit qu'une invention pour lui faire de la peine. Il se plaignit, il cria, il s'adressa au roi d'Espagne, il n'en fut autre chose malgré ses raisons sans réplique. Il lui fallut recourir à Rome, y payer, en essuyer les lenteurs, qui de pu six mois duroient encore, et que les Espagnols prenoient plaisir à allonger. Cette niche et quelque chose de plus ne le raccommoda pas avec eux, ni eux avec lui ; mais le contre-coup en tomba sur la Fare, qui n'y avoit rien de commun, et à qui les Espagnols ne se seroient pas avisés de lui faire cette malice. Mais il étoit chevalier de Saint-Louis, et la difficulté qui accrochoit la réception de Maulevrier dans l'ordre de la Toison d'or ne permit pas que la Fare, dans le même cas que lui, y fût reçu sans dispense, tellement qu'il s'en retourna près d'un mois avant moi à Paris, où il ne put recevoir la Toison que quelques mois après, des mains de M. le duc d'Orléans, par commission du roi d'Espagne.

Deux jours après que mon fils aîné eut reçu la Toison, il prit congé de Leurs Majestés Catholiques, etc., et partit pour Paris avec l'abbé de Mathan, qui voulut bien nous faire l'amité de s'en aller avec lui. Ils passèrent par l'Escurial, qu'ils n'avoient point vu, chargés des lettres du roi d'Espagne, du nonce, de Grimaldo, pour le prieur du monastère, afin qu'ils fussent bien reçus et qu'on leur fît tout voir. Cela fut en effet très-bien exécuté ; mais l'appartement où Philippe II mourut, leur demeura, comme à moi, inaccessible ; et pour le pourrissoir, ils ne purent jamais obtenir qu'il leur fût ouvert. Les moines étoient encore fâchés des remarques que j'y avois faites sur le malheureux don Carlos, et crurent s'en venger par là.

CHAPITRE XI.

Honneurs prodigués à l'infante, et fêtes à son arrivée à Paris. — J'obtiens une expédition en forme de la célébration du mariage du prince et de la princesse des Asturies, dont il n'y avoit rien par écrit. — Baptême de l'infant don Philippe. — L'infant don Philippe reçoit le sacrement de confirmation et l'ordre de Saint-Jacques. — Voyage très-solitaire de quatre jours, à Balsaïm, de Leurs Majestés Catholiques. — Je reçois un courrier sur l'entrée des cardinaux de Rohan et du Bois, et la sortie des ducs, du chancelier et des maréchaux de France du conseil de régence. — Manége du cardinal du Bois; il présente au Régent un périlleux fantôme de cabale. — Lettre curieuse du cardinal du Bois à moi sur l'affaire du conseil de régence. — Néant évident de la prétendue cabale. — Du Bois, par une lettre à part, veut que sur-le-champ j'en fasse part à Leurs Majestés Catholiques, en quelque lieu qu'elles fussent. — Second usage du fantôme de cabale pour isoler totalement M. le duc d'Orléans. — Artifices de la lettre du cardinal du Bois à moi; sa crainte de mon retour; moyens qu'il tente de me retenir en Espagne. — Autres pareils artifices du cardinal du Bois, qui me fait écrire avec plus d'étendue et de force par Belle-Isle. — Remarques sur la lettre de Belle-Isle à moi. — Je prends le parti de taire la prétendue cabale, de ne dire que le fait existant, et d'aller à Balsaïm. — Conversation avec Grimaldo.

Je ne m'étendrai point sur les honneurs prodigués à l'infante pendant son voyage et à son arrivée à Paris, encore moins aux fêtes dont elle fut suivie. J'étois trop loin pour les voir et pour m'en occuper. Je dis prodiguer, parce qu'elle fut en tout et partout traitée comme reine, qu'elle fut même nommée et appelée l'infante reine, et qu'il ne lui manqua que le traitement de Majesté. Je ne compris rien à l'engouement auquel on s'abandonna là-dessus. M. le duc d'Orléans, glorieux sans la moindre dignité, refusoit tout en ce genre, ou en faisoit litière : les mesures et les bornes n'étoient jamais des choses auxquelles il voulût donner le plus court moment de penser et de régler. D'ailleurs, tout étoit abandonné au cardinal du Bois, de naissance et d'expérience fort éloigné d'avoir les plus légères notions du cérémonial, si ce n'étoit pour ce qui regardoit les cardinaux. Il eut donc plus tôt fait de se laisser aller à ces profusions d'honneurs que d'y donner la moindre réflexion. Il crut faire sa cour en Espagne, et s'y porta avec d'autant plus d'impétuosité que ce fut en chose où l'Angleterre ne pouvoit prendre aucun intérêt.

Le roi et la reine d'Espagne furent en effet très-satisfaits, ainsi que toute leur cour, de tout ce qui se passa en France en cette occasion, c'est-à-dire de toutes les fêtes dont je leur rendis compte, qui marquoit la joie et l'empressement, car, pour les honneurs, ils furent regardés comme dus et comme des choses qui ne pouvoient ne se pas faire. L'infante étoit fille de France comme fille du roi d'Espagne, et cousine germaine du Roi, enfants des deux deux frères, et destinée à l'épouser. Ces titres emportoient assez d'honneurs pour s'y tenir, sans y ajouter encore presque tous ceux des reines, qu'elle ne devoit pas avoir, et qui étoient contre tout exemple et toute règle. Si on les avoit outre-passés en faveur de la dernière Dauphine avant son mariage, le cas étoit bien différent. Qui, dans un temps où une foible ombre d'ordre[1] se laissoit encore apercevoir, eût pu s'accommoder des prétentions d'une fille de Savoie, dont le père n'étoit pas roi et cédoit aux électeurs? Qui, des princesses du sang, auroit osé lui céder? Qu'eût-elle pu obtenir chez Madame, et même chez Mme la duchesse d'Orléans, toute petite-fille qu'elle étoit de Monsieur, et destinée à épouser Mgr le duc de Bourgogne?

Ce fut pour trancher toutes ces difficultés que le rang entier de duchesse de Bourgogne lui fut avancé avant son mariage. Mais l'infante n'avoit besoin de rien ; elle étoit fille de France et fille d'un grand roi : par son rang personnel, elle précédoit Madame. Elle n'avoit donc besoin ni de supposition ni de secours, et elle étoit trop

---

1. Il y a au manuscrit : « où une foible d'ombre d'ordre. »

grande pour qu'ils pussent être à son usage. Les plus légers principes formoient ce raisonnement; mais les principes et leurs conséquences n'étoient pas du ressort du cardinal du Bois, ni familiers à la dissipation et à la paresse d'esprit de son maître sur ce qu'il lui plaisoit de mépriser comme de petites choses, parmi lesquelles il en enveloppoit trop souvent de grandes.

Par cette raison, je m'avisai d'une chose à laquelle ils n'avoient pas pris la peine de penser. Nous n'avions point de preuves par écrit de la célébration du mariage de la princesse des Asturies, parce qu'en Espagne les parties ne signent point avec leurs parents et leurs témoins sur le registre du curé, comme on fait en France, et le roi même et les personnes royales. En partant pour Tolède, j'en parlai au marquis de Grimaldo. Il m'expliqua là-dessus l'usage d'Espagne, et néanmoins il me promit de m'en donner une expédition en forme; je la reçus de lui à mon retour de Tolède, et je l'envoyai au cardinal du Bois. Je crus devoir cette précaution pour consolider de plus en plus un mariage qui ne devoit pas être consommé sitôt, quoique il parût l'être, puisque le soir du mariage du prince et de la princesse des Asturies, tout le monde avoit été admis à les voir au lit ensemble, contre tous les usages d'Espagne, comme je l'ai rapporté en son lieu.

Je trouvai, en arrivant de Tolède, la grandesse fort intriguée sur le baptême de l'infant don Philippe. Premièrement il y eut beaucoup de jalousie sur le choix des représentants, qui furent le marquis de Santa-Cruz pour l'électeur de Bavière, parrain, et la duchesse de la Mirandole pour la duchesse de Parme, marraine, et ensuite du dépit sur la fonction de porter les honneurs[1]. La reine, dont c'étoit le fils, et le roi par complaisance pour elle, voulut charger des grands de cette fonction, et les grands prétendirent qu'elle devoit être donnée aux majordomes

---

1. Voyez tome V, p. 98, note 1.

de semaine, parce que l'infant n'étoit pas l'aîné et l'héritier présomptif de la couronne. Ils s'assemblèrent plusieurs fois chez le marquis de Villena, majordome-major du roi, qui lui porta deux fois leurs représentations. Il fut mal reçu : les grands s'obstinèrent, le roi menaça, nomma les grands des honneurs, qui cédèrent enfin et les portèrent, mais d'une façon qui marquoit leur dépit; et les autres grands sans fonction, qui se trouvèrent à la cérémonie, parce que les grands et les ambassadeurs de chapelle y furent invités, n'y laissèrent guère moins apercevoir leur chagrin.

Le matin, les fonts sur lesquels saint Dominique fut baptisé, furent apportés de chez les dominicains, qui me parurent d'un beau granit, avec des ornements de bronze doré, et un très lourd fardeau à transporter. C'est l'usage de s'en servir pour les infants par respect et par dévotion pour saint Dominique, qui étoit Espagnol, et de la maison de Guzman. Les ambassadeurs étoient fort près de Leurs Majestés Catholiques du côté de l'épître, qui arrivèrent après tout le monde sur les quatre heures après-midi. Le cardinal Borgia répétoit alors sa leçon avec ses aumôniers, entre la place de Leurs Majestés Catholiques et celle des ambassadeurs, vêtu pontificalement avec la mitre. Il n'y parut ni plus expert ni plus endurant qu'au mariage et à la vélation du prince des Asturies : il cherchoit, ânonnoit, grondoit ses aumôniers. Néanmoins il fallut commencer la cérémonie, et il alla se placer de l'autre côté des fonts, vis-à-vis de nous, suivi de deux aumôniers et des quatre majordomes du roi, de semaine, et assisté des deux évêques *in partibus* suffragants de Tolède, résidant à Madrid, en rochet et en camail. La duchesse de la Mirandole étoit fort parée, et beaucoup de pierreries; le marquis de Santa-Cruz portoit le petit prince. Les marquis d'Astorga et de Laconit, les ducs de Lezera ou de Licera, del Arco, de Giovenazzo et le prince Pio portèrent les honneurs. Le cardinal Borgia perdit tellement la tramontane qu'il ne savoit ce qu'il faisoit ni où il en étoit ; il fallut à tous moments le redresser malgré ses impatiences : il brusqua tout haut, non-seulement ses aumôniers, mais les deux évêques qui voulurent venir au secours, et les majordomes qui, pour les cérémonies extérieures, s'en mêlèrent aussi, et qu'il prit tout haut à partie. Cette scène devint si ridicule que personne n'y put tenir : tout le monde rioit, et bientôt tout haut, et les épaules en alloient au roi et à la reine qui en étoit aux larmes. Cela acheva d'outrer et de désorienter le cardinal, qui, à tout moment, passoit des yeux de fureur sur toute l'assistance, qui n'en rioit que plus scandaleusement. Je n'ai rien vu de si étrange ni de plus plaisant ; heureusement pour chacun que tous furent également coupables, Leurs Majestés Catholiques pour le moins autant qu'aucun, et que la colère du cardinal ne put s'en prendre à personne en particulier. Elle alla jusqu'à gourfouler[1] les majordomes avec son poing, qui eurent grand'peine, en riant, d'en contenir les éclats. Pour le prince et la princesse des Asturies, ils ne s'en contraignirent pas.

Le 7 mars, le même prince reçut le sacrement de confirmation du même cardinal Borgia, ayant le prince des Asturies pour parrain. Cela se fit sans cérémonie. Il s'en falloit huit jours qu'il eût deux ans accomplis. Cette confirmation me sembla bien prématurée. Le lendemain 8 mars, il fut fait chevalier de l'ordre de Saint-Jacques et commandeur de la riche commanderie d'Aledo, de la manière suivante. Le marquis de Bedmar, président du conseil des ordres, chevalier de Saint-Jacques et de l'ordre du Saint-Esprit, se plaça dans un fauteuil de velours à frange d'or, loin, mais vis-à-vis de l'autel, ayant une table à sa droite, ornée et parée, sur laquelle étoit un crucifix, l'évangile, etc. Une vingtaine des plus considérables chevaliers de Saint-Jacques, avertis, grands et autres, étoient assis des deux côtés, vis-à-vis les uns des

---

1. Maltraiter, menacer.

autres sur deux bancs couverts de tapis, en rang d'ancienneté dans l'ordre, les plus anciens étant des deux côtés les plus proches du marquis de Bedmar, et tous, ainsi que ceux qu'on va voir en fonction, vêtus de leurs habits ordinaires, ayant par-dessus un grand manteau, jusqu'aux talons, de laine blanche, avec l'épée de Saint-Jacques, brodée en rouge, sur le côté gauche. Ce manteau étoit ouvert par devant comme une chape de moine, et attaché autour de leur col par de gros cordons ronds, de soie blanche, ajustés en sorte qu'ils faisoient quelques gaudrons[1] en tombant tous deux sur le côté gauche, plus bas que la broderie de l'ordre, terminés par deux grosses houppes de soie blanche, telles pour leur forme qu'[on] en voit en vert aux armes des évêques, à leurs chapeaux. Tous les chevaliers étoient couverts, et derrière eux force spectateurs debout. Le roi, la reine, le prince, la princesse des Asturies et leur accompagnement étoient dans une tribune, et moi dans une autre au-dessus de la leur, avec ce qui étoit de chez moi.

Le marquis de Santa-Cruz, portant le petit prince, vint de la sacristie par le côté de l'épître, longeant par derrière le banc des chevaliers, du même côté, avec assez de suite, mais d'aucuns chevaliers, et se tint quelques moments debout entre la tête du banc et la table, où le marquis de Bedmar, sans se découvrir, me parut se tourner et dire quelque chose, et Santa-Cruz répondre. Il vint après, toujours découvert, se mettre à genoux devant Bedmar, qui demeura couvert ainsi que les deux bancs. Cela dura peu. De là Santa-Cruz, toujours portant le petit prince, s'alla mettre devant la table, apparemment pour d'autres serments, où il fut plus longtemps. Il revint après devant le marquis de Bedmar, où il se tint debout. Comme j'étois par derrière, je ne vis pas, et ne pus entendre si Bedmar parloit. Je le crus, parce que cela dura un peu; mais Santa-Cruz, que je voyois en face, ne dit

1. *Godrons* ou *goudrons*, plis ronds comme on en faisoit aux fraises, aux jabots.

rien. Ensuite Santa-Cruz tourna entre ses bras le petit prince, de façon qu'il présentoit le dos à Bedmar, à qui en même temps deux personnes de la suite de l'infant présentèrent un petit manteau pareil au sien et à celui de tous les autres chevaliers. Le marquis de Bedmar le prit à deux mains et le mit sur le petit prince, et le reçut aussitôt après sur ses genoux, où le marquis de Santa-Cruz le plaça, et se retira quelque peu. Alors le marquis de Montalègre, sommelier du corps, et le duc del Arco, grand écuyer, se levèrent de dessus leurs bancs, et vinrent gravement, à côté l'un de l'autre, au marquis de Bedmar, suivis du marquis de Grimaldo, aussi chevalier, qui portoit les éperons dorés. Ils étoient tous troïs découverts. Grimaldo, arrivé devant le marquis de [Bedmar[1]], fit avec les deux autres la révérence, que le marquis de Santa-Cruz n'avoit point du tout faite, à cause de l'embarras de porter le prince, et présenta à Montalègre l'éperon pour le pied droit, et au duc del Arco l'éperon pour le pied gauche, que ces deux seigneurs chaussèrent ou attachèrent comme ils purent, et que peu de moments ensuite ils lui ôtèrent, après quoi le marquis de Santa-Cruz se rapprocha, reprit le petit prince entre ses bras, et s'en retourna comme il étoit venu. Quand le marquis de Bedmar l'eut à peu près vu près de rentrer dans la sacristie, il se découvrit, se leva, s'inclina aux chevaliers, qui se découvrirent et se levèrent en même temps que lui, et chacun s'en alla sans cérémonie.

Ce qui me surprit au dernier point fut la paix et la tranquillité d'un enfant de ce petit âge, qui, accoutumé à ses femmes, se trouva là sans pas une au milieu de tous visages à lui inconnus et bizarrement vêtus, se laisser porter, mettre sur les genoux, se laisser affubler d'un manteau, manier les pieds ou au moins leur voisinage, puis remporter sans jeter un cri ni une larme, et re-

---

1. Saint-Simon a mis *Grimaldo*, pour *Bedmar*. Une main étrangère a écrit *Bedmar* en marge.

garder tout ce monde inconnu sans frayeur et sans impatience.

Le lendemain 9, le roi et la reine seuls s'en allèrent pour quatre jours en relais à Balsaïm, uniquement accompagnés du duc del Arco, du marquis de Santa-Cruz, du comte de S. Estevan de Gormaz, capitaine des gardes en quartier; de Valouze, de la princesse de Robecque, dame du palais; de la nourrice de la reine, et d'une seule camariste. Je les vis partir assez matin, et fort peu après dîner je me mis en marche par la ville, pour commencer mes adieux, comptant prendre congé de Leurs Majestés Catholiques fort peu de jours après leur retour de Balsaïm.

Dans la première que je fis, par laquelle on savoit chez moi que je devois commencer, on vint m'avertir de l'arrivée d'un courrier qui m'étoit annoncé depuis longtemps et toujours différé parce qu'il devoit m'apporter des réponses et des ordres sur plusieurs choses auxquelles le cardinal du Bois n'avoit jamais le temps de travailler. Je m'en revins donc chez moi tout court. Je trouvai d'abord une lettre du cardinal du Bois, qui m'envoyoit une relation de tout ce qui s'étoit fait à Paris à l'arrivée de l'infante, et des fêtes qui l'avoient suivie, pour la présenter, et la faire valoir au roi et à la reine d'Espagne; une botte de lettres de toute la maison d'Orléans sur le mariage de la princesse des Asturies, qui étoient bien tardives; et ce que j'attendois avec impatience, la lettre de remercîment de M. le duc d'Orléans au roi d'Espagne, sur les grâces que j'en avois reçues, et celles du cardinal du Bois sur le même sujet au P. d'Aubanton et au marquis de Grimaldo. Il y en avoit des mêmes aux mêmes à part sur la Toison de la Fare. Rien dans ce paquet, ni dans un autre, dont je vais parler, de tout ce qui me devoit être envoyé sur les affaires que le cardinal m'annonçoit, et du délai de quoi il s'excusoit tous les ordinaires.

L'autre paquet étoit celui qui avoit fait dépêcher le

courrier. Le cardinal du Bois entretenoit toujours le cardinal de Rohan de l'espérance de le faire bientôt déclarer premier ministre, comme il lui en avoit donné parole, à laquelle, comme on l'a vu ici en son temps, le cardinal de Rohan avoit eu la sottise d'ajouter une telle foi qu'il en avoit donné part au Pape et à plusieurs cardinaux en partant de Rome, où la chose étoit devenue publique, et où on ne s'étoit pas trouvé si crédule que lui. Du Bois, quoique secrétaire d'État des affaires étrangères, et déjà le maître de toutes, s'étoit modestement abstenu d'entrer dans le conseil de régence depuis son cardinalat, quoique il y entrât toujours auparavant. Il ne se sentoit pas assez fort tout seul pour hasarder le combat de préséance. C'étoit un poulet trop nouvellement éclos, qui traînoit encore sa coque. Il fit donc entendre au cardinal de Rohan qu'il falloit commencer par être ministre avant d'être premier ministre, et qu'il étoit temps qu'il demandât au Régent d'entrer au conseil de régence, qui, en arrivant de Rome, où il avoit, disoit-il, si grandement servi, n'oseroit l'en refuser, en l'assurant de plus qu'il feroit réussir la chose. Rohan étoit le pont dont du Bois se vouloit servir pour y rentrer lui-même, peu en peine après de s'en défaire quand il le voudroit. Ainsi, mettant Rohan en gabion devant lui, il n'avoit plus à craindre les mépris personnels, les comparaisons odieuses, les brocards de ceux qui se trouveroient indignés de lui céder. La dispute s'adresseroit en commun, et le cardinal de Rohan étant son ancien, tout le personnel disparoissoit nécessairement, dont rien n'étoit applicable au cardinal de Rohan, duquel il feroit le plastron de la querelle, et lui, modestement derrière lui, n'auroit qu'à profiter du triomphe qu'il procureroit au cardinalat. C'est en effet ce qui arriva.

Comme j'étois, Dieu merci, à trois cents lieues de cette scène, je ne rapporterai point ce qui se passa. Les ducs furent tondus à leur ordinaire; mais ceux qui étoient du conseil de régence cessèrent d'y entrer, ainsi que le chancelier. Ce qu'il y eut de plaisant, fut que les maréchaux de France qui en étoient en sortirent aussi, dont pas un jusqu'alors n'avoit imaginé de disputer rien aux cardinaux. C'est ce dont du Bois fut ravi. Il prit cette fausse démarche aux cheveux pour persuader au Régent que cette prétention commune contre les cardinaux étoit uniquement prétexte, et réellement cabale contre lui et contre son gouvernement. Ce courrier me fut donc dépêché pour m'instruire de cet événement, et la lettre que le cardinal du Bois m'écrivit là-dessus ne peut s'extraire, et mérite d'être rapportée ici toute entière, pour y remarquer tout l'art de ce venimeux serpent.

« Paris, 2 mars 1722.

« On vous aura rendu compte, sans doute, Monsieur, des mouvements qu'il y a eu dans le conseil de régence à l'occasion de la place que Mgr le duc d'Orléans a permis à M. le cardinal de Rohan d'y prendre. (Du Bois l'y prit en même temps, mais il n'en dit rien par modestie.) S'il ne s'étoit agi que de la préséance entre les cardinaux et les ducs et pairs, je n'aurois pas été fâché que vous eussiez été absent pendant cette contestation. Mais comme cette difficulté, dans cette occasion, n'a été qu'un prétexte qu'on n'a pas même dissimulé longtemps, et que c'est une cabale formée et ménagée par un homme (le duc de Noailles) qui n'a pas su se conserver votre estime, et qui ne paroît pas avoir de bonnes intentions pour Son Altesse Royale, et qu'elle tend à troubler son gouvernement et à renverser ses ouvrages (lui du Bois), je n'ai jamais regretté plus sincèrement votre absence, ni souhaité avec plus de passion le secours de votre indignation et de votre courage. Je vous conjure, Monsieur, de vous en tenir à cette idée jusqu'à ce que vous puissiez voir les choses par vous-même, et que vous soyez à portée de signaler votre zèle pour ce que vous croirez le mériter davantage pour le bien de l'État, l'union des deux couronnes, le soutien de la dernière liaison qui a été faite, et le maintien de M§r le duc d'Orléans. (C'est ce qu'il entendoit ci-dessus par détruire son ouvrage, mais qu'il sentoit bien plus véritablement de lui-même.) Je puis y ajouter : et pour votre propre défense ; car je vous assure que, si on venoit à bout de ce que l'on trame, je suis persuadé que, si vous n'étiez pas la première victime, vous seriez la seconde. Ces orages me conduisent bien naturellement à penser à votre retour. Tout me persuade que votre présence seroit nécessaire encore pendant quelque temps à Madrid. Le seul moyen de vous laisser sur cela la liberté que vous souhaiterez, seroit que vous pussiez y accréditer un peu M. de Chavigny, ce que l'on me dit n'être pas facile par les mauvaises impressions qu'on a voulu donner à Madrid contre lui. Cependant il ne les mérite pas, et jusqu'à ce que Son Altesse Royale envoye en Espagne un ambassadeur, il n'y a que lui qui puisse exécuter les ordres que vous laisserez en partant. Tâchez, Monsieur, de le mettre en état d'être écouté et d'avoir les accès nécessaires, et disposez après cet arrangement du temps de votre retour à votre gré. Je suis également combattu entre les grands services que vous pouvez rendre à Madrid et les secours que vous pouvez donner ici à Son Altesse Royale, et, si j'ose me mettre en ligne de compte, j'ajouterai : entre l'impatience que j'ai de cultiver les nouvelles bontés que vous m'avez marquées, et vous donner, s'il m'est possible, de nouvelles preuves, Monsieur, de mon respect et de mon attachement. »

Les fausses lueurs de cette lettre y éclatent de toutes parts. Un groupe de tant de seigneurs à abattre sous ses pieds fit peur au cardinal du Bois, malgré le bouclier du cardinal de Rohan dont il avoit su se couvrir. Il connoissoit la foiblesse de son maître, sa légèreté sur les rangs, qu'il s'y moquoit de la justice des raisons, qu'il ne se décidoit que par le besoin et le nombre, qui lui faisoit toujours peur, que douze ou quinze des premiers seigneurs, par le caractère des uns et les établissements des autres, pèseroient dans sa balance plus que deux cardinaux, dont l'un ne pouvoit rien, et l'autre n'étoit que ce qu'il l'avoit fait. Le poids du chancelier l'embarrassoit encore. Il fallut donc étouffer dans M. le duc d'Orléans la crainte d'offenser tant de gens à la fois, presque tous si considérables, par une frayeur plus grande d'une cabale formée contre lui pour renverser son gouvernement.

Il avoit appris en Angleterre l'art de faire paroître une conjuration prête à éclater, pour tirer du Parlement plus de subsides, et l'entretien de plus de troupes qu'il n'étoit disposé d'en accorder. Du Bois érigea de même en cabale, pour renverser le gouvernement du Régent et le Régent lui-même, de la chose du monde la plus simple, la plus naturelle, qui tenoit le moins par aucun coin aux affaires et au gouvernement, et qu'il n'avoit tenu qu'à du Bois d'empêcher de naître, en s'abstenant d'introduire dans le conseil de régence l'inutile et dangereuse chimère du cardinalat. Mais cette exclusion entraînoit nécessairement celle de sa personne. Quoique le conseil de régence fût devenu un néant, il y vouloit primer et dominer, et il ne put avoir la patience d'attendre le peu de mois qui restoient jusqu'à la majorité, qui dissolvoit à l'instant le conseil de régence par elle-même, pour en composer de pareils à ceux du feu Roi, où il n'auroit mis que des gens à son choix et d'état à n'avoir rien à lui disputer, comme il fit en effet dans la suite. Mais il fut si impatient qu'il fallut tout forcer, et après si effrayé du nombre et de l'unanimité des résistants à lui céder, qu'il fallut inventer la cabale, le danger du prince, le péril de l'État, les revêtir de toutes les couleurs qu'il imagina de leur donner; ne laisser approcher du Régent, pendant ce court mouvement de simple préséance, que des gens bien instruits à augmenter sa frayeur.

Ce fut pour la porter au dernier degré qu'il y ajouta le

dessein formé de cette prétendue formidable cabale de renvoyer l'infante, de rompre la nouvelle union formée avec l'Espagne, et, pour en persuader mieux le Régent, me dépêcher un courrier là-dessus pour m'en informer, et me charger d'en rendre compte au roi et à la reine d'Espagne; et de n'oublier rien pour les rassurer là-dessus. C'est ce qui me fut si expressément ordonné de faire par une autre lettre en deux mots du cardinal du Bois, qu'il m'écrivit à part de celle que je viens de copier, et de faire sur-le-champ, dans l'instant que j'aurois lu les lettres que ce courrier m'apportoit, en quelque lieu que Leurs Majestés Catholiques pussent être, sans différer d'un instant.

Un peu de réflexion dans M. le duc d'Orléans eût fait disparoître ce fantôme aussitôt que présenté. Quel besoin avoit cette cabale prétendue d'une dispute de préséance pour éclater, et d'une dispute qu'elle ne pouvoit prévoir, puisque le cardinal de Rohan voyoit depuis si longtemps un conseil de régence, sans qu'il eût été question pour lui d'y entrer, et que du Bois, qui en étoit, et de nécessité par ses emplois, avoit cessé d'y entrer depuis le moment qu'il avoit reçu des mains du Roi la calotte rouge? Quelle puissance avoit acquise cette cabale depuis que celle du duc et de la duchesse du Maine, où tant de gens étoient entrés et à Paris et dans les provinces, appuyée de l'argent, du nom, de la protection d'Espagne, des menées de son ambassadeur, homme de beaucoup d'esprit et de sens, et de toute la passion du cardinal Alberoni, maître alors de l'Espagne, depuis, dis-je, l'avortement de ces complots si promptement et si facilement détruits? S'élevant de nouveau contre le Régent, et en même temps contre l'Espagne, son plus fort appui l'autre fois par les droits de la naissance de Philippe V, de quelle puissance étrangère auroit-elle pu s'appuyer? Ce ne pouvoit être de la seule à portée de la secourir. L'Angleterre étoit trop intimement liée alors avec la France, et trouvoit trop son intérêt au gouvernement de M. le duc d'Orléans et au crédit démesuré du cardinal du Bois, son pensionnaire et son esclave, pour ne les pas soutenir de toute sa puissance, bien loin d'aider à la troubler. Qui est l'homme ayant les moindres notions, qui pût se flatter que la Hollande, et par elle-même et par sa dépendance de l'Angleterre, y eût voulu contribuer d'un seul florin ni d'un seul soldat? Enfin, la cabale auroit-elle mis son espérance dans le roi de Sardaigne, si connu pour n'y pouvoir compter qu'en lui livrant les provinces de sa bienséance, et encore avec plus que la juste crainte d'en être abandonnée dès qu'il s'en seroit saisi de manière à les conserver? Et de plus, comment la cabale s'y seroit-elle pu prendre pour parvenir à les lui livrer? tous les autres princes trop foibles ou trop éloignés pour y pouvoir penser. Enfin par les seuls François? Le temps étoit passé de la puissance des seigneurs et des gouverneurs des provinces, des unions et des partis. La Bretagne en étoit un exemple récent, et tout ce qui s'étoit passé à la découverte des complots du duc et de la duchesse du Maine, de Cellamare et de leurs adhérents, dont les promptes et faciles suites étoient des leçons qui ne pouvoient pas être si promptement effacées.

Cette chimère auroit donc pu à peine faire impression sur un enfant. Mais tout étoit sûr à l'impétuosité d'un fourbe qui avoit su infatuer son maître au point de pouvoir tout entreprendre, d'être seul redouté, de l'avoir enfermé sans accès à tout ce qui n'étoit pas vendu à ses volontés et à son langage, et qui, appuyé sur la paresse de penser et de réfléchir de son maître, qui avoit plus tôt fait de l'en croire sur tout que d'y songer un moment, sur le tourbillon qui emportoit ses journées, le rendoit aussi hardi et aussi heureux à entraîner un prince de tant d'esprit et de lumières que s'il en eût été entièrement dépourvu.

Ce fantôme d'une cabale si dangereuse, outre l'usage présent qu'en fit le cardinal du Bois, en renfermoit un autre plus éloigné. Je l'ai tacitement annoncé ici en deux endroits, dont le dernier a été la tentative de remettre le duc de Berwick dans les bonnes grâces de Leurs Majestés Catholiques. Il est temps de le déclarer, simplement pour l'intelligence, sans avancer le récit du succès, éloigné encore de quelques mois. Du Bois, toujours en défiance de la facilité de son maître, qu'il ne vouloit que pour soi, méditoit de s'affranchir de toute crainte, et d'éloigner de lui, comme que ce fût, quiconque avoit eu part à sa familarité en affaires et à sa confiance, et qu'il craignoit, qu'ils n'en reprissent avec lui, soit par ancien goût, amitié, habitude, soit par poids ou par hardiesse. Plusieurs de ceux-là, il les faisoit entrer dans la prétendue cabale, et subsidiairement tous ceux qu'il lui convenoit d'écarter. Il craignoit sur tous le duc de Noailles, par son esprit, sa souplesse, le goût et la familiarité que M. le duc d'Orléans avoit eus[1] pour lui, et dont il avoit encore des restes; le poids du chancelier, sur qui Noailles avoit tout pouvoir; celui du maréchal de Villeroy, même du maréchal d'Huxelles, qui imposoient au Régent, quoi[que] sans goût ni amitié, mais qui avoit le même effet; les divers tenants de ceux-là, tels que Canillac, Nocé et d'autres. C'étoit de ceux-là dont il vouloit s'affranchir en les ruinant dans l'esprit de M. le duc d'Orléans, et préparer leur perte, pour y procéder au premier moment qu'il y verroit jour. Le Blanc, tout son homme qu'il fût, étoit trop avant dans la confiance et les choses les plus secrètes de M. le duc d'Orléans, et Belle-Isle, son compersonier[2], tous deux ses favoris en apparence et ses consulteurs de tous les soirs, étoient secrètement sur la liste de ses proscriptions. Le duc de Berwick et moi n'y étions pas moins. L'Anglois avoit trop acquis sur le Régent par le sacrifice si plein et si prompt qu'il lui avoit fait de tout ce qu'il devoit au roi d'Espagne; et, pour ce qui me regardoit, mes anciennes, intimes et continuelles

1. *Eu*, au manuscrit.
2. Voyez tome IX, p. 282 et note 1.

liaisons d'affaire et d'amitié, dans les temps les plus critiques, du plus entier abandon, et les plus éloignés de toute apparence d'utilité pour moi, même de plus qu'apparences les plus contraires, me rendoient d'autant plus odieux à ce solipse[1], que M. le duc d'Orléans ne pouvoit oublier que mes conseils ne lui avoient pas été inutiles dans toutes les différentes situations de sa vie, et que du Bois avoit souvent éprouvé ma hardiesse et ma liberté. D'essayer de faire peur de Berwick et de moi à M. le duc d'Orléans, il le sentoit impraticable.

Pour se défaire de Berwick, il lui destinoit l'ambassade d'Espagne. C'étoit pour cela que j'avois reçu des ordres si précis et si réitérés de ne rien oublier pour lui réconcilier Leurs Majestés Catholiques. On verra que le mauvais succès que j'y eus ne le rebuta pas. Pour moi, j'ignore comment il avoit projeté de s'y prendre. On verra aussi comment je le servis sur les deux toits, en voyant avec indignation le règne absolu de la bête, et mon inutilité auprès de M. le duc d'Orléans. Tel étoit le plan du cardinal du Bois, que nous lui verrons effectuer dans la suite. Revenons maintenant à sa lettre à moi qu'on vient de voir, et aux artifices dont il tâcha de me circonvenir par lui-même, et par une autre lettre plus étendue que la sienne, qui m'arriva par le même courrier.

Le cardinal du Bois commence sa lettre par une vérité pour donner plus de créance à ce qui la devoit suivre; mais vérité à qui il donne une étendue qu'elle n'avoit pas. Il fut bien aise en effet de mon absence, lors de l'exécution d'un dessein contre lequel il ne se dissimuloit pas que je ne me fusse roidi de toutes mes forces, qui l'eussent sûrement au moins embarrassé. Mais quoi qu'il en puisse dire, mon absence le soulagea encore plus dans la création et la présentation hardie de ce fantôme de cabale si dangereuse dont il osa effrayer le Régent. J'étois

1. Solipse, de *solus* et de *ipse*, égoïste dans son ambition.

le seul des intéressés qu'il n'auroit pu en rendre suspect, et à qui il n'eût pu fermer l'oreille de son maître. Il ne pouvoit douter de l'usage que j'en aurois fait; et j'ose dire que j'ai lieu de douter qu'il eût osé produire ce fantôme en ma présence. Après avoir légèrement glissé là-dessus en commençant, il essaye de détourner mes yeux de son odieuse préséance, sur laquelle il ne fait qu'un saut léger, sans y appuyer le moins du monde, et compte m'infatuer de la prétendue cabale, à la faveur de ma haine ouverte et sans aucun ménagement pour celui qu'il lui convient d'en faire le chef.

Noailles s'étoit si indignement conduit dans l'affaire du bonnet, et avec tant de perfidie, qu'il étoit tout naturel de penser qu'il n'étoit touché de la préséance des cardinaux que par prétexte. C'en fut un en effet, qui, dans lui et dans quelques autres peu touchés de leur dignité, mais beaucoup de ce qu'ils jugeoient être leur fortune, et à quelque prix que ce fût, ne regardoit en rien ni le Régent ni son gouvernement, mais la personne unique du cardinal du Bois, puisque, après sa mort et l'élévation de Fréjus à l'autorité et à la pourpre, les mêmes ducs et maréchaux, si blessés en apparence de la préséance des cardinaux, n'oublièrent rien pour être admis dans le conseil du Roi, où le cardinal de Fleury avoit la première place. Du Bois n'oublia donc rien pour surprendre ma haine, et par elle me persuader de ce qu'il se proposoit que je crusse de la cabale que Noailles avoit formée contre l'État et le Régent, me persuader que de son succès dépendoit ma perte personnelle, me piquer par le dessein de renvoyer l'infante, que je venois pour ainsi dire d'envoyer en France, et rompre l'union que mon ambassade venoit d'achever de consolider; enfin de m'éblouir, de m'entraîner par le concours de ces différentes passions qu'il tâchoit d'exciter ou d'augmenter en moi; de me faire oublier la préséance, et de me précipiter à agir selon ce qu'il se proposoit. Pour y mieux réussir, il se contenta d'un récit dont l'artifice emprunta tant qu'il put l'air simple et modeste, la brèveté[1] de s'en tenir au nécessaire et de passer tout de suite à autre matière, mais qui ne lui tenoit pas moins au cœur. Parmi les louanges et les desirs de ma présence qu'il sut mêler à son récit pour me capter et m'aveugler par tous les endroits possibles, il mouroit de peur de mon retour. Que ne craignent pas les tyrans, et plus encore ceux qui ne sont pas couronnés? Pour allier ses prétendus souhaits de mon retour et les raisons dont il tâchoit de les rendre vraisemblables avec son véritable desir de me tenir éloigné, il se jette sur les services importants que je puis rendre en Espagne; il les balance avec ceux que le Régent devoit attendre uniquement de moi auprès de lui, se joue avec cet artifice, et met mon retour à un prix qu'il étoit si persuadé que je ne pourrois atteindre, que la vérité perce malgré lui, et le force de l'avouer en convenant de toute la difficulté que je rencontrerois à établir Chavigny, déshonoré en Espagne comme partout, dans la confiance nécessaire à y servir utilement pendant qu'il n'y auroit point d'ambassadeur. Cet artifice étoit pitoyable. Mais les fripons se trompent eux-mêmes à force de vouloir tromper les autres.

Tout étoit fait en Espagne; réconciliations, traités, mariages, et tout s'étoit fait indépendamment du ministère de Laullez et de Maulevrier. Il n'y avoit plus rien à faire qu'à suivre et entretenir les traités et l'union; et pouvoit-il me croire assez stupide pour ignorer sur les lieux qu'il y eût d'autres négociations à ménager, et que ce qui restoit à faire, qui étoit uniquement cet entretien d'union et de traités, étoit uniquement dans la main des deux seuls ministres des deux couronnes, et tout à fait hors de la sphère de leurs ambassadeurs? Et du Bois savoit de plus combien Grimaldo y étoit porté et l'avoit toujours été d'inclination et de maxime; et quand bien même, ce qui n'étoit pas, un ambassadeur y eût été nécessaire,

---

1. Voyez tome IX, p. 212 et note 1.

l'homme à y envoyer existoit, sur quiconque le choix pût tomber, et devoit se faire incontinent, si ma présence auprès du Régent étoit aussi nécessaire et aussi desirée par du Bois qu'il vouloit me le faire accroire. Ces panneaux se trouvèrent aussi trop légers pour arrêter mes pieds; mais comme il n'avoit osé leur donner toute l'étendue qu'il vouloit pour les mieux cacher, voici le supplément qu'il imagina.

On a vu ci-dessus, il n'y a pas longtemps, que le Blanc, secrétaire d'État de la guerre, étoit devenu l'homme à tout faire du cardinal du Bois, et par lui Belle-Isle, son ami intime, et que tous les soirs le cardinal du Bois finissoit sa journée chez lui entre eux deux seuls. Ce sont deux hommes que j'aurai lieu d'expliquer dans la suite, et qui méritent bien de l'être. On a vu aussi que Belle-Isle étoit de mes amis, et tout à fait à portée de tout avec moi. Je trouvai dans les paquets que le courrier m'apporta une longue lettre de lui, qui étoit la paraphrase de celle du cardinal du Bois dont je viens de parler. Mais Belle-Isle, qui ne vouloit pas apparemment que je m'y méprisse, la commença par me dire qu'il m'avoit écrit le matin même, dans le paquet de Mme de Saint-Simon, sans détail, pour ne pas confier des choses si importantes à la poste; mais que la conversation qu'il avoit eue le soir avec le cardinal du Bois et le Blanc, où il avoit été résolu de m'envoyer un courrier exprès, l'engageoit à m'écrire celle qu'il m'envoyoit par cette voie sûre; et delà entre dans le détail de ce qui s'est passé sur la préséance des cardinaux et la sortie du conseil de ceux qui s'en tinrent blessés; de là entre dans celui de la cabale qui veut culbuter M. le duc d'Orléans et son gouvernement; l'arrange, l'organise, nomme le duc de Noailles et Canillac comme les vrais chefs, et le maréchal de Villeroy, qui se persuade l'être; l'entraînement du chancelier par Noailles; distingue ceux qui, de bonne foi, ne pensent pas plus loin que la préséance, d'avec ceux qui, de tout temps, effectivement plus que suspects, ont pris feu sur une apparence de rang qui ne les touche guère, mais qui, ennemis de tout temps du Régent, ou dépités de se voir si reculés de toute part au gouvernement, n'ont de vues, de desseins et de projets que de le renverser. Il appelle leur absence du conseil lever le masque, et un attentat authentique à l'autorité du Roi; dit que le Régent en est extrêmement piqué, et résolu à une fermeté inébranlable. Il prête toutes sortes de discours qui marquent les desseins pour la majorité. Il vient après à me dire qu'il comprend l'embarras où je me serois trouvé, dans cette cause commune, avec mon attachement pour M. le duc d'Orléans; à la joie de mon absence dans cette conjoncture; et à me conjurer d'être en garde sur tout ce qui me sera mandé; de ne pas douter de la réalité et du danger de la cabale, et de ne pas prendre un périlleux change là-dessus. Il se jette ensuite sur des arrangements pris avec le Parlement pour éloigner à la majorité M. le duc d'Orléans du gouvernement et pour renvoyer l'infante, et sur des discours imprudents qui ne le cachent pas; enfin, qu'on saura bien faire entendre au roi d'Espagne combien la continuation de son union personnelle avec M. le duc d'Orléans, brouillé sans retour avec tous les grands et tous les personnages du royaume, lui seroit nuisible, et combien il lui importe de se détacher de l'un et de s'attacher les autres.

De là Belle-Isle vient à l'importance de prévenir incontinent le roi d'Espagne là-dessus, à quoi je ne saurois marquer trop de zèle et employer trop de dextérité; surtout lui bien peindre les chefs de la cabale et ses acteurs principaux, les lui nommer en confiance, surtout les plus opposés à tout ce qui s'est fait pour l'infante, et les plus capables de faire jouer toutes sortes de ressorts pour rompre son mariage et pour la renvoyer; enfin, lui vanter la fermeté de M. le duc d'Orléans en cette occasion; lui persuader qu'il est plus en état que jamais d'être utile à Leurs Majestés Catholiques et d'exécuter tout ce qu'ils pourront desirer. Il m'exhorte avec louange d'employer tout mon bien dire et tout mon savoir faire pour cimenter et affermir de plus en plus l'union et le crédit de M. le duc d'Orléans avec le roi et la reine d'Espagne, et me dit franchement que c'est après mûre délibération que le cardinal me dépêche ce courrier. Belle-Isle ajoute ensuite que le chef de cette cabale est le chef des jansénistes, duquel l'objet est également la destruction de la religion, de M. le duc d'Orléans, de ses serviteurs, dont je suis l'un des plus intimes; qu'ainsi tout doit m'engager à concourir dans les vues du cardinal du Bois pour faire avorter leurs desseins, et pour éloigner à jamais du gouvernement gens qui me sont personnellement opposés. Il me dit ensuite que son attachement pour moi, et la part qu'il a eüe à me raccommoder avec le cardinal du Bois en dernier lieu, l'engagent à me parler comme il fait, lequel, malgré toute l'opposition qu'il sait que j'ai pour la préséance des cardinaux, m'avoit extrêmement desiré présent dans cette occasion importante, parce qu'il s'y agit de toute l'autorité de M. le duc d'Orléans, à laquelle j'ai, dit-il, plus de part que personne. Belle-Isle me pique d'honneur sur le soin et le plaisir que je prendrai à prévenir le roi d'Espagne sur ce venin qu'on voudroit répandre dans son esprit contre M. le duc d'Orléans, et me dit qu'après un service si important à Son Altesse Royale et à moi-même, et après que j'aurai accrédité et mis au fait Chavigny, rien ne sera plus pressé que mon retour. Il finit par m'assurer qu'il est convaincu que lorsque j'aurai vu les choses de près je n'y prendrai jamais de part et serai ravi d'avoir été absent; enfin des compliments.

On n'a qu'à jeter les yeux sur la lettre que j'ai transcrite ici du cardinal du Bois et sur celle de Belle-Isle, pour ne pas douter que toutes deux sont de la même main. Ils n'ont pas même l'art de le cacher, et l'avouent de plus, comme la lettre de Belle-Isle étant le fruit de sa conférence avec le cardinal du Bois et le Blanc, où il fut résolu de me dépêcher un courrier. La seconde ne fait qu'étendre la première, essayer plus à découvert de piquer davantage ma haine et mon intérêt personnel en si grand péril, selon eux, m'exciter à ne rien épargner auprès du roi d'Espagne, selon leurs vues, c'est-à-dire de perdre à fond auprès de Leurs Majestés Catholiques ces prétendus entrepreneurs de renvoyer l'infante, pour leur ôter à jamais toute ressource de ce côté-là, et me bien infatuer de cette cabale aussi dangereuse pour moi que pour M. le duc d'Orléans; pour m'ôter par cette muraille toute impression et tout sentiment sur la préséance, et me livrer en aveugle au cardinal du Bois.

La lettre de Belle-Isle est si grossièrement la même du cardinal du Bois, mais plus expliquée, plus étendue, plus appuyant sur la cabale, et appuyant plus librement le poinçon pour m'irriter, m'effrayer, et me fournir de quoi piquer le roi et la reine d'Espagne, que ce n'est plus la peine d'en faire l'analyse après avoir fait celle du cardinal du Bois. Deux articles suppléés à celle de du Bois méritent seulement qu'on s'y arrête. Tous deux passent, comme chat sur braise, sur la préséance et sur l'entrée des cardinaux dans le conseil de régence. Ils sentoient l'inutilité de cette entrée et celle de tenter de me la faire trouver bonne et leur préséance supportable. Mais ce qui me parut admirable fut la qualification de Belle-Isle, dictée par du Bois, à la sortie du conseil de régence de ceux qui s'en trouvèrent blessés, qu'il traite de levée de masque et d'attentat authentique à l'autorité du Roi. Mais que peuvent faire de plus respectueux les plus grands et les premiers d'un royaume que de se retirer dans une pareille occasion, et d'accommoder par cette modeste soumission ce qu'ils se doivent à eux-mêmes avec le respect qu'ils rendent même à l'injustice qu'on leur fait?

Les maîtres des requêtes ne s'asseyent point au conseil des parties, où le Roi n'est jamais, où son fauteuil est vide, où le chancelier, les conseillers d'État et les simples intendants des finances sont assis dans des fauteuils;

beaucoup moins le sont-ils au conseil des finances ou de dépêche, quand quelque affaire extraordinaire en amène quelqu'un rapporter devant le Roi, où le maître des requêtes rapporteur est seul debout. Ils furent pourtant un an sans que pas un d'eux voulût venir rapporter au conseil de régence, où le fauteuil du Roi étoit vide, et où M. le duc d'Orléans présidoit assis comme nous tous sur un siége ployant, parce que ces Messieurs y vouloient rapporter assis, ou bien que ceux du conseil qui n'étoient pas officiers de la couronne ou conseillers d'État se tinssent debout comme eux. L'impertinence étoit évidente. Elle fut pourtant soufferte plus d'un an sans que personne se soit avisé de la traiter d'attentat ni de complot contre l'autorité du Roi. C'est qu'ils n'étoient pas ducs, mais seulement maîtres des requêtes. Et M. le duc d'Orléans leur fut bien obligé quand, à l'instigation de M. Daguesseau, devenu chancelier, ils voulurent bien y venir rapporter debout, sans plus prétendre y faire lever personne.

Un autre endroit que je trouvai risible est celui où Belle-Isle, après avoir déployé son éloquence sur les mouvements, les discours, les moyens et les desseins prétendus de la cabale, en produit le chef comme l'étant aussi des jansénistes, qui vouloient également renverser la religion et l'État. Mais à qui le cardinal et son secrétaire, car Belle-Isle l'étoit en cette occasion, à qui contoient-ils ces fagots ? Ce chef étoit, selon eux, le duc de Noailles, et en apparence, le maréchal de Villeroy, lequel, en bas et ignorant courtisan qu'il fut toute sa vie, avoit épousé la haine du feu Roi et de Mme de Maintenon contre tout ce qu'il avoit plu aux jésuites, etc., de faire passer pour jansénistes, et pour tout ce qui n'adoroit pas la constitution *Unigenitus*, et qui, depuis la mort du Roi, se signaloit sans cesse contre tout ce qui étoit soupçonné, bien ou mal à propos, de n'être pas moliniste ou constitutionnaire.

A l'égard du duc de Noailles, il y avoit longtemps qu'il

s'étoit fait un mérite de sacrifier son oncle à ses ennemis. Les Rohan, les Bissy, les autres chefs n'avoient point de client plus rampant et plus souple, ni les jésuites de serviteur plus empressé et plus respectueux. Ce n'étoit pas un homme qui pût être retenu par aucun sentiment autre que ses vues de fortune, quoique la sienne fût assez complète. Mais l'ambitieux cesse-t-il jamais d'y travailler? Je ne pouvois oublier qu'il avoit empêché les appels de tous les corps et de tous les tribunaux, tout prêt à suivre les écoles, les chapitres et les congrégations qui venoient d'appeler; et on a vu en son lieu que je l'appris de M. le duc d'Orléans même que l'avis de ce neveu du cardinal de Noailles avoit arrêté le consentement qu'il étoit près d'y donner. Je ne pus donc voir sur quoi pouvoit porter cette imputation, ni ce que le jansénisme pouvoit avoir de commun avec la respectueuse et toute simple retraite de gens qui ne pouvoient moins, dont aucun ne passoit pour janséniste ni pour opposé à la constitution, et dont quelques-uns avoient épousé le molinisme et la constitution jusqu'au fanatisme. Cette sottise étoit bonne tout au plus à mander au P. d'Aubanton, digne fabricateur de la constitution, comme on l'a vu ici en son lieu, et jésuite prêt à s'évanouir au nom de jansénisme, pour faire, par son canal, valoir cette calomnie, destituée de toute sorte de plus légère apparence, auprès du roi d'Espagne, qu'il avoit si bien monté sur ces deux points. Enfin Belle-Isle finissoit, comme du Bois, par faire dépendre mon retour de l'accréditement et de la confiance que je procurerois à Chavigny pour gérer les affaires en attendant un ambassadeur, ce qu'ils[1] sentoient bien qui me seroit impossible.

Je lus et relus bien mes lettres. J'y fis tout seul mes réflexions, et je pris mon parti aussitôt. Ce fut de n'être pas la dupe du cardinal du Bois, et de ne pas hasarder la réputation que j'ose dire que j'avois acquise à la cour

---

1. *Qui*, pour *qu'ils*, au manuscrit.

d'Espagne, en y donnant un fantôme de cabale pour une réalité, dont le faux et le néant ne tarderoit pas à me démentir, et qui n'étoit fabriquée que pour coiffer le seul Régent et le persuader du sérieux de la chose par les ordres qu'on se hâtoit de me donner là-dessus. En même temps, je ne voulus pas m'exposer à manquer dans cette conjoncture à l'extérieur des ordres si exprès du cardinal du Bois, et je résolus de lui complaire en forçant les barricades de Balsaïm, où il ne seroit pas derrière moi pour écouter ce que je dirois.

J'allai donc d'abord trouver Grimaldo, qui travailloit dans sa cavachuela. Je lui expliquai fort simplement ce qui s'étoit passé au conseil de régence, sans lui dire un seul mot de cabale; mais seulement qu'on craignoit que cette désertion de tant de gens considérables ne fît plus d'impression qu'elle ne devoit sur l'esprit de Leurs Majestés Catholiques; que c'étoit pour y obvier que j'avois reçu cette nouvelle par un courrier qu'on m'avoit dépêché aussitôt; qu'il venoit d'arriver, et qu'il m'apportoit un ordre fort précis d'en aller rendre compte à Leurs Majestés Catholiques, dans le moment que j'aurois lu mes lettres, en quelque lieu qu'elles pussent être. Grimaldo se mit à rire de cet empressement. Il me dit que cette affaire seroit fort indifférente à Leurs Majestés Catholiques, et qu'elles n'avoient aucune intention de se mêler de l'intérieur de la cour de France, ni des disputes qui pouvoient y arriver; qu'ainsi son avis étoit que je remisse à en parler à Leurs Majestés Catholiques à leur retour, qui seroit dans quatre jours; qu'elles n'étoient parties que de ce matin avec la très-courte suite que je savois; que la défense d'aller à Balsaïm étoit sans aucune exception, et que sûrement le roi seroit fâché et embarrassé de m'y voir. Je répondis à Grimaldo que je pensois tout comme lui, mais qu'il connoissoit l'homme à qui j'avois affaire, qui, de plus, m'en feroit une de mon retardement, et l'imputeroit au mécontentement qu'il ne pouvoit douter que je n'eusse de cette préséance; et là-dessus je lui donnai à lire la lettre particulière qui ne contenoit que l'ordre exprès de rendre compte à Leurs Majestés Catholiques, quelque part qu'elles fussent, dans le moment de l'arrivée du courrier.

Grimaldo lut et relut cette courte lettre. Il me dit, en me la rendant, qu'il sentoit tout mon embarras et ne savoit que me dire. Je m'espaçai quelques moments sur le cardinal du Bois avec lui, et je le priai de faire en sorte que le roi voulût bien entrer avec bonté pour moi dans la situation où je me trouvois. Je le priai de lui écrire en ce sens pour le disposer à me recevoir, parce que, comme que ce fût, j'étois résolu d'aller le lendemain à Balsaïm; et je lui avouai que j'aimois mieux risquer à déplaire au roi d'Espagne pour un moment, et sur chose sans conséquence, que de me perdre dans ma cour, où le cardinal du Bois me guettoit sans cesse pour y parvenir à qui il ne falloit pas fournir le plus petit prétexte. Grimaldo, haussant les épaules, convint que j'avois raison, et me dit qu'il avoit heureusement à dépêcher tout présentement un courrier au roi d'Espagne, par lequel il l'avertiroit de mon voyage, de sa cause, de mes raisons personnelles, et n'oublieroit rien pour le disposer à me recevoir sans chagrin. Je remerciai beaucoup Grimaldo et revins chez moi disposer mon voyage, envoyer sur-le-champ des relais et des mules de selle, à quoi Sartine, qui connoissoit le chemin, m'aida fort.

Je partis donc le lendemain avant six heures du matin, et je fus bien étonné de trouver la porte de Madrid fermée, le côté de la clef en dehors, et celui qui la gardoit à cent pas hors cette porte, en sorte qu'il fallut faire escalader la muraille, heureusement assez basse, par un laquais, qui eut encore grand'peine à se faire ouvrir par le portier, qui vint enfin nous faire sortir de la ville. Le comte de Lorges, mon second fils, l'abbé de Saint-Simon, son frère, et le major de son régiment vinrent avec moi. Cette corvée ne tenta point le comte de Céreste.

CHAPITRE XII.

Voyage à Balsaïm. — Balsaïm; fraîche réception, tôt réchauffée. — Audience à Balsaïm. — Je couche à Ségovie. — Ségovie. — Cordelier de M. de Chalais. — Je dîne à Balsaïm, et suis Leurs Majestés Catholiques à la Granja. — Comment la Granja devenue Saint-Ildephonse. — Saint-Ildephonse. — Superbe et riche chartreuse. — Manufactures de Ségovie fort tombées. — Je réponds aux lettres du cardinal du Bois et de Belle-Isle. — Bruit ridicule que fait courir mon voyage de Balsaïm. — Hardiesse étrange de Leurs Majestés Catholiques allants et vénants de Balsaïm. — Autres lettres curieuses du cardinal du Bois à moi. — Vif sentiment du duc d'Arcos sur la préséance des cardinaux au conseil de régence. — Cardinaux, chanoines de Tolède, mêlés avec les autres chanoines en leur rang d'ancienneté entre eux.

Nous arrivâmes sur le midi au vrai pied de la Guadarama, après avoir déjà assez longtemps monté et fait à peu près comme de Paris à Senlis. Nos voitures y demeurèrent, et nous montâmes nos mules. Je ne vis jamais un si beau chemin ni si effrayant en voiture. On affronte un mur de roc d'une effroyable hauteur par un chemin uni, mais étroit, qui va en zigzag assez droit avec peu de roideur, en sorte qu'en parlant un peu haut on peut causer un peu avec des gens au-dessous et au-dessus de soi, qui sont à près d'une lieue les uns des autres. La montagne et le chemin étoient couverts de neige fort épaisse; tout étoit rempli d'arbres entre les rochers, dont les branches, toutes chargées de frimas, n'étoient que les plus belles grappes et les plus brillantes. Toute cette singularité faisoit dans son affreux quelque chose de charmant. On parvient ainsi à la cime, à force de contours. Le terre-plein n'en est pas long, et la descente de l'autre côté est bien plus aisée et plus courte, à la moitié de laquelle on découvre Balsaïm, dans une vallée étroite, placé à une distance assez grande du pied de la montagne. Balsaïm, bâti par les Maures, et brûlé par malice sous Charles II, qui y alloit trop souvent, et point réparé depuis, est le reste d'un grand et beau château. Ce reste est fort petit, avec un jardin médiocre et rien autour qui s'aperçoive. Nous fûmes mettre pied à terre à un reste de bâtiment bas, qui étoit du château, tout contre, mais sans communication à couvert.

On nous fit entrer dans l'office du duc del Arco, où ses sommeliers travailloient, qui nous quittèrent civilement la place, après nous avoir présenté des chaises de paille auprès du feu, dont nous avions grand besoin, et nous avoir offert de nous rafraîchir, dont nous les remerciâmes. Il n'étoit guère que quatre heures après midi, et nous y attendîmes une heure et demie le retour de Leurs Majestés de la Granja, qui est devenu Saint-Ildephonse. La cuisine du duc del Arco étoit à côté. Au-dessus, il y avoit quatre petites cellules pour les trois seigneurs qui étoient du voyage et pour Valouse, et en bas, près de la cuisine, une espèce de petite salle longue et étroite, où le duc del Arco tenoit sa table. Avertis de l'arrivée de Leurs Majestés, nous allâmes les voir descendre de carrosse. Grimaldo les avoit averties; elles s'attendoient à me trouver. La réception du roi fut froide, pour ne pas dire rechignée, sans dire une parole; celle de la reine, embarrassée, mais plus humaine. Elle me dit quelques mots, mais leur suite me fit la meilleure réception du monde. Le roi et la reine montèrent un degré de bois, entre deux bâtons pour garde-fous, où on ne pouvoit aller qu'un à un. Il étoit en dehors appuyé contre le pignon, et en l'air comme la montée d'un paysan dans son village. Au haut il y avoit un petit carré à tenir cinq ou six personnes pressées, d'où on entroit directement dans la chambre du roi et de la reine, sans rien de plus qu'une garde-robe au delà, et vis-à-vis la porte de la chambre de Leurs Majestés, en repassant le petit carré, une autre chambre toute seule. C'est là tout le logement avec quelques trous au-dessus; et dessous, au rez-de-chaussée, la cuisine et l'office de Leurs Majestés.

Arrivé dans ce carré, où Leurs Majestés s'étoient arrêtées pour m'attendre, je leur demandai la permission de les suivre et d'avoir l'honneur de leur dire un mot. Toute la suite demeura dans ce carré et dans la chambre joignante, et je me trouvai en tiers avec Leurs Majestés Catholiques, qui me menèrent dans la fenêtre, parce que le jour baissoit fort. « Qu'y a-t-il donc, Monsieur, de si pressé ? » me dit le roi sèchement. Je commençai par des excuses d'être venu sans permission sur les ordres les plus exprès que j'en avois reçus pour leur rendre compte de ce qui s'étoit passé au conseil de régence, que je leur expliquai fort simplement, sans dire un mot de cabale, et seulement pour les informer de la raison qui avoit fait sortir les ducs, le chancelier et les maréchaux de France du conseil, qui n'étoit autre que la préséance des cardinaux et qui étoit chose toute simple et sans nulle sorte de conséquence pour la tranquillité et pour les affaires, mais dont l'attention de M. le duc d'Orléans à les informer des moindres événements avoit voulu que je fusse le premier à le leur apprendre tout tel qu'il étoit de la part du Roi et de la sienne, par son respect et son attachement pour Leurs Majestés. Le roi, toujours sec, me répondit que cela ne valoit pas la peine d'être venu, que cela eût été aussi bon à Madrid. Je regardai la reine, et, m'adressant à elle, je lui dis qu'on étoit bien empêché quand on avoit affaire au cardinal du Bois, et sur un fait encore où le moindre retardement m'eût fait une affaire, parce qu'il étoit persuadé, sans doute avec raison, que je ne serois pas plus content de ce qui s'étoit passé que ceux qui en avoient quitté le conseil. La reine se mit à rire, me dit qu'elle le comprenoit bien, et s'adressant au roi, ajouta qu'il n'y avoit pas grand mal, sinon ma peine, et tout de suite me fit quelques questions sur ce qui s'étoit passé, mais courtes et simples. Le roi se radoucit, et me dit qu'il ne se soucioit point de ces choses-là, qu'il ne vouloit point se mêler de l'intérieur de la cour de France, encore moins des disputes et des querelles. Je finis ces propos par leur présenter la relation que j'avois reçue de tout ce qui s'étoit passé à l'arrivée de l'infante, et des fêtes qui l'avoient suivie, ce qui plut fort au roi et le remit de belle humeur. Je leur en dis les principaux articles. Ils furent fort sensibles à l'appareil de la réception, et surtout de ce que le Roi étoit sorti assez loin de Paris au-devant d'elle.

Après quelques propos là-dessus, qui achevèrent de les égayer, la reine proposa au roi de faire entrer ce qui étoit dehors pour leur donner part de ces nouvelles, et me dit de les appeler. Tous entrèrent. La reine leur répéta ce que je venois de lui en dire, et ajouta qu'il falloit lire la relation. Puis, s'interrompant, elle eut la bonté de se mettre en peine de mon gîte et de ce qui m'accompagnoit. Le duc del Arco m'offrit un lit et à souper, mais en peine de lits et de chambres pour ce que j'avois amené. Tout cela causa force compliments et de la meilleure grâce du monde de la part du duc del Arco, même du marquis de Santa-Cruz, où le roi entra un peu, et la reine avec vivacité. Je ne voulois incommoder personne, et, pour ce qui étoit avec moi, il n'y avoit nul moyen de les gîter. Je proposai donc qu'il nous fût permis d'aller coucher à Ségovie, et cela finit par là. Le duc del Arco vouloit nous donner à souper, mais je fis si bien que je m'en exemptai. Il me fit donner une breline[1] à quatre personnes pour nous y mener. La reine, pendant cette conclusion, avoit parlé bas au roi, et me dit après qu'ils ne me laissoient aller qu'à condition de revenir tous le lendemain dîner chez le duc del Arco, et de les suivre après dîner à la Granja, où le roi me vouloit montrer les bâtiments et les jardins qu'il y faisoit faire. Le roi y ajouta quelque chose du sien avec un air content et ouvert, et la reine les plus gracieuses bontés. Valouse nous vouloit donner son lit et sa chambre, et le comte de S. Estevan de Gormaz fit aussi très-bien. Mais il n'y

1. Voyez tome VIII, p. 245, et tome XVII, p. 332 et p. 333.

eut rien d'égal à la politesse et à l'empressement du duc del Arco. Nous prîmes congé, et nous partîmes pour Ségovie, distant de Balsaïm comme de la place de l'ancienne porte de la Conférence à Sèvres, par une plaine fort unie qu'on gagne après avoir un peu monté fort doucement. On nous fournit aussi des gens à cheval avec des flambeaux.

Ceux qui, venus avec moi, y allèrent à cheval, précédèrent l'arrivée de la breline. Nous les trouvâmes dans la rue, n'ayant pu se faire ouvrir aucune maison. On les renvoyoit par les fenêtres comme des bandits dont on avoit peur. Malgré l'équipage nous eûmes le même sort partout où nous frappâmes, en sorte que pendant près d'une heure nous eûmes toute la peur de coucher sur ce pavé sans souper. Enfin nous fîmes tant de bruit à la porte d'une grande maison, qu'après avoir longtemps prié et menacé par la fenêtre, bravé par notre nombre et par la livrée du roi qui nous menoit, que ces gens comprirent enfin que nous disions vrai et que nous n'étions pas des bandits. Ce fut un grand contentement que de voir ouvrir cette porte. On nous fit monter et montrer des chambres et des lits. C'étoit déjà beaucoup. Mais quand on parla de souper, point de pain ni de viande, ni de tout l'accompagnement. Le repas en chemin avoit été fort léger, et nous n'avions pas compté d'avoir rien à porter pour le soir. Il fallut bien du temps et de l'industrie pour surmonter la mauvaise humeur de gens qui nous avoient reçus malgré eux, qui trouvoient fort mauvais que nous troublassions leur repos, et pour ramasser de quoi souper et l'apprêter à l'heure qu'il étoit, et dans un pays où les cabarets et les hôtelleries sont inconnues[1]. Néanmoins, avec de la patience, nous soupâmes et nous couchâmes pas trop mal.

La curiosité m'éveilla le lendemain de bonne heure. Mes fenêtres me présentèrent tout près ce superbe aque-

---

1. Ce participe est bien au féminin.

duc construit par les Romains, qui paroît d'une seule
pierre, et qui, sans s'être encore démenti, porte l'eau de
la montagne voisine par toute la ville, qui est grande,
bien bâtie, avec des places, de belles églises, et des rues
moins étroites, moins obscures, moins tortues que je ne
les ai vues dans les autres villes d'Espagne, excepté Madrid et Valladolid. En approchant tout contre l'aqueduc,
qui est d'une grande hauteur, et plus que les plus hauts
qu'on voit autour de Versailles et de Marly, et sans arcades
que quelques portes pour la communication nécessaire,
on est surpris de l'énormité des pierres dont il est bâti, et
de la presque impercibilité[1] de leurs séparations, où il ne
paroît pas trace d'aucune espèce de liaison. Je ne pouvois
me lasser de considérer ce merveilleux édifice que tant de
siècles ont respecté.

La ville est au fond d'une plaine de quatre ou cinq
lieues, belle, unie, fertile et appuyée à la montagne, qui est
là fort haute et fort escarpée. A l'autre bout, du côté de la
plaine, est le château de Ségovie, qui, comme Vincennes,
est un palais, mais vaste et beau, embelli et presque tout
rebâti par Charles V, et une prison de criminels d'État.
Il a, chose rare en Espagne, une belle et vaste cour, et
les appartements des rois sont admirables par leur plein
pied, leur étendue, leur structure et les ornements sages,
magnifiques et très-bien exécutés, dont ils sont enrichis.
Leur dorure épaisse, foncée, brillante comme si elle venoit
d'être faite, les plafonds avec leurs peintures exquises, et
l'ordonnance des ornements, tant des murailles, des
portes, des fenêtres et des plafonds, me rappela tout à fait
ceux de Fontainebleau, ne balançant pas toutefois à préférer ceux de Ségovie. La principale vue donne sur une
petite rivière qui serpente tout proche, et sur toute cette
magnifique plaine bordée de montagnes inégales et de
quelques hauteurs.

Au plus haut du donjon, qui a sept étages, et qui est

1. Telle est l'orthographe du manuscrit.

tout contre le château, dans la même cour, étoit ce cordelier fameux que M. de Chalais amena à Paris avec tant de précaution et de mystère, dont il a été ici parlé en son temps, et qu'il ramena bien escorté à Ségovie, d'où il n'étoit pas sorti depuis. J'appris de celui qui avoit soin des prisonniers, car il y en avoit dans ce donjon plusieurs autres, que ce cordelier étoit insatiable de romans, et guère moins de vin et de viande ; qu'il juroit et blasphémoit sans cesse, et qu'il passoit sa vie à hurler de fureur ou à chanter pour se divertir. Il crioit à l'injustice contre la cour d'Espagne, mais sans jamais rien laisser entendre de la cause de sa prison ; qu'il avoit tenté bien des fois de se sauver, ce qui l'avoit fait mettre au plus haut étage ; qu'il ne s'accoutumoit point à sa prison, et qu'il étoit comme désespéré. Ce concierge me parut excédé d'un tel hôte, dont l'impiété et le goût de la débauche lui faisoit horreur, et qui lui donnoit plus de soin et de peine que tous les autres prisonniers ensemble. Je fis ce que je pus pour le lorgner à sa fenêtre, mais je ne pus l'y apercevoir. Il y avoit du moins une belle vue, et on lui donnoit les livres qu'il demandoit, et tant de vin et de nourriture qu'il vouloit, mais on ne lui laissoit voir personne ni rien de quoi il pût s'aider pour écrire. La matinée se passa en ces curiosités, et nous partîmes pour Balsaïm par les mêmes voitures qui nous avoient amenés la veille.

Nous descendîmes chez le duc del Arco vers une heure après midi, et bientôt après on y servit un fort splendide dîner et fort bon, quoique presque tout à l'espagnole. Le marquis de Santa-Cruz, le comte de S. Estevan de Gormaz et Valouse dînèrent avec nous, et le duc del Arco en fit les honneurs le plus noblement et le plus poliment du monde. On fut longtemps à table, de fort bons vins, de très-bon café, bon appétit, bons propos. Ces seigneurs espagnols étoient ravis de me voir donner sur leurs mets de bonne grâce. Peu de moments après dîner, ils nous menèrent au bas de ce petit escalier de bois, sur lequel, tôt après, nous vîmes paroître le roi et la reine et monter en carrosse, dont je fus fort accueilli. Le roi me parut tout accoutumé à me voir à Balsaïm, et lui et la reine se faire un plaisir de me faire voir leurs ouvrages à la Granja. Ce mot espagnol veut dire une grange. C'en étoit une en effet, et toute esseulée, qui appartenoit aux moines de l'Escurial, à une lieue, de celles d'autour de Paris, de Balsaïm. De cette maison, le roi y avoit été faire des chasses. La solitude lui en avoit plu : la facilité d'y avoir de l'eau en abondance et beaucoup de chasses l'avoit déterminé à acheter de ces moines ce qu'ils y avoient, et à y bâtir la retraite dans laquelle il méditoit de se jeter dès que le prince des Asturies commenceroit à pouvoir porter la couronne, qu'il lui vouloit remettre, comme il l'exécuta depuis. Mais ce dessein, alors ni de longtemps après, ne fut connu que de la reine et du P. d'Aubanton, qui tous deux en mouroient de peur, et n'oublioient aucune adresse pour l'en détourner doucement.

Le duc del Arco et le marquis de Santa-Cruz se partagèrent pour nous mener. Le chemin couloit le long de la vallée, traversant souvent de beaux ruisseaux et des ravins, et se rapprochant du pied de la chaîne de ces hautes montagnes que nous avions traversées en venant de Madrid. Plus on approche de la Granja, plus la vallée s'étrécit. Tout y étoit ouvert comme en plein champ, et nous arrivâmes par le côté. La cage de la maison étoit faite, distribuée couverte; on en étoit aux dedans, mais encore en maçons; et la plupart des jardins étoient faits, mais grossièrement encore. La chapelle, qui est au flanc par où nous arrivâmes, étoit à peine sortie de terre, comme une fort grande église, qui devoit être accompagnée de logements pour le chapitre et les gens de la chapelle, qui n'étoient pas commencés. Cette chapelle étoit déjà fondée pour une riche collégiale. Son titre étoit destiné de Saint-Ildephonse, sous l'invocation duquel elle devoit être consacrée; et c'est ce qui en a donné le nom à ce vaste palais. Avant d'aller plus loin, il faut donner l'idée de ce lieu, que la retraite de Philippe V, pendant sa courte abdication, a rendu célèbre.

Il seroit difficile de trouver une situation plus ingrate, ni d'avoir mieux réussi à la rendre triste, pour ne pas dire affreuse, par le choix de l'emplacement du château. Ce château est un long et vaste bâtiment, qui est double, presque au bas d'une pente fort douce et fort unie partout, qui, en s'élevant peu à peu, arrive jusqu'au bord de la plaine de Ségovie, que cette hauteur presque insensible dérobe au château, qui l'auroit vue en plein, avec la ville de Ségovie, son aqueduc et le couronnement de ses montagnes, s'il avoit été placé vingt ou vingt-cinq toises plus haut, ce qui auroit formé à ses pieds une terrasse telle qu'on auroit voulu, dominante sur les jardins, mais avec une douceur très-agréable, et qui n'auroit que plus invité à y descendre, au lieu que l'emplacement où il est ne lui laisse que la vue et le plein pied de la vallée, et masque entièrement la vue de tous les étages du double par cette hauteur qui s'élève si doucement jusqu'à la plaine, et qu'on semble toucher des fenêtres avec la main. Le rez-de-chaussée me parut destiné en salles des gardes, pièces à tenir des tables, et quelques logements. Tout le premier étage pour les appartements de Leurs Majestés Catholiques, distribués en belles pièces, de belles mais de diverses grandeurs, dont le double aveuglé, comme je viens de l'expliquer, en commodités et en garde-robes, logements de caméristes et de petits domestiques du roi les plus nécessaires, avec, au bout du flanc, des tribunes percées sur la chapelle, mais point encore faites. Nous ne vîmes pas l'étage de dessus. La cage de l'escalier vaste et agréable dans sa forme, au milieu du bâtiment, et à droite et à gauche de jolis escaliers dérobés par lesquels nous passâmes.

A l'autre flanc opposé à la chapelle étoit un bâtiment double, qui ne débordoit pas le château en avant, placé en potence à l'égard du château, qui s'étendoit assez loin en le débordant par derrière, avec des cours et de grands bâtiments intérieurs. Il étoit bâti pour servir de commun pour les équipages, les cuisines et les offices, et pour loger les seigneurs et toute la suite de la cour. Du flanc du château à ce bâtiment, il n'y avoit au plus que trois toises. J'en témoignai ma surprise à la reine, qui me répondit qu'ils vouloient entendre du bruit et voir aller et venir. L'intention secrète, que je ne pouvois comprendre alors, étoit de désennuyer leur retraite par entendre et voir du monde auprès d'eux. Ces jardins alloient jusqu'au pied de la montagne, dont l'espace étoit court, et sur la fin montoit un peu dans la racine de la montagne; mais, à droite et à gauche, ils s'étendoient déjà fort loin, et ils ont été depuis fort allongés de part et d'autre, remplissant toujours toute la largeur de la vallée.

Ces jardins assez unis pour donner de vastes pleins pieds, et point assez pour manquer des agréments qu'on tire des terrains inégaux. Beaucoup d'allées d'arbres plantés tous grands, comme le feu Roi faisoit à Marly, des terrasses peu élevées, revêtues, et bordées de gazon, des bosquets sortant encore peu de terre, des bassins, des canaux, des pièces d'eau sans nombre, de toutes les formes, des cascades, des nappes, des effets d'eau de toutes les sortes, de la plus belle eau et de la meilleure à boire, et dans la plus prodigieuse abondance, et des jets d'eau partout en gerbe et de toutes les formes, dont plusieurs, qui étoient seuls, jetoient gros comme la cuisse le double de la hauteur de ce beau jet de Saint-Cloud qui faisoit la jalousie du feu Roi, et que tout le monde admire avec raison. Les plus fâcheux inconvénients ont quelquefois leur utilité : cette longue chaîne de montagnes qui bornoit les jardins, qui s'élevoit presque jusqu'aux nues, toute de rochers parsemés d'arbres mal semés, couverte de neige presque toute l'année, dont la cime ne fondoit jamais, dont l'hideuse[1] beauté faisoit

---

1. Saint-Simon n'aspire pas l'*h* de *hideuse*.

tout l'aspect du château, et dont un mulet rapportoit de
la glace et de la neige en moins de deux heures, aller et
venir, cette chaîne de montagne fourmilloit des plus
grosses sources, à toutes hauteurs, et fournissoit sans
cesse toutes les eaux des jardins, en telle quantité qu'on
vouloit, et pour telle hauteur où on desiroit les faire
jaillir. Ces jardins avoient déjà quantité d'orangers, et
ils étoient aussi ornés de vases de métail[1] et de tous les
plus précieux marbres, et les plus ornés d'excellents bas-
reliefs et des plus belles statues de bronze et de divers
marbres que le sont les jardins de Versailles et de Marly,
avec des ateliers dans les jardins mêmes, où travailloient
sans cesse les meilleurs maîtres de France et d'Italie
qu'on avoit pu attirer. Mais ces jardins, véritablement
charmants par la variété et le bon goût, l'agrément, la
fraîcheur, la facilité, l'étendue des promenades, avoient
un inconvénient bien fâcheux ; c'est que tout le terrain
de ces jardins n'étoit que roche vive et dure, avec une
légère croûte de terre par dessus, de manière qu'il avoit
fallu employer le pic et très-ordinairement le secours de
la poudre pour escaver tous les bassins et pièces d'eau,
les trous de tous les arbres, les tranchées des palisssades,
et tous les terrains des massifs, en emporter les pièces à
dos de mulet, et y rapporter de même la bonne terre de
loin pour en remplir toutes les excavations où on avoit
planté, et qu'il en falloit user de même pour toutes les
nouvelles plantations et pièces d'eau qu'on y voudroit
ajouter dans la suite, en allongeant les jardins à ses deux
extrémités. Voilà pour la cherté, qui ne pouvoit être que
fort grande ; mais le pis est que quelque profondeur qu'on
eût pu donner aux endroits destinés à planter, les racines
des arbres, dont leur vie et leur beauté dépend, s'éten-
dent toujours tout autour d'elles, et il y en a qui percent à pic. Dès qu'elles se trouveront arrêtées par le
roc, ce qui y touchera séchera bientôt, la terre rappor-

1. *De métal.* Nous retrouverons cette orthographe dans le *Testament* de
Saint-Simon, au tome XIX.

tée se consumera, et ne pourra plus fournir autant de suc qu'il en faudra pour la nourriture des racines et des arbres, qui dépériront et mourront en peu d'années.

Je ne vis aucun projet de cour ni d'entrée. Ils me dirent que les deux extrémités du jardin et le bas de cette petite hauteur, qui monte à la plaine de Ségovie, se fermeroient le long des jardins avec un pavillon pour porte à chacun des deux bouts; qu'on entreroit toujours par où nous étions venus, et qu'un pavé étroit en rue feroit toute la séparation entre le château et les jardins. La plus proche maison d'autour du château étoit une méchante maison de garde-chasse, qui en étoit à une demi-lieue, et nulle autre que beaucoup plus loin, ce qui charmoit le roi d'Espagne en effet, dont la reine faisoit aussi le semblant. J'eus l'honneur, et ce qui étoit venu avec moi, de suivre Leurs Majestés Catholiques partout, qui se promenèrent d'abord dans la maison, et après dans les jardins toute la journée sans se reposer, qu'elles prirent plaisir à me faire voir, et moi à leur faire ma cour en admirant tant de beautés et tant de miracles d'eaux, qui en effet sont uniques. La conversation se soutint pendant toute la promenade, où ces seigneurs espagnols, Valouse, entroient fort aussi, et où la reine étoit toujours charmante. Le roi s'y mêla quelquefois. Ils firent l'honneur de parler aussi à ceux qui étoient avec moi, et s'amusèrent fort à donner leurs ordres et à se faire rendre compte par ceux qui avoient le principal soin des bâtiments, jardins, etc., sous la direction du duc del Arco, gouverneur du lieu, par lequel tout passoit.

Dans cette promenade, le courrier qui m'étoit arrivé se présenta sur leur passage. Je l'avois amené pour l'expédier de Ségovie, qui est presque sur le chemin de Madrid à Bayonne. C'étoit Bannière, si fort en réputation par le nombre et la promptitude de ses courses, et qui étoit fort connu du roi et de la reine par toutes celles qu'il avoit faites à l'occasion des deux mariages, tellement que Leurs Majestés l'appelèrent et lui parlèrent assez longtemps. J'appris qu'au revers de cette chaîne de montagne, et presque vis-à-vis des jardins qu'elle bornoit, étoit une superbe et vaste chartreuse, de plus de cent mille écus de rente, dont le principal revenu étoit des laines fines de leurs immenses troupeaux. Leurs Majestés Catholiques y alloient quelquefois sans y coucher que rarement. Elles et leur suite y étoient parfaitement défrayées. Mais la chère ne pouvoit être bonne dans un pays sans poisson et presque sans légumes. A l'égard de leurs laines, j'en vis les manufactures à Ségovie, qui me parurent peu de chose et fort tombées de leur ancienne réputation. La fin du jour approchant termina le voyage.

En arrivant à Balsaïm, le roi m'ordonna de monter, et de le suivre dans sa chambre. Là, en tiers avec lui et la reine, ils me demandèrent si j'étois pressé de renvoyer Bannière, et que, si je pouvois attendre des paquets dont ils avoient envie de le charger, je leur ferois plaisir. Je répondis qu'il n'y avoit rien de pressé, mais que, quand je le serois, leur ordre me suffiroit pour différer aussi longtemps qu'il leur plairoit. Je pris congé d'eux, et fis après mes remerciements à ces seigneurs, surtout au duc del Arco, dont les soins, les prévenances, la politesse n'avoit rien oublié. Il me fournit la même voiture et des montures de la veille pour aller coucher à Ségovie, qui le lendemain nous menèrent au pied de la montagne, où nous trouvâmes nos mules pour la passer, et nos voitures où nous les avions laissées, dans lesquelles nous arrivâmes le même soir à Madrid. Le lendemain j'allai conter à Grimaldo ce qui s'étoit passé en mon voyage, et je n'oubliai pas de lui dire combien j'étois charmé de toutes les merveilles que j'avois vues, mais combien aussi j'étois étonné de la situation et de la position. Il me répondit qu'il s'étoit bien douté que tout s'y passeroit comme je venois de lui raconter, et qu'il étoit fort aise que le roi, malgré le froid de l'abord et l'indifférence sur ce qui m'amenoit, eût voulu me faire voir ses ouvrages, et que la promenade l'eût remis dans son état ordinaire avec moi. Grimaldo ne me dissimula point ce qu'il pensoit du choix du lieu et de sa disposition, et nous causâmes longtemps ensemble.

Il fallut après rendre compte de mon voyage au cardinal du Bois, et répondre à sa lettre. Je lui mandai nettement que j'étois d'autant plus aise de mon éloignement de Paris, que, si j'y avois été, rien ne m'auroit empêché de sortir du conseil ; qu'à l'égard de la cabale et de ses desseins, je me flattois qu'ils ne feroient ni peur ni mal à M. le duc d'Orléans ni à son gouvernement ; que, dans le compte que j'avois rendu à Leurs Majestés Catholiques, elles m'avoient paru ne faire aucun cas de cet événement et y être fort indifférentes ; qu'il ne devoit avoir aucune inquiétude des impressions que Leurs Majestés Catholiques en pourroient prendre, non plus que M. de Grimaldo. Pour allonger une réponse si courte, je me jetai sur la hardiesse que j'avois prise de forcer les barricades de Balsaïm, sur les beautés et les singularités de Saint-Ildephonse et sur le retardement du renvoi de Bannière, que le roi d'Espagne m'avoit demandé, ce qui faisoit que je ne lui écrivois que par l'ordinaire. Enfin je finissois par des compliments sur ses lumières à prévenir, et sa sagesse et son habileté à détruire tous les complots dont il m'avoit écrit. Je tâchai d'ajuster cette fin, en sorte qu'il ne crût pas que je me moquois de lui, comme néanmoins je faisois en effet. J'écrivis à Belle-Isle en même sens, parce que je prévis bien qu'il ne seroit pas le maître de cacher sa réponse. J'y ajoutai ce que je n'avois pas voulu dire si directement au cardinal sur Chavigny, qu'il n'y avoit que lui-même qui pût, par une conduite suivie, faire revenir les esprits en sa faveur, et que cette entreprise seroit pour moi de trop longue haleine, à laquelle Maulevrier, après mon départ, pourroit le servir. C'étoit encore me moquer d'eux et leur faire comprendre que je ne serois pas la dupe de leurs prétextes de me retenir en Espagne. Je crus bien que ces réponses ne plairoient pas au cardinal du Bois ; mais il n'étoit pas en moi de ployer misérablement sous sa préséance, ni de me ruiner sans ressource pour me stabilier[1] en Espagne à son gré.

Le 13 mars, Leurs Majestés Catholiques revinrent de Balsaïm au Retiro. Le voyage si brusque que j'y avois fait sur l'arrivée d'un courrier, et malgré les défenses si précises à qui que ce fût, sans exception, d'y aller, et la journée que j'avois passée toute entière auprès d'elles à Saint-Ildephonse, joint à la façon pleine de grâces et de bontés constantes et si distinguées, avec lesquelles j'étois toujours traité depuis que j'étois en Espagne, fit courir le bruit le plus ridicule, qui prit assez de créance subite pour me surprendre beaucoup. Il se répandit donc que je quittois le caractère d'ambassadeur de France, et que j'allois être déclaré premier ministre d'Espagne. Le peuple, à qui ma dépense apparemment avoit plu, et à qui personne de chez moi n'avoit donné aucun sujet de plainte, se mit à crier après moi dans les rues, à me le dire, à témoigner sa joie et jusque du dedans des boutiques. Il s'en assembla même autour de ma maison avec les mêmes témoignages, que je dissipai le plus civilement et le plus promptement que je pus, en les assurant qu'il n'en étoit rien, et que je partois incessamment pour retourner en France.

Je ne puis pas dire que je fusse insensible à ces marques d'estime et d'affection ; mais ce qui me toucha véritablement fut ce qui m'arriva avec le marquis de Montalègre, sommelier du corps. Je le rencontrai à l'entrée des appartements du Retire. Il accourut à moi, m'embrassa et me dit qu'il étoit transporté de joie de ce que je leur demeurois et de ce que j'allois être premier ministre. Je le remerciai de cette marque si grande de

---

1. Voyez tome XVII, p. 311 et note 2.

l'honneur de son estime et de son amitié, et je l'assurai en même temps qu'il n'en étoit rien, et que je partirois dans fort peu de jours pour retourner en France. J'eus à peine achevé, que Montalègre, jetant sur moi des yeux de dépit et de colère, tourna tout court, et me quitta sans révérence et sans me répondre un seul mot. Beaucoup de seigneurs m'en firent des compliments, à qui je répondis de même.

Je réparerai ici, quoique en lieu déplacé, l'oubli d'une bagatelle, mais singulière, sur le chemin dans la montagne, pour aller à Balsaïm : c'est que le roi et la reine d'Espagne faisoient toujours ces voyages dans un grand carrosse de la reine à sept glaces, en sorte qu'en passant la montagne par le même chemin que je fis, et qui étoit l'unique, il n'y avoit pas deux doigts de marge entre leurs roues et le précipice, presque tout le long du chemin, et qu'en plusieurs endroits les roues portoient à faux et en l'air, tantôt cent, tantôt deux cents pas, quelquefois davantage. Des paysans en grand nombre étoient commandés pour tenir le carrosse par de longues et fréquentes couréroies, qui se relayoient en marchant à travers les rochers avec toutes les peines et les périls qui se peuvent imaginer pour la voiture et pour eux-mêmes. On n'avoit rien fait à ce chemin pour le rendre plus praticable, et le roi et la reine n'en avoient pas la moindre peur. Les femmes qui la suivoient en mouroient, quoique dans des voitures exprès fort étroites. Pour les hommes de la suite, ils passoient sur des mules. Je n'ajouterai point de réflexions à un usage si surprenant.

Les lettres que le courrier Bannière m'avoit apportées étoient du 2 mars. Un courrier dépêché par le duc d'Ossone, qui étoit encore à Paris, m'en apporta une du cardinal du Bois, du 8 mars, dont le singulier entortillement me divertit et me confirma dans le parti que j'avois pris. J'avois reçu, il y avoit déjà quelque temps, mes lettres de récréance et tout ce qu'il me falloit pour prendre congé. Le cardinal, qui mouroit de peur que je ne m'en servisse, n'en avoit pas moins de me la laisser apercevoir. Sa lettre fut donc un tissu de oui et de non, de l'importance des services à rendre en Espagne pour consolider l'union, du desir de mon retour pour des raisons non moins pressantes pour le service de l'État et de M. le duc d'Orléans, toujours la condition de ne partir point sans avoir accrédité Chavigny jusqu'à la confiance, toutefois ne vouloir point entreprendre sur ma liberté, et de tout laisser à ma prudence. Je compris par le tissu de cette lettre que, pour peu que j'en attendisse d'autres, elles se trouveroient d'un style décisif, qui se trouveroient appuyées de celles de M. le duc d'Orléans, que le cardinal du Bois faisoit telles que bon lui sembloit. Je pris donc mon parti sur cette lettre de n'en point attendre d'autres, et, dès le lendemain que je l'eus reçue, je pris jour pour mon audience de congé.

Depuis que je parlois de partir, il n'y avoit rien que la reine et même le roi ne fissent pour me retenir, ni amitiés et regrets que toute leur cour ne me fît la grâce de me témoigner. J'avoûerai même que ce ne fut pas sans peine que je quittai un pays où je n'avois trouvé que des fleurs et des fruits, et auquel je tenois et je tiendrai toujours par l'estime et la reconnoissance. Je pressai une infinité de visites pour mes adieux, afin de ne manquer à personne. Dans celle que je fis au duc et à la duchesse d'Arcos, desquels j'avois reçu les politesses les plus marquées, et que je voyois assez souvent, le duc d'Arcos me conjura de ne rentrer point au conseil de régence, et de ne céder point aux cardinaux. Je le suppliai de n'avoir pas assez mauvaise opinion de moi pour en être en peine, et qu'il pouvoit être sûr que je ne mollirois pas là-dessus. Quelque rang que les cardinaux eussent peu à peu usurpé en Espagne, on ne l'y supportoit qu'avec dépit; et depuis que l'affaire du conseil de régence fut devenue publique, je ne vis, ni grands sur tous, ni même gens de qualité qui n'en fussent indignés, et qui ne s'en expliquassent très-fortement, nonobstant le silence et l'entière réserve que je m'étois imposé[1] là-dessus.

Mais à propos de cardinaux et de tout leur grand rang en Espagne, que j'y laissai plus supposé qu'usité, je ne dois pas oublier de rapporter une curiosité que j'eus sur eux. Le cardinal Borgia étoit, comme je l'ai dit, chanoine de Tolède. Il prit le temps du voyage de Balsaïm pour y aller passer quelques jours. La singularité d'y avoir vu deux évêques portant les marques de leur dignité, confondus avec les chanoines sans la moindre distinction d'avec eux, m'inspira le désir d'être précisément informé de ce qui s'y passeroit avec un cardinal. Je priai donc Pecquet d'aller à Tolède le même jour que je me rendis à Balsaïm, d'y demeurer autant que le cardinal Borgia, et d'avoir la patience de le suivre pas à pas. Il l'exécuta dans toute l'exactitude, et il me rapporta que le cardinal Borgia s'étoit trouvé assiduement au chœur, en rochet et camail violet, à cause du carême, en calotte et bonnet rouge, ayant des chanoines au-dessous et au-dessus de lui, sans chaire vide entre eux et lui, mais ayant devant lui un tapis de la largeur de sa stalle, jeté sur l'appui régnant le long des stalles, faisant le dossier des stalles d'au-dessous, et sur ce tapis un carreau pour s'appuyer dessus, à ses pieds un carreau pour s'y mettre à genoux, le tout de velours rouge avec un peu d'or, qui est le traitement qu'ont les grands d'Espagne dans les églises, et qu'on a vu ci-dessus que mon second fils et moi y eûmes aussi, mais à la tête du chœur. Le cardinal Borgia se découvrit et se couvrit toujours comme les autres chanoines, en même temps qu'eux. Pendant qu'il y fut, il y eut une procession du chapitre, que Pecquet ne manqua pas de voir et d'observer. Il y vit le cardinal Borgia marcher en son rang d'ancienneté de chanoine, qui alloient en file, deux à deux, comme dans toutes les processions, un chanoine marchant à côté de lui, comme

---

1. Il y a bien *imposé*, au masculin singulier.

chacun des autres, et des chanoines devant et derrière lui sans aucune distance que la même gardée entre eux, sans que la queue du cardinal Borgia fût portée par personne, qui n'étoit pas plus longue que celles des autres chanoines, et sans avoir près de lui ni écuyer ni aumônier. Voilà de ces choses qu'il faut avoir vues pour les croire, avec la superbe cardinalesque et les immenses usurpations de ces prétendus égaux des rois.

CHAPITRE XIII.

Mon audience de congé; singularité unique de celle de la princesse des Asturies. — Maulevrier reçoit enfin le collier de l'ordre de la Toison d'or, mais avec un dégoût insigne. — Je pars de Madrid. — Alcala de Henarez. — Guadalajara. — Agreda. — Pampelune. — Roncevaux. — Bayonne. — Réponse curieuse du cardinal du Bois et de Belle-Isle; trois courriers me sont dépêchés. — Je me détourne pour passer à Marmande, où le duc de Berwick étoit venu m'attendre de Montauban, où il commandoit en Guyenne. — Bordeaux. — Blaye. — Loches. — Chastres. — Belle-Isle vient à Chastres me proposer, de la part du cardinal du Bois, le dépouillement du duc de Noailles, et me presser d'y entrer, auquel je m'oppose. — Je vais au Palais-Royal; long entretien entre le Régent, le cardinal du Bois et moi; friponnerie sur la restitution aux jésuites du confessionnal du Roi. — Je fais ma révérence au Roi. — Je me démets de ma pairie à mon fils aîné, et lui fais présent des pierreries de celui[1] du roi d'Espagne. — Je visite pendant la tenue du premier conseil de régence tous ceux qui en étoient sortis, et vais à Fresnes voir le chancelier exilé.

Je pris le 21[2] mon audience de congé, en cérémonie, du roi et de la reine séparément. Je fus de nouveau surpris de la dignité, de la justesse et du ménagement des expressions du roi, comme je l'avois été en ma première audience, où je lui fis la demande de l'infante et les remerciements de M. le duc d'Orléans sur le mariage de Madame sa fille. Je reçus aussi beaucoup de marques de bonté personnelles et de regrets de mon départ de Sa

1. Du portrait. Voyez le texte, ci-après, p. 434 et 435.
2. Le 21 mars.

Majesté Catholique, et surtout de la reine ; beaucoup aussi du prince des Asturies. Mais voici, dans un genre bien différent, quelque chose d'aussi surprenant que l'exacte parité qu'on vient de voir des cardinaux chanoines de Tolède avec les autres chanoines de cette église, et que je ne puis m'empêcher d'écrire, quelque ridicule que cela soit. Arrivé avec tout ce qui étoit avec moi, à l'audience de la princesse des Asturies, qui étoit sous un dais, debout, les dames d'un côté, les grands de l'autre, je fis mes trois révérences, puis mon compliment. Je me tus ensuite, mais vainement, car elle ne me répondit pas un seul mot. Après quelques moments de silence, je voulus lui fournir de quoi répondre, et je lui demandai ses ordres pour le Roi, pour l'infante et pour Madame, M. et Mme la duchesse d'Orléans. Elle me regarda, et me lâcha un rot à faire retentir la chambre. Ma surprise fut telle que je demeurai confondu. Un second partit aussi bruyant que le premier. J'en perdis contenance et tout moyen de m'empêcher de rire ; et jetant les yeux à droite et à gauche, je les vis tous, leurs mains sur leur bouche, et leurs épaules qui alloient. Enfin un troisième, plus fort encore que les deux premiers, mit tous les assistants en désarroi, et moi en fuite avec tout ce qui m'accompagnoit, avec des éclats de rire d'autant plus grands qu'ils forcèrent les barrières que chacun avoit tâché d'y mettre. Toute la gravité espagnole fut déconcertée, tout fut dérangé ; nulle révérence ; chacun pâmant de rire se sauva comme il put, sans que la princesse en perdît son sérieux, qui ne s'expliqua point avec moi d'autre façon. On s'arrêta dans la pièce suivante pour rire tout à son aise, et s'étonner après plus librement.

Le roi et la reine ne tardèrent pas à être informés du succès de cette audience, et m'en parlèrent l'après-dînée au Mail. Ils en rirent les premiers pour en laisser la liberté aux autres, qui la prirent fort largement sans s'en faire prier. Je reçus et je rendis des visites sans nombre ; et comme on se flatte aisément, je crus pouvoir me flatter que j'étois regretté. Je comptois partir le 23, mais les bulles de dispense étant arrivées depuis quelques jours à Maulevrier pour l'ordre de la Toison d'or, et la cérémonie de sa réception étant fixée à ce même jour, je crus devoir déférer à ses instances et ne pas affecter de partir ce même jour, après tout ce qui s'étoit passé. J'assistai donc en voyeux[1] à sa réception, comme j'avois fait à celle de mon fils aîné, et j'y fus témoin de l'insigne dégoût qu'[il] y essuya.

Quand ce fut à le revêtir du collier, le marquis de Villena s'approcha de lui pour le lui attacher sur l'épaule droite, mais le prince des Asturies ne branla pas de sa place, en sorte que le marquis de Grimaldo, après avoir attaché le collier par derrière, l'attacha aussi sur l'épaule gauche. Je remarquai la surprise du chapitre et de tous les assistants, mais elle augmenta bien davantage aux révérences. Lorsque Maulevrier la fit au prince des Asturies, ce prince, au lieu de se découvrir, se lever et l'embrasser, demeura assis sans se découvrir, ni en faire aucun semblant, et dans cette posture lui présenta sa main à baiser comme avoit fait le roi, et il la baisa. Il me parut à l'instant que ce procédé fut extrêmement senti, qui ne pouvoit être que de concert avec le roi. Maulevrier n'en parut point du tout embarrassé. Il avoit choisi le marquis de Santa-Cruz pour son parrain, qui ne l'aimoit point, et qui se moquoit souvent de lui et en face. Aussi fit-il sa fonction avec un air de dédain qui n'échappa à personne. Il vint pourtant dîner chez lui après la cérémonie, où nous nous trouvâmes douze ou quinze au plus. Avant de se mettre à table, je vis le peu de chevaliers de la Toison qui étoient là se pelotonner, dont quelques-uns ne me cachèrent pas leur scandale, et leur crainte que le mépris public qui venoit d'être fait de Maulevrier par le prince des Asturies, conséquemment par le roi son père, sans l'aveu duquel il n'eût pas osé

---

1. Voyez tome II, p. 212 et note 1, et ci-dessus, p. 360 et p. 361.

contrevenir à ce qui s'étoit toujours pratiqué en toutes les réceptions jusqu'alors, ne devînt un exemple qui seroit suivi désormais, et je les laissai dans le mouvement de se concerter pour faire là-dessus leurs représentations au roi. Comme je partis le lendemain 24, je n'ai point su ce qui en est arrivé. J'eus l'honneur de faire encore ma cour à Leurs Majestés Catholiques toute cette après-dînée, au Mail, qui me comblèrent de bontés, et de prendre un dernier congé d'elles en rentrant dans leur appartement.

J'avois donné la plupart de ces derniers jours à ce qu'un aussi court séjour qu'un séjour de près de six mois avoit pu me faire regarder comme des amis particuliers, surtout à Grimaldo. Quelque sensible joie et quelque empressement que je sentisse d'aller retrouver Mme de Saint-Simon et mes amis, je ne pus quitter l'Espagne sans avoir le cœur serré, regretter des personnes dont j'avois reçu tant de marques personnelles de s'accommoder de moi, et dont tout ce que j'avois vu dans le gros de la nation m'avoit fait concevoir de l'estime jusqu'au respect, et une si juste reconnoissance pour tant de seigneurs et de dames en particulier. J'ai conservé longtemps quelque commerce de lettres avec quelques-uns, mais avec Grimaldo tant qu'il a vécu, et après sa disgrâce et sa chute, qui n'arriva que longtemps après, avec plus de soin et d'attention qu'auparavant. L'attachement plein de respect et de reconnoissance pour le roi et pour la reine d'Espagne m'engagea à me donner l'honneur de leur écrire en toutes occasions, surtout à répandre mon extrême douleur à leurs pieds au renvoi de l'infante. Je consultai là-dessus l'évêque de Fréjus, déjà plus maître que Monsieur le Duc, qui me manda que je pouvois écrire, résolu, s'il m'eût refusé, de le dire à Laullez et de le prier de le mander à Leurs Majestés Catholiques. Elles me firent souvent l'honneur de me répondre avec toutes sortes de bontés, et de charger toujours leurs nouveaux ministres en France, et les personnes considérables qui y venoient se promener avec leur permission, de me renouveler expressément les mêmes bontés de leur part.

Je partis donc enfin de Madrid le 21 [1] mars, prenant ma route par Pampelune. Une de mes premières dînées fut à Alcala. C'est une petite ville fort bien bâtie, dont douze ou quinze colléges font tout l'honneur, tous bâtis très-bien, et encore plus splendidement fondés par le cardinal Ximénès, qui n'est connu en Espagne que sous le nom du cardinal Cisneros, et respecté presque autant que l'a mérité ce grand homme. J'allai voir quelques-uns de ces colléges. Il est enterré dans la chapelle du principal, qui feroit ici une jolie église. Son tombeau de marbre est beau, environné d'une grille à hauteur d'homme, dans le chœur, devant le grand autel. Il étoit assez gâté faute de soin et de réparation, ce qui excita tellement mon indignation que je n'épargnai pas les principaux de ce collége en reproches de leur négligence et de leur ingratitude.

Je couchai une nuit à Guadalajara, où arriva la catastrophe de la princesse des Ursins, et où je vis le panthéon du duc de l'Infantade, dont j'ai parlé ailleurs.

Une autre dînée fut à Agreda, assez gros bourg où est un monastère de Filles, où la fameuse Marie d'Agreda a vécu et est morte, que la gent quiétiste a fait enfin canoniser depuis, à toute peine, à l'appui de la constitution *Unigenitus*. J'allai à ce couvent, dont on m'ouvrit l'église, qui n'a rien que de très-simple et commun. On me montra à côté du portail, qui est aussi plus que médiocre, comme un grand soupirail de cave ouvert sur la rue, où on me dit que reposoit son corps. Je n'en voulois pas davantage, et j'avois déjà fait quelques pas pour aller trouver mon dîner, lorsque les religieuses, informées que j'étois là, m'envoyèrent prier de les aller voir. Je ne pus honnêtement refuser cette demande, plus curieuse sûre-

---

1. Une main étrangère a écrit en marge : « le 24. »

ment encore que civile. Je fus conduit dans une grande cour, à une grande porte, qui étoit assez loin à gauche, qui ne me laissa pas douter que le dessein ne fût de me faire entrer dans le monastère. Aussitôt que j'en fus tout proche, la porte s'ouvrit toute entière, qui se trouva bordée de religieuses, touchant le seuil, mais en dedans. La supérieure me fit un compliment en assez bon françois, et me pria de m'asseoir dans un fauteuil qu'on avoit mis derrière moi. Elles s'assirent toutes sur de petites chaises de paille. Après quelques courts propos sur mon voyage, on peut juger qu'il ne fut plus mention que de leur sainte, déjà béatifiée, mais depuis peu. Elles m'en firent apporter des choses de dévotion, un petit Jésus de cire, quelques livres, quelques chapelets, dont elles me donnèrent quelques-uns. J'admirai tout ce qu'elles me voulurent conter, mais j'abrégeai poliment la conversation plus qu'elles n'auroient voulu, et je m'en allai trouver mon dîner, peu satisfait de ma curiosité.

J'avois pris ma route par Pampelune. Le gouverneur vint aussitôt où j'étois logé, et voulut me mener loger chez lui et me donner à souper et à ceux qui étoient avec moi. Après force longs compliments, j'obtins de demeurer où j'étois, à condition que nous irions souper chez lui. La chère ne se fit point attendre, fut grande, à l'espagnole, mauvaise; des manières nobles, polies, aisées. Il nous fit fête d'un plat merveilleux : c'étoit un grand bassin plein de tripes de morue fricassées à l'huile. Cela ne valoit rien, et l'huile méchante. J'en mangeai, par civilité, tant que je pus. En me retirant, je lui demandai la permission de voir la citadelle, où on ne laisse entrer aucun étranger. J'y fus avec ce qui étoit avec moi le lendemain matin. Je visitai tout à mon aise, et je la trouvai fort belle, bien entretenue, ainsi que la garnison, qui me reçut sous les armes, au bruit du canon, et tout en fort bel et bon ordre. Nous allâmes de là voir et remercier le gouverneur, qui peu après revint chez moi nous voir partir.

A peu de distance, nous prîmes des mules pour passer les Pyrénées. Le chemin est par là plus court et un peu moins rude que par Victoria; mais il étoit devenu fort mauvais, parce que les Espagnols, qui l'avoient fort aplani pour y pouvoir mener aisément de l'artillerie depuis qu'ils avoient un roi françois, en avoient soigneusement rompu tous les chemins lors de la guerre que l'abbé du Bois leur fit faire par M. le duc d'Orléans pour complaire aux Anglois et pour son chapeau, où le maréchal de Berwick commanda. Nous couchâmes à Roncevaux, lieu affreux, tout délabré, le plus solitaire et le plus triste de ce passage, dont l'église n'est rien, ni ce qui reste de l'ancien monastère, où nous fûmes logés. L'abbé me vint voir, vêtu de long, avec un grand manteau vert, ce qui me surprit beaucoup. La visite fut courte. On nous montra l'épée de Roland et force pareilles reliques romanesques. Nous partîmes de bon matin de ce désagréable gîte, et arrivâmes enfin le jeudi saint à Bayonne, chez M. d'Adoncourt, par une pluie effroyable et continuelle qui ne nous avoit point quittés depuis la sortie des montagnes. Il sembloit qu'elle n'osoit les passer. Je n'en avois presque point vu tomber en Espagne. Le ciel y est sans cesse d'une sérénité admirable, et les vents ne s'y font presque point sentir.

D'Adoncourt, quoi que nous pussions dire, nous logea et nous fit la plus grande et la meilleure chère du monde. J'assistai les jours saints aux offices de la cathédrale, dans la place et avec le même traitement usité pour le gouverneur de la province, l'évêque y officiant. J'eus l'honneur de faire ma cour plusieurs fois à la reine douairière d'Espagne, qui m'ordonna de dîner dans sa maison de la ville, le jour de Pâques, dont le sieur de Bruges, dont j'ai parlé lors de mon passage, fit très-bien les honneurs; et comme on savoit que j'étois affamé de poisson, on y en servit en quantité et d'admirables, que je préférai à la viande. L'évêque, dont j'ai parlé aussi au même temps, et quelques principaux du lieu s'y trouvèrent. J'allai de là remercier et prendre congé de la reine, qui me fit présent elle-même d'une fort belle épée d'or sans diamants, avec beaucoup d'excuses de me donner si peu de chose. L'évêque voulut me donner à souper si absolument qu'il fallut s'y rendre. J'y trouvai bonne compagnie, bonne chère et force poisson, qui ne laissa pas de trouver encore place.

Un courrier m'arriva à Bayonne, qui avoit été précédé de deux autres qui pour ne me pas manquer, avoient pris, l'un par Victoria, l'autre par Pampelune. Tous trois apparemment portoient des duplicata, car je n'ai point vu les dépêches des deux autres. Je fus agréablement surpris de celles qui me trouvèrent à Bayonne. C'étoit la réponse à celle que j'avois faite à ce que m'avoit apporté Bannière. Le cardinal y avoit vu fort nettement mon sentiment sur la préséance et sur la sortie du conseil de ceux qu'elle blessoit. Il pouvoit bien avoir aussi aperçu ce que je pensois de sa prétendue cabale. Enfin il avoit vu que son éloquence entortillée, ses prétextes recherchés et appuyés, ni la crainte de lui déplaire, ne pouvoient me retenir en Espagne. Peut-être les courriers qui m'étoient allés chercher jusqu'à Madrid me portoient-ils des ordres si positifs qu'ils m'eussent embarrassé, qu'il n'étoit plus temps de me donner en deçà des Pyrénées, et que ce fut pour cela que je reçus à Bayonne ce troisième courrier avec des lettres ajustés pour le lieu, au cas qu'il m'y trouvât, comme il arriva, avec ordre de m'y attendre, et peut-être de rebrousser chemin avec ses dépêches au bout d'un certain temps que j'aurois reçu en Espagne celles qui m'y étoient portées par les deux courriers qui avoient passé et qui ne m'avoient point rencontré ; car ces sortes de ruses étoient tout a fait dans le caractère du cardinal du Bois. Quoi qu'il en soit, j'ouvris sa lettre avec curiosité.

Je n'y trouvai plus mention de rester encore en Espagne, ni de Chavigny, ni d'aucun autre prétexte, et pas un mot qui laissât sentir que je lui eusse répondu franchement sur l'affaire du conseil. Je n'eus que des louanges de la promptitude avec laquelle j'avois été à Balsaïm, et de la manière dont je m'étois acquitté de ce qui m'y avoit fait aller; des impatiences nonpareilles d'amitié et de besoin de mon arrivée; une prière, qui alloit à la défense, de m'arrêter nulle part, même de faire le très-petit détour de passer à Blaye, parce [que] les choses du monde les plus pressées et les plus importantes m'attendoient, qui ne pouvoient se faire sans moi. Cettre lettre si singulière étoit accompagnée d'une autre de Belle-Isle, qui en faisoit le commentaire. Il me répétoit les mêmes choses, me disoit que le cardinal du Bois étoit charmé de la réponse que j'avois faite aux dépêches que j'avois reçues par Bannière; qu'il m'écrivoit par son ordre exprès pour me conjurer d'arriver avec toute la diligence possible, et que je ne pouvois me rendre assez tôt pour l'importance des choses que le Régent et le cardinal avoient à me communiquer, et sur lesquelles, toutes pressées qu'elles fussent, il ne se pouvoit rien faire sans moi. Il ajoutoit qu'il étoit chargé de m'assurer qu'il ne me seroit rien proposé qui pût m'être désagréable ou m'embarrasser, rien surtout qui pût en aucune sorte intéresser ma dignité de duc et pair sur qu'ils[1] étoient bien persuadés qu'il n'y avoit rien à espérer de moi là-dessus. Rien de plus pressant enfin ni de plus flatteur. Il finissoit enfin en me conjurant de ne m'arrêter pas un instant et de ne passer point à Blaye.

Un si grand changement de style et tant de merveilles à l'instant de mon départ, malgré tant de fortes insinuations, et quelque chose même de plus, d'y demeurer encore sous les prétextes qu'on a vus, me parut fort suspect d'une part si peu sûre, car il étoit visible que le cardinal avoit pour ainsi dire dicté, au moins vu et corrigé, la lettre de Belle-Isle, comme il avoit fait celle que Bannière m'avoit apportée : on verra bientôt que je ne me trompai

---

1. Tel est bien le texte du manuscrit.

pas. Je leur mandai par une réponse courte à chacun le jour que j'avois supputé pouvoir arriver : que j'étois fatigué du voyage à tour de roue jusqu'à Bayonne; que cette raison de m'y reposer et celle des jours saints m'y retiendroit jusqu'au lundi de Pâques; enfin que je n'avois pu refuser au duc de Berwick de prendre les petites landes pour l'aller trouver, où il venoit exprès de Montauban pour me voir; et du reste force compliments.

Le duc de Berwick, qui commandoit en Guyenne, et qui trouvoit Montauban plus commode que Bordeaux pour fixer son séjour, m'avoit en effet demandé ce rendez-vous avec instance; et l'amitié qui étoit entre nous, et toute celle que j'avois reçue du duc de Liria, ne me permettoit pas un refus. Il étoit bien naturel au maréchal de desirer de m'entretenir sur la situation de son fils en Espagne, sur une cour qu'il avoit tant fréquentée, et sur les dispositions, pour lui-même, de Leurs Majestés Catholiques après tout ce qui s'étoit passé. Je partis donc de Bayonne seul avec l'abbé de Saint-Simon, le lendemain de Pâques, et m'y séparai jusqu'à Paris de tout ce qui étoit avec moi. Je passai un jour franc avec le maréchal de Berwick à Marmande, et avec le duc de Duras, qui étoit avec lui, et qui commandoit en Guyenne sous lui. J'appris là que nous n'étions qu'à quatre lieues de Duras. Je voulus y faire une course pour en dire des nouvelles à Mᵐᵉ de Saint-Simon, et des beautés que le maréchal son oncle y avoit fait faire toute sa vie avec attache, sans jamais les avoir été voir. J'en avois aussi curiosité; mais quoi que je pusse faire, jamais ils ne voulurent y consentir. Malheureusement ils savoient, comme tout le pays, les courriers qui m'avoient été dépêchés; ils n'osèrent prendre part à mon retardement, dont j'eus un véritable regret. Je m'embarquai de bon matin sur la Garonne, et j'arrivai de bonne heure à Bordeaux, chez Boucher, intendant de la province. Les jurats me firent aussitôt demander par Ségur, leur sous-maire, l'heure de me venir saluer. Je les priai à souper, et dis à Ségur que les compliments se feroient mieux le verre à la main. Ils vinrent donc souper, et me parurent fort contents de cette honnêteté. Le lendemain la marée me porta de fort bonne heure à Blaye par le plus beau temps du monde. Je n'y couchai qu'une nuit, et ne passai point à Ruffec, pour abréger.

J'arrivai le 13 avril à Loches sur les cinq heures du soir. J'y couchai, parce que j'y voulus écrire un volume de détails à la duchesse de Beauvillier, qui étoit à six lieues de là, dans une de ses terres, que je lui envoyai par un exprès, et que je pus de la sorte lui écrire à découvert, sans rien craindre de l'ouverture des lettres. J'arrivai d'assez bonne heure le lendemain 14 à Estampes, où je couchai, et le 15, à dix heures du matin, à Chastres, où Mme de Saint-Simon devoit venir dîner et coucher, au-devant de moi, pour jouir du plaisir de nous revoir, de nous retrouver ensemble, de nous mettre réciproquement au fait de tout, en solitude et en liberté, ce qui ne se pouvoit espérer à Paris dans ces premiers jours de mon retour. Le duc d'Humières et Louville vinrent avec elle. Elle arriva une heure après moi dans le petit château du marquis d'Arpajon, qu'il lui avoit prêté, où la journée nous parut bien courte et la matinée du lendemain 16 avril.

Comme nous causions, sur les dix heures du matin, arriva Belle-Isle. Après les amitiés et les compliments, il me pria qu'il pût m'entretenir en particulier. Après de nouveaux compliments, des louanges de ma conduite en Espagne et de mes lettres, et une courte peinture de la situation de la cour, se taisant sur la préséance et glissant sur la cabale, il me peignit le duc de Noailles comme l'homme le plus dangereux et le plus ennemi de M. le duc d'Orléans et de son gouvernement, et n'oublia pas d'animer ma haine autant qu'il lui fut possible, et de me présenter tout l'intérêt que j'avois de saisir l'occasion de le perdre sans ressource, qui s'offroit d'elle-même à moi, et pour laquelle j'étois attendu avec tant d'impatience.

Après ce vif préambule, il me dit merveilles du cardinal du Bois à mon égard, et enfin qu'il l'avoit chargé de venir me trouver à Chastres pour me confier de quoi ils s'agissoit; en quoi il ne doutoit pas que l'amour de l'État, mon attachement personnel pour M. le duc d'Orléans, la connoissance expérimentale que j'avois du caractère du duc de Noailles, enfin que mon intérêt, si fort uni à celui de M. le duc d'Orléans, ne me portât à me joindre à lui, cardinal du Bois, dans ce qui étoit projeté pour l'exécution, pour quoi il m'avoit attendu avec une extrême impatience; en un mot, qu'il falloit chasser le duc de Noailles et lui ôter sa charge de premier capitaine des gardes du corps. Je répondis à Belle-Isle par une autre préface, mais bien plus courte que n'avoit été la sienne, sur tous les points qu'il avoit traités. Je m'étendis un peu plus sur ma haine pour le duc de Noailles, sur ses causes, sur ma soif ardente de vengeance, sur ce que je n'avois nul ménagement à garder avec lui, et sur ce qu'en effet je n'en gardois publiquement aucun. Ensuite je lui dis qu'en affaires de cette nature ce n'étoit pas son intérêt ni sa passion qu'il falloit contenter[1]; que si je n'écoutois que l'un ou l'autre, il n'y avoit rien à quoi je ne me portasse pour écraser le duc de Noailles, mais que l'intérêt et la passion étoient des conseillers dont un homme d'honneur et de bien se devoit garder, sans toutefois exclure la satisfaction qu'ils pourroient prendre dans les conseils sages, justes et prudents qui, sans égard à eux, et pour des causes réelles et sans reproche, se trouveroient d'ailleurs concourir avec eux; que c'étoit ce que je ne pouvois apercevoir dans la proposition qu'il me faisoit, où je ne voyois nulle raison qui pût imposer à personne, mais beaucoup de danger à s'y abandonner. Belle-Isle, fâché de ce qu'il entendoit, m'interrompit de vivacité et voulut pérorer. A mon tour je lui demandai audience. Je le priai de considérer que ce n'étoit pas tout

1. Ce mot est peu lisible au manuscrit.

de frapper de grands coups, mais qu'il en falloit considérer la conséquence et les suites ; que je n'ignorois pas le pouvoir du Roi sur les charges qui ne sont pas offices de la couronne, mais que je savois aussi qu'il n'est pas souvent à propos de faire tout ce qu'on peut exécuter ; que quelque haine que j'eusse pour le duc de Noailles, et quelque juste mépris que j'eusse de son âme, de sa conduite et de ses quarts de talents, je le voyois revêtu, et point de crime qui autorisât à le dépouiller. S'il y en avoit quelqu'un, il le falloit montrer, le prouver et l'établir publiquement avec tant de solidité, sans même rien de forme juridique, que cela fermât la bouche au monde. Mais s'il n'y avoit que des sujets de simple mécontentement, le dépouiller seroit et paroîtroit une violence qui irriteroit tout le monde, et en particulier tous ceux qui avoient des charges, et tous leurs entours, dont chacun se diroit avec raison : *Aujourd'hui le duc de Noailles, et demain moi, si la fantaisie en prend ; et qui me garantira d'une fantaisie ?* Dès lors, voilà tout ce qu'il y a de gens les plus établis et les plus considérables, et tout ce qui tient à eux, dans le plus grand éloignement de M. le duc d'Orléans et d'un gouvernement sous lequel il n'y [a] de sûreté pour personne ; et c'est la semence la plus fertile et la plus dangereuse des associations, des complots, et de tout ce qu'ils enfantent de plus sinistre. « Voyons les choses, ajoutai-je, comme elles sont et comme elles se présentent. Bien ou mal à propos, le duc de Noailles est le troisième capitaine des gardes, et le troisième gouverneur de Roussillon, de père en fils. Il a, depuis qu'il a commencé à paroître, été sans cesse dans des emplois brillants. Les établissements de ses sœurs et de toute sa famille sont immenses, tous gens qui, par intérêt et par honneur, ne peuvent pas ne point sentir vivement le coup dont il sera frappé ; et plus il tombe sur un homme si grandement établi, et lui et ses plus proches et nombreux entours, plus M. le duc d'Orléans s'en fait des ennemis irréconciliables, plus toutes les charges du royaume tremblent, et s'indignent d'autant plus que la plupart de leurs possesseurs, quant à leurs personnes, aucun, quant à leurs entours, n'ont pas à beaucoup près des considérations de ménagement telles que les a le duc de Noailles. » Je priai ensuite Belle-Isle de considérer la proximité du moment de la majorité, et tout ce que M. le duc d'Orléans auroit à craindre de tous les gens en charge d'approcher à toutes heures un roi dont l'esprit ne pouvoit pas être formé, encore moins le jugement, et qui seroit en proie aux flatteries, aux calomnies, aux adresses de tous gens si intéressés à perdre auprès de lui le Régent et sa régence, et qui auroient tant de choses spécieuses à se ballotter entre eux, pour les mettre sans défiance dans la tête du Roi, sur les finances, sur la marine, sur l'Angleterre, sur la guerre faite à l'Espagne, sur la vie particulière de M. le duc d'Orléans, et sur tant d'autres points qui se présentent si aisément quand on veut nuire et qu'un grand intérêt y pousse, sans compter les autres mécontents. Belle-Isle ne sut que répondre de précis à des objections si fortes et si évidentes ; mais pour ne pas se rendre, il battit la campagne, et chercha tant qu'il put des ressources dans ma haine et dans son bien-dire.

Cette conférence, où il ne fut question que de ce point, dura plus d'une heure, et finit par me prier de faire encore des réflexions. Je lui dis qu'elles s'étoient toutes présentées à la première mention de sa proposition; qu'elles se fortifioient toutes l'une par l'autre; que je ne voyois pas qu'il eût répondu à aucune; qu'ainsi je demeurois dans mon sentiment; que je le priois de les porter toutes et dans toute leur force au cardinal du Bois, pour lui faire sentir les suites funestes de ce projet, auxquelles l'accablement d'affaires de toutes les sortes ne lui avoient pas permis de penser avec l'attention qu'il méritoit. J'assaisonnai cela de tous les compliments capables d'adoucir le dépit de ma résistance, qui fut d'autant plus vif que le cardinal n'osa le montrer. Belle-Isle dîna avec nous en sortant de cette conversation parce que nous voulions arriver à Paris de fort bonne heure, et partit avant nous.

Je ne fis que changer de voiture au logis, et j'allai au Palais-Royal, droit chez le cardinal du Bois. Il accourut au-devant de moi. Ce fut des merveilles; et sans rentrer ni s'arrêter, il me conduisit chez M. le duc d'Orléans, dont la réception fut aussi bonne et plus sincère. Il étoit dans son petit cabinet au bout de sa petite galerie. Nous nous assîmes, moi vis-à-vis de lui, son bureau entre deux, et le cardinal au bout du bureau. Je leur rendis compte de bien des choses, et je répondis à bien des questions. Ensuite je parlai à M. le duc d'Orléans de la conduite de la princesse des Asturies avec Leurs Majestés Catholiques, de leur patience et de leurs bontés pour elle; et après ce sérieux je le divertis de mon audience de congé chez elle, dont il rit beaucoup. Ensuite il me parla de la sortie du conseil, glissant avec des patins sur la préséance; et le cardinal se mit sur la cabale, sans toutefois enfoncer matière, et dit que Son Altesse Royale n'avoit pu moins faire que de chasser le chancelier. Je laissai tout conter; puis je leur dis que je ne pouvois qu'apprendre, ne m'étant pas lors trouvé ici et n'ayant encore vu personne, sinon que je trouvois tout cela bien fâcheux. Et tout de suite, me tournant tout à fait à M. le duc d'Orléans et m'adressant à lui, j'ajoutai que, puisque le chancelier n'étoit à Fresnes que pour la même chose que j'aurois faite si j'avois été ici, j'espérois bien que Son Altesse Royale trouveroit bon que j'y allasse le voir incessamment. Cette parole fit comme deux termes du Régent, qui baissa les yeux, et du cardinal, qui égara les siens, rougissant de colère. Je crois bien qu'ils n'avoient pas espéré me persuader de rentrer au conseil; mais l'étonnement et le dépit d'une adhésion si nette et si peu attirée à la sortie du conseil, et la liberté avec laquelle je causois mon empressement[1] pour le chancelier, décon-

1. Je disais la cause de mon empressement.

certa le Régent comme un particulier, et le tout-puissant ministre comme un courtisan. Je me repus avec complaisance de l'état où je les vis, et du silence qui dura plusieurs moments. Le cardinal le rompit en se secouant comme un homme qui se réveille, et me dit, d'un air le plus bénin qu'il put, qu'ils avoient fait ce que le roi d'Espagne avoit desiré. Je lui demandai ce que c'étoit. Il me répondit : « Donner au Roi un jésuite pour confesseur, et c'est le P. Linières. — Le roi d'Espagne! repris-je, jamais il ne m'en a parlé. — Comment? dit le cardinal; il me semble pourtant qu'il vous a parlé de jésuite, et que vous nous en avez écrit. — Vous confondez, Monsieur, repris-je; le roi d'Espagne m'en a parlé pour l'instruction de l'infante, et pour sa confession pour la suite; je vous en ai écrit et à M. le duc d'Orléans, et cela [a] été fait; mais jamais le roi d'Espagne ne m'en a dit un seul mot pour le Roi. Bien est vrai que le P. d'Aubanton m'en parla, et me dit que le roi d'Espagne avoit dessein de me charger de prier M. le duc d'Orléans de sa part, de rendre le confessionnal du Roi aux jésuites; que je répondis au P. d'Aubanton que pour moi je serois ravi d'y pouvoir contribuer comme particulier, mais que je n'oserois pas me charger de faire cet office, parce que, comme le roi d'Espagne auroit raison de trouver mauvais que notre cour se voulût ingérer d'entrer dans les choses intérieures de sa cour, surtout de se mêler de son confesseur, aussi notre cour vouloit être en pleine liberté sur ces mêmes choses, et me blâmeroit aigrement de me charger d'une pareille commission; qu'ainsi je le supplois de détourner le roi d'Espagne de me la proposer, parce que j'aurois la douleur de ne la pouvoir accepter. Le P. d'Aubanton se rendit tout court à ces raisons, qu'il trouva ou qu'il fit semblant de trouver bonnes. Jamais le roi d'Espagne ne m'en a ouvert la bouche ni parlé de rien d'approchant, ni le P. d'Aubanton depuis. » Le cardinal balbutia entre ses dents je ne sais quoi qu'il n'achevoit pas de prononcer, et M. le duc d'Orléans, qui jusque-là l'avoit laissé parler là-dessus et moi lui répondre, se mit à rire et à me dire : « Oh bien ! donc, tout ce que nous vous demandons (je remarquai bien ce *nous* de communauté avec le cardinal), c'est que vous ne nous démentiez pas; car nous avons dit à tout le monde que c'étoit aux pressantes instances du roi d'Espagne que nous avions donné au Roi un confesseur jésuite. » Je me mis aussi à rire, et lui répondis que tout ce que je pouvois pour son service, si on m'en parloit dans le monde, seroit de faire le plat important, et de payer de silence pour ne les point démentir et pour ne point mentir. Puis m'adressant au cardinal, je lui dis qu'il avoit toutes mes dépêches; que, pour en avoir le cœur net, il prît la peine de les visiter, et qu'il n'y trouveroit que le fait d'un jésuite pour l'infante, et pas un mot pour [le] confesseur du Roi. Le saint prélat le savoit de reste ; il se mit à rire aussi, mais du bout des dents; me dit qu'il se rappeloit la chose, qu'elle étoit telle que je la leur disois, mais qu'il étoit important de la tenir secrète, et que je ne me laissasse pas entamer là-dessus.

Cette conversation, qui dura près de deux heures, finit le mieux du monde ; mais, jointe à celle que j'avois eue le matin à Chastres avec Belle-Isle, ne [me] mit pas bien dans les bonnes grâces du cardinal du Bois, qui toutefois n'osa en rien faire paroître. Elle finit par la permission que je demandai au Régent de me démettre de ma pairie à mon fils aîné. Je ne trouvois pas convenable que, destiné par son aînesse à être duc et pair, il n'en eût pas le rang, tandis que je l'avois acquis à son cadet par la grandesse.

Du Palais-Royal j'allai aux Tuileries faire ma révérence au Roi, à son souper, à la fin duquel je lui demandai la même permission. Je m'en retournai de là chez moi, où je le dis à mon fils aîné, qui prit le nom de duc de Ruffec. Je lui fis en même temps présent des pierreries qui environnoient le portrait du roi d'Espagne, que le marquis de Grimaldo m'avoit apporté de sa part l'après-dînée de

mon audience de congé. Elles furent estimées quatre-
vingt mille livres par les premiers joailliers de Paris.
C'étoit le plus riche présent qui en eût été fait en Espagne
à aucun ambassadeur. Je me plus à en faire faire une
magnifique Toison à mon fils.

Il fallut se livrer pendant plusieurs jours aux visites
passives et actives. Toutefois je me hâtai d'aller voir le
cardinal de Noailles. Je ne voulois pas qu'il fût la dupe de
la demande prétendue du roi d'Espagne d'un confesseur
jésuite pour le Roi. Je lui fis confidence, sous le secret, de
ce qui s'étoit passé là-dessus, au Palais-Royal, entre le
Régent, le cardinal du Bois et moi. Je fis aussi la même
confidence, et sous le même secret, à l'évêque de Fréjus
et au maréchal de Villeroy, qui s'étoient opposés de toutes
leurs forces à un confesseur jésuite, malgré l'ensorcellement de la constitution. Ils furent fort sensibles à cette
confidence, que je crus nécessaire, et m'en ont toujours
gardé le secret. Du reste, je fus fidèle à ne me laisser entendre là-dessus à personne, et à payer les questions de
silence. C'étoit la condition remplie par du Bois à l'égard
des jésuites du concours qu'il en avoit obtenu pour son
chapeau. Je pris le premier jour du conseil de régence, et
le temps de sa tenue, pour visiter tous ceux qui en étoient
sortis. Cette affectation fut fort remarquée, comme c'étoit
bien aussi mon dessein. Je sus que le maréchal de Villeroy, qui s'étoit conservé d'y assister, mais derrière le
Roi, sans opiner ni y prendre la moindre part, avoit envoyé voir dans la cour des Tuileries si mon carrosse y étoit.
Il ne put s'empêcher de me témoigner sa joie de ce que
je n'étois pas rentré au conseil. Je lui répondis froidement
qu'il ne me connoissoit guère s'il m'en avoit pu
soupçonner. Six jours après mon arrivée j'en allai passer
trois à Fresnes. Cette visite fit grand bruit, et fit au chancelier un plaisir sensible. Tant qu'il y fut je l'y allai voir
au moins deux fois l'année. Faisons maintenant une
pause, et rétrogradons pour voir ce qui s'étoit passé hors
de l'Espagne depuis le commencement de cette année.

CHAPITRE XIV.

Façon plus que singulière dont l'officier dépêché avec le contrat de mariage du Roi fut enfin expédié de tout ce [que] j'avois demandé pour lui. — Mort de Mme de Broglio Voysin; du comte de Boulainvilliers; son caractère. — Mort et caractère du comte de Chamilly; de Mme de Montchevreuil, abbesse de Saint-Antoine; cette abbaye donnée à Mme de Bourbon; de l'abbé et du marquis de Saint-Herem; du comte de Cheverny; de l'abbé de Verteuil; de l'évêque de Carcassonne, Grignan; de Saint-Frémont; sa fortune; du marquis de Montalègre à Madrid, et sa dépouille; de la princesse Ragotzi, Hesse-Rhinfels; de la duchesse de Zell, Desmiers-Olbreuse; sa fortune. — Mort du comte d'Althan, grand écuyer et favori de l'Empereur. — Mariage du prince palatin de Sultzbach avec l'héritière de Berg-op-Zoom; du prince de Piémont avec la princesse palatine de Sultzbach; du marquis de Castries avec la fille du duc de Lévy; de Puysieux avec la fille de Souvré; du duc d'Espernon avec la seconde fille du duc de Luxembourg; de Mlle d'Estrées déclaré avec d'Ampus. — P. de Linières, jésuite, confesseur de Madame, fait confesseur du Roi, avec des pouvoirs du Pape, au refus de ceux du cardinal de Noailles. — Armenonville garde des sceaux; Morville secrétaire d'État; le chancelier, sur le point immédiat de son exil, marie sa fille au marquis de Chastelux; caractère de ce gendre; cruel bon mot de M. le duc d'Orléans; Broglio l'aîné et Nocé exilés. — Mme de Soubise gouvernante des enfants de France en survivance de la duchesse de Ventadour; Dodun contrôleur général des finances en la place de la Houssaye. — Pelletier de Sousy se retire à Saint-Victor. — Duc d'Ossone retourné à Madrid. — Translations d'archevêchés et d'évêchés; Reims donné à l'abbé de Guémené; ruses inutiles des Rohans pour lui procurer l'ordre avant l'âge. — Mariage de ma fille avec le prince de Chimay. — Mariage du comte de Laval avec la sœur de l'abbé de Saint-Simon; l'un depuis évêque-comte de Noyon, puis de Metz, en conservant le rang et les honneurs de son premier siége; l'autre depuis maréchal de France. — Mort de Courtenvaux; sa charge de capitaine des Cent-Suisses donnée à son fils, à peine hors du berceau, et l'exercice à son frère. — La cour retourne pour toujours à Versailles. — Je m'oppose à l'exil du duc de Noailles, enfin inutilement. — Bassesses du cardinal du Bois pour se gagner le maréchal de Villeroy, inutiles; fatuité singulière de ce maréchal. — Comte de la Mothe fait grand d'Espagne. — Mort de Plancy. — Le Pape donne à l'Empereur l'investiture des Deux-Siciles. — Mort du duc de Marlborough; de Zondodari, grand maître de Malte; Manoel lui succède; de la duchesse de Bouillon Simiane ; de l'épouse du prince Jacq. Sobieski.

La première chose que j'appris fut de quelle façon l'officier du régiment d'infanterie de Saint-Simon, que j'avois dépêché, chargé du contrat de mariage du Roi, avoit enfin obtenu et reçu tout ce que j'avois demandé pour lui. Le cardinal du Bois le rabrouoit et le remettoit toujours, et avoit tellement rebuté M. le Blanc là-dessus, qu'il n'osoit plus lui en parler. Cet officier, désolé, se contentoit de se présenter devant le cardinal, sans plus rien dire, et à peine en étoit-il remarqué. Un jour qu'une foule de seigneurs, de dames, d'ambassadeurs, d'évêques, et le nonce du Pape, remplissoient son grand cabinet à l'attendre, quelqu'un prit le cardinal en entrant, et lui parla toujours jusqu'au milieu de cette compagnie. Apparemment qu'il l'importuna, car le cardinal, se tournant à lui de furie, l'envoya promener avec tous les b. et les f. les plus redoublés, jurant à faire trembler et criant à pleine tête. L'infamie d'une telle sortie au milieu de tout ce que je viens de nommer saisit cet officier d'un si grand ridicule, qui avoit côtoyé le maltraité pour se pousser et tâcher de se faire voir, que malgré lui il éclata de rire. A ce bruit le cardinal tourna la tête, et le vit riant tant qu'il pouvoit. Dans l'instant il lui mit la main sur l'épaule : *Vous n'êtes pas trop sot*, lui dit-il; *je dirai tantôt à M. le Blanc d'expédier vos affaires ;* et aussitôt se mêla avec tout ce qui l'attendoit. Ce pauvre officier, qui se crut perdu dès qu'il sentit la main du cardinal sur son épaule dans l'état où il le surprenoit, pensa tomber par terre de ce contraste, et n'eut ni la force ni le temps de le remercier. Il alla le lendemain matin chez M. le Blanc, où il trouva toute son affaire faite et expédiée sans que rien y manquât de tout ce que j'avois demandé pour lui, et accourut de là chez Mme de Saint-Simon lui conter son aventure sans pouvoir cesser d'en rire et de s'en étonner.

Je trouvai qu'il étoit mort bien des gens de connoissance depuis le commencement de cette année, et quelques personnes considérables des pays étrangers :

La femme de Broglio, le roué de M. le duc d'Orléans, qui étoit fille du feu chancelier Voysin, à trente-deux ans.

Le comte de Boulainvilliers, à soixante ans, qui avoit prédit tant de choses vraies et fausses, mais qui ne se trompa point à l'année, au mois, au jour et à l'heure de sa mort, comme il avoit aussi rencontré juste à celle de son fils. Il s'y prépara avec courage, vit souvent le curé de Saint-Eustache, dans la paroisse duquel il demeuroit, et reçut les sacrements. Ce fut dommage qu'un aussi savant homme se fût infatué de ces curiosités défendues, qui rendoient son commerce suspect, et qui étoit le plus doux, le plus aisé et le plus agréable du monde, sûr avec cela, et si modeste qu'il ne sembloit pas rien savoir, avec les connoissances les plus étendues et les plus recherchées sur toutes les histoires, et beaucoup de profondeur de lumière et de bonne et sage critique sur celle de France et sur son gouvernement primitif, ancien et nouveau. Son grand défaut étoit de travailler à trop de choses en même temps, et de quitter ou d'interrompre un ouvrage commencé, souvent fort avancé, pour se mettre à un autre. Je l'aurois vu bien plus souvent pour m'instruire. Sans jamais chercher à rien apprendre aux autres, il avoit le talent, quand on l'en recherchoit, de le faire avec une simplicité, une netteté et une grâce qui plaisoient infiniment. Mais la crainte de donner à penser qu'on le recherchoit pour connoître l'avenir me retenoit, et beaucoup d'autres, de le fréquenter comme [je[1]] l'aurois voulu. Il fut toujours fort pauvre, honnête homme, malheureux en famille, et ne laissa point de postérité masculine. Il étoit homme de qualité, et se prétendoit de la maison de Croy, par la conformité des armes, sans toutefois en être plus glorieux.

Le comte de Chamilly. C'étoit un grand et gros homme

---

1. Saint-Simon a écrit *que*, pour *je*.

de bonne mine, de savoir et d'esprit, mais qui le faisoit trop sentir aux autres. Il avoit été ambassadeur en Danemark, où sa hauteur n'avoit pas réussi. Le maréchal de Chamilly, son oncle, l'avoit fait succéder à son commandement de Poitou, Saintonge, Angoumois, pays d'Aunis, la Rochelle et îles adjacentes, et il est[1] lieutenant général et gouverneur du château de Dijon. Il n'avoit que cinquante-huit ans, point d'enfants mâles.

Mme de Montchevreuil, abbesse de Saint-Antoine, à Paris. Elle étoit fort âgée, et sœur du feu marquis de Montchevreuil, chevalier de l'ordre, si bien avec le feu Roi et si intimement avec Mme de Maintenon, duquel il a été parlé ici plusieurs fois. Cette belle abbaye fut donnée à la fille aînée de Madame la Duchesse, bossue et fort contrefaite de corps et d'esprit, religieuse de Fontevrault, où elle n'avoit pu durer, et depuis longtemps au Val-de-Grâce, dont elle étoit le fléau, et le devint de son abbaye.

J'eus aussi à regretter des amis. L'abbé de Saint-Herem, fils et frère de deux évêques d'Aire, qui étoit d'une sûre et agréable compagnie, qui savoit, qui se conduisoit très-sagement, et qui de la naissance dont il étoit, et le mérite qu'il avoit, étoit fait pour remplir utilement les premiers postes de l'Église.

Le marquis de Saint-Herem, son cousin, gouverneur de Fontainebleau, un des plus honnêtes hommes que j'aie connus, avec qui j'avois passé ma vie. Il n'étoit encore que dans la force de l'âge. Il avoit eu la survivance de Fontainebleau pour le fils qu'il laissa.

Enfin le comte de Cheverny, dans un âge fort avancé, dont j'ai parlé souvent, que j'avois fait mettre dans le conseil des affaires étrangères, qui fut après conseiller d'État d'épée et gouverneur de M. le duc de Chartres, plus de titre que d'effet. Il n'avoit point d'enfants. Sa femme étoit gouvernante des sœurs de ce prince.

L'abbé de Verteuil mourut presque aussitôt après mon

---

1. Il y a bien *est*, et non *étoit*.

arrivée. On m'accusa de l'avoir tué d'une indigestion d'esturgeon, dont, en effet, il s'étoit crevé chez moi. C'étoit un excellent convive, homme de bonne, plaisante et libre compagnie; médiocre ecclésiastique, avec de bonnes abbayes, et charmant dans ses colères, où on le mettoit souvent. Il étoit frère du feu duc de la Rochefoucauld, mais avec grande différence d'âge. C'étoit un homme fort du monde et du meilleur.

L'évêque de Carcassonne, le dernier des Grignans, à soixante-dix-huit ans. Il étoit frère du feu comte de Grignan, chevalier de l'ordre, lieutenant général et commandant en Provence, gendre de Mme de Sévigné.

Saint-Frémont, lieutenant général, fort entendu à la guerre, et qui n'y avoit pas négligé ses intérêts. C'étoit un homme de fortune, qui s'appeloit Ravend. Il se trouva lieutenant-colonel d'un régiment de dragons, qu'eut un fils aîné de Villette, cousin germain de Mme de Maintenon, fort protégé d'elle, et qui y fut tué. Saint-Frémont, en habile homme qu'il étoit, s'y étoit attaché, et Mme de Maintenon prit soin de l'avancer. Il eut l'art d'être toujours au mieux avec les généraux des armées et avec les ministres de la guerre. Homme d'esprit, de sens, de conduite, gaillard, de bonne compagnie et fort honorable. Il étoit fort dans la bonne compagnie partout. Il étoit extrêmement vieux, très-bon officier général, et avoit prétendu au bâton.

J'appris, peu après mon arrivée, la mort à Madrid du marquis de Montalègre, dont je fus affligé. Sa charge de sommelier de corps fut destinée au duc d'Arion, en chemin de revenir des Indes; et celle de majordome-major de la princesse des Asturies, qui lui étoit réservée, fut donnée au duc de Bejar, et les hallebardiers au prince de Masseran.

La princesse Ragotzi mourut aussi dans un couvent, à Paris, où elle étoit venue chercher à vivre, depuis que le prince Ragotzi étoit passé en Turquie. On a vu ici ses singulières aventures, à l'occasion de l'arrivée du prince

Ragotzi à la cour. Elle étoit Hesse-Rhinfels, et pour avoir tant fait parler d'elle, et en tant de pays, elle n'avoit que quarante-trois ans. Elle laissa deux fils, qui n'étoient pas faits pour faire autant de bruit que leur père.

La duchesse de Zell, sur la fortune de laquelle il faut s'arrêter un moment. Elle étoit fille d'Alex. Desmiers, seigneur d'Olbreuse, gentilhomme de Poitou, protestant, qui sortit du royaume à la révocation de l'édit de Nantes, passa en Allemagne, et s'établit en Brandebourg, où sa fille, belle et sage, fut fille d'honneur de l'électrice, veuve de Ch.-L. duc de Zell, sans enfants en premières noces, et fille du duc d'Holstein-Glucksbourg. George-Guill., frère du premier mari de cette électrice, duc de Zell par la mort de son frère aîné, devint amoureux de cette fille d'honneur de l'électrice, et l'épousa. Dans la suite il obtint de l'Empereur de la faire princesse de l'Empire pour couvrir l'inégalité de ce mariage, et que leurs enfants, s'ils en avoient, pussent succéder. Il mourut en août 1703, à quatre-vingt-un ans, elle en février 1722, ne laissant qu'une fille mariée, 1682, à son cousin germain George-Louis duc d'Hanovre, électeur et successeur de la reine Anne à la couronne d'Angleterre, dont le fils y règne aujourd'hui, et que son mari, jaloux d'elle, longtemps avant d'être roi d'Angleterre, tint enfermée le reste de ses jours, après avoir fait jeter dans un four ardent le comte de Königsmarck. J.-Fred., frère cadet de Christ.-L. ci-dessus, et de George-Guill., avoit usurpé le duché de Zell sur George-Guill., mari dans la suite d'Éléonor Desmiers, absent à la mort de leur père, qui par son testament avoit ordonné qu'Hanovre et Zell seroient chacun pour les deux aînés à toujours. George-Guill. conquit et garda le duché de Zell, et Christ.-L. demeura duc d'Hanovre. Il se fit catholique en 1657, et mourut en 1679. Il avoit épousé en 1667 Bén.-H.-Ph., palatine, sœur de la princesse de Salm et de la dernière princesse de Condé, filles du second fils de l'électeur palatin, roi de Bohême, mort proscrit en Hollande, dépouillé de tous ses États par l'Empereur, sur qui il avoit usurpé la Bohême. Ainsi cette Él. Desmiers Olbreuse étoit belle-sœur de la duchesse d'Hanovre ou de Brunswick, que nous avons vue mourir à Paris, au Luxembourg, il n'y a pas longtemps, et belle-mère du second électeur d'Hanovre, premier roi d'Angleterre de sa maison, et grand'mère du roi d'Angleterre, électeur d'Hanovre d'aujourd'hui. Malgré l'inégalité de son mariage qui se pardonne si peu en Allemagne, malgré les malheurs de sa fille, sa vertu et sa conduite la firent aimer et respecter de toute la maison de Brunswick et du roi d'Angleterre, son gendre, et considérer dans toute l'Allemagne.

Le comte d'Althan, grand écuyer de l'Empereur, et son favori, à quarante ans. L'Empereur ne le quitta point pendant sa maladie, et il mourut entre ses bras. Il lui fit faire des obsèques magnifiques, se déclara le tuteur de ses enfants, et nomma deux de ses ministres pour régir leurs affaires et lui en rendre compte. Il est bien rare de voir l'amitié sur le trône.

Je trouvai aussi quelques mariages faits. Ceux du prince de Sultzbach, de la maison palatine, et de sa sœur avec le prince de Piémont. Lui épousa l'héritière de Berg-op-Zoom, fille du feu prince d'Auvergne et d'une sœur du duc d'Aremberg, desquels il a été parlé ici ailleurs.

Le marquis de Castries, chevalier d'honneur de Mme la duchesse d'Orléans, avoit perdu sa femme, son fils et sa belle-fille, desquels on a parlé ici. Il ne lui restoit aucune postérité. Il étoit assez vieux et encore plus infirme, et ne se soucioit pas trop de se remarier. Son frère l'y engagea. Il étoit riche, et ne vouloit pas déchoir de sa première alliance. Mme de Saint-Simon ménagea son mariage avec la fille du duc de Lévy, qui n'avoit rien, et qui dans la suite eut tout l'héritage par la mort de tous ses frères, jeunes, et dont aucun ne fut marié. Elle étoit laide, mais avec beaucoup d'esprit, et l'esprit fort aimable. Elle fut mère du marquis de Castries d'aujourd'hui. Castries eut, en faveur de son mariage, cent cinquante mille livres de brevet de retenue sur son gouvernement de Montpellier.

Puysieux épousa une fille de Souvré, fils de M. de Louvois et maître de la garde-robe du Roi. Il étoit fils de Sillery, écuyer de M. le prince de Conti, gendre de Monsieur le Prince, et neveu de Puysieux, ambassadeur en Suisse, qui se fit chevalier de l'ordre par l'adresse qu'on a vu ici en son temps.

Le duc d'Espernon, par la démission du duc d'Antin son père, épousa la seconde fille du duc de Luxembourg;

Et Mlle d'Estrées, vieille fille, sœur du dernier duc d'Estrées, déclara son mariage avec d'Ampus, gentilhomme provençal peu connu, dont le nom est Laurent.

Voilà les morts et les mariages que je trouvai à mon arrivée, et voici les autres changements :

Le P. de Linières, jésuite, confesseur de Madame, bon homme vieux et rien de plus, fait confesseur du Roi. On négocia fort avec le cardinal de Noailles pour en obtenir des pouvoirs pour le Roi, comme il en avoit donné à ce jésuite pour continuer d'entendre Madame; mais il fut inflexible. Aussi étoit-il bien d'une autre importance de rendre le confessionnal du Roi aux jésuites que de laisser continuer Madame avec son ancien confesseur, lorsque le cardinal de Noailles interdit les jésuites. Le cardinal du Bois, qui n'en voulut pas avoir le démenti, fit la plaie si éclatante à l'épiscopat de s'adresser à Rome, et le Pape envoya au Roi un pouvoir de l'entendre en confession et de l'absoudre, à quiconque il voudroit choisir, sans aucune exception.

Le chancelier, exilé à Fresnes, et d'Armenonville, garde des sceaux, et son fils Morville, secrétaire d'État en sa place; Nocé, si bien et si libre avec M. le duc d'Orléans, et qui avoit été si longtemps l'intime de du Bois, et celui par qui, étant à Hanovre et à Londres, ses lettres passoient au Régent, exilé à Blois; et Broglio, ce roué de M. le duc d'Orléans, si impudent et si impie, chassé plus loin. Il y avoit bien longtemps qu'il le méritoit, et pis. Le cardinal du Bois commença par ces deux hommes, dont il craignoit l'esprit hardi du premier, entreprenant et audacieux du second, et la liberté et la familiarité de tous les deux avec M. le duc d'Orléans, qui avoit du goût et de l'amitié de tout temps pour Nocé, fils du vieux Fontenay, qu'il avoit fort estimé, et qui avoit été son sous-gouverneur. Tous d'eux avoient beaucoup d'esprit.

Le chancelier venoit de marier sa fille au marquis de Chastelux, homme de qualité de Bourgogne, du nom de Beauvoir, fort honnête homme, et estimé à la guerre. L'arrêt du chancelier étoit intérieurement prononcé, et M. le duc d'Orléans voulut ne rien déclarer que le mariage qui s'alloit faire ne fût achevé. Il en rioit tout bas, et disoit à ceux du secret que ce pauvre Chastelux donnoit dans le pot au noir, et s'alloit faire poissonnier la veille de Pâques. Il soutint ce subit exil de son beau-père d'une façon respectable, et n'en vécut qu'avec plus de soins, d'attentions et d'amitié pour sa femme, pour son beau-père et pour toute sa famille.

Mme de Soubise, en fonction de gouvernante des enfants de France, en survivance de la duchesse de Ventadour, grand'mère de son mari, et Dodun, contrôleur général des finances, à la place de la Houssaye, que son incapacité n'avoit pu soutenir plus longtemps dans cette place. Dodun, de président aux enquêtes, étoit passé dans le conseil[1] des finances, où il avoit eu plusieurs commissions. Il avoit de la morgue et de la fatuité à l'excès, mais de la capacité, et autant de probité qu'une telle place en peut permettre.

Pelletier de Souzy, qui étoit à la fin entré, comme il a été dit ici, au conseil de régence, le quitta et se retira à

---

1. Saint-Simon a écrit *les conseil*.

Saint-Victor. Il étoit doyen du conseil des parties. Il logeoit avec des Forts, son fils, dans une belle et agréable maison, qu'il avoit bâtie, et toute sa vie avoit eu des emplois distingués, et vécu avec la meilleure compagnie, à qui il faisoit une chère fort recherchée. On crut que quelque mécontentement qu'il eut de son fils lui fit prendre un parti dont il sentit le poids et le vide, et qu'il ne soutint que par la honte de la variation.

Le duc d'Ossone étoit parti de Paris, qu'il avoit rempli de sa magnificence et des plus belles fêtes, lorsque j'y arrivai. Je ne le rencontrai point en chemin.

Je trouvai l'archevêque de Tours, que j'avois voulu faire archevêque de Reims, déjà transféré à Albi, et l'abbé d'Auvergne, nommé à Tours, passé à Vienne. Tours fut donné à l'évêque de Toul, cet abbé de Camilly qui avoit eu cet évêché en récompense, comme je l'ai dit ailleurs, de tous les tours de souplesse dont il avoit si heureusement servi le cardinal de Rohan, longtemps avant sa pourpre, pour le faire recevoir dans le chapitre de Strasbourg, où lui-même étoit alors depuis longtemps chanoine du bas-chœur, et Toul fut donné à l'abbé Bégon, qui fut un excellent évêque. Reims ne tarda pas après à être donné à l'abbé de Guémené, qui, pour le dire tout de suite tenta bientôt après avoir eu l'honneur de sacrer le Roi, d'être fait commandeur du Saint-Esprit, n'en ayant pas l'âge, car il étoit de 1695. Mais le propre des usurpateurs est de faire semblant de se méconnoître pour que les autres les méconnoissent, et des buts et des combles les plus desirés et les plus grands, de s'en faire des degrés pour arriver à davantage. C'est par où les princes étrangers vrais et faux, sont parvenus où on les voit. Ainsi la Ligue ayant conduit les Guises à tout ce qu'ils voulurent, à la couronne près, qui leur manqua, par des merveilles multipliées, les autres usurpations sont demeurées à leur postérité, entre autres cette distinction qu'ils imaginèrent après coup de faire fixer l'âge d'être capable d'être admis dans l'ordre du Saint-Esprit, pour le mettre

à trente-cinq ans, excepté pour les princes du sang et
pour les maisons souveraines, qu'ils firent régler à vingt-
cinq ans, pour s'égaler par là aux princes du sang, et à
côté d'eux se distinguer de tous les seigneurs. MM. de
Rohan alors n'étoient que seigneurs; il s'en falloit bien
que Louis XIV fût né, ni Mme de Soubise, dont la beauté
eut le don de lui plaire, et elle d'en savoir si bien profiter.
De gentilshommes, et reçus comme tels dans l'ordre,
comme on l'a vu du marquis de Marigny tout à la queue
des gentilshommes de la nombreuse promotion de 1619,
où il n'y en eut que cinq ou six après lui, quoique frère
du duc de Montbazon, devenus princes, et en ayant
emblé[1] par pièces la plupart des distinctions peu à peu,
rien ne se présentoit plus à propos pour obtenir l'ordre
avant l'âge, et le tourner après en droit, que l'honneur
d'avoir sacré le Roi avant l'âge de vingt-huit ans. Aussi
l'occasion en fut-elle saisie, et leur malheur fut que la
promotion fut différée au delà de la vie du cardinal du
Bois, qui sûrement ne les en eût pas éconduits, et de
celle de M. le duc d'Orléans, qui ne sut comment la faire,
pour avoir promis quatre fois plus de colliers qu'il n'y en
avoit de vacants, quoique presque toutes les places de
l'ordre le fussent. Monsieur le Duc, qui la fit, ne jugea
pas à propos d'accorder ce nouvel avantage à des gens
qui n'en avoient que trop usurpé, et qui vouloient persuader que tout leur étoit dû. Encore que les charmes de
Mme de Soubise et la ténébreuse complaisance de son
mari n'eussent pu obtenir de Louis XIV un autre rang
que parmi les gentilshommes, à lui et au comte d'Auvergne, à la promotion de 1688, comme on l'a vu ici en traitant de ces choses, où on a vu quelle fut la colère du Roi
et de leur refus, et par quel artifice l'exécution de ses
ordres furent corrompus[2] sur les registres. Dans les promotions qui suivirent celle de 1728, cet archevêque de
Reims ayant lors plus de trente-cinq ans, il ne lui auroit

1. Voyez tome I, p. 46 et note 1, et tome II, p. 245 et note 1.
2. Tel est bien le texte.

pas été difficile d'y être compris; mais la distinction que les Rohans s'y étoient proposée s'étoit évanouie avec les années. Il en fallut donc chercher une autre ou un prestige pour éblouir dans la suite : ce fut de n'entrer pas dans l'ordre après trente-cinq ans, n'ayant pu y être admis auparavant, pour éviter d'en marquer la chasse. Monsieur de Reims prévint la chose de bonne heure. Ses nerfs furent attaqués bientôt après le sacre, en sorte qu'il ne marchoit qu'avec une difficulté qui s'est toujours augmentée, et qui lui en a enfin ôté l'usage. Il déclara donc qu'il ne prétendoit point à l'ordre, que la foiblesse de ses jambes le mettoit hors d'état de recevoir, et il s'en est tiré de la sorte. Telles sont les entreprises, les artifices, les ruses qui ont formé et enfin établi ces rangs prétendus étrangers, tant en ceux qui sont en effet étrangers, qu'en ceux qui, à force de partager avec eux, sont devenus honteux de ne pas l'être. La France est l'unique pays de l'Europe où de tels abus si dangereux et si flétrissants, soient soufferts, et dont la Ligue est l'odieuse date, et qui porte avec elle toute instruction, trop souvent depuis bien rafraîchie.

A peine fus-je arrivé qu'il fallut achever un mariage qui m'avoit été proposé pour ma fille, avant que j'allasse en Espagne. Il y a des personnes faites de manière qu'elles sont plus heureuses de demeurer filles [1] avec le revenu de la dot qu'on leur donneroit. Mme de Saint-Simon et moi avions raison de croire que la nôtre étoit de celles-là, et nous voulions en user de la sorte avec elle. Ma mère pensoit autrement, et elle étoit accoutumée à décider. Le prince de Chimay se persuada des chimères en épousant ma fille dans la situation où il me voyoit. Dès avant d'aller en Espagne je ne lui déguisai rien de tout ce que je pensois, ni du peu de fondement de tout ce qui le persuadoit de faire ce mariage. Je ne le voulus achever qu'à mon retour, pour lui laisser tout le temps

---

1. Il y a *fille*, au singulier.

aux réflexions et au refroidissement en mon absence. Il ne cessa de presser Mme de Saint-Simon, ni elle de l'en détourner. Dès que je fus de retour ses instances redoublèrent, à un point qu'il fallut conclure, et le mariage se fit à Meudon, avec le moins de cérémonie et de compagnie qu'il nous fut possible. Son nom étoit Hennin-Liétard, et ses pères connus sous le nom de comtes de Bossut, par leurs alliances, leurs grands biens dans les Pays-Bas, et leurs grands emplois sous Charles V et depuis. Leur chimère étoit d'être de l'ancienne maison d'Alsace, quoique la leur fût d'une antiquité assez illustre et assez reconnue pour ne la pas barbouiller de fables. Néanmoins son frère, qui étoit archevêque de Malines, avec une grande abbaye, et cardinal, portoit hardiment le nom de cardinal d'Alsace, quoique espèce de béat. Lui et son autre frère, le marquis de la Vère, étoient lieutenants généraux, et fort distingués par leur valeur et leur service en Espagne, et en quittant ce pays-là pour celui-ci, y avoient conservé le même grade. On a vu ici ailleurs que l'électeur de Bavière fit donner la Toison d'or au prince de Chimay tout jeune par Charles II. Il se signala en Flandres, dans la guerre qui suivit la mort de ce monarque, par des actions fort distinguées. Il passa ensuite en Espagne, où il fit sa cour à la princesse des Ursins, qui le fit faire grand d'Espagne, et il y servit avec la même distinction. Il s'y ennuya ensuite et vint en France, où il épousa la fille du duc de Nevers, qu'il perdit quelques années après, sans enfants. C'étoit un homme très-bien fait, d'un visage très-agréable, dont l'air et toutes les manières sentoient le grand seigneur : aussi l'étoit-il par de grandes et de belles terres, mais la plupart de longue main en direction, et ses affaires fort embarrassées, dont il ne laissoit pas de tirer gros. C'étoit de plus un homme sans règle, qui, avec de l'esprit et les meilleurs discours, se gouvernoit lui et ses affaires de fort mauvaise façon, plein de chimères et de fantaisies. La duchesse Sforze, de chez qui il ne bougeoit tous les soirs,

tant que son premier mariage dura, me prédit bien tout
ce que j'en vis dans la suite. Son frère avoit quitté
l'Espagne par la disgrâce du duc d'Havrec, dans laquelle
il fut enveloppé, comme elle a été racontée ici en son
temps.

Il se fit peu de jours après un autre mariage chez moi,
à Meudon, de la sœur de l'abbé de Saint-Simon avec le
comte de Laval, maréchal de camp alors, et enfin devenu
maréchal de France. Son nom et cette juste récompense
de ses longs services dispensent d'en dire davantage.
Mme de Saint-Simon avoit pris grand soin de cette jeune
personne, et l'eut chez elle tant que je fus en Espagne.
Elle étoit fort jolie, et son air de douceur, de modestie et
de retenue plaisoit extrêmement. Le dedans étoit fort au-
dessus du dehors : de l'esprit, de l'agrément, de la gaieté,
une piété et une vertu qui ne se sont jamais démenties
et qui n'ont effarouché personne ; fort propre au monde,
et une conduite qui a infiniment aidé la fortune de son
mari. Il vouloit une alliance et des entours qui le pussent
porter. Il eut, en se mariant, un petit gouvernement, et
sa femme une pension.

Courtenvaux mourut fort jeune. Il étoit fils aîné du fils
aîné de M. de Louvois. Sa mère étoit sœur du maréchal
d'Estrées, et sa femme sœur du duc de Noailles, et il
laissoit un fils qui sortoit tout au plus du maillot. Il avoit
eu la belle charge de son père de capitaine des Cent-
Suisses. L'âge de l'enfant étoit ridicule ; les services ni la
naissance n'y suppléoient pas. Néanmoins la facilité et le
mépris de toutes choses de M. le duc d'Orléans enhar-
dirent le duc de Villeroy et le maréchal d'Estrées : M. le
duc d'Orléans ne put leur résister, et l'enfant eut la
charge. Le frère cadet de son père l'exerça en plein en
attendant que l'enfant fût d'âge à la faire.

On résolut enfin que le Roi abandonneroit Paris pour
toujours, et que la cour se tiendroit à Versailles. Le Roi
s'y rendit en pompe le 15 juin, et l'infante le lendemain.
Ils y occupèrent les appartements du feu Roi et de la

'feue Reine, et le maréchal de Villeroy fut logé dans les derrières des cabinets du Roi. Le cardinal du Bois eut toute la surintendance entière pour lui seul, comme M. Colbert l'avoit eue, et après lui M. de Louvois. Il suivoit à grand pas son projet de se faire déclarer premier ministre, et pour cela d'isoler tant qu'il pourroit M. le duc d'Orléans. Paris rendoit son accès facile à bien des gens qui ne pouvoient s'établir à Versailles ni y aller, les uns point du tout, les autres que rarement et des moments. Ce changement dérangeoit les soupers avec les roués et des femmes qui ne valoient pas mieux. Il comprenoit bien que M. le duc d'Orléans les iroit trouver à Paris tant qu'il pourroit, mais que les affaires qu'il sauroit lui présenter à propos le dérangeroient souvent; que cette contrainte le dégoûteroit, l'ennuyeroit, et plus que toute autre chose, le prépareroit à se décharger sur lui, et pour acheter sa liberté, le déclarer premier ministre et le supplément en titre de ses absences, qui ne seroient plus, ou que bien rarement, contrariées par les affaires, dont lui, cardinal, devenu publiquement le maître, sauroit bien se faire redouter, de manière qu'il n'auroit rien à craindre des voyages de son maître à Paris, où il le laisseroit se replonger dans sa petite loge de l'Opéra, dans ses indignes soupers, s'éloigner des affaires, et lui, en profiter pour voler de ses ailes et régner de son chef. M. le duc d'Orléans prit l'appartement de feu Monseigneur en bas, et Mme la duchesse d'Orléans demeura dans celui qu'elle avoit en haut auprès du sien, qui resta vide.

Quoique mon retour d'Espagne et ma conduite à l'égard de ceux qui étoient sortis du conseil lui eussent fort déplu, et que ma résistance au dépouillement du duc de Noailles lui eût donné un dépit qu'il ne me pardonna jamais, il n'étoit pas temps encore de me le montrer. Je ne trouvai donc point d'obstacle à ma familiarité ordinaire avec M. le duc d'Orléans; le cardinal même m'en témoignoit avec un mélange de déférence. Mais sur ce qui étoit affaires autres que menues ou de cour, j'en étois peu instruit, que par-ci par-là, par morceaux, que l'habitude arrachoit à M. le duc d'Orléans dans mes tête-à-tête avec lui, sans néanmoins que je l'y excitasse. Ce n'étoit pas pourtant que le cardinal ne m'offrît de me les communiquer toutes. Il vouloit que la réserve que j'y éprouvois depuis mon retour tombât sur M. le duc d'Orléans. Mais, outre que ce prince m'en disoit trop pour que je ne visse pas à découvert qu'il ne tenoit pas à lui qu'il ne me dît tout comme auparavant, je connoissois trop le cardinal pour être la dupe de ses offres et de ses compliments. Il ne savoit par où s'y prendre pour m'éloigner de M. le duc d'Orléans; il me craignoit pour sa déclaration de premier ministre; il vouloit également m'écarter des affaires et me ménager, tellement qu'il m'accabloit de gentillesses toutes les fois que je le rencontrois, et s'y surpassoit quand le hasard me faisoit trouver en tiers avec M. le duc d'Orléans et lui, tant pour me cajoler que pour persuader ce prince qu'il n'oublioit rien pour être bien avec moi, m'embarrasser par là à résister aux choses qu'il entreprenoit, et affoiblir ce que je pourrois dire contre lui à M. le duc d'Orléans, sur les choses où nous ne nous trouverions pas de même avis.

Il s'en présenta bientôt une; ce fut l'exil du duc de Noailles, dont il n'osa pas me parler; mais M. le duc d'Orléans me le dit comme une chose dont on le pressoit. Je lui demandai à propos de quoi cet exil, et il ne put me rien alléguer que de vague et de ce fantôme de cabale. Je lui répondis qu'à ce dernier égard, où, depuis mon retour, je n'avois pu apercevoir rien de réel, je ne voyois pas pourquoi l'exiler plutôt que les autres; qu'il s'étoit contenté jusqu'alors de l'exil du chancelier, qui étoit bien assez éclatant, et dont, à maints égards, il auroit bien pu se passer; qu'y revenir sur d'autres sans cause nouvelle et connue, c'étoit montrer un bâton levé sur les maréchaux de Villars, d'Estrées, Tallart, Huxelles, même sur le maréchal de Villeroy, qui étoient en personnages les principaux de ceux qui étoient sortis du conseil, et qu'on lui donnoit avec le duc de Noailles pour les prétendus chefs de la prétendue cabale; que d'effaroucher tant de gens considérables, considérés et si grandement établis, je n'en voyois que du mal à attendre, et aucun bien à espérer; et qu'à l'égard du duc de Noailles, il étoit, à mon avis, de ceux qu'il ne falloit jamais bistourner[1], pour quelque cause que ce pût être, mais le laisser entier ou l'écraser à forfait; qu'écraser un homme, lui et tous les siens, si grandement établi, et qui avoit eu si longtemps sa confiance et toutes les finances entre les mains, je n'y voyois ni justice ni possibilité, sans crime qui pût être clairement démontré, et tel que ce fût grâce que de ne pas faire traiter juridiquement par les formes; qu'un exilé, surtout de sa sorte, ne pourrissoit pas exilé; qu'on touchoit à la majorité; que, de retour, sa charge de capitaine des gardes l'approcheroit nécessairement du Roi; qu'il n'oublieroit ni fadeurs, ni bassesses, ni fertilité d'esprit pour se l'apprivoiser, se familiariser, se rendre agréable, se donner un crédit immédiat, se rallier les mécontents de la régence, qui approcheroient le Roi par leurs emplois ou par leur industrie; et qu'alors Son Altesse Royale auroit tout lieu de se repentir de s'être fait inutilement un ennemi du duc de Noailles, et de l'avoir laissé en état et en moyens de s'en ressentir. J'ajoutai que, quand je m'opposois à l'exil du duc de Noailles, ma voix en valoit bien une douzaine d'autres dans la situation publique où j'étois avec lui.

Cette proposition d'exil balança huit jours, pendant lesquels le cardinal me détachoit sans cesse Belle-Isle, pour m'exorciser par ma haine et par mon intérêt, et me dire ce que le cardinal n'osoit lui-même, pour n'avoir pas à se fâcher de la persévérance de mon opposition. Elle l'emporta toutefois et m'indisposa le cardinal de plus en

1. Contrarier, tourmenter.

plus. Mais je ne pus me résoudre de servir ses projets ni ma haine aux dépens de M. le duc d'Orléans. Cette suspension d'exil ne fut pas longue.

Cinq semaines ou environ après, que je pensois qu'il n'en fût plus question du tout, j'allai au Palais-Royal (car de Meudon, que j'habitois, je voyois M. le duc d'Orléans à Versailles et à Paris, quand il y étoit, les jours destinés pour moi à le voir), et je trouvai la Vrillière seul dans la petite galerie avant son petit cabinet, laquelle étoit toujours vide, et on attendoit dans la pièce qui la précédoit. Surpris de le voir là et encore plus de l'heure, qui n'étoit pas la sienne, je lui demandai ce qu'il y faisoit. Il me dit qu'il avoit un mot à dire à M. le duc d'Orléans. J'entrai tout de suite dans le cabinet, où il étoit seul avec l'air assez embarrassé. Je lui demandai ce qu'il y avoit, que la Vrillière étoit dans la petite galerie. « C'est pour fondre la cloche, me répondit-il. — Comment? dis-je, quelle cloche? — L'exil du duc de Noailles, reprit-il. — Comment? lui dis-je, après senti[1] et goûté la force de tout ce que je vous ai représenté là-dessus? En vérité, Monsieur, vous n'y pensez pas; » et tout de suite je repris les principales raisons. Nous étions debout. Alors il se mit à se promener, la tête basse, par ce cabinet, quoique fort petit, comme il faisoit toujours quand il se trouvoit debout et embarrassé de quelque chose. Cette promenade et mon discours, avec peu de répliques de sa part et foibles, dura un bon quart d'heure. Le silence succéda, pendant lequel il se mit le nez tout contre les vitres de la fenêtre, puis, se tournant à moi, me dit tristement : *Le vin est tiré, il faut le boire.* Je vis qu'il avoit combattu, qu'il sentoit que j'avois raison, mais qu'il craignoit le cardinal, qui lui avoit arraché la chose. Je haussai les épaules et baissai la tête, en lui disant qu'il étoit le maître, que je souhaitois, qu'il s'en trouvât bien. Là-dessus il alla ouvrir la porte de son cabinet, appela la

---

1. Après avoir senti.

Vrillière, lui parla quelques moments, presque dans la porte. L'affaire fut ainsi consommée, et le duc de Noailles eut son ordre le soir même, partit le lendemain matin, et s'en alla dans ses terres, près du vicomté de Turenne, où il fit le béat, porta chape aux processions et aux lutrins de ses paroisses, et se fit moquer de lui là et à Paris, où on le sut, et où, pour mieux faire sa cour au Régent, il entretenoit une comédienne depuis le commencement de la régence, après avoir dit son bréviaire, fait les carêmes, et fréquenté les saluts de la chapelle assiduement depuis son retour d'Espagne jusqu'à la mort du feu Roi, pour se raccommoder avec lui et avec sa tante de Maintenon, à quoi il ne put réussir.

Défait du duc de Noailles, le cardinal du Bois, qui ne pouvoit avoir la même prise sur le maréchal de Villeroy, n'oublia rien pour le gagner. Quelque justement perdu qu'il fût dans l'esprit de M. le duc d'Orléans, il lui imposoit toujours par habitude de jeunesse ; et, comme il étoit fat jusqu'au point de se croire invulnérable et de s'en vanter, il se piquoit de [ne] rien craindre, et, pour s'en mieux parer, il tenoit souvent des propos fort hardis au Régent, qu'il paraphrasoit au double au public, où le cardinal du Bois n'étoit pas ménagé. Je viens de parler de sa fatuité : il en venoit de donner un rare spectacle à Paris. La fête du saint-sacrement arriva cette année le 4 juin, et le Roi n'alla à Versailles s'établir que le 15. Il reconduisit la procession du saint-sacrement, venue à la chapelle des Tuileries, jusqu'à Saint-Germain l'Auxerrois, où il entendit la grand'messe. Le maréchal de Villeroy, à qui la goutte ne permettoit guère de marcher sur le pavé des rues, ne crut pas devoir perdre le Roi de vue, depuis les Tuileries jusqu'à sa paroisse quoique environné de sa cour et de ses gardes, et adoré alors à Paris, ni perdre une si belle occasion de se donner en spectacle ; il monta le plus petit bidet qu'il put trouver, sur lequel il suivit le Roi pas à pas, et se fit admirer de la populace et moquer par tout ce qui accompagna le Roi. Ce maréchal étoit donc un véritable fléau pour le cardinal du Bois, sur lequel ni crainte, ni prudence, ni bienséance même n'avoient aucune prise. Il ne pouvoit souffrir l'autorité que le cardinal du Bois avoit prise dans les affaires, ni supporter le rang, l'état et la préséance d'un homme qu'il avoit vu si longtemps ramper dans l'antichambre du chevalier de Lorraine, et qu'il croyoit combler alors d'un léger signe de tête en passant. Il n'y eut donc rien que le cardinal du Bois ne fît pour arrêter une langue si accablante, à force de soumissions. Il se mit presque à ses genoux, il le supplia de trouver bon qu'il lui apportât son portefeuille tous les jours, entrer dans tout ce qu'il y auroit de plus secret, le conduire et le rectifier par ses lumières.

Tout vain et tout borné que fût le maréchal de Villeroy, le long usage du grand monde et de la cour, et la connoissance qu'il avoit de longue main du cardinal du Bois lui en avoit assez appris pour ne pas compter beaucoup sur de si grandes offres, ni pour croire qu'un homme de caractère, qui dominoit le Régent, pût s'accommoder sérieusement de se mettre en brassière sous lui. D'ailleurs, les chimères du maréchal ne pouvoient s'accommoder d'entrer en part du gouvernement de M. le duc d'Orléans; elles étoient de fronder, de faire contre, d'être le chef et le ralliement des mécontents et des frondeurs, l'idole du peuple, l'amour du Parlement, surtout l'homme unique à la vigilance duquel toute la France étoit redevable de la vie du Roi. Établi sur de si beaux principes, certain d'ailleurs de ne pouvoir être ébranlé depuis que, par deux fois, il se fut rassuré sur sa place, dont pourtant il ne m'avoit pu pardonner la frayeur, on peut juger du peu de succès des bassesses du cardinal du Bois, et combien elles gonflèrent la superbe et la morgue de l'un, et augmentèrent le dépit et la rage de l'autre. Il les cacha tant qu'il put, et redoubla d'efforts auprès de M. le duc d'Orléans pour lui faire chasser le maréchal de Villeroy. C'est où ils en étoient les quinze derniers jours de juin, qui furent les premiers quinze jours de l'établissement de la cour à Versailles.

La duchesse de Ventadour, en pleine et seule possession de l'infante, avec ce nouveau degré de faveur de sa survivance à sa petite-fille, tira habilement sur le temps, et on fut tout étonné qu'il arriva d'Espagne une grandesse au comte de la Mothe, fils du frère aîné du maréchal de la Mothe, père de la duchesse de Ventadour et des duchesses d'Aumont et de la Ferté. Une si heureuse fortune le consola du bâton de maréchal de France qu'on mouroit d'envie de lui donner, et, comme on l'a vu en son lieu, qu'il n'eut pas l'esprit de mériter. Il mourut en 1728, à quatre-vingt-cinq ans.

Plancy mourut au même âge, sans alliance; le dernier des enfants de Guénégaud, secrétaire d'État, après avoir servi et fort ennuyé le monde. Les ministres n'avoient pu encore parvenir à laisser leurs enfants revêtus de l'image et des charges des seigneurs.

Le Pape, accablé enfin par les troupes impériales, qui désoloient l'État ecclésiastique, donna à l'Empereur l'investiture du royaume de Naples et de Sicile, dont il étoit en possession. L'Espagne éclata, mais il n'en fut autre chose, sinon de se raccommoder après.

Le fameux Marlborough mourut à Londres, le 27 juin, à près de soixante-quatorze ans, le plus riche particulier de l'Europe, mais sans postérité masculine. Sa sœur étoit mère du duc de Berwick et l'avoit fait comte de Marlborough et capitaine des gardes du roi Jacques II d'Angleterre. Il étoit de petite noblesse et fort pauvre. Il se nommoit Jen[1] Churchill, et il étoit devenu duc de Marlborough, pair d'Angleterre, capitaine général des armées, grand maître de l'artillerie, colonel du premier régiment des gardes, chevalier de l'ordre de la Jarretière et le plus heureux capitaine de son siècle. Sa vie, ses actions, ses fortunes sont si connues qu'on s'en taira ici. Sa victoire

---

1. Telle est bien l'orthographe de Saint-Simon.

d'Hochsted le fit prince de l'Empire et de Mindelheim, terre dont l'Empereur lui fit présent en même temps. Pour en perpétuer la mémoire, il avoit fait bâtir en Angleterre un château superbe auquel il donna le nom de Bleintheim, village où trente-six bataillons retranchés se rendirent à lui sans attendre d'attaque. Les honneurs de ses obsèques et leur magnificence égalèrent, à peu de chose près, celles des rois d'Angleterre. Il fut inhumé à Westminster, dans la chapelle d'Henri VII; mais cet honneur n'est pas rare en Angleterre. Il y avoit plus de trois ans qu'une apoplexie l'avoit tellement affoibli qu'il pleuroit presque sans cesse et n'étoit plus capable de rien.

Le grand maître de Malte, frère du cardinal Zondodari, mourut en ce même temps, fort estimé et regretté dans son ordre. Ant. Manoel lui succéda, des anciens bâtards de Portugal.

La duchesse de Bouillon Simiane mourut aussi à trente-neuf ans, à Paris;

Et l'épouse du prince Jacq. Sobieski, fils aîné du fameux roi de Pologne. Elle étoit sœur des électeurs de Mayence et palatin, de l'impératrice mère des empereurs Joseph et Charles VI, des reines douairières d'Espagne et de Portugal, et mère de la reine d'Angleterre épouse du roi Jacques III, résidant à Rome. Elle mourut sans postérité masculine, à cinquante ans, dans les terres du prince Jacq. Sobieski, en Silésie.

CHAPITRE XV.

Extrême embarras du cardinal du Bois, qui tente encore de se ramener le maréchal de Villeroy, qu'il ne pouvoit perdre, et y employe le cardinal de Bissy. — Le cardinal de Bissy persuade le maréchal de Villeroy, qui veut prévenir le cardinal du Bois, et va chez lui avec le cardinal de Bissy, où passant des compliments aux injures, fait la plus terrible scène qui se puisse imaginer au cardinal du Bois. — Le cardinal du Bois, hors de lui, arrive tout de suite dans le cabinet de M. le duc d'Orléans, m'y trouve seul, lui conte devant moi la scène qu'il venoit d'essuyer du maréchal de Villeroy, et déclare qu'il faut opter entre l'un ou l'autre. — M. le duc d'Orléans me presse de dire mon avis; j'opine à l'exil du maréchal de Villeroy. — Conférence entre M. le duc d'Orléans, Monsieur le Duc et moi, où il est convenu d'arrêter et d'exiler le maréchal de Villeroy. — M. le duc d'Orléans m'envoye chez le cardinal du Bois, au sortir de notre conférence, examiner et convenir de la mécanique pour arrêter le maréchal de Villeroy; compagnie que je trouve chez le cardinal du Bois. — Le duc de Charost en mue, pour être déclaré gouverneur du Roi.

Le cardinal du Bois ne fut pas longtemps à sentir qu'il ne persuaderoit pas M. le duc d'Orléans de chasser le maréchal de Villeroy. C'étoit un tour de force dont il avoit senti tous les inconvénients toutes les fois qu'il avoit été tenté de l'entreprendre, qui devenoit tous les jours plus difficile et plus dangereux, auquel il avoit tout à fait renoncé. Chaque jour que le cardinal différoit à se faire déclarer premier ministre lui sembloit une année, et toutefois il n'osoit presser ce grand pas sans s'être mis à couvert des vacarmes qu'en feroit le maréchal de Villeroy, qui donneroient le signal et l'encouragement à tant d'autres, lesquels, sans cet appui, n'oseroient parler haut, et dont le groupe et les assauts que le maréchal se piqueroit de donner au Régent feroient courir grand risque au cardinal d'être aussitôt précipité qu'élevé à cette immense place, et par cela même fort éreinté et en situation de regretter celle où il étoit auparavant. L'agitation de ces pensées et la difficulté de se dépêtrer de l'embarras qui l'arrêtoit, l'occupoit tout entier, redoubloit ses humeurs et ses caprices, le rendoit de plus en plus inabordable, et jetoit les affaires les plus importantes et les plus pressées dans un entier abandon. Enfin il se résolut de faire encore un effort vers le maréchal de Villeroy; mais n'osant plus s'y hasarder lui-même, il imagina de s'y prendre par le cardinal de Bissy, charmé de sa conduite sur la constitution et du confessionnal du Roi si récemment rendu à ses bons amis les jésuites, et, ce qui ne le touchoit guère moins, en bravant le cardinal de Noailles et le refus de ses pouvoirs.

Du Bois lui fit donc part de ses peines, de la dureté de la conduite du maréchal de Villeroy à son égard, de tous les devoirs où il s'étoit mis, de tout ce qu'il avoit tenté auprès de lui pour en obtenir une paix qu'il n'avoit jamais déméritée, et si nécessaire au bien des affaires et à la bienséance, qui ne l'étoit pas moins entre un homme à qui le Roi étoit confié, et celui à qui le Régent remettoit le détail et le principal soin des affaires. Il lui représenta le grand bien qui naîtroit infailliblement du frein que sa médiation pouvoit seule mettre aux saillies continuelles du maréchal de Villeroy, le disposer à vouloir bien le regarder comme un homme qui ne lui avoit jamais manqué, qui n'avoit cessé, dans tous les temps, de mériter l'honneur de ses bonnes grâces, qui n'avoit rien oublié pour qu'il lui voulût permettre de lui porter son portefeuille et de lui faire part de toutes les affaires avec la déférence la plus entière; enfin, qu'il espéroit cette bonne œuvre de son amour pour le bien et de l'amitié du maréchal de Villeroy pour lui, qui feroit bien recevoir les réflexions qu'il lui feroit faire. L'intime et commune liaison du maréchal et du cardinal avec Mme de Maintenon, les intrigues de la constitution, la haine du cardinal de Noailles, que le maréchal avoit adoptée en bas courtisan, et fortifiée, depuis la régence, par celle du duc de Noailles, avoit uni Villeroy et Bissy d'une manière étroite.

L'ambitieux béat saisit avidement une occasion si honnête et si décente de rendre à son confrère un service si désiré. Parvenu de si loin où en étoit Bissy, son étonnante fortune ne lui sembloit guère que des degrés pour se porter plus haut. Il vouloit faire une grande fortune à son neveu, et depuis qu'il voyoit l'entrée du conseil ouverte aux cardinaux, il desiroit beaucoup d'y faire le troisième. Outre l'éclat qui en résulteroit pour lui, il comptoit que c'étoit la voie la plus certaine d'avancer son neveu à tout, et que, venant à bout de tirer du pied de du Bois une si fâcheuse épine, et de le mettre en bonne intelligence avec Villeroy, par conséquent de le rapprocher du Régent, il n'y avoit rien qu'il ne pût se promettre de du Bois, et par lui de son maître. Il travailla donc à bon escient auprès du maréchal de Villeroy, et fit si bien qu'il le persuada et qu'il le pria d'en porter de sa part parole au cardinal du Bois. Voilà les deux cardinaux au comble de leur joie. Du Bois pria Bissy de dire à Villeroy tout ce que la sienne pouvoit exprimer de plus touchant, et qu'il brûloit d'impatience qu'il lui permît d'aller chez lui l'en assurer lui-même. Bissy ne tarda pas à exécuter une si agréable commission, et Villeroy, pour ne demeurer pas en reste, convint avec Bissy d'aller ensemble chez le cardinal du Bois. Le hasard fit qu'ils y allèrent un mardi matin, et que je ne me souviens plus quelle affaire me fit aller en même temps, contre mon ordinaire, parler à M. le duc d'Orléans à Versailles, de Meudon, où j'habitois.

Bissy et Villeroy trouvèrent tous les ministres étrangers, dont c'étoit le jour d'audience du cardinal du Bois, qui attendoient chacun la leur dans la pièce d'avant le cabinet du cardinal. De longue main, l'usage établi de ces audiences est que les ministres étrangers n'y étoient introduits, l'un après l'autre, que[1] suivant qu'ils étoient arrivés dans la pièce d'attente, pour éviter toute compétence[2] de rang entre eux. Ainsi Bissy et Villeroy trouvèrent du Bois enfermé avec le ministre de Russie. On voulut avertir le cardinal de quelque chose d'aussi nouveau que le maréchal de Villeroy chez lui, mais il ne le voulut pas permettre, et s'assit avec Bissy sur un canapé en attendant.

L'audience finie, du Bois sortit de son cabinet pour conduire l'ambassadeur, et aussitôt avisa ce canapé si bien garni. Il ne vit plus que lui à l'instant; il y courut,

1. Ce mot *que* est biffé au manuscrit.
2. Voyez tome XI, p. 411 et note 1, et tome XII, p. 462 et note 1.

rendit mille hommages publics au maréchal, avec force plaintes d'être prévenu, lorsqu'il n'attendoit que sa permission pour aller chez lui, et pria Bissy et lui de passer dans son cabinet. Tandis qu'ils y allèrent, il en fit excuse aux ambassadeurs sur ce que les fonctions et l'assiduité du maréchal de Villeroy auprès du Roi ne lui permettoient pas de s'absenter pour longtemps d'auprès de sa personne, et avec ce compliment les quitta, et rentra dans son cabinet. D'abord, force compliments réciproques et propos du cardinal de Bissy convenables au sujet. De là protestations du cardinal du Bois, et réponses du maréchal; mais à force de réponses, il s'empêtra dans le musical de ses phrases, bientôt se piqua de franchise et de dire des vérités, puis, peu à peu, s'échauffant dans son harnois, des vérités dures et qui sentoient l'injure. Du Bois, bien étonné, ne fit pas semblant de sentir la force de ces propos; mais comme elle s'augmentoit de moment à autre, Bissy, avec raison, voulut mettre les holà, interrompre, expliquer en bien les choses, persuader le maréchal quelle étoit son intention. Mais la marée qui montoit toujours tourna tout à fait la tête au maréchal, et le voilà aux injures et aux plus sanglants reproches. En vain Bissy le voulut faire taire, lui représenter de combien il s'écartoit de ce qu'il lui avoit promis et chargé de rapporter à du Bois, l'indécence sans exemple d'aller maltraiter un homme chez lui, où il ne venoit que pour achever de consommer une réconciliation conclue; tout ce que put dire Bissy ne fit qu'animer le maréchal, et lui faire vomir tout ce que l'insolence et le mépris peuvent suggérer de plus extravagant. Du Bois, confondu et hors de lui-même, rentroit en terre sans proférer un seul mot, et Bissy, justement outré de colère, tâchoit inutilement d'interrompre. Dans le feu subit qui avoit saisi le maréchal, il s'étoit placé de façon qu'il leur avoit bouché le passage pour sortir, et en disoit toujours de plus belle. Las d'injures, il se mit sur les menaces et sur les dérisions : il dit à du Bois que maintenant qu'il s'étoit montré à découvert, ils n'étoient plus en termes de se pardonner l'un à l'autre ; qu'il vouloit bien encore l'avertir que tôt ou tard il lui feroit du pis qu'il pourroit, mais qu'il vouloit bien aussi, avec la même candeur, lui donner un bon conseil. « Vous êtes tout-puissant, ajouta-t-il ; tout plie devant vous, rien ne vous résiste ; qu'est-ce que les plus grands en comparaison de vous ? Croyez-moi, vous n'avez qu'une seule chose à faire, usez de tout votre pouvoir, mettez-vous en repos, et faites-moi arrêter, si vous l'osez. Qui pourra vous en empêcher ? Faites-moi arrêter, vous dis-je, vous n'avez que ce parti à prendre. » Et là-dessus, à paraphraser, à défier, à insulter en homme qui très-sincèrement étoit persuadé qu'entre escalader les cieux et l'arrêter, il n'y avoit point de différence. On peut bien s'imaginer que tant de si étonnants propos ne furent pas tenus sans interruptions et sans vives altercations du cardinal de Bissy, mais sans en pouvoir arrêter le torrent. Enfin, outré de colère et de dépit contre le maréchal, qui lui manquoit si essentiellement à lui-même, il saisit le maréchal par le bras et par les épaules, et l'entraîna à la porte, qu'il ouvrit, et le fit sortir et sortit lui-même. Du Bois, plus mort que vif, les suivit comme il put ; il se falloit garder de cette assemblée de ministres étrangers qui attendoient. Tout trois eurent beau tâcher de se composer, il n'y eut aucun de ces ministres qui ne s'aperçût qu'il falloit qu'il se fût passé quelque scène violente dans le cabinet, et aussitôt Versailles fut rempli de cette nouvelle, qui fut bientôt éclaircie par les vanteries, les récits, les défis et les dérisions publiques du maréchal de Villeroy.

J'avois travaillé et causé longtemps avec M. le duc d'Orléans. Il étoit passé dans sa garde-robe, j'étois debout derrière son bureau, où j'arrangeois des papiers, lorsque je vis entrer le cardinal du Bois comme un tourbillon, les yeux hors de la tête, qui me voyant seul, s'écria plutôt qu'il ne demanda, où étoit M. le duc d'Orléans. Je lui dis qu'il étoit entré dans sa garde-robe, et lui demandai à qui il en avoit, éperdu comme je le voyois. « Je suis perdu, je suis perdu, » dit-il, et courut à la garde-robe. Il répondit si haut et si bref que M. le duc d'Orléans, qui l'entendit, accourut presque de son côté, et le rencontrant dans la porte, revinrent vers moi, lui demandant ce que c'étoit. Sa réponse, entrecoupée de son bégayement ordinaire, que la rage et la frayeur augmentoit, fut en bien plus longs détails le récit que je viens de faire, après lequel le cardinal déclara au Régent que c'étoit à Son Altesse Royale à sentir où tendoit le maréchal de Villeroy par un guet-apens[1] aussi inouï et aussi peu mérité, paraphrasa tout ce qu'il avoit employé auprès de lui uniquement pour le bien des affaires et le service de M. le duc d'Orléans, et conclut qu'après une une insulte de cette nature, et si faussement et traîtreusement préméditée, il falloit que M. le duc d'Orléans vît tout à l'heure ce qu'il pouvoit et ce qu'il vouloit faire, et choisît entre le maréchal de Villeroy et lui, parce qu'il ne pouvoit plus se mêler d'aucune affaire, ni rester à la cour en honneur et en sûreté si le maréchal de Villeroy y demeuroit après ce qui venoit de se passer.

Je ne puis exprimer dans quel étonnement nous demeurâmes, M. le duc d'Orléans et moi. Nous ne croyions pas entendre ce que nous entendions, nous pensions rêver. M. le duc d'Orléans fit plusieurs questions, je pris aussi la liberté d'en faire pour éclaircir et constater les faits. Point de variation ni d'ambages dans les réponses du cardinal, tout furieux qu'il étoit. A tous moments il présentoit l'option, à toute question il proposoit d'envoyer chercher le cardinal de Bissy, comme témoin de tout. On peut juger quelle fut cette seconde scène, du hasard de laquelle je me serois bien passé. Le cardinal insistant toujours sur l'option, M. le duc d'Orléans, fort embarrassé, me demanda ce que je pensois,

---

1. Voyez tome VII, p. 460, note 4.

comme, à ce qui me sembla, à un homme qui s'étoit toujours opposé au renvoi du maréchal de Villeroy. Je répondis que je me trouvois si étourdi et si ému d'une chose si étonnante, qu'il me falloit auparavant reprendre mes esprits. Le cardinal, sans s'adresser à moi, mais toujours à M. le duc d'Orléans, qu'il voyoit dans l'embarras et le trouble, insista fortement qu'il falloit prendre un parti. M. le duc d'Orléans me pressant de nouveau, je lui dis enfin que jusqu'alors j'avois toujours regardé le renvoi du maréchal de Villeroy comme une entreprise fort dangereuse par les raisons que j'en avois alléguées plusieurs fois à Son Altesse Royale; que je la regardois encore de même pour le moins maintenant que le Roi étoit plus avancé en âge et touchoit à sa majorité; mais que, quelque péril qu'il y eût, la scène affreuse qui venoit d'arriver me persuadoit qu'il y avoit un bien plus grand danger à le laisser auprès du Roi; que désormais on ne pouvoit se dissimuler que ce qu'il venoit de faire n'étoit rien moins que tirer l'épée contre M. le duc d'Orléans, et ses propositions ironiques de l'arrêter que comme le sentiment d'un homme qui sentoit qu'il le méritoit; qui se persuadoit et qu'on ne l'oseroit, et que, l'osant même, l'exécution en étoit impossible; qui, sur ce principe, ne se contraignoit plus, ne se connoissoit plus; qui, après avoir tramé en secret contre M. le duc d'Orléans dès le premier jour de la régence, sans cesser un moment depuis ni avoir pu être gagné par toutes les grâces, les marques de confiance, même de déférence, enfin par une chaîne non interrompue des traitements les plus distingués, levoit maintenant le masque, et ne se proposoit rien moins que faire publiquement autel contre autel : que c'étoit là mon avis, puisque Son Altesse Royale le vouloit savoir sans me donner le temps d'y réfléchir avec plus de sens froid[1]; mais que pour l'exécution, quelque pressée qu'elle[2] pût être, il falloit penser mûrement à s'y

1. Voyez tome I, p. 221 et note 1, tome II, p. 255 et note 1, etc.
2. *Quelque*, par erreur, pour *qu'elle*, au manuscrit.

prendre de manière qu'on n'en pût avoir le démenti ni le temps même, ni dans la suite.

Pendant que je parlois, le cardinal, les oreilles dressées et les yeux en dessous tournés sur moi, suçoit toutes mes paroles, et changeoit de couleur à mesure, comme un homme qui entendroit prononcer son arrêt. Mon avis exposé entier l'épanouit autant que la rage dont il écumoit le lui put permettre. M. le duc d'Orléans approuva ce que je venois de dire; le cardinal, me jetant un coup d'œil comme de remerciement, dit à M. le duc d'Orléans qu'enfin il étoit le maître de choisir; qu'il voyoit bien qu'il ne pouvoit rester le maréchal de Villeroy demeurant, et que Son Altesse Royale prenant même la résolution de l'ôter, il falloit se hâter, parce que les choses ne pouvoient subsister en la situation où elles étoient. Enfin il fut conclu qu'on prendroit le reste de la journée, et il étoit environ midi, et la matinée suivante pour y penser, et que je me trouverois le lendemain à trois heures après midi chez M. le duc d'Orléans.

Arrivé le lendemain chez ce prince, je le trouvai avec le cardinal du Bois. Monsieur le Duc y entra un moment après, qui étoit instruit de l'aventure. Le cardinal du Bois ne laissa pas de lui en faire un récit abrégé, qu'il chargea un peu de commentaires et de réflexions. Il étoit plus à lui que la veille par le temps qu'il avoit eu de se remettre et l'espérance de se voir défait dans peu du maréchal de Villeroy. J'y appris toutes les vanteries qu'il avoit publiées de la prise, disoit-il, qu'il avoit eue avec le cardinal du Bois, et des défis et des insultes qu'il lui avoit faites, avec une sécurité qui invitoit à l'en démentir, et qui en rendoit l'exécution de plus en plus nécessaire. Après quelques propos debout, le cardinal du Bois s'en alla. M. le duc d'Orléans se mit à son bureau, et Monsieur le Duc et moi nous assîmes vis-à-vis de lui. Là il fut question de délibérer tout de bon sur ce qu'il y avoit à faire.

M. le duc d'Orléans exposa fort nettement les raisons

de part et d'autre, sans paroître trop pencher d'un côté, mais se montrant embarrassé, et par conséquent fort en balance. Il développa fort clairement toute sa conduite avec le maréchal de Villeroy et celle du maréchal de Villeroy avec lui depuis l'instant de la mort du Roi jusqu'alors, mais en peu de mots, parce qu'il parloit à deux hommes qui en étoient parfaitement instruits, à Monsieur le Duc, qui, conjointement avec lui, avoit voulu l'ôter d'auprès du Roi et m'y mettre en sa place, à moi, qui l'avois refusé deux autres fois, et cette dernière un mois durant que ces deux princes m'en avoient pressé à l'excès, comme on l'a vu ici en son temps, et qui, par mes refus et mes raisons, avois fait demeurer le maréchal de Villeroy dans sa place. Le point véritablement agité fut donc de savoir quel étoit le moins périlleux de l'y laisser ou de l'en ôter, ce qui ne se pouvoit plus que par une sorte de violence dans la situation où il s'étoit si bien affermi qu'il ne doutoit pas qu'il ne fût impossible de l'en arracher. Après cet exposé assez court, M. le duc d'Orléans m'ordonna de dire ce que je pensois là-dessus. Je répondis que je le lui avois déjà dit la veille; que plus j'avois réfléchi depuis au parti qu'il y avoit à prendre, plus je m'étois affermi dans l'opinion que le danger de laisser auprès du Roi le maréchal de Villeroy, après ce qui venoit de se passer, étoit sans comparaison plus grand que celui de l'en ôter, quel qu'il pût être; que tant qu'il n'y avoit eu dans la conduite du maréchal qu'une mauvaise volonté impuissante, des liaisons et des projets mal bâtis et aussitôt déconcertés qu'aperçus, la misère de se vouloir faire le singe de M. de Beaufort, l'union timide avec tous gens qui mouroient de peur, et lui qui en laissoit voir plus qu'aucun, qui trembloit au moindre sérieux du Régent, et qui, après des démarches échappées, souvent après celles qui étoient ignorées, ne se pouvoit rassurer qu'il ne vînt aux éclaircissements, aux aveux, aux excuses, aux protestations, avec la frayeur et les bassesses les plus pitoyables, j'avois cru qu'il n'y

avoit qu'à mépriser un homme sans tête et sans courage
d'esprit, surtout depuis l'effet de la découverte des
complots du duc du Maine et de Cellamare, et laisser
piaffer[1] et se panader[2] ce personnage de théâtre et de
carrousel, dont le génie n'alloit pas au delà de la fatuité
continuellement arrêtée par la crainte; mais que je
changeois entièrement d'avis sur ce qui venoit de se
passer; que cette scène montroit de deux choses l'une,
mais qui revenoient au même point : ou un homme
persuadé par le cardinal de Bissy, qui trouve son orgueil
satisfait par les hommages qu'[il] consentoit de recevoir
du cardinal du Bois, et sa dignité assurée avec son repos
par la part entière qui lui étoit offerte dans les affaires,
et qui, charmé de l'avoir amené à ce point par ses
hauteurs et par ses incartades, avoit eu impatience de
s'en mettre en possession en prévenant le cardinal du
Bois et en allant chez lui avec le cardinal de Bissy, leur
médiateur, sceller leur réconciliation et leur paix; que là,
dans cette intention effective, la vue du cardinal du Bois
l'avoit troublé; l'arrangement de ses grands mots et son
ton d'autorité l'avoient barbouillé, qu'avec l'intention de
bien dire, le jugement lui avoit manqué, l'air de franchise
et de supériorité l'avoient emporté; de l'un à l'autre,
s'échauffant dans son harnois, il n'avoit pu reculer, la
tête lui avoit tourné; qu'après avoir commencé en homme
sage, il avoit poursuivi et fini comme un fou, et montré
tout le venin de son âme et toute la superbe de sa
sécurité avec toute la complaisance d'un homme ivre qui
attaque les murailles et braveroit une armée; ou bien
c'est un homme qui, gonflé de vent, charmé de réduire
à ses pieds le cardinal du Bois, se persuade être l'homme
dont on [ne] peut se passer, qu'on n'a osé ôter de sa
place, et qu'on l'osera d'autant moins aujourd'hui qu'il
est plus ancré, plus chéri du public par la conservation

---

1. Voyez tome XII, p. 440 et note 1.
2. Faire la roue, se pavaner. Voyez la Fontaine, livre II, *fable* XVII,
vers 14, et livre IV, *fable* IX, vers 3.

de la personne du Roi, qu'il a su persuader lui être uniquement due, par l'approche de la majorité, par toutes les raisons dans lesquelles un sot se mire, surtout par la persuasion que les démarches vers lui du cardinal du Bois, chargé de toutes les affaires, lui confirme l'excès de son importance; plein, dis-je, de toutes ces idées, qu'il ne sait ni peser ni digérer, il a amusé le cardinal de Bissy, a fait semblant de se rendre à ses raisons et aux hommages dont il lui a porté parole, dans la résolution de faire à tous les deux l'affront qu'il leur a fait, d'éclater sans plus de mesure, de se déclarer le persécuteur public du ministre qui s'humilie devant lui, par conséquent l'ennemi du gouvernement et du Régent, qui gouverne, enivré de la beauté de cette action, qui, dans son sens, qu'il compte bien qui sera aussi celui du public, lui fait mépriser les hommages du dépositaire de toute la confiance de celui qui gouverne, le partage du secret et de la conduite des affaires, l'autorité qui y est attachée, les fruits personnels et pour tous ceux qu'il voudra protéger, enfin son repos à son âge, et à tant de si grands et de si doux avantages préférer[1] le bien public, le sage rétablissement des affaires, le service du Roi, les vues et la dernière confiance en lui du feu Roi, et à un si grand et si honorable travail illustrer et consacrer les restes de sa vie avec le plus parfait désintéressement. Ainsi, de quelque façon que le maréchal de Villeroy ait été conduit à la scène qu'il vient de donner, la chose est égale et la fin la même, c'est l'épée tirée contre le Régent, et le Rubicon passé avec le plus grand éclat. Le souffrir et laisser le maréchal de Villeroy en place, c'est montrer une foiblesse et une crainte capable de lui réunir tous les mécontents et tous les gens d'espérance pour la majorité; c'est rendre au Parlement ses premières forces et ses premières usurpations; c'est former soi-même contre soi-même un parti formidable; c'est perdre

1. Lui fait préférer.

toute autorité au dedans et toute considération au dehors; c'est encourir le mépris et toutes ses suites, et de la France et des pays étrangers; c'est se creuser des abîmes pour la majorité. Je me tus après ce court discours, pendant lequel M. le duc d'Orléans étoit fort attentif, mais avec la contenance d'un homme fort embarrassé.

Dès que j'eus fini, il demanda à Monsieur le Duc ce qu'il pensoit. Monsieur le Duc dit qu'il pensoit comme moi, et que si le maréchal de Villeroy demeuroit dans sa place, il n'y avoit qu'à mettre la clef sous la porte : ce fut son expression. Il reprit ensuite quelques-unes des principales raisons que j'avois alléguées, et les appuya, puis conclut qu'il n'y avoit pas un moment à perdre. M. le duc d'Orléans résuma quelque chose de ce qui avoit été dit, et convint de la nécessité de se défaire du maréchal de Villeroy. Monsieur le Duc insista encore sur s'en défaire incessamment. Alors on se mit à voir comment s'y prendre.

M. le duc d'Orléans me demanda mon avis là-dessus. Je dis qu'il y avoit deux choses à traiter : le prétexte et l'exécution. Qu'il falloit un prétexte tel qu'il pût sauter aux yeux de tout ce qui étoit impartial, et qui ne pût être défendu par les amis mêmes du maréchal de Villeroy; surtout se bien garder de donner lieu de croire que la disgrâce du maréchal fût le fruit et le salaire de l'insulte qu'il venoit de faire au cardinal du Bois; que, quelque énorme qu'elle fût en elle-même à un cardinal, à un ministre en possession de toute la confiance et de toutes les affaires, le public, qui l'envioit et qui ne l'aimoit pas, se souvenoit trop d'où il étoit parti, trouveroit la victime trop illustre; que le châtiment feroit oublier l'injure, et qu'on verroit s'élever un cri public; qu'aux partis violents, quoique nécessaires, il falloit toujours mettre de son côté et la raison et les apparences mêmes, que je n'étois donc pas d'avis d'exécuter si brusquement ni si près de l'insulte le châtiment qu'elle méritoit, mais que

M. le duc d'Orléans avoit heureusement en main le plus beau prétexte du monde, un prétexte qui étoit connu de tout le haut et le bas intérieur du Roi, un prétexte entièrement sans réplique. Je priai M. le duc d'Orléans de se souvenir qu'il m'avoit dit plusieurs fois, et depuis peu encore, qu'il n'avoit jamais pu parvenir jusqu'à présent, non-seulement de parler au Roi tête à tête, mais de lui parler à l'oreille devant tout ce qui étoit dans son cabinet; que le maréchal de Villeroy, lorsqu'il l'avoit voulu essayer, venoit devant tout ce monde fourrer sa tête entre celle du Roi et la sienne, et après, sous prétexte d'excuse, lui avoit déclaré que la place qu'il avoit auprès du Roi ne lui permettoit pas de souffrir que qui que ce pût être, non pas même Son Altesse Royale, dît rien au Roi tout bas, et qu'il devoit entendre tout ce qu'on lui vouloit dire, encore moins souffrir personne, ni Son Altesse Royale, être seul dans un cabinet avec le Roi. Que c'étoit à l'égard d'un régent, petit-fils de France et le plus proche parent que le Roi eût, une insolence à révolter tout le monde et qui sauteroit aux yeux; que le Roi approchant de sa majorité, gagnoit un âge où il étoit temps et où le bien de l'État et celui du Roi demandoit que le Régent l'instruisît de bien des choses qui ne se pouvoient dire que sans témoins, sans en excepter le maréchal de Villeroy ni personne; que se targuer de la place de gouverneur et de chargé de la personne du Roi pour empêcher le Régent de parler seul au Roi dans un cabinet, c'étoit porter l'audace jusqu'à jeter des soupçons les plus fous et les plus injurieux, et que la porter jusqu'à ne vouloir pas souffrir que le Régent parlât bas au Roi, même au milieu de tout ce qui étoit dans son cabinet, sans venir fourrer son oreille entre eux deux, étoit la dernière et la plus inutile insolence que qui que ce soit ne pouvoit excuser; que je croyois donc que c'étoit là le prétexte si naturel dont il falloit se servir; et le piége qu'entre-ci et fort peu de jours il falloit tendre au maréchal de Villeroy, qui s'y prendroit sans doute de ce pinacle

de sûreté et d'importance où il croyoit être, puisqu'il
avoit soutenu ce procédé jusqu'à présent; que le piége
tendu et succédant[1], il falloit que M. le duc d'Orléans
s'offensât sur-le-champ du refus, et que, le respect du
Roi présent ménagé, il parlât au maréchal un langage
nouveau, qui, sans rien de fort, lui fît sentir que, sous
l'autorité et le nom du Roi, il étoit le maître du royaume;
que cela suffiroit pour un juste préparatif au public, que
l'ivresse du maréchal ne comprendroit pas, ni bien d'autres, qu'après l'exécution, accoutumé qu'on étoit aux
tolérances de Son Altesse Royale; mais que ce piége ne
devoit être tendu que lors[que] tout seroit résolu, rangé,
et tout prêt [pour] l'exécution la plus prompte, sans laisser
entre-deux tout le moins d'intervalle qu'il seroit possible.
Quand j'eus cessé de parler : *Vous me le volez*, me dit
M. le duc d'Orléans; *j'allois le proposer si vous ne l'eussiez
pas dit. Que vous en semble, Monsieur?* regardant Monsieur le Duc. Ce prince approuva fort la proposition que
je venois de faire, la loua dans toutes ses parties en peu
de mots, et ajouta qu'il ne voyoit rien de mieux à faire
que d'exécuter ce plan très-ponctuellement.

Il fut convenu ensuite qu'il n'y avoit d'autre moyen
que d'arrêter le maréchal, de l'envoyer tout de suite et
tout droit à Villeroy, d'où on verroit, après l'y avoir
laissé se reposer un jour ou deux à cause de son âge,
mais bien veillé, si de là on l'enverroit à Lyon ou ailleurs.
Je dis après qu'il ne falloit pas oublier d'avoir un gouverneur tout prêt pour le mettre en sa place ; par conséquent songer dès à présent au choix, et se souvenir plus
que jamais d'éviter également un sujet peu sûr, et tout
serviteur particulièrement attaché à M. le duc d'Orléans,
qui étoit la raison qu'ils savoient l'un et l'autre qui
m'avoit fait si opiniâtrement refuser cette importante
place plus d'une fois. Là-dessus M. le duc d'Orléans me
dit que toute l'affaire étoit bien discutée et résolue; qu'il

1. Et réussissant.

s'en falloit tenir là parce qu'il n'y avoit point d'autre parti à prendre; qu'à l'égard de la mécanique à résoudre pour arrêter le maréchal de Villeroy, il me prioit d'aller chez le cardinal du Bois, où je trouverois qu'on m'attendoit pour en raisonner et la résoudre. Je me levai donc, et laissai M. le duc d'Orléans seul avec Monsieur le Duc, et m'en allai chez le cardinal du Bois, duquel je n'avois pas ouï parler, ni d'aucun de ses émissaires, depuis son aventure, excepté le peu que je l'avois vu en présence de M. le duc d'Orléans. Mais ce que ce prince me dit en m'envoyant chez lui me fit nettement sentir que l'arrêt du maréchal de Villeroy étoit résolu entre le Régent et son ministre avant la conférence que je viens de raconter, et qu'elle n'avoit été tenue sans autres que les deux princes et moi, pour y laisser un air de liberté par l'absence du cardinal du Bois, et comme je m'étois ouvert la veille entre le Régent et le cardinal, lorsqu'il arriva furieux de la scène qu'il venoit d'essuyer, pour me donner lieu de parler devant Monsieur le Duc, et de l'entraîner dans mon avis de se défaire du maréchal de Villeroy.

J'allai donc tout de suite chez le cardinal du Bois, et ma surprise fut extrême de la compagnie que je trouvai avec lui, devant laquelle il me dit d'abordée qu'elle étoit du secret, et que je pouvois parler devant elle. Cette compagnie étoit le maréchal de Berwick, arrivé depuis peu de jours de Guyenne, qui, non plus que moi, ne rentra pas au conseil de régence; le cardinal et le prince de Rohan, le Blanc et Belle-Isle, assis en rond tout près et devant le canapé adossé à la muraille, où étoient assis les deux cardinaux, et sur lequel je me mis auprès du cardinal de Rohan. Le Blanc me parut une partie nécessaire pour l'arrangement et les ordres de cette mécanique. Il étoit plein d'inventions et de ressources, dans tout l'intérieur des opérations secrètes du Régent depuis longtemps, et sur le pied de secrétaire renforcé du cardinal du Bois, avec caractère, par sa charge, de signer en commandement. Pour Belle-Isle, encore qu'à l'appui de celui-ci il se fût introduit en tiers tous les soirs avec lui chez le cardinal du Bois, où il se rendoit compte, se résumoient et se résolvoient bien des choses, il approchoit si peu le Régent, qui même ne l'aimoit pas, que je le trouvai là fort déplacé. A l'égard du maréchal de Berwick, qui, du temps du feu Roi, avoit toujours été sur le pied de protégé du maréchal de Villeroy, lequel, en courtisan qui sentoit le goût de son maître pour toutes sortes de grands bâtards par leur homogénité[1] avec les siens, avoit eu grand'part à la rapide élévation de celui-ci à la guerre, je fus extrêmement étonné de le voir admis en ce conciliabule, et de l'y entendre opiner aussi librement et aussi fortement qu'il fit, ayant toujours fait profession jusqu'alors de cultiver le maréchal de Villeroy et d'amitié particulière avec lui. Pour les deux frères Rohans, que le cardinal du Bois ménageoit avec une distinction singulière, et qu'il avoit admis là pour la leur témoigner d'une façon si marquée, je ne vis jamais une joie plus scandaleuse, ni une plus âcre amertume que celle qu'ils ne se mirent pas en peine même de voiler. On vit en plein éclater toute la haine conçue de la rupture du mariage de leur fille boîteuse avec le duc de Retz, sur des conditions méprisantes qu'ils ne proposèrent que quand ils crurent qu'il n'y avoit plus à s'en dédire, et dont le maréchal de Villeroy, justement indigné, ne voulut jamais passer malgré les charmes et les larmes de la duchesse de Ventadour, comme je l'ai raconté en son temps, et le dépit que conçurent les Rohans de voir incontinent après le duc de Retz épouser la fille aînée du duc de Luxembourg, à conditions convenables, tandis qu'ils se trouvèrent trop heureux de donner leur fille au duc Mazarin, d'une naissance et d'un personnel peu agréables, sans charge ni autres réparations. Je ne ferai point ici un détail superflu de tout ce qui fut discuté dans cette petite assemblée. On y résolut ce qu'on va voir, qui fut très-bien exécuté. Seulement dirai-je que dès que je

---

1. Telle est bien l'orthographe de Saint-Simon.

fus assis, et que le cardinal du Bois m'eut déclaré que tout ce qui se trouvoit en ce petit conventicule étoit du secret et que je pouvois y parler sans réserve, il me dit qu'on m'y attendoit avec impatience pour apprendre ce que M. le duc d'Orléans avoit résolu, comme si il l'eût ignoré, et que cette assemblée, pour délibérer de la mécanique de l'exécution, n'eût pas décelé la connoissance certaine qu'il avoit de la résolution prise par M. le duc d'Orléans. Je l'exposai donc en peu de mots; après quoi on vint à la manière, à la forme, aux expédients de l'exécution, aux remèdes des obstacles et des inconvénients du moment et de ses suites.

Ces discussions furent assez longues, auxquelles je pris assez peu de part. Le fort en roula sur le cardinal du Bois et sur le Blanc. Belle-Isle, extrêmement bien avec les Rohans, et d'autre part avec le maréchal de Berwick, se comporta avec sagesse. Le bon maréchal ne se montra pas si mesuré. Je pense qu'il se trouvoit fatigué des grands airs d'ancien maître et d'ancien protecteur que le maréchal de Villeroy déployoit sur lui, et des emphases d'autorité et de toute supériorité dont il l'accabloit, et dont il étoit bien aise de se voir délivré. Je convins avec le Blanc que, dans l'instant que l'exécution seroit faite, il m'en avertiroit par envoyer simplement à Meudon savoir de mes nouvelles, sans rien de plus, et qu'à ce compliment inutile je reconnoîtrois le signal que le maréchal étoit paqueté.

Je m'en retournai donc à Meudon sur le soir, où plusieurs personnes des amies de Mme de Saint-Simon et des miens couchoient souvent, et où la mode s'étoit mise à Versailles et à Paris de venir dîner ou souper, de manière que la compagnie y étoit toujours fort nombreuse. On n'y parloit que de cette scène du maréchal de Villeroy, qui étoit universellement blâmée, mais sans aller plus loin, et sans que, pendant les dix jours qui s'écoulèrent jusqu'à l'enlèvement du maréchal de Villeroy, il fût entré dans la tête de personne qu'il pût lui en arriver pis que le blâme général d'un emportement si démesuré, tant on étoit accoutumé à l'impunité de ses incartades et à la foiblesse de M. le duc d'Orléans. J'étois ravi cependant de voir une sécurité si générale, qui augmentoit celle du maréchal de Villeroy, rendroit plus facile l'exécution de ce qu'on lui préparoit, et qui ne cessoit de le mériter de plus en plus par l'indécence et l'affectation de ses discours, et l'audace de ses continuels défis. Trois ou quatre jours après j'allai à Versailles voir M. le duc d'Orléans. Il me dit que faute de mieux, et sur ce que je lui avois dit plus d'une fois du duc de Charost, il s'étoit résolu à lui donner la place de gouverneur du Roi; qu'il l'avoit vu secrètement; qu'il avoit accepté de fort bonne grâce, et qu'il l'alloit tenir en mue[1], claquemuré dans son appartement de lui Charost, à Versailles, sans en sortir ni se montrer à qui que ce fût, pour l'avoir tout prêt sous sa main à le mener au Roi, et l'installer dans le moment qu'il en seroit temps. Il repassa avec moi toute la mécanique concertée, et je m'en revins à Meudon, résolu de n'en bouger qu'après l'exécution qui s'approchoit, et sur laquelle il n'y avoit plus de nouvelles mesures à prendre.

1. En cage.

FIN DU DIX-HUITIÈME VOLUME.

TABLE

DES CHAPITRES DU DIX-HUITIÈME VOLUME.

CHAPITRE PREMIER. — Grands d'Espagne constamment de la première origine. — Liste alphabétique de tous les grands d'Espagne existants pendant que j'y étois, en 1722, où les maisons et les personnages sont courtement expliqués. — Duc d'Alencastro. — Duc d'Albe. — Duc d'Albuquerque. — Duc del Arco. — Duc d'Arcos. — Duc d'Aremberg. — Duc d'Arion. — Duc d'Atri. — Duc d'Atrisco. — Duc de Baños. — Duc de Bejar. — Duc de Berwick. — Duc de Bournonville. — Duc Doria. — Duc d'Estrées, maréchal de France. — Duc de Frias, connétable héréditaire de Castille. — Titres de connétable et d'amirante de Castille supprimés par Philippe V. — Duc de Gandie. — Duc de Giovenazzo. — Duc de Gravine. — Duc d'Havrec. — Duc d'Hijar.—Duc de l'Infantade, 5[1].— Duc de Licera.—Duc de Liñarez. — Duc de Liria. — Ducs de Medina Celi. — Alphonse X, roi de Castille; sa catastrophe et des fils de son fils aîné; maison de la Cerda. — La Cerda, seigneurs de Medina Celi. — Dernier direct comte de Foix, etc.; succession de ses États après lui; ses deux bâtards; fin malheureuse du cadet; fortune énorme de l'aîné. — Bâtards de Foix, comtes puis ducs de Medina Celi. — Figueroa, ducs de Medina Celi. — Amirante de Castille. — Duc de Medina Sidonia, 2. — Duc de S. Michel. — Duc de la Mirandole. — Duc et duchesse de Monteillano. —Duc de Monteleone, 2. — Duc de Mortemart. — Duc de Najera. — Duc de Nevers. — Duc de Noailles. — Duc d'Ossone. — Duc et duchesse de S. Pierre. — Duc de Popoli; son caractère; son fils et sa belle-fille, et le leur.—Duc de Sessa, 3. — Duc de Saint-Simon et son second fils conjointement. — Duc de Solferino; sa fortune. — Duc de Tursis. — Duc de Veragua. — Maréchal-duc de Villars. — Duc d'Uzeda; sa défection. — Prince de Bisignano. — Prince de Santo-Buono; remède sûr et sans inconvénient pour la goutte, au Pérou. — Prince de Butera. — Prince de Cariati. — Prince de Chalais; sa fortune. — Prince de Chimay. — Prince de Castiglione. — Connétable Colonne. — Prince Doria. — Prince de Ligne. — Prince de Masseran; son caractère, sa fortune.

1. Voyez, page 3, les premiers mots du chapitre I.

— Prince de Melphe. — Prince de Palagonia. — Prince de Robecque. — Prince de Sermonetta. — Prince de Sulmone. — Prince de Surmia. — Prince d'Ottaïano. — Marquis d'Arizza. — Marquis d'Ayétone. — Marquis de los Balbazès. — Marquis de Bedmar. — Marquis de Camaraça. — Marquis de Castel dos Rios. — Marquis de Castel Rodrigo. — Prince Pio. — Marquis de Castromonte. — Marquis de Clarafuente. — Marquis de Santa-Cruz ; sa fortune. — Marquis de Laconi. — Marquis de Lede. — Marquis de Mancera. — Marquis de Mondejar. — Marquis de Montalègre. — Marquis de Pescaire. — Marquis de Richebourg. — Marquis de Ruffec. — Marquis de Torrecusa ; caractère de son épouse. — Marquis de Villena, duc d'Escalona ; sa naissance, ses actions, son éloge, sa famille. — Marquis Visconti. — Comte d'Aguilar ; ses faits. — Grandeur de la maison d'Arellano. — Grandeur de la maison de Manrique de Lara. — Comte d'Altamire ; sa famille, son caractère. — Comte d'Aranda. — Comte de los Arcos. — Comte d'Atarès. — Comte de Baños. — Comte de Benavente ; grandeur de la maison de Pimentel ; jésuites. — Comte de Castrillo. — Comte d'Egmont. — Comte de S. Estevan de Gormaz. — Comte de S. Estevan del Puerto. — Comte de Fuensalida. — Comte de Lamonclava. — Comte de Lemos ; son caractère et celui de la comtesse sa femme. — Comte de Maceda ; son fils et sa belle-fille. — Comte de Miranda, 2. — Comte de Montijo. — Comte d'Oñate. — Comte d'Oropesa. — Comte de Palma. — Comte de Parcen. — Comte de Paredes. — Comte de Peñaranda. — Comte de Peralada. — Comte de Priego ; son adresse à obtenir la grandesse ; son caractère. — Comte de Salvatierra. — Comte de Tessé. — Comte Visconti. — Grands d'Espagne par charge ou état, mais imperceptibles. — Oubli : marquis de Tavara ; marquis de Villafranca. — Mystère des classes et des dates des grandesses ; impossibilité sur les classes ; difficultés sur les dates ; comment reconnues pour la plupart. — État des grands d'Espagne, suivant l'ancienneté entre eux qu'on a pu reconnoître, et par règnes de leurs érections, et les maisons pour qui elles ont été faites, et les maisons où elles se trouvent en 1722. — Medina Celi. — Benavente. — Amirante de Castille. — Arcos. — Lemos. — Medina Sidonia. — Miranda. — Albuquerque. — Villena et Escalone. — Origine de dire *les rois* jusqu'à aujourd'hui, lorsqu'on a [à] dire le roi et la reine. — Albe. — Oñate. — Infantado. — Oropesa. — Najera. — Candie. — Sessa. — Bejar. — Frias. — Villafranca. — Egmont. — Veragua. — Pescaire. — Ayétone. — Ossone. — Terranova et Monteleon. — Santa-Cruz ; cause horrible de cette érection. — Aranda. — Uzeda. — Peñaranda. — Mondejar. — Hijar. — Havrec. — Sulmone. — Los Balbazès. — Altamire. — Abrantès et Liñarez. — Bisignano. — Castel Rodrigo. — Torrecusa. — Colonne. — Camaraça. — Aguilar. — Aremberg. — Ligne. — Fuensalida. — S. Pierre. — Palma. — Nevers. — Santo-Buono. — Surmia. — Giovenazzo. — Liñarez. — Baños, comté. — Paredes. — Lamonclava.

— S. Estevan del Puerto. — Montalègre. — Los Arcos. — Montijo. — Baños, duché. — Castromonte. — Castiglione. — Ottaïano. — Castel dos Rios. — Mortemart, éteint. — Estrées, éteint. — Liria. — Gravina. — Bedmar. — Tessé. — La Mirandole. — Atri. — Chimay. — Monteillano. — Priego. — Noailles. — Popoli. — Masseran. — Richebourg. — Chalais. — Robecque. — Macéda. — Solferino. — S. Estevan de Gormaz. — Bournonville. — Villars. — Lede. — S. Michel. — Del Arco. — Ruffec. — Arion. — Oubli sur Mancera, avec quelque éclaircissement. 1

CHAPITRE II. — Rang observé toujours dans l'ordre de la Toison d'or. — Quel est l'état de capitaine général des armées d'Espagne. — Médiannates et lansas des grands; appointements des maisons royales, des capitaines généraux et des conseils; explication sur les serments; quelles de ces personnes n'en prêtent point; quelles en prêtent, et entre quelles mains. — Buen-Retiro. — Casa del Campo. — L'Escurial. — Aranjuez. — Le Pardo. — La Sarçuela. — Le Pardillo. — Don Gaspard Giron; sa naissance, son caractère. — Du marquis de Villagarcias. — De Cucurani. — De Villafranca, introducteur des ambassadeurs. — Hyghens, premier médecin du roi d'Espagne; son caractère. — Hyghens m'engage à conférer secrètement avec le duc d'Ormond; son caractère. — Le Gendre, premier chirurgien; son caractère. — Ricœur, premier apothicaire; son caractère. — Marquis del Surco et sa femme; leur fortune, leur caractère. — Valouse; sa fortune, son caractère. — Hersent; son état, son caractère. — Cardinal Borgia; son caractère. — Garde et livrée. — Armendariz, lieutenant-colonel du régiment des gardes espagnoles; son caractère. — Titolados. — L'Excellence. — Comtesse d'Altamire; son caractère. — Caractère de quelques señoras de honor. — Don Dom. Guerra, confesseur de la reine; son caractère. — MM. de Saint-Jean père et fils; leur fortune et leur caractère. — Capitaines des gardes du corps et colonels des régiments des gardes prêtent seuls serment entre les mains du roi d'Espagne. — Salazar; sa fortune et sa réputation. 132

CHAPITRE III. — Miraval, gouverneur du conseil de Castille; son caractère. — Caractère du grand inquisiteur. — Conseils. — Deux marquis de Campoflorido extrêmement différents à ne pas les confondre. — Archevêque de Tolède; constitution; Inquisition. — Le nonce ni les évêques n'ont point l'Excellence; premier et unique exemple en faveur de l'archevêque de Tolède, de mon temps. — Conseillers et conseil d'État nuls; ce qu'ils étoient. — Don Michel et don Domingo Guerra; leur fortune et leur caractère. — Fortune et caractère du marquis de Grimaldo et de sa femme. — Riperda. — Fortune et caractère du marquis de Castellar et de sa femme. — Jalousie du P. d'Aubanton du P. d'Aubrusselle; caractère de ce dernier. — Jésuites tous-puissants, mais tous ignorants en Espagne, et pourquoi. — Fortune et caractère du chevalier Bourck. — Caractère et fortune du nonce Aldobrandini en Espagne. — Caractère et fortune du colonel Stanhope, ambassadeur d'Angleterre en Espagne. — Bragadino, ambassadeur de Venise en Espagne; l'ambassadeur d'Hollande; ambassadeurs de Malte traités en sujets en Espagne. — Guzman, envoyé de Portugal. — Caractère de Maulevrier. — Duc d'Ormond ; son caractère, sa situation en Espagne. — Marquis de Rivas, jadis Ubilla; sa triste situation en Espagne; je le visite. 161

Chapitre IV. — Situation de la cour d'Espagne; goût et conduite de la reine; elle hait les Espagnols, qui la haïssent publiquement. — Cabales nationales à la cour d'Espagne. — Fortune de Caylus. — Importance du mécanique journalier. — Plan de la reine arrivant à Madrid; sa conduite; fortune d'Alberoni; son règne, sa chute. — Vie journalière du roi et de la reine d'Espagne; déjeuner; prière; travail avec Grimaldo; lever. — Toilette. — Heures des audiences particulières des seigneurs et des ministres étrangers; de l'audience publique, et sa description; de l'audience du conseil de Castille; des audiences publiques des ambassadeurs et de la couverture des grands. — La messe et confession et communion. — Dîner. — Sortie et rentrée de la chasse. — Collation, et travail de Grimaldo. — Temps de la confession de la reine; sa contrainte. — Souper et coucher. — Voyages. — La reine présente à toutes les audiences particulières des ministres étrangers et des sujets. — Raisons de l'explication du détail des journées. — Jalousie réciproque du roi et de la reine; difficulté extrême de la voir en particulier, et de tout commerce d'affaires avec elle seule. — Caractère de Philippe V. — Éducation et sentiments de la reine d'Espagne pour sa famille et pour son pays. — Fortune de Scotti. — Caractère, vie, vues, art, manéges, conduite, pouvoir, contrainte de la reine d'Espagne. — Extinction par la princesse des Ursins des étiquettes, des conseils où le roi se trouvoit, des fonctions des charges principales, qui a toujours duré depuis. — Oubli réparé d'une fonction du grand et du premier écuyer. . . 191

Chapitre V. — Chasse. — L'Atoche. — Impudence monacale. — Le Mail. — Vie ordinaire de Madrid. — *Recao;* ce que c'est; usages dans les visites. — Vie des gens employés dans les affaires. — Politesse et dignité des Espagnols. — Mesures pour la grandesse et la Toison. — Lettre de M. le duc d'Orléans au roi d'Espagne, et du cardinal du Bois à Grimaldo, pour ma grandesse, d'une telle foiblesse que Grimaldo ne voulut pas remettre au roi celle de M. le duc d'Orléans, ni lui parler de celle du cardinal du Bois. 219

Chapitre VI. — 1722. — Échange des princesses, 9 janvier; usurpation des Rohans. — Ruses, artifices, manéges du prince de Rohan, tous inutiles, auprès du marquis de Santa-Cruz, qui le force à céder sur ses chimères dans l'acte espagnol, dont j'ai la copie authentique et légalisée. — Présents du Roi. aux Espagnols pitoyables. — Grands d'Espagne espagnols n'en prennent point la qualité dans leurs titres, et pourquoi. — Avances singulières que le cardinal de Rohan me fait faire de Rome ; leur motif. — Sottise énorme du cardinal de Rohan partant de Rome. — Échange des princesses dans l'île des Faisans ; présents et prostitution de rang de la reine douairière d'Espagne, à qui je procure un payement sur ce qui lui étoit dû. — Je vais. faire la révérence à Leurs Majestés Catholiques ; matière de cette audience ; conte singulièrement plaisant par où elle finit. — Le roi, la reine et le prince des Asturies vont, comme à la suite du duc del Arco, voir la princesse à Cogollos. — Je vais saluer la princesse à Cogollos, puis à Lerma, à son arrivée. — Chapelle ; j'y précède tranquillement le nonce, sans faire semblant de rien. — Rare et plaisante ignorance du cardinal Borgia, qui célèbre le mariage, dont la cérémonie extérieure est différente en Espagne. — Célébration du mariage, l'après-dîner du 20 janvier. — Je suis fait grand d'Espagne de la première classe, conjointement avec un de mes fils à mon choix, pour en jouir actuellement l'un et l'autre ; et la Toison donnée à l'aîné, sans choix ; je donne à l'instant la grandesse au cadet ; remerciement ; compliments de toute la cour. — Je me propose, sans en avoir aucun ordre et contre tout exemple en Espagne, de rendre public le coucher des noces du prince et de la princesse des Asturies ; et je l'exécute, et je l'obtiens. — Bonté et distinction sans exemple du roi d'Espagne pour moi et pour mon fils aîné au bal, dont je m'excuse par ménagement pour les seigneurs espagnols. — Mesures que je prends pour éviter que le coucher public ne choque les Espagnols. — Vin et huile détestablement faits en Espagne, mais admirablement chez les seigneurs ; jambons de cochons nourris de vipères, singulièrement excellents. — Évêques debout au bal, en rochet et camail ; cardinal Borgia n'y paroît point. — Vélation ; ce que c'est ; j'y précède encore le nonce, sans faire semblant de rien ; Maulevrier n'y paroît point, parti furtivement dès le matin de son quartier pour Madrid, qui en est fort blâmé ; conduite réciproque entre lui et moi pendant les jours du mariage. — Étrange conduite et prétentions de la Fare ; ma conduite à cet égard. 236

CHAPITRE VII. — Ma conduite en France sur les grâces reçues en Espagne ; parrains de mes deux fils. — Princesse des Asturies fort incommodée ; inquiétude du roi et de la reine, qui me commandent de la voir tous les jours, contre tout usage en Espagne ; ils me confient les causes secrètes de leurs alarmes, sur lesquelles je les rassure. — Couverture de mon second fils. — Le cordon bleu donné au duc d'Ossone. — Je prouve à M. le duc d'Orléans qu'il pouvoit et qu'il devoit faire lui-même le duc d'Ossone chevalier de l'ordre, et lui propose sept ou huit colliers pour l'Espagne, lors de la grande promotion, dont un pour Grimaldo. — L'ordre offert et refusé par le cardinal Albane ; office au cardinal Gualterio, à qui le feu Roi l'avoit promis. — Chavigny en Espagne, mal reçu; son caractère. — Chavigny à Madrid; sa mission, et de qui; vision du duc de Parme la plus inepte sur Castro et Ronciglione; fausseté puante de Chavigny sur le duc de Parme. — Chavigny chargé par le duc de Parme de proposer le passage actuel de l'infant don Carlos à Parme avec six mille hommes, dont le duc de Parme auroit le commandement, les subsides, et l'administration du jeune prince. — Chavigny sans ordre ni aucune réponse du cardinal du Bois sur le passage de don Carlos en Italie, sans lettres de créance ni instruction du cardinal du Bois pour la cour d'Espagne; ordre de lui seulement d'y servir le duc de Parme, mais sans y entrer en trop de détail sur Castro et Ronciglione. — Tableau de la cour intérieure d'Espagne. — Chavigny se montre à Pecquet vouloir un établissement actuel à don Carlos en Italie. — Multiplicité à la fois des ministres de France à Madrid publiquement odieuse et suspecte à la cour d'Espagne. — Dangers et absurdité du passage actuel de don Carlos en Italie, sans aucun fruit à en pouvoir espérer. — Chimère ridicule de l'indult. — Mon embarras du silence opiniâtre du cardinal du Bois sur le projet du passage de don Carlos en Italie. — Mesures que je prends en France et en Espagne pour faire échouer la proposition du passage de don Carlos en Italie, qui réussissent. — Je mène Chavigny au marquis de Grimaldo, et le présente au roi et à la reine d'Espagne, desquels il est extrêmement mal reçu; il échoue sur les deux affaires qu'il me dit l'avoir amené à Madrid. 270

CHAPITRE VIII.—Le duc de Bournonville, nommé à l'ambassade de France, en est exclu. — Je tente en vain d'obtenir la restitution de l'honneur des bonnes grâces de Leurs Majestés Catholiques au duc de Berwick. — Je tente en vain d'obtenir la grandesse pour le duc de Saint-Aignan. — Conduite étrange de la princesse des Asturies à l'égard de Leurs Majestés Catholiques. — Bal de l'intérieur du palais. — La Pérégrine, perle incomparable. — Illuminations; feux d'artifice admirables. — Leurs Majestés Catholiques en cérémonie à l'Atoche; raison qui me fait abstenir d'y aller. — Fête de la course des flambeaux. — Fête d'un combat naval. 311

CHAPITRE IX. — Anniversaire de la reine première femme de Philippe V. — Leurs Majestés Catholiques au Buen-Retiro. — Buen-Retiro. — Morale et pratique commode des jésuites sur le jeûne en Espagne. — Je veux voir la prison de François Ier; délicate politesse de don Gaspard Giron. — Expédient de Philippe III contre l'orgueil des cardinaux. — Prison de François Ier. — Je vais voir Tolède; causes particulières de ma curiosité. — Contes et sorte de forfait des cordeliers de Tolède. — Différence de notre prononciation latine d'avec celle de toutes les autres nations. — Le carême fort fâcheux dans les Castilles. — Vesugo, excellent poisson de mer. — Église métropolitaine de Tolède. — Humble sépulture du cardinal Portocarrero. — Beauté admirable des stalles du chœur. — Chapelle et messe mosarabique. — Évêques mêlés avec les chanoines sans aucune distinction ; drapeau blanc au clocher de l'église de Tolède pour chaque archevêque ou chanoine devenu cardinal, qui n'en est ôté qu'à sa mort. — Députation du chapitre de Tolède pour me complimenter. — Ville et palais de Tolède. — Aranjuez. — Amusement de sangliers. — Haras de buffles et de chameaux ; lait de buffle exquis. 334

CHAPITRE X. — Réception de mon fils aîné dans l'ordre de la Toison d'or. — Indécence du défaut des habits de la Toison, et de la manière confuse des chevaliers d'accompagner le roi les jours de collier, qui sont fréquents. — Manière dont le roi prend toujours son collier ; Sa Majesté et tous ceux qui ont la Toison et le Saint-Esprit ne portent jamais un collier sans l'autre. — Nulle marque de l'ordre dans ses grands officiers, quoique d'ailleurs pareils en tout à ceux du Saint-Esprit. — Rang dans l'ordre, d'où se prend. — Le prince des Asturies est le premier infant qui ait obtenu la préséance. — Les chevaliers, grands ou non, couverts au chapitre ; les grands officiers découverts ; différence très-marquée de leur séance d'avec celle des chevaliers. — Préliminaires immédiats à la réception. — Réception. — Épée du grand capitaine devenue celle de l'État ; son usage aux réceptions des chevaliers de la Toison ; singuliers respects rendus à cette épée. — Courte disgression sur le grand capitaine. — Accolade ; imposition du collier ; révérences et embrassades. — Visites et repas. — Cause du si petit nombre de chevaliers de la Toison espagnols. — Expédient qui rend enfin les ordres anciens et lucratifs d'Espagne compatibles avec ceux de la Toison, du Saint-Esprit, etc. — Fâcheux dégoût donné sur la Toison à Maulevrier, qui rejaillit sans dessein sur la Fare. — Mon fils aîné s'en retourne à Paris ; voit l'Escurial ; sottise des moines. 355

CHAPITRE XI. — Honneurs prodigués à l'infante, et fêtes à son arrivée à Paris. — J'obtiens une expédition en forme de la célébration du mariage du prince et de la princesse des Asturies, dont il n'y avoit rien par écrit. — Baptême de l'infant don Philippe. — L'infant don Philippe reçoit le sacrement de confirmation et l'ordre de Saint-Jacques. — Voyage très-solitaire de quatre jours, à Balsaïm, de Leurs Majestés Catholiques. Je reçois un courrier sur l'entrée des cardinaux de Rohan et du Bois, et la sortie des ducs, du chancelier et des maréchaux de France du conseil de régence. — Manége du cardinal du Bois ; il présente au Régent un périlleux fantôme de cabale. — Lettre curieuse du cardinal du Bois à moi sur l'affaire du conseil de régence. — Néant évident de la prétendue cabale. — Du Bois, par une lettre à part, veut que sur-le-champ j'en fasse part à Leurs Majestés Catholiques, en quelque lieu qu'elles fussent. — Second usage du fantôme de cabale pour isoler totalement M. le duc d'Orléans. — Artifices de la lettre du cardinal du Bois à moi ; sa crainte de mon retour; moyens qu'il tente de me retenir en Espagne. — Autres pareils artifices du cardinal du Bois, qui me fait écrire avec plus d'étendue et de force par Belle-Isle. — Remarques sur la lettre de Belle-Isle à moi. — Je prends le parti de taire la prétendue cabale, de ne dire que le fait existant, et d'aller à Balsaïm. — Conversation avec Grimaldo. 374

CHAPITRE XII. — Voyage à Balsaïm. — Balsaïm; fraîche réception, tôt réchauffée. — Audience à Balsaïm. — Je couche à Ségovie. — Ségovie. — Cordelier de M. de Chalais. — Je dîne à Balsaïm, et suis Leurs Majestés Catholiques à la Granja. — Comment la Granja devenue Saint-Ildephonse. — Saint-Ildephonse. — Superbe et riche chartreuse. — Manufactures de Ségovie fort tombées. — Je réponds aux lettres du cardinal du Bois et de Belle-Isle. — Bruit ridicule que fait courir mon voyage de Balsaïm. — Hardiesse étrange de Leurs Majestés Catholiques allants et venants de Balsaïm. — Autres lettres curieuses du cardinal du Bois à moi. — Vif sentiment du duc d'Arcos sur la préséance des cardinaux au conseil de régence. — Cardinaux chanoines de Tolède mêlés avec les autres chanoines en leur rang d'ancienneté entre eux. 400

CHAPITRE XIII. — Mon audience de congé; singularité unique de celle de la princesse des Asturies. — Maulevrier reçoit enfin le collier de l'ordre de la Toison d'or, mais avec un dégoût insigne. — Je pars de Madrid. — Alcala de Henarez. — Guadalajara. — Agreda. — Pampelune. — Roncevaux. — Bayonne. — Réponse curieuse du cardinal du Bois et de Belle-Isle; trois courriers me sont dépêchés. — Je me détourne pour passer à Marmande, où le duc de Berwick étoit venu m'attendre de Montauban, où il commandoit en Guyenne. — Bordeaux. — Blaye. — Loche. — Chastres. — Belle-Isle vient à Chastres me proposer, de la part du cardinal du Bois, le dépouillement du duc de Noailles, et me presser d'y entrer, auquel je m'oppose. — Je vais au Palais-Royal; long entretien entre le Régent, le cardinal du Bois et moi; friponnerie sur la restitution aux jésuites du confessionnal du Roi. — Je fais ma révérence au Roi. — Je me démets de ma pairie à mon fils aîné, et lui fais présent des pierreries de celui[1] du roi d'Espagne. — Je visite pendant la tenue du premier conseil de Régence tous ceux qui en étoient sortis, et vais à Fresnes voir le chancelier exilé. 418

CHAPITRE XIV. — Façon plus que singulière dont l'officier dépêché avec le contrat de mariage du Roi fut enfin expédié de tout ce [que] j'avois demandé pour lui. — Mort de Mme de Broglio Voysin; du comte de Boulainvilliers; son caractère. — Mort et caractère du comte de Chamilly; de Mme de Montchevreuil, abbesse de Saint-Antoine;

1. Du portrait. Voyez le texte, ci-dessus, p. 434 et 435.

cette abbaye donnée à Mme de Bourbon ; de l'abbé et du marquis de Saint-Herem ; du comte de Cheverny ; de l'abbé de Verteuil ; de l'évêque de Carcassonne, Grignan ; de Saint-Frémont ; sa fortune ; du marquis de Montalègre à Madrid, et sa dépouille ; de la princesse Ragotzi, Hesse-Rhinfels ; de la duchesse de Zell, Desmiers-Olbreuse ; sa fortune. — Mort du comte d'Althan, grand écuyer et favori de l'Empereur. — Mariage du prince palatin de Sultzbach avec l'héritière de Berg-op-Zoom ; du prince de Piémont avec la princesse palatine de Sultzbach ; du marquis de Castries avec la fille du duc de Lévy ; de Puysieux avec la fille de Souvré ; du duc d'Espernon avec la seconde fille du duc de Luxembourg ; de Mlle d'Estrées déclaré avec d'Ampus. — P. de Linières, jésuite, confesseur de Madame, fait confesseur du Roi, avec des pouvoirs du Pape, au refus de ceux du cardinal de Noailles. — Armenonville garde des sceaux ; Morville secrétaire d'État ; le chancelier, sur le point immédiat de son exil, marie sa fille au marquis de Chastelux ; caractère de ce gendre ; cruel bon mot de M. le duc d'Orléans ; Broglio l'aîné et Nocé exilés. — Mme de Soubise gouvernante des enfants de France en survivance de la duchesse de Ventadour ; Dodun contrôleur général des finances en la place de la Houssaye. — Pelletier de Sousy se retire à Saint-Victor. — Duc d'Ossone retourné à Madrid. — Translations d'archevêchés et d'évêchés ; Reims donné à l'abbé de Guémené ; ruses inutiles des Rohans pour lui procurer l'ordre avant l'âge. — Mariage de ma fille avec le prince de Chimay. — Mariage du comte de Laval avec la sœur de l'abbé de Saint-Simon ; l'un depuis évêque-comte de Noyon, puis de Metz, en conservant le rang et les honneurs de son premier siège ; l'autre depuis maréchal de France. — Mort de Courtenvaux ; sa charge de capitaine des Cent-Suisses donnée à son fils, à peine hors du berceau, et l'exercice à son frère. — La cour retourne pour toujours à Versailles. — Je m'oppose à l'exil du duc de Noailles, enfin inutilement. — Bassesses du cardinal du Bois pour se gagner le maréchal de Villeroy, inutiles ; fatuité singulière de ce maréchal. — Comte de la Mothe fait grand d'Espagne. — Mort de Plancy. — Le Pape donne à l'Empereur l'investiture des Deux-Siciles. — Mort du duc de Marlborough ; de Zondedari, grand maître de Malte, Manoel lui succède ; de la duchesse de Bouillon Simiane ; de l'épouse du prince Jacq. Sobieski. 436

Chapitre XV. — Extrême embarras du cardinal du Bois, qui tente encore de se ramener le maréchal de Villeroy, qu'il ne pouvoit perdre, et y employe le cardinal de Bissy. — Le cardinal de Bissy persuade le maréchal de Villeroy, qui veut prévenir le cardinal du Bois, et va chez lui avec le cardinal de Bissy, où passant des compliments aux injures, fait la plus terrible scène qui se puisse imaginer au cardinal du Bois. — Le cardinal du Bois, hors de lui, arrive tout de suite dans le cabinet de M. le duc d'Orléans, m'y trouve seul, lui conte devant moi la scène qu'il venoit d'essuyer du maréchal de Villeroy, et déclare qu'il faut opter entre l'un ou l'autre. — M. le duc d'Orléans me presse de dire mon avis; j'opine à l'exil du maréchal de Villeroy. — Conférence entre M. le duc d'Orléans, Monsieur le Duc et moi, où il est convenu d'arrêter et d'exiler le maréchal de Villeroy. — M. le duc d'Orléans m'envoye chez le cardinal du Bois, au sortir de notre conférence, examiner et convenir de la mécanique pour arrêter le maréchal de Villeroy; compagnie que je trouve chez le cardinal du Bois. — Le duc de Charost en mue, pour être déclaré gouverneur du Roi. 457

FIN DE LA TABLE DES CHAPITRES DU DIX-HUITIÈME VOLUME.

2694 Paris. — Imprimerie ARNOUS DE RIVIÈRE et Cie, rue Racine, 26.

www.ingramcontent.com/pod-product-compliance
Lightning Source LLC
Chambersburg PA
CBHW052336230426
43664CB00041B/1762